U0643136

"十四五"职业教育国家规划教材

中国电力教育协会职业院校
电力技术类专业精品教材

电路基础

（第四版）

主　编　程隆贵

副主编　姚　伟　王俊伟

编　写　朱卫萍　贺　芳

主　审　王玉彬　林春英　于洲春

中国电力出版社
CHINA ELECTRIC POWER PRESS

内 容 提 要

本书连续入选"十二五""十三五""十四五"职业教育国家规划教材，并被评为中国电力教育协会职业院校电力技术类专业精品教材。

全书共分十章，内容包括电路的基本概念与基本定律、电路元件和二端网络的等效、线性电路的一般分析方法和定理、正弦交流电路、耦合电感与双口网络、三相正弦交流电路、非正弦周期性交流电路、线性动态电路的时域分析、线性动态电路的复频域分析、磁路与铁心线圈。为了增加本书的趣味性和育人功能，各章选编了与教材内容相关的科普知识和课程思政素材；为了体现教学的简明和实用，书中各节都配有例题和思考题，各章均有小结、习题及实训内容。扫描封面二维码，可获取更多教学资源。

为学习贯彻落实党的二十大精神，本书根据《党的二十大报告学习辅导百问》《二十大党章修正案学习问答》，在二维码链接的数字资源中设置了"二十大报告及党章修正案学习辅导"栏目，以方便师生学习。

本书可作为高职高专与成人教育相关专业教材，也可作为电力行业培训教材，同时还可供相关工程技术人员的技术考核与技能鉴定参考使用。

图书在版编目（CIP）数据

电路基础/程隆贵主编. —4 版. —北京：中国电力出版社，2019.10（2025.8 重印）
"十二五"职业教育国家规划教材
ISBN 978 - 7 - 5198 - 3860 - 7

Ⅰ.①电… Ⅱ.①程… Ⅲ.①电路理论—高等职业教育—教材 Ⅳ.①TM13

中国版本图书馆 CIP 数据核字（2019）第 237477 号

出版发行：中国电力出版社
地　　址：北京市东城区北京站西街 19 号（邮政编码 100005）
网　　址：http://www.cepp.sgcc.com.cn
责任编辑：乔　莉（010－63412535）
责任校对：黄　蓓　郝军燕
装帧设计：郝晓燕
责任印制：吴　迪

印　　刷：北京雁林吉兆印刷有限公司
版　　次：2006 年 8 月第一版　2019 年 10 月第四版
印　　次：2025 年 8 月北京第二十二次印刷
开　　本：787 毫米×1092 毫米　16 开本
印　　张：18.5
字　　数：457 千字
定　　价：48.00 元

⸭ 前　言

　　本教材是参照教育部高教司最新组织制定的该课程教学基本要求，并结合我国高职高专教育的现状和发展趋势，按照"三教统筹、综合发展"和坚持以就业为导向、以能力为本位的思路编写。可作为目前高等职业技术学院，高等专科学校和成人高等学校电气技术类、自动化类和电子信息类各专业开设的"电工基础""电路与磁路""电路""电路理论"和"电路基础"等课程的教材，也可作为电气类技术工人岗位培训、农村劳动力转移培训和农村实用技术培训的教材，亦可供有关工程技术人员参考。

　　"电路基础"课程是一门重要的技术基础课程。其作用和任务是：通过本课程的教学，使学生获得必备的电工技术基础理论、基本知识和基本技能，初步具备知识综合和应用的能力，为学习后续课程和从事专业技术工作打下一定的基础。因此本教材的编写具有如下特点：

　　(1)教材结构采用模块化。本教材由电路的基本概念与基本定律、电路元件和二端网络的等效、直流电路、正弦交流电路、耦合电感与双口网络、三相交流电路、非正弦周期性交流电路、线性动态电路的时域分析、线性动态电路的复频域分析和磁路与铁心线圈等十个模块组成。各模块教学目标明确，具有较强的针对性和可组合性。

　　(2)教材内容注重实用性。本教材强调基础理论教学要以"必需、够用"为度，根据技术领域和职业岗位群的需要确定教学内容，力求做到基本概念清楚，理论能应用于实际，并注意新技术的应用，不强调学科理论体系的完整性，但强调教材内容的可读性。

　　(3)教材内容的兼顾性。由于高等职业技术学院和成人高等学校的部分生源是中等职业学校毕业生和有实践经验的人员，使得高等专科学校、高等职业学校及成人高等学校生源的文化基础和实践能力存在一定的差异。另外，电气类技术工人岗位培训、农村劳动力转移培训和农村实用技术培训对教材的内容需求也不尽相同。因此，教材内容的编写应兼顾不同的读者对知识点的需要，坚决遵照"宽、浅、用、新、能、活"的"六字原则"。

　　(4)教材内容深、广度的选择性。由于高职高专电气、机电一体化和电子类专业电工技术课程的教学基本要求有一定的差异，因此教材的编写力求同时满足这些专业的不同需要，各校可根据专业教学的需要进行选择。教材中标有"＊"的内容，可供对电工技术课程有较高要求的专业选用。教材中没有标"＊"的内容，亦可根据不同对象进行筛选，配套习题具有很强的适用性。教材中标"△"的内容为选学内容。

　　(5)文字叙述简明扼要。为了强调以掌握概念、强化应用、训练技能和培养能力为教学重点，对定律、定理等一般只作必要的说明，尽量减少数理论证，适量增加例题、思考题与习题，以加强理论的应用和能力的培养。各章后的科普常识将以精练的语言介绍与所学内容相适应的实际知识，并尽可能地介绍新材料、新工艺、新技术。

本书自 2006 年第一版出版以来，受到广大师生和读者的认可，为进一步完善本书，本次修订主要体现在以下几方面：

（1）对内容中的错误进行了纠正，对个别概念的阐述做了修改。

（2）对书中的习题进行了修改删补，尽量贴近职业技能鉴定的题库，参考答案做了进一步核对。

（3）对书中的实训内容进行了增补和位置调换，做到与内容相结合。

本版书中第一、八、十章由武汉电力职业技术学院程隆贵修订，第二、六章由保定电力职业技术学院王俊伟修订，第三章由保定电力职业技术学院贺芳修订，第四、五章由山西电力职业技术学院姚伟修订，第七、九章由武汉电力职业技术学院朱卫萍修订。本书由程隆贵任主编并统稿，姚伟、王俊伟任副主编。本次再版仍由王玉彬、林春英、于洲春担任主审，他们在审阅了修改稿后，提出了许多宝贵意见，在此深表感谢。

限于编者水平，书中不足之处在所难免，恳请读者批评指正。

编　者

2022 年 11 月

⁂ 目 录

第 一 章

电路的基本概念与基本定律

电路理论是把电路模型作为研究对象，以此来介绍分析与计算电路的方法。本章主要讨论电路模型的概念，电路中电流、电压的参考方向，二端元件吸收、发出功率的计算方法及其性质的判断以及集总参数电路的基本定律——基尔霍夫定律的概念及应用等。这些内容都是分析与计算电路的基础。

第一节 电路与电路模型

一、电路的作用和组成

电路是由若干个电气设备或器件按一定的方式连接起来而构成的电流通路。

当今社会，具有各种各样功能的电路已经遍及各个领域。电路的不断更新不仅促进了电力、电信工业的发展，也促使了各行各业及人文生活等各种事业的日新月异。

电路的类型是多种多样的，不同的电路其作用也是各不相同的。但就其基本功能而言，可分为两大类：一类是电能的产生、传输与转换电路；另一类是电信号的产生、传递和处理电路。

电力系统是产生、传输与转换电能的最典型的例子，图1-1所示为简单电力系统的基本结构示意图。

图1-1 简单电力系统基本结构示意图

系统中的发电机是电源。电源是产生电能的装置，它把其他形式的能转换为电能。发电厂中的发电机都是将机械能转换为电能。各类电池是小型电源，它将化学能转换为电能。

电动机、照明灯等是负载。负载是消耗电能的装置，它将电能转换为其他形式的能。电动机将电能转换为机械能，照明灯将电能转换为光能。

变压器、输电线路等是中间环节。中间环节是用来传输、分配和控制电能的设备。

图1-2所示为扩音机结构框图，说明了电信号的产生、传递和处理的过程。话筒是信号源，它将语言和音乐（也可称为信息）转换为电信号。线路、放大器等是中间环节，对电信号进行传递、控制和处理。喇叭是负载，它将电信号转换成语言和音乐。常见的例子有电

1

视机、微型计算机、手机等。

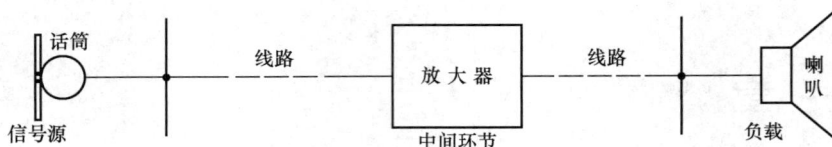

图 1-2 扩音机结构框图

无论是简单电路还是复杂电路（又称网络）都是由电源（信号源）、负载和中间环节等部分组成。

二、电路模型

本书所讲的电路都是指电路模型，而不是指实际电路。实际电路是由实际的器件和实际的连接导线组成的。实际的器件，即使是那些最简单的元件，其物理过程也是十分复杂的，很难用一个简单的数学表达式来表达它的性能。例如，电阻元件的特性是符合欧姆定律的。但是一个实际的电阻元件，其性质并不完全符合欧姆定律，它的端钮电压、电流关系还与其电感效应有关，甚至与其电容效应有关；此外，其端钮电压、电流关系还与温度等有关。因此很难用一个简单的数学表达式来表达。为了简化分析，必须抓住其主要性质，忽略其次要性质，使之能用一个尽可能简单的数学式来表达。在电路分析中，一个电阻元件，其性质常常就只用欧姆定律来表征。这样，经过简化的元件称为理想元件或元件模型。本书所涉及的理想元件有电阻元件、电压源元件、电流源元件、电容元件、电感元件和耦合电感元件等，每种元件都将有自己的数学形式的定义。实际的连接导线也是很复杂的，它不但有电阻，也有电感和电容效应，但在多数情况下可以看成一个既无电感、电容，又无电阻的导线，即理想导线。由理想元件和理想导线组成的电路称为实际电路的电路模型，简称电路。电路分析中，各种理想元件采用统一的图形符号来表示。

图 1-3（a）、（b）、（c）分别为电路的三种基本元件（电阻、电感和电容）的图形符号。每种元件都只能表征实际电路的一种特性，如电阻元件是一种只表示消耗电能（电能转变为其他形式能量）的元件，电感元件是反映电路元件周围存在磁场并储存磁场能量的元件，电容元件是反映电路及其附近存在着电场而且可以储存电场能量的元件。在一定条件下，用这些元件或它们的组合来模拟实际电路中的器件，作为它的模型，这个过程称为建模。建模的准确性直接关系到理论与实际的差别。本书不讨论电路的具体建模过程，着重介绍已知电路模型的分析计算方法。

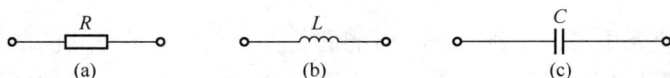

图 1-3 基本元件图形符号
（a）电阻；（b）电感；（c）电容

电路理论中引用的元件主要有电阻、电感、电容、理想电压源、理想电流源。这些元件都具有两个端钮，称为二端元件。这些元件又称为集总参数元件，由集总参数元件组成的电路称为集总参数电路。

当实际电路中电流或电压的最高工作频率所对应的电磁波波长 λ 远大于电路最大几何尺

寸 d 时，电路器件的端电流和端电压具有确定的值，称这种电路为集总参数电路。如我国电力系统的频率为 50Hz，对应的波长为 6000km，工作在这一频率下的电路，相当大的范围内都可以当作集总参数电路。当 λ 不能满足远大于 d 时，应当按分布参数电路处理，如实际中两平行导线的电阻、电感和电容都是沿线分布的，本书不予讨论。

电能的传输和转换，或者信号的传递和处理，都要通过电流、电压和电功率来实现，因此，要对电路进行分析和计算，应先讨论电路的这几个基本物理量。

思 考 题

1-1-1 电路理论研究的对象是什么？

1-1-2 什么叫电路？电路的作用是什么？电路由哪几部分组成？

1-1-3 什么是实际电路的电路模型？

1-1-4 实际电路与电路模型有何不同？

第二节 电路的基本物理量

电路的基本物理量有电流、电压和电功率。

一、电流及其参考方向

电流是由电荷的定向移动形成的，其大小等于单位时间内通过导体横截面的电荷量。或者说，电流 i 的大小就是电荷量 q 对时间 t 的变化率，即

$$i = \frac{\mathrm{d}q}{\mathrm{d}t} \qquad (1-1)$$

当电流 i 等于常数（也就是任何时刻通过导体横截面的电荷量是恒定的）时，称该电流为恒定电流，通常称为直流电流，常用 I 表示。式（1-1）可写为

$$I = \frac{q}{t} \qquad (1-2)$$

大写字母 I 表示直流电流；小写字母 i 既可表示直流电流也可表示随时间 t 变化的交流电流，是表示电流的一般符号。

在国际单位制中，电流的单位为 A（安培）。1A 的电流就是每 1s（秒）通过导体横截面的电荷量为 1C（库仑）。此外，电流单位还常用 kA（千安）、mA（毫安）和 μA（微安）等表示。它们之间的关系是

$$1\mathrm{kA} = 10^3\mathrm{A}, \qquad 1\mathrm{A} = 10^3\mathrm{mA}, \qquad 1\mu\mathrm{A} = 10^{-6}\mathrm{A}$$

SI 单位换算见表 1-1。

表 1-1   SI 单 位 换 算 表

因数	10^9	10^6	10^3	10^2	10^1	10^{-1}	10^{-2}	10^{-3}	10^{-6}	10^{-9}	10^{-12}
名称	吉	兆	千	百	十	分	厘	毫	微	纳	皮
符号	G	M	k	h	da	d	c	m	μ	n	p

电流在电路中流动是有方向的，习惯上规定正电荷移动的方向为电流的正方向，并称为电流的实际方向。

通常，在计算稍为复杂的电路时，电流的方向很难断定，因此，在分析计算电路时，常可任意选定（标明）电流的方向，称为参考方向，用箭头表示。如图1-4（a）所示，二端元件中电流 i 的流向为 a 到 b，是 i 的参考方向。而电流 i 的实际流向，即实际方向是否也为 a 到 b，在图1-4（a）中是看不出来的，应由 i 的参考方向和 i 的数值是正还是负来进行判断才能得知。

当电流 i 的实际方向与参考方向相同，i 为正值；当电流 i 的实际方向与参考方向相反，i 为负值。由此可知，图1-4（b）中电流 i 的实际方向（真实流向）为 a 到 b，图1-4（c）中电流 i 的实际方向为 b 到 a，图1-4（a）中电流 i 的实际方向无法得知，因为缺少电流数值正负这个条件。

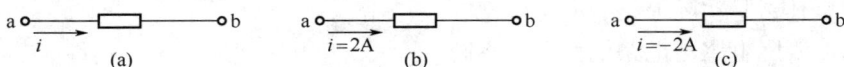

a o———→—[ ]———o b   a o——→—[ ]———o b   a o——→—[ ]———o b
$\qquad i$ (a) $i=2\text{A}$ (b) $i=-2\text{A}$ (c)

图1-4　电流方向

应当指出，在电路分析计算中，没有规定参考方向的电流数值的含义是不完整、不正确的。为了确切地表示电流，必须标明其参考方向。在电路中能看到的电流方向是 i 的参考方向，而 i 的实际方向应由 i 的参考方向和 i 的数值是正还是负来判断得知。

【例1-1】　已知图1-5（a）中电流 i 的方向为 a 到 b，试标明它的参考方向，并说明图1-5（b）中电流 i 的实际方向。

解　（1）图1-5（a）中电流 i 的参考方向由 a 指向 b，如图1-6所示。

（2）图1-5（b）中电流 i 的实际方向为由 b 流向 a。

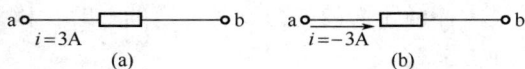

a o——[ ]——o b   a o——→—[ ]——o b   a o——→—[ ]——o b
$i=3\text{A}$ $i=-3\text{A}$ $i=3\text{A}$
　(a)　　　　　　　　(b)

图1-5　［例1-1］电路图　　　　　图1-6　［例1-1］解图

二、电压、电位、电动势及其参考极性

1. 电压及其参考极性

众所周知，水从高处流向低处会做功。水电厂就是利用水坝高处的水流经水轮机时，推动叶轮转动而做功发电的。反之，人们若将坝下的水搬运至坝上，就必须克服水的重力而做功，这样，所做的功便转变为水增加的势能。

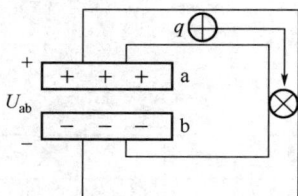

图1-7　极板间的电压

电荷在电场中运动也要做功。图1-7所示为两块带电的极板 a 和 b，极板 a 带正电，极板 b 带负电，因此在两极板 a、b 之间存在电场，其方向由 a 指向 b。若用连接线和灯泡将 a、b 两极板连接起来，则在电场力的作用下，正电荷就会从 a 极板经连接线和灯泡移动到 b 极板（实际上是自由电子由 b 极板移动到 a 极板），如同水在重力作用下移动而做功一样，正电荷在电场力的作用下移动时也要做功，它所释放的能量就是灯泡发热发光的能源。为了衡量电场力对电荷做功的能力，引入电压这一物理量。

单位正电荷在电场力作用下由 a 点经任意路径移至 b 点时所释放的能量称为 a、b 两点间的电压，用 u_{ab} 表示，即

$$u_{ab} = \frac{\mathrm{d}w}{\mathrm{d}q} \tag{1-3}$$

式（1-3）中 $\mathrm{d}w$、$\mathrm{d}q$ 为定值时，称为直流电压，用 U_{ab} 表示。

在国际单位制中，电压的单位是 V（伏特），1V 就是 1C 的电荷量释放了 1J 的能量。工程中电压的单位也常用 kV（千伏）、mV（毫伏）和 μV（微伏）表示。

应用式（1-3）时，正电荷的电荷量用正值，负电荷的电荷量用负值；电荷失去的能量用正值，电荷获得的能量用负值。

【例 1-2】　有 3C 的负电荷由电路的 a 点移至 b 点时减少了 36J 的能量，试求 a、b 两点间电压 U_{ab}。

解　由式（1-3）得

$$u_{ab} = \frac{\mathrm{d}w}{\mathrm{d}q} = \frac{36}{-3} = -12(\mathrm{V})$$

若正电荷由 a 点移至 b 点时释放（失去）能量，则 a 点为高电位点，b 点为低电位点。反之，若正电荷由 a 点移至 b 点时获得（吸收）能量，则 a 点为低电位点，b 点为高电位点。习惯上规定：由高电位点到低电位点的指向为电压的实际方向。因此，电压也可称为电位降或电压降。

在电路的分析计算中，也需要选取电压的参考方向。电压的参考方向可以用实线箭头表示，如图 1-8（a）所示，也可以用正（＋）、负（一）极性表示，如图 1-8（b）所示。电压的参考极性（方向）可任意选取（标明），同电流一样，电压的实际极性

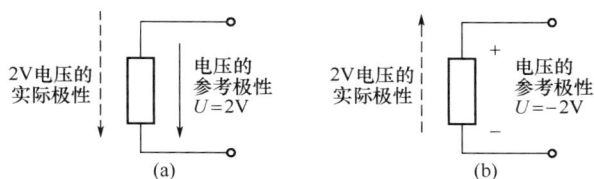

图 1-8　电压的极性

（方向）应由电压的参考极性（方向）和电压数值的正负断定。当电压的实际极性（方向）与参考极性（方向）一致时，电压为正值，如图 1-8（a）所示；反之，电压为负值，如图 1-8（b）所示。

电压的参考方向还可以用双下角标来表示，U_{ab} 表示电压的参考方向由 a 点指向 b 点，U_{ba} 表示电压的参考方向由 b 点指向 a 点。若 $U_{ab}=2\mathrm{V}$，则 $U_{ba}=-2\mathrm{V}$，可见

$$U_{ab} = -U_{ba} \tag{1-4}$$

电路中电流的参考方向可以任意选取，电压的参考方向也可任意选取。当在一个元件上将电流和电压的参考方向取得一致，称为关联参考方向；取得相反，称为非关联参考方向。对于负载上的电流和电压的参考方向，常取关联参考方向。

2. 电位及其参考方向

在电路中，两点之间的电压也称为两点之间的电位差，即

$$U_{ab} = V_a - V_b \tag{1-5}$$

式中：V_a 为 a 点的电位；V_b 为 b 点的电位。

电路中某点的电位就是该点对参考点（零电位点）的电压。若取电路中的 o 点为参考

点，则 a 点的电位 $V_a = U_{ao}$，b 点的电位 $V_b = U_{bo}$。

参考点的电位为零。某点的电位为正值，表示该点电位高于参考点电位。某点电位为负值，表示该点电位低于参考点。参考点在电路中以接地符号"⊥"标明。

【例 1-3】 图 1-9 所示二端元件中，若 $U = -8V$，试问 a、b 两点哪点电位高？

解 由图 1-9 中所示电压的参考极性，$U = U_{ab} = V_a - V_b = -8V$，说明 $V_a < V_b$，即 b 点电位高。

【例 1-4】 在图 1-10 所示的部分电路中，试求 a、b 两点的电位和电压 U_{ab}。

解 $V_a = U_{a0} = 3V$，$V_b = U_{b0} = -1V$，$U_{ab} = V_a - V_b = 3 - (-1) = 4(V)$。

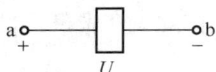

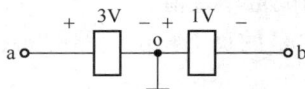

图 1-9 ［例 1-3］电路   图 1-10 ［例 1-4］电路

3. 电动势及其参考方向

如上所述，电场力总是将正电荷从高电位端（正极）推向低电位端（负极），形成电流。一个电路要维持电流的连续性，其中应有能把其他形式的能量转换为电能的电源。电压是电场力做功，将电能转换成其他形式的能。电源是电源力做功，电源力把正电荷从电源的低电位端经电源的内部移到高电位端，将其他形式的能转换成电能。这样一来就维持了一个电路中电流的连续性。用电动势来衡量电源力对电荷做功的能力，用 e 或 E 表示。e 在数值上等于电源力把单位正电荷从电源的低电位端经电源的内部移到高电位端所做的功。因此，电动势的实际方向是电源的低电位端指向高电位端的方向，即电位升的方向。显然，在国际单位制中电动势的单位也是 V（伏特）。

同样可以任意指定电动势的参考方向（或参考极性），由其数值的正负来确定实际方向。电动势 e 与其端电压 u 的关系为：参考方向（或参考极性）相反时，$u = e$；参考方向（或参考极性）相同时，$u = -e$。

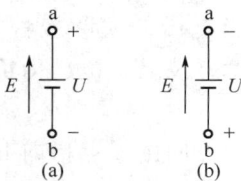

图 1-11 ［例 1-5］电路

【例 1-5】 如图 1-11 所示的理想干电池，现用电压表测得 ab 端电压为 1.5V，试求图 1-11（a）、（b）所示的电压和电动势的数值。

解 理想干电池的图形符号，给出了端电压的实际极性，长线为正，短线为负。

(a) $U = 1.5V$，$E = U = 1.5V$；

(b) $U = -1.5V$，$E = -U = 1.5V$。

三、电功率和电能

电功率简称功率，是电路分析计算中一个基本物理量。一个二端元件的功率情况，有吸收功率和发出功率之分。它所吸收或发出的功率定义为单位时间内二端元件吸收或发出的电能量，用 p 或 P 表示。大写字母 P 表示不随时间变化的功率，如直流电路的功率；小写字母 p 既可表示不随时间变化又可表示随时间变化的功率，即

$$p = \frac{dw}{dt} \tag{1-6}$$

式（1-6）表明电功率是传送或转换电能的速率，在国际单位制中 dw 的单位是 J，dt 的

单位是 s，p 的单位是 W（瓦特）。常用功率的单位有 kW（千瓦）、MW（兆瓦）和 mW（毫瓦）。

功率 p 的计算，一般不用式（1-6）计算，而是通过其端钮的电压和电流来求出。将式（1-6）分式上下同乘以 $\mathrm{d}q$，得计算公式为

$$p = \frac{\mathrm{d}w\,\mathrm{d}q}{\mathrm{d}t\,\mathrm{d}q} = \frac{\mathrm{d}w}{\mathrm{d}q}\frac{\mathrm{d}q}{\mathrm{d}t} = ui$$

当设 u 与 i 为关联参考方向时［见图 1-12（a）］，则

$$p = ui \tag{1-7}$$

当设 u 与 i 为非关联参考方向时［见图 1-12（b）］，则

$$p = -ui \tag{1-8}$$

一个二端元件是吸收功率还是发出功率，就看由式（1-7）和式（1-8）计算得 p 的值是正还是负。若 $p > 0$，则二端元件吸收功率，属负载；若 $p < 0$，则二端元件发出功率，属电源。对于一个完整的电路而言，发出功率的和与吸收功率的和总是相等的，这称作电路的功率平衡。

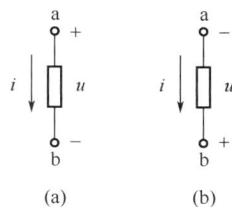

图 1-12　功率计算

【例 1-6】　求图 1-13 所示各二端元件的功率，并说明其性质。

解　（a）$p = ui = 3 \times 1 = 3(\mathrm{W})$　　　　（吸收功率，属负载）

（b）$p = -ui = -3 \times 2 = -6(\mathrm{W})$　　　（发出功率，属电源）

（c）$p = -ui = -(-3) \times 2 = 6(\mathrm{W})$　　（吸收功率，属负载）

（d）$p = ui = 3 \times (-2) = -6(\mathrm{W})$　　　（发出功率，属电源）

（e）$p = -ui = -3 \times (-2) = 6(\mathrm{W})$　　（吸收功率，属负载）

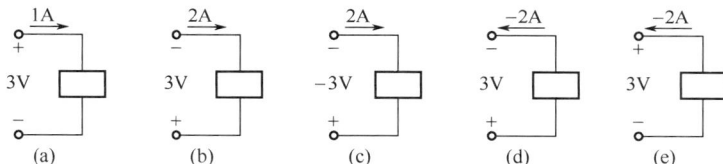

图 1-13　［例 1-6］电路

电能量简称电能，也是电路分析中一个重要的物理量，其大小应为电功率对时间的累加，即

$$w = \int p(\tau)\,\mathrm{d}\tau \tag{1-9}$$

若一个电路元件吸收的功率 P 为常数，则该元件在时间 t 内吸收的电能为

$$W = Pt \tag{1-10}$$

由 $P = UI$ 得

$$W = UIt \tag{1-11}$$

电能的单位是 J，1J = 1W × 1s，也就是功率为 1W 的用电器在 1s 内消耗（吸收）1J 电能。在电力电路中，常用 1kW·h（千瓦时）作为电能的单位，表示 1kW 的用电设备使用 1h 所消耗的电能。

思考题

1-2-1 电压、电位、电位差、电动势有何区别与关系？

1-2-2 参考方向是否可以不标明？标明参考方向后能否在计算时又更改？

1-2-3 当元件电流、电压选择关联参考方向时，什么情况下元件吸收功率？什么情况下元件发出功率？什么情况下元件属于电源？什么情况下元件属于负载？

1-2-4 有两个电源，一个电源发出的电能为 $200\text{kW} \cdot \text{h}$，另一个电源发出的电能为 $800\text{kW} \cdot \text{h}$。是否可以认为前一个电源的功率小，后一个电源的功率大？

第三节 基尔霍夫定律

一、有关电路的几个名词

在电路分析中，为了说理简明，常采用一些电路的专用名词（或称术语）。现以图 1-13 为例，介绍几个与电路的连接状况有关的名词。

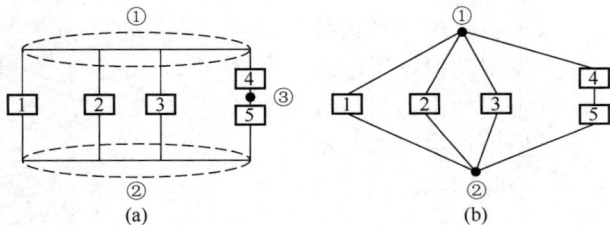

图 1-14 电路名词

（1）支路：每个二端元件称为一条支路。图 1-14（a）中有 5 个元件，所以有 5 条支路。

（2）节点：元件的连接点称为节点，即两条或两条以上支路的交点称为节点。图 1-14（a）中有 3 个节点，即节点①、节点②和节点③。

应该指出，为方便起见，也可把流有同一个电流的部分称为一条支路。这样，3 个或 3 个以上支路的交点称为节点。在这样定义下，图 1-14 所示电路有 4 条支路（即由元件 1、2、3 及 4、5 形成的支路）和 2 个节点（即节点①和②）。由于电路中的连接线都是理想的，所以图 1-14（a）的上面部分和下面部分应分别为一个节点。图 1-14（b）和图 1-14（a）是同一电路的两种不同的画法。

（3）回路：电路中由支路组成的闭合路径称为回路。图 1-14 中有 6 个回路。

（4）网孔：网孔是平面网络中一种特殊的回路，是一种内部不含支路的回路。应该指出，只有平面网络中才有网孔这一概念。图 1-14 中有 3 个网孔。所谓平面网络，是指可以画在一个平面而不出现有支路相交叉情况的电路。

基尔霍夫定律是电路的基本定律，是德国科学家基尔霍夫在 1845 年提出的。它指出了电路的两个基本规律，分别称为基尔霍夫电流定律和基尔霍夫电压定律。

二、基尔霍夫电流定律

基尔霍夫第一定律即基尔霍夫电流定律（KCL），它反映电路中任一节点的各支路电流的关系。其内容为：在任何时刻，流入同一节点的各支路电流的代数和等于零。其数学表达式为

$$\sum i = 0 \tag{1-12}$$

应该注意各电流前的符号，如果流入节点的电流取"＋"号，则流出节点的电流取

"一"号，反之亦然。

图 1-15 所示为电路的一个节点，支路电流 i_1 和 i_2 流入节点，i_3 和 i_4 从节点流出。由 KCL 可知，在任何时刻，流入节点电流的总和等于从节点流出的电流的总和，用数学式表示为

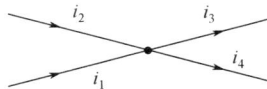

图 1-15 节点电流

$$i_1 + i_2 = i_3 + i_4 \qquad (1-13)$$

若把所有电流项移至等号左边，则有

$$i_1 + i_2 - i_3 - i_4 = 0$$

按照基尔霍夫电流定律列写的节点电流关系式，称为 KCL 方程。

在电路分析中，应以选定的电流参考方向来列写 KCL 方程，方程中各电流前的"＋""－"符号也由参考方向是流入还是流出节点来确定。

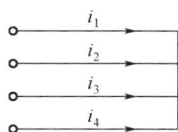

图 1-16 ［例 1-7］图

【例 1-7】 在图 1-16 中，已知 $i_1 = 3A$，$i_2 = -2A$，$i_3 = 1A$，试求 i_4。

解 对节点列出 KCL 方程为

$$i_1 + i_2 + i_3 + i_4 = 0$$

$$i_4 = -i_1 - i_2 - i_3 = -3 - (-2) - 1 = -2(A)$$

i_4 为负值，表明其实际方向与参考方向相反。

KCL 适用于电路的节点，也可推广应用于电路中的任一假设闭合面。如对图 1-17 所示的闭合面 S（也称为广义节点）可列写 KCL 方程为

$$i_A + i_B + i_C = 0$$

KCL 体现了电路的一个重要的规则：电流具有连续性。

三、基尔霍夫电压定律

基尔霍夫第二定律又称为基尔霍夫电压定律（KVL），它反映电路的任一回路中各支路电压之间互相关系的规律。它的内容是：对于任一电路中的任一回路，在任一时刻，沿着该回路的所有支路的电压降之和恒等于零。其数学表达式为

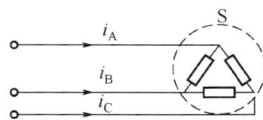

图 1-17 广义节点

$$\sum u = 0 \qquad (1-14)$$

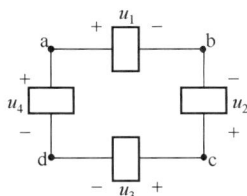

图 1-18 回路电压

图 1-18 所示为电路中的一个回路，如果从 a 点出发，沿 a-b-c-d-a 绕行时，电位有时降低，有时升高，但绕行一周，回到出发点 a，电位的数值不会改变。也就是说，沿回路绕行一周，电压降的总和等于电压升的总和，即

$$u_1 + u_3 = u_2 + u_4 \qquad (1-15)$$

若把所有的电压项都移至等号左边，则有

$$u_1 - u_2 + u_3 - u_4 = 0$$

列写式（1-14）时，先要选取回路的绕行方向，各段电压降的方向与绕行方向一致，该电压前取"＋"号；相反的取"－"号。按照基尔霍夫电压定律列写的电压关系式，称为 KVL 方程。应该指出，要以参考方向来列写 KVL 方程。方程中各电压前的"＋""－"符号也由参考方向与绕行的方向是否一致来判断。

【例 1-8】 在图 1-18 所示电路中，已知 $u_1 = 1V$，$u_2 = -5V$，$u_3 = 6V$，试求 u_4。

解 将已知数据代入 KVL 方程得

$$u_1 - u_2 + u_3 - u_4 = 1 - (-5) + 6 - u_4 = 0$$

所以 $u_4 = 12V$

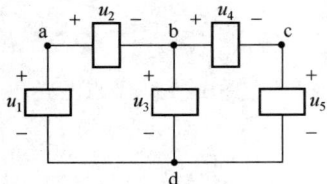

图 1-19　[例 1-9] 图

【例 1-9】 在图 1-19 所示电路中，已知 $u_1 = 8V$，$u_3 = 6V$，$u_5 = -4V$，试求 u_2 和 u_4。

解 对回路 abda 列写 KVL 方程为

$$u_2 + u_3 - u_1 = 0$$

所以 $u_2 = 2V$

再对回路 abcda 列写 KVL 方程，为

$$u_2 + u_4 + u_5 - u_1 = 0$$

所以 $u_4 = 10V$

也可以对回路 bcdb 列写 KVL 方程来求出 u_4。

KVL 体现了电路的另一个重要规则：电路中任意两点间电压与所取路径无关。

【例 1-10】 图 1-20 所示为电路中的一条含源支路，试求 u。

解 将含源支路分成 ab 和 bc 两段，电压 u 应为两段电压的代数和，即

$$u = u_{ab} + u_{bc} = E - Ri$$

若将 [例 1-10] 中所求得的结果写成

$$i = \frac{E - u}{R} \qquad (1-16)$$

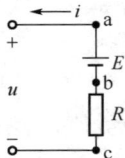

图 1-20　[例 1-10] 图

则称式（1-16）为含源支路欧姆定律。

思 考 题

1-3-1　KCL、KVL 的内容是什么？写出它们的数学表达式。

1-3-2　什么是节点，什么是广义节点？

1-3-3　什么是回路元件电压升，什么是回路元件电压降？

1-3-4　电流具有连续性吗，任意两点间电压与所取路径无关吗？请说明理由。

课程思政一

以立德树人为根本使命，教育家陶行知先生说，千教万教教人求真，千学万学学做真人。电路分析的根本就是基本概念和基本定律，根基一定要牢固，要先学会做人再学会做事。只有把电路的根本掌握了，才能对电路的分析计算得心应手，只有树立了正确的人生观、世界观，才能成为对党和国家有用的人。

科 普 知 识 一

一、电阻器

电阻器是消耗电能的器件，种类很多，就其图形符号可分为一般电阻器"—▭—"，可

变电阻器"—◁▱—"和带滑动触点的电位器"—◁▭—"。

电子电路中常见到的各种小功率电阻器有如下几种：

（1）碳膜电阻：由瓷棒上的一层碳膜构成，体积较小，碳膜上刻槽以控制阻值，外表常漆成灰色。

（2）金属膜电阻：由陶瓷架上覆盖一层金属薄膜构成，常漆成红色或绿色。

（3）线绕电阻：由电阻丝绕在瓷管上构成，电阻丝为铬镍合金及康铜丝制成。线绕电阻分固定电阻器和可变电阻器两种。

小功率电阻上标有三个技术指标：

（1）标称（名义）阻值：是由国家规定的一系列电阻值，作为电阻器的标准，以便按标称系列生产。

（2）容许误差：是由国家规定的电阻值误差级别。普通电阻器的误差分为±5%、±10%、±20%三种，分别以Ⅰ、Ⅱ、Ⅲ表示，反映标称阻值与实际值间不完全相符的程度。

（3）额定功率：也由国家规定了标称值，常用的有 1/8、1/4、1/2、1、2、3、4、5、10、25W 等。由额定功率和标称电阻可以确定电阻器的最大允许电流和电压。

二、干电池

用两种不同的金属（铜和锌）浸在电解液中，就会发生氧化还原反应，金属中的电子会通过电解液发生转移，结果在两金属间产生电压（铜正、锌负），这就是意大利科学家伏特发明的伏打电池。由于使用的电解液是液体，所以称为"湿电池"。为了提高实用性，后来将电解液做成糊状，并与活性物质二氧化锰一起装进一个锌筒（作为负极），中间插入一根碳棒（作为正极），再加以密封，就成了干电池。

现今使用的碱性锌锰电池的容量和放电特性均优于锌锰电池，成为"高容量"电池。其使用于小型收音机时的寿命为锌锰电池的 2 倍，若用在闪光放电管时约为 4 倍。可见，越在大电流场合越能发挥碱性电池的威力。

镉镍电池是可以充电的，一般在外壳上均标有它的容量。标称为 500mA·h 的电池，意味着以 500mA 电流放电，能使用 1h。只要正确使用，充电次数可大于 500 次，是很经济的。然而，比镉镍电池性能更好的是镍氢电池和锂电池，在相同体积、相同放电电流的情况下，使用时间锂电池是它们的 3～5 倍。新生产的或长期放置的充电电池必须充电后再使用，当电池电压降低至终止放电电压时，最好应停止使用，否则会因过量放电而难以恢复原充电功能。按所标的电流和时间进行充电，有利于提高电池的寿命。

干电池使用完毕不应随便抛弃，因为一般电池中含有汞，汞进入土壤，有可能经"食物链"或"生物链"进入人体，使人体受感染而中毒，轻者出现知觉障碍、手足麻痹，重者造成神经失控或危及生命。在一些发达国家已开始对垃圾进行分类放置，我国也正在要求各类垃圾要分类放置。电池作为特殊垃圾应设有专门的投弃处，这不仅有利于防治环境污染，也有利于物资的回收处理。专家学者对废电池的利用研究工作已取得突破性进展。

三、安全电压

Q/GDW 1799.2—2013《国家电网公司电力安全工作规程（线路部分）》规定，用于配电的交流系统中 1000V 及以下的电压等级为低电压，但这个低电压在发生人身触电时并不是安全电压。一般，人体电阻按 1000Ω 考虑，而通过人体的危险电流为 50mA，因此人承受的电压不应超过 $0.05 \times 1000 = 50$ （V）。根据我国的具体条件和环境，规定安全电压额定值的等级有 42、

36、24、12V 和 6V 五种。安全电压的选用，要看生产场地的情况而定，具体如下：

（1）有触电危险的场所使用的手提式电动工具，电压不高于 42V。

（2）隧道、有导电粉尘或高度低于 2.5m 等场所的照明电压及机床局部照明，电压不高于 36V。

（3）潮湿和易触及带电体场所使用的移动式灯具，电压不高于 24V。

（4）在特别潮湿场所、导电良好的地面、矿井、锅炉内或金属容器内作业的照明，电压不高于 12V。

此外，安全电压必须由独立电源（化学电池或与高压无关的柴油发电机）或安全隔离变压器（行灯变压器）供电。安全电压回路应相对独立，与其他电气系统实行电气上的隔离。

由正弦交流电提供电力的系统中，三相四线制的 380/220V 中性点接地系统，线电压虽然超过 250V，但相电压（线对地）是 220V，所以属于低压。

本 章 小 结

（1）电路的作用是电能的产生、传输和转换，或电信号的产生、传递和处理。电路由电源、负载和中间环节三部分组成。由理想导线、理想元件组成的电路是实际电路的电路模型。

（2）电路的主要物理量是电流、电压和电功率，其定义式分别为

$$i = \mathrm{d}q/\mathrm{d}t \ , \ u = \mathrm{d}w/\mathrm{d}q \ , \ p = \mathrm{d}w/\mathrm{d}t$$

电流、电压的参考方向（极性），是电路中标明的方向（极性）。其实际方向（极性）应由参考方向（极性）和数值的正负判断得知。

电功率的计算：u 与 i 为关联参考方向时，$p = ui$；u 与 i 非关联参考方向时，$p = -ui$。电功率的性质：$p > 0$ 时为吸收功率，$p < 0$ 时为发出功率。

（3）基尔霍夫定律的数学表达式为

$$\text{KCL:} \sum i = 0 \ ; \ \text{KVL:} \sum u = 0$$

习 题

1-1 已知电路中 a、b 两点的电位分别为 $V_a = 3\text{V}$，$V_b = 6\text{V}$，试求 U_{ba} 和 U_{ab}。

1-2 电路中有 a、b、c、d 四点，已知 $V_a = 2\text{V}$，$V_b = -3\text{V}$，$U_{ac} = -5\text{V}$，$U_{dc} = -3\text{V}$。试求 V_c、V_d 和 U_{ad}。

1-3 试求图 1-21 所示电路中 a、b、c、d 四点的电位。

1-4 试求图 1-22 所示各元件的功率，并说明元件功率的性质。

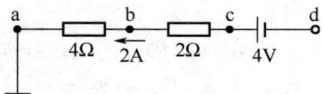

图 1-21 习题 1-3 图

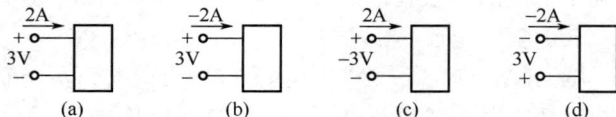

图 1-22 习题 1-4 图

1-5 试求图 1-23 所示各元件吸收或发出的功率，并说明元件是电源还是负载。

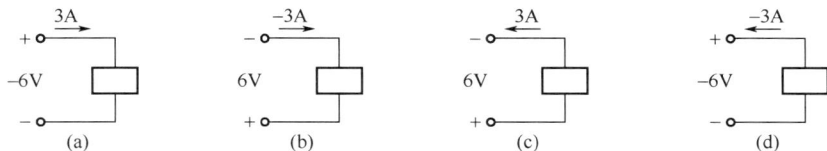

图 1-23 习题 1-5 图

1-6 试求图 1-24 所示两电路中端电压的大小和极性，其中，图 1-24（a）元件 A 发出功率 30W，图 1-24（b）元件 B 吸收功率 30W。

1-7 图 1-25 所示电路中的元件 A 发出功率 40W。试分析，元件 B 是吸收功率还是发出功率，功率为多少?

1-8 如图 1-26 所示电路，已知 $i_1=1\text{A}$，$i_2=-2\text{A}$，$i_3=3\text{A}$。试完成：（1）求 i_4；（2）若 $i_5=0$，再求 i_6、i_7 和 i_8。

图 1-24 习题 1-6 图　　图 1-25 习题 1-7 图　　图 1-26 习题 1-8 图

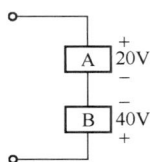

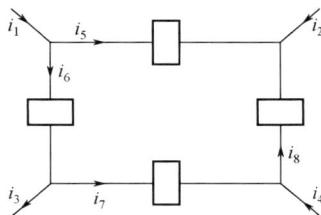

1-9 试求图 1-27（a）、（b）、（c）所示电路的电压 U_{ab}、U_{bc}、U_{ac}。

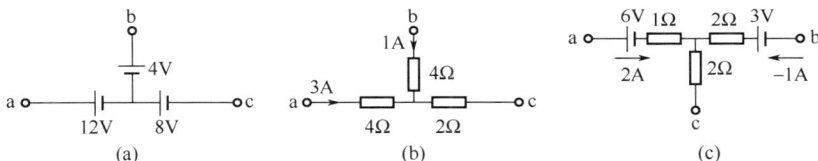

图 1-27 习题 1-9 图

1-10 试求图 1-28（a）、（b）所示两电路的电流 i。

1-11 在图 1-29 所示电路中，已知 $i_1=3\text{mA}$，$i_2=1\text{mA}$。试确定电路元件 3 中的电流 i_3 和其两端电压 u_3，并说明它是电源还是负载。校验整个电路的功率是否平衡。

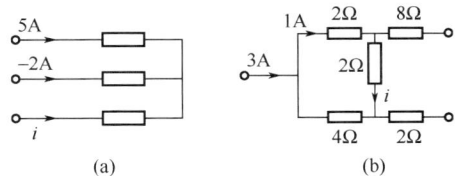

图 1-28 习题 1-10 图　　图 1-29 习题 1-11 图

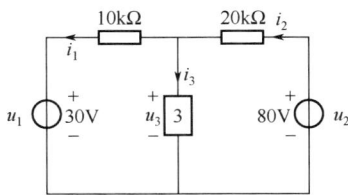

1-12 分别求图 1-30 所示电路的电压 u 和电流 i。

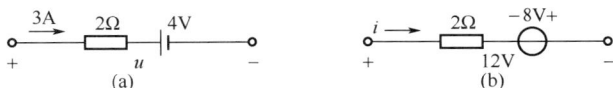

图 1-30 习题 1-12 图

实训一 学习万用表和直流稳压电源的使用

一、实验目的

（1）学习万用表的使用方法。

（2）学习直流稳压电源的使用方法。

（3）了解实验室的电源配置情况。

二、实验内容及步骤

（1）熟悉实验台的通断电操作，了解电源配置。

当通电完成后，实验台各部件才能正常工作。三相调压器的黄、绿、红色三个插孔是相线，黑色插孔是中性线；三相调压器输入端的电压分别为线电压 380V（黄、绿、红色插孔之间）、相电压 220V（黄、绿、红与黑色插孔之间）：输出端电压为 0~380V 可调（黄、绿、红色插孔之间）、0~220V 可调（黄、绿、红与黑色插孔之间）。

（2）学习用万用表测量交流电压。

操作步骤：

1）经教师检查同意后，接通电源。

2）用万用表 500V 挡量程完成表 1-2 中的交流电压测量。

注意：此时万用表不允许使用其他量程挡。

表 1-2

三相电源端钮	黄绿	绿红	红黄	黄黑	绿黑	红黑
电压测量值（V）						
电源插座	插座 1	插座 2	插座 3	插座 4	插座 5	插座 6
电压测量值（V）						

（3）学习用万用表测直流电压及直流稳压电源的使用方法。

直流稳压电源可以同时输出两路直流电压，分别通过 U_A、U_B 的输出调节可获得 0~30V 的直流电压。

操作步骤：

1）经教师检查同意后，接通电源。

2）通过表 1-3 的测量熟悉直流稳压电源的使用，并学会用万用表测量直流电压（注意选择适当的量程及数据的读取）。

表 1-3

稳压电源输出（V）	1	3	6	12	18	24	30
万用表测量（V）							

（4）学习用万用表测量电阻的方法。

操作步骤：

1）选择欧姆挡。

2）将表笔短接，进行欧姆挡电气调零。

3）用万用表欧姆挡分别测量三个电阻值，记入表 1-4。

指针式万用表：电阻测量值＝标尺读数×欧姆挡倍率（×1、×10、×100、×1k、×10k）

数字万用表：选择测量范围，读数单位要与测量范围相对应。

注意事项：

1）严禁带电测量电阻。

2）测量前应调整欧姆零点（即将两表笔短接，并同时转动零欧姆调整旋钮，使读数为零）。

3）测量时，应选择适当的倍率挡（范围），使读数尽可能多的有效位数，以减小测量误差。

表 1 - 4

被测电阻	R_1	R_2	R_3
电阻标称值（Ω）			
万用表欧姆挡倍率（范围）			
测量值（Ω）			

三、实验作业

（1）抄写 DL 408—1991《安全操作规程（发电厂和变电所电气部分）》安全操作部分。

（2）可调节的电源设备在通电前为何要置零？

（3）稳压电源的正、负极能否用一导线连接？

（4）万用表用完后，为何要将挡位调至最高交流电压挡？

实训二　基尔霍夫定律的应用

一、实验目的

（1）通过对基尔霍夫定律的应用，加深对基尔霍夫定律的理解。

（2）加深对电流、电压方向的理解。

（3）学会用电流插头、插座测量各支路电流的方法。

二、原理说明

基尔霍夫定律是电路的基本定律。测量某电路的各支路电流及每个元件两端的电压，应能分别满足基尔霍夫电流定律（KCL）和电压定律（KVL）。即对电路中的任一个节点而言，应有 $\sum I = 0$；对任一个闭合回路而言，应有 $\sum U = 0$。

运用上述定律时必须注意各支路或闭合回路中电流的正方向，此方向可预先任意设定。

三、预习思考题

（1）根据图 1 - 31 所示的电路参数，计算出待测的电流 I_1、I_2、I_3 和各电阻上的电压值，记入表 1 - 6 中，以便实验测量时，可正确地选定电流表和电压表的量程。

（2）实验中，若用指针式万用表直流毫安挡测各支路电流，在什么情况下可能出现指针反偏，应如何处理？在记录数据时应注意什么？若用直流数字毫安表进行测量时，则会有什么显示？

四、实验设备

实验设备见表 1 - 5。

表 1 - 5

序号	名称	型号与规格	数量	备注
1	直流可调稳压电源	0～30V	2 路	
2	万 用 表		1	
3	直流（数字）电压表	0～300V	1	
4	直流（数字）电流表	0～2A	1	电流插头
5	实验电路板		1	

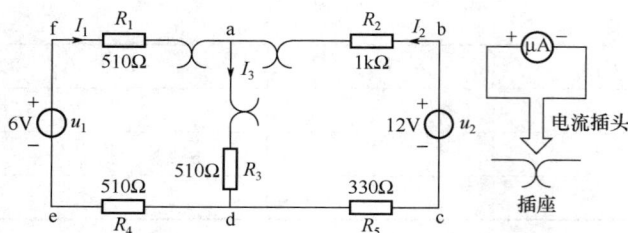

图 1 - 31 实验电路图

五、实验内容

（1）实验前先任意设定三条支路和三个闭合回路的电流正方向。图 1 - 31 中的 I_1、I_2、I_3 的方向已设定。三个闭合回路的电流正方向可设为 adefa、badcb 和 fbcef。

（2）分别将两路直流稳压源接入电路，令 $U_1 = 6V$，$U_2 = 12V$。

（3）熟悉电流插头的结构，将电流插头的两端接至直流（数字）电流表的"＋、－"两端。

（4）将电流插头分别插入三条支路的三个电流插座中，读出并记录电流值。

（5）用直流（数字）电压表分别测量两路电源及电阻元件上的电压值，记录于表 1 - 6 中。

表 1 - 6

被测量	I_1(mA)	I_2(mA)	I_3(mA)	U_1(V)	U_2(V)	U_{FA}(V)	U_{AB}(V)	U_{AD}(V)	U_{CD}(V)	U_{DE}(V)
计算值										
测量值										
相对误差										

六、实验注意事项

（1）本实验线路板一般为多个实验通用，本次实验中需使用电流插头和插座。

（2）所有需要测量的电压值，均以电压表测量的读数为准。U_1、U_2 也需测量，不应取电源本身的显示值。

（3）防止稳压电源两个输出端碰线短路。

（4）用指针式电压表或电流表测量电压或电流时，如果仪表指针反偏，则必须调换仪表极性，重新测量。此时指针正偏，可读得电压值或电流值。若用数显电压表或电流表测量，则可直接读出电压值或电流值。但应注意：所读得的电压值或电流值的正、负号应根据设定的电流方向来判断。

七、实验报告

（1）根据实验数据，选定节点，是否符合 KCL。

（2）根据实验数据，选定实验电路中的任一个闭合回路，是否符合 KVL。

（3）将支路和闭合回路的电流方向重新设定，重复（1）、（2）两项。

（4）分析误差原因。

（5）写出心得体会及其他。

第二章

电路元件和二端网络的等效

第一节　电阻元件及其串并联

一、电阻元件

1. 概述

在物理学中，电阻元件是指导体以及由导体制成的电阻器、白炽灯、电炉等，其符合欧姆定律。随着电子元件的出现，它们虽不完全满足欧姆定律，但具有与电阻元件相类似的特性。因此，对电阻元件的理解不能仅限于电阻器，而应当从广义角度去认识。

导体或半导体，既有导电性能，又有阻碍电流的电阻作用。电阻作用使得导体或半导体通过电流时，产生电能转换成热能或其他形式能量的不可逆过程。

如果一个二端元件通过电流时总是吸收电能，那么，它的电压和电流的方向总是一致的。为了模拟电阻器及其他实际部件消耗电能的基本特性，引入了电阻元件（resistor）。电阻元件是一个二端元件，在任意时刻，其电压和电流的方向一致，大小成代数关系，即电压与电流的关系（voltage-current relationship）由 u-i 平面上的一条曲线所描述。这条 u-i 曲线称为该电阻元件的伏安特性曲线，如图 2-1 所示。

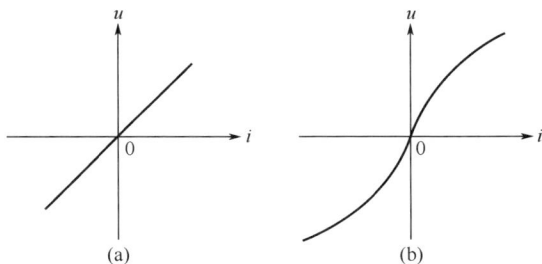

图 2-1　电阻元件的 u-i 特性曲线
(a) 线性电阻；(b) 非线性电阻

实际电阻器一般都可以近似地看成电阻元件，即可以用电阻元件作为其模型。

电压与电流的大小成正比关系的电阻元件，其伏安特性曲线是一条通过坐标原点的直线，如图 2-1（a）所示，称为线性电阻元件。否则，称为非线性电阻元件，如图 2-1（b）所示。本书主要讨论线性元件及含线性元件的电路。后面如不加说明均指线性电阻元件，并简称为电阻元件。

线性电阻元件的电压大小与电流大小的比值

$$R = \frac{u}{i} \qquad\qquad (2-1)$$

是一个与电压、电流大小无关的常数，称为它的电阻（resistance）。电阻的倒数

$$G=\frac{1}{R}$$

称为电导（conductance）。

在国际单位制中，电阻的单位为欧姆（伏/安），简称欧，用符号 Ω 表示；电导的单位为西门子（安/伏），简称西，用符号 S 表示。

图 2-2　电阻元件的图形符号

（a）用电阻表示；（b）用电导表示

电阻元件的特性由其电阻值 R 表征，R 是反映能量损耗的电路参数。电阻元件又简称电阻，其图形符号如图 2-2 所示。图 2-2（a）中注明的 R，既表示这是一个电阻元件，又表示其电阻值为 R。图 2-2（b）中注明的 G，既表示这是一个电阻元件，又表示其电导值为 G。

2. 电阻元件的电压与电流关系

定义中已提到，电阻元件的电压和电流的方向总是一致的。所以，若选择电阻元件的电压和电流的参考方向一致，如图 2-3（a）所示，则同一瞬间的电压 u 和电流 i 总是同号的。

由此得

$$u=Ri \text{ 或 } i=Gu \qquad (2-2)$$

在直流情况下

$$U=RI \text{ 或 } I=GU$$

这就是大家熟知的欧姆定律。

应当注意：式（2-2）的前提是电压与电流的参考方向一致。若选择电压与电流的参考方向相反，如图 2-3（b）所示，则同一瞬间的电压与电流总是异号的，在这种情况下，$u=-Ri$。

图 2-3　电阻元件的电压、电流关系

（a）$u=Ri$；（b）$u=-Ri$

根据式（2-2），线性电阻元件的电压和电流的解析式为

$$u(t)=Ri(t)$$

这表明线性电阻元件的电压和电流的变化规律是一致的，波形是相似的。不论是线性电阻还是非线性电阻，它们的电压与电流之间都存在着代数关系。这表明：电阻元件任一瞬间的电压（或电流）只决定于同一瞬间的电流（或电压），而与以前的电压或电流的大小无关，这种性质称作"瞬时性"或"无记忆性"。所以，电阻元件是一种无记忆性元件。

3. 电阻元件的功率

电阻元件吸收的功率，可根据已知条件按以下形式计算

$$p=ui=Ri^2=u^2/R=Gu^2 \qquad (2-3)$$

在导出式（2-3）时，已引用了 $u=Ri$ 的关系，即已选择电压、电流为关联参考方向，因此 Ri^2 及 Gu^2 应视为电阻元件吸收的功率；不论 u、i 为正或为负，Ri^2 及 Gu^2 均为正值，

即电阻元件总是吸收功率的。所以，电阻元件又称耗能元件。应用式（2-3）时要注意：$p=ui$ 对任何二端网络都适用，而 $p=Ri^2=Gu^2$ 只对电阻元件适用。在电流一定时，电阻元件吸收的功率与其电阻值成正比；当电压一定时，电阻元件吸收的功率与其电阻值成反比。

电气设备在使用过程中，若电流过大，就会引起过热，影响设备的使用寿命和安全。为了保证设备正常工作，制造厂对设备规定了额定值（rated value），作为使用设备的依据。一般电气设备的额定值有额定电压 U_N、额定电流 I_N 或额定功率 P_N。对电阻器而言，标明的是电阻值和额定功率（额定电流）。

二、电阻的串联

将几个电阻元件的端钮依次连接成一串，中间没有分支，这些电阻的连接称为串联。图2-4（a）表示三个电阻的串联。电阻串联时，在任意瞬间，各电阻流过同一电流，总电压等于各电阻的电压之和，这是电阻串联（也是所有二端元件串联）的两个基本特点。以图2-4（a）为例，说明以下几个关系。

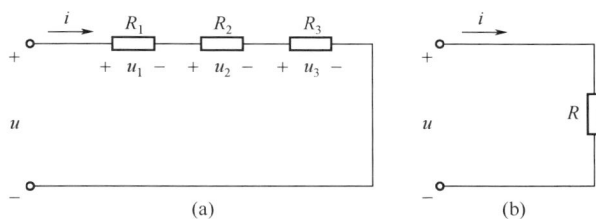

图2-4 电阻的串联及其等效电路

1. 等效电阻与各串联电阻之间的关系

根据欧姆定律，各电阻的电压为
$$u_1=R_1i, \quad u_2=R_2i, \quad u_3=R_3i$$

根据 KVL 有
$$u_1+u_2+u_3=(R_1+R_2+R_3)i=Ri$$

式中：$R=R_1+R_2+R_3$ 称为串联电阻的等效电阻或总电阻，它等于各串联电阻之和。

当 n 个电阻串联时，其等效电阻与各串联电阻之间的关系为
$$R=\sum_{k=1}^{n}R_k \tag{2-4}$$

根据 $u=Ri$，可画出图2-4（b）所示的电路。比较两个电路可知，它们的端口电压 u 和电流 i 都相等，即等效电阻 R 与电阻 R_1、R_2、R_3 串联起来的作用是相同的，所以图2-4（a）可以用图2-4（b）等效替代。

2. 功率关系

将等式 $u=u_1+u_2+u_3$ 两边同乘以电流 i，得
$$p=ui=u_1i+u_2i+u_3i$$
$$=R_1i^2+R_2i^2+R_3i^2=Ri^2 \tag{2-5}$$

式（2-5）表明：各串联电阻吸收的总功率等于它们的等效电阻所吸收的功率。

3. 分压关系

由欧姆定律可知，各串联电阻的电压与其电阻值成正比，且每个电阻上的电压只是总电压的一部分，所以串联电阻具有分压作用。各电阻的电压为
$$u_1=R_1i=u\frac{R_1}{R_1+R_2+R_3}$$

19

$$u_2 = R_2 i = u \frac{R_2}{R_1 + R_2 + R_3}$$

$$u_3 = R_3 i = u \frac{R_3}{R_1 + R_2 + R_3}$$

当 n 个电阻串联时，任一电阻 R_j 上的电压为

$$u_j = u \frac{R_j}{R} \tag{2-6}$$

由式（2-5）和式（2-6）可知：电阻串联时，电阻值大的电压大，吸收的功率也大；电阻值小的电压小，吸收的功率也小。当串联使用不同阻值、不同瓦数的电阻时，必须注意这一特点。

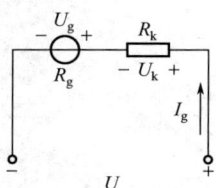

图 2-5　［例 2-1］图

【例 2-1】　用满偏电流为 $50\mu A$、电阻 $R_g = 3.5k\Omega$ 的表头，串联附加电阻 R_k，制成量程为 $10V$ 的电压表，如图 2-5 所示，问 R_k 应为多少？

解　满刻度时表头的电压为

$$U_g = I_g R_g = 50 \times 10^{-6} \times 3.5 \times 10^3 = 0.175(\text{V})$$

附加电阻的电压为

$$U_k = 10 - 0.175 = 9.825(\text{V})$$

代入式（2-6），得

$$9.825 = \frac{R_k}{R_k + 3.5} \times 10$$

解之得

$$R_k = 196.5k\Omega$$

三、电阻的并联

将几个电阻元件的两个端钮连接在同一对节点之间，这些电阻的连接称为并联。图 2-6（a）表示三个电阻的并联。电阻并联时，各电阻的电压为同一电压，总电流等于各电阻的电流之和，这是电阻并联（也是所有二端元件并联）的两个基本特点。以图 2-6（a）所示并联电阻为例，说明以下几个关系。

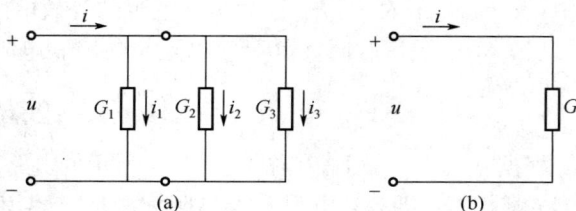

图 2-6　电阻的并联及其等效电路

1. 等效电导与各并联电导之间的关系

根据欧姆定律，各电导的电流为

$$i_1 = G_1 u, \quad i_2 = G_2 u, \quad i_3 = G_3 u$$

根据 KCL 有

$$i = i_1 + i_2 + i_3 = (G_1 + G_2 + G_3)u = Gu$$

式中：G 称为并联电导的等效电导或总电导，它等于各并联电导之和。

若用电阻表示电导，则有

$$\frac{1}{R} = \frac{1}{R_1} + \frac{1}{R_2} + \frac{1}{R_3}$$

式中：R 称为并联电阻的等效电阻或总电阻，它的倒数等于各并联电阻的倒数之和。

当 n 个电阻并联时，其等效电导或等效电阻为

$$G = \sum_{k=1}^{n} G_k$$

$$\frac{1}{R} = \sum_{k=1}^{n} \frac{1}{R_k} \tag{2-7}$$

根据 $i = Gu$，可画出图 2-6（b）所示电路。图 2-6（a）、（b）所示两个电路的端口电压 u 和电流 i 都相等，因此它们是等效的。

2. 功率关系

将等式 $i = i_1 + i_2 + i_3$ 两边同乘以电压 u，得

$$p = ui = ui_1 + ui_2 + ui_3 = G_1 u^2 + G_2 u^2 + G_3 u^2 \tag{2-8}$$

式（2-8）表明：各并联电阻吸收的总功率等于它们的等效电阻所吸收的功率。

3. 分流关系

由 $i_1 = G_1 u$、$i_2 = G_2 u$、$i_3 = G_3 u$ 可知，流过各并联电阻的电流与其电导成正比（与它的电阻成反比），且流过每个并联电阻的电流只是总电流的一部分，所以并联电阻具有分流作用。其分流公式为

$$i_1 = G_1 u = G_1 \frac{i}{G} = i \frac{G_1}{G_1 + G_2 + G_3}$$

$$i_2 = G_2 u = G_2 \frac{i}{G} = i \frac{G_2}{G_1 + G_2 + G_3}$$

$$i_3 = G_3 u = G_3 \frac{i}{G} = i \frac{G_3}{G_1 + G_2 + G_3}$$

n 个电阻并联时，流过任一电阻 R_j 上的电流为

$$i_j = i \frac{G_j}{G} \tag{2-9}$$

在实际电路中，两个电阻并联是经常遇到的，它们的等效电阻及分流公式为

$$R = \frac{R_1 R_2}{R_1 + R_2}$$

$$i_1 = i \frac{G_1}{G_1 + G_2} = i \frac{R_2}{R_1 + R_2}$$

$$i_2 = i \frac{G_2}{G_1 + G_2} = i \frac{R_1}{R_1 + R_2}$$

从式（2-8）和式（2-9）得出：n 个电阻并联时，电阻值大的电流小，吸收的功率也小；电阻值小的电流大，吸收的功率也大。当不同电阻值、不同瓦数的电阻并联时，必须注意这一特点。

【例 2-2】　一个表头的满偏电流 $I_g = 200\mu A$，内阻 $R_g = 500\Omega$。用此表头装配成量程 100mA 的毫安表，如图 2-7 所示电路，试计算其分流电阻。

解　根据并联电阻的分流原理，与表头并联电阻 R_s 可以扩大电流量程，且 R_s 越小，电流的量程越大。根据分流公式

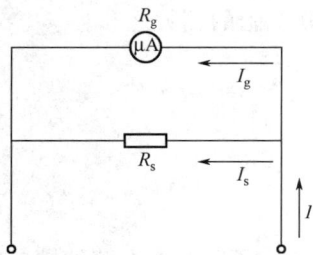

图 2-7　[例 2-2]图

$$I_{\mathrm{g}} = I \frac{R_{\mathrm{s}}}{R_{\mathrm{g}} + R_{\mathrm{s}}}$$

解得

$$R_{\mathrm{s}} = \frac{I_{\mathrm{g}} R_{\mathrm{g}}}{I - I_{\mathrm{g}}} = \frac{R_{\mathrm{g}}}{\dfrac{I}{I_{\mathrm{g}}} - 1}$$

代入数据得

$$R_{\mathrm{s}} = \frac{500}{\dfrac{100 \times 10^{-3}}{200 \times 10^{-6}} - 1} = \frac{500}{500 - 1} \approx 1.002(\Omega)$$

四、电阻的混联

既有电阻的串联又有电阻并联的电路，称为混联电路。混联电路可用以上介绍的串、并联电路的等效变换方法，最后简化为一个等效电阻。下面，通过例题来说明混联电路的分析方法。

【例 2-3】　试求图 2-8 所示电路中，ab 和 cd 两端的等效电阻。

解　（1）求 ab 两端的等效电阻时，c、d 端钮应视为断开，即把给定的电路看作以 ab 为断口的二端网络。根据串并联的特点可以看出：图 2-8 中最右边的两个 2Ω 电阻并联后与 2Ω 和 3Ω 的电阻串联，再与 3Ω 电阻并联后与 8Ω 电阻串联（为了书写方便，用符号"//"表示并联，并按先并后串、先括号内后括号外的顺序运算）。于是得

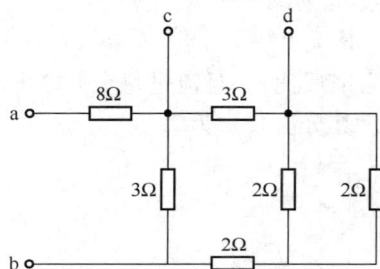

图 2-8　[例 2-3]图

$$R_{\mathrm{ab}} = (2 \mathbin{/\!/} 2 + 2 + 3) \mathbin{/\!/} 3 + 8 = 10(\Omega)$$

（2）求 cd 两端的等效电阻时，a、b 端钮应视为断开，设想在 cd 间接入电源，8Ω 电阻中没有电流，因此它不起作用。于是得

$$R_{\mathrm{cd}} = (2 \mathbin{/\!/} 2 + 2 + 3) \mathbin{/\!/} 3 = \frac{6 \times 3}{6 + 3} = 2(\Omega)$$

【例 2-4】　进行电工实验时，常用滑线变阻器接成分压器电路来调节负载电阻的电压。图 2-9 所示电路中，R_1 和 R_2 是滑线变阻器两部分的电阻，R_{L} 是负载电阻。已知滑线变阻器的额定值为 100Ω、3A，$U_1 = 220\mathrm{V}$，$R_{\mathrm{L}} = 50\Omega$。试问：（1）当 $R_2 = 50\Omega$ 时，输出电压 U_2 是多少？

（2）当 $R_2 = 75\Omega$ 时，输出电压 U_2 是多少？滑线变阻器能否安全工作？

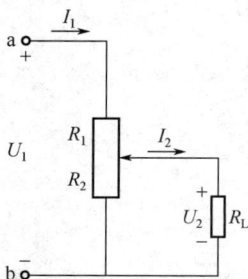

图 2-9　[例 2-4]图

解　（1）当 $R_2 = 50\Omega$ 时，端钮 a、b 间的等效电阻 R_{ab} 为 R_2 和 R_{L} 并联后与 R_1 串联而成，故

$$R_{\mathrm{ab}} = R_1 + \frac{R_2 R_{\mathrm{L}}}{R_2 + R_{\mathrm{L}}} = 50 + \frac{50 \times 50}{50 + 50} = 75(\Omega)$$

总电流即流过滑线变阻器 R_1 段的电流为

$$I_1 = \frac{U_1}{R_{\mathrm{ab}}} = \frac{220}{75} \approx 2.93(\mathrm{A})$$

根据分流公式可得

$$I_2 = \frac{R_2}{R_2 + R_L} I_1 = \frac{50}{50 + 50} \times 2.93 \approx 1.47(\text{A})$$

$$U_2 = I_2 R_L = 50 \times 1.47 = 73.50(\text{V})$$

（2）当 $R_2 = 75\Omega$ 时，计算方法同上，可得

$$R_{ab} = R_1 + \frac{R_2 R_L}{R_2 + R_L} = 25 + \frac{75 \times 50}{75 + 50} = 55(\Omega)$$

$$I_1 = \frac{U_1}{R_{ab}} = \frac{220}{55} = 4(\text{A})$$

$$I_2 = \frac{R_2}{R_2 + R_L} I_1 = \frac{75}{75 + 50} \times 4 = 2.4(\text{A})$$

$$U_2 = I_2 R_L = 50 \times 2.4 = 120(\text{V})$$

$I_1 = 4\text{A}$，大于滑线变阻器额定电流 3A，R_1 段电阻有被烧坏的危险。

思 考 题

2-1-1　把滑线变阻器当作分压器使用时应该注意什么？输入端和输出端是否可以互换使用？

2-1-2　在图 2-10 所示电路中，U_s 不变。当 R_3 增大或减小时，电压表、电流表的读数将如何变化？说明其原因。

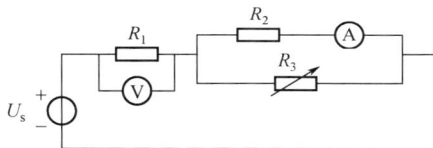

图 2-10　思考题 2-1-2图

第二节　电　感　元　件

一、电感元件

有电流就有磁场（magnetic field），所以电路工作时，在电路中及其周围存在磁场，并储存着磁场形式的能量。在实际电路中，以储存磁场能量而实现一定功能为主要目的的设备是用导线绕成线圈形式的电感器。电感器俗称电感线圈，也是电力、电信、自动控制及仪表电路中常用的元件之一。

电感器之所以绕成线圈形式，是为了在一定大小的电流下增强线圈内部的磁场。为了获得较强的磁场，常在线圈中放入磁性材料制成的心子，这种电感线圈称为铁心线圈。没有铁心的电感线圈，称为空心线圈。

电感线圈通过电流时，在线圈内部及其周围产生磁场，其强弱用物理量磁通 Φ 表示。在任意瞬间，穿过线圈的磁通决定于同一瞬间电流的大小；磁通的方向与产生磁通的电流的方向符合右手螺旋定则，如图 2-11 所示，在电流产生磁场的过程中，电能转换为磁场形式的能量储存于磁场之中。因此，通电线圈具有储存磁场能量的基本特性。

如果线圈的匝数为 N，穿过第一匝、第二匝、…、第 N 匝的磁通分别为 Φ_1、Φ_2、…、Φ_N，则穿过线圈各匝的磁通的代数和为

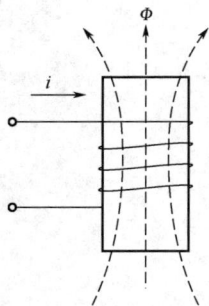

图 2 - 11　磁通与电流的关系

$$\Psi = \Phi_1 + \Phi_2 + \cdots + \Phi_N$$

Ψ 称为该线圈的全磁通或磁通链，简称磁链。若线圈绕得很紧密，则穿过线圈各匝的磁通近似相等，即 $\Phi_1 = \Phi_2 = \cdots = \Phi_N = \Phi$，则磁链

$$\Psi = N\Phi \qquad (2-10)$$

在法定单位制中，Φ 和 Ψ 的单位为韦伯（伏秒），简称韦，单位为 Wb。

在电路理论中，为了模拟电感线圈及其他实际部件储存磁场能量的基本特性，引入了电感元件（inductor）。电感元件是一个二端元件，在任意时刻，它的磁链与电流的方向成右手螺旋关系，磁链与电流的大小成代数关系，即磁链与电流的关系由 Ψ-i 平面上的一条曲线所决定，如图 2 - 12 所示。

电感元件的磁链与电流的大小成正比关系，若它的 Ψ-i 特性曲线是一条通过坐标原点的直线，如图 2 - 12（a）所示，称为线性电感元件；否则称为非线性电感元件，如图 2 - 12（b）所示。本书除第十章专门讨论非线性电感元件（铁心线圈）外，其他均指线性电感元件，并简称为电感元件。

线性电感元件的磁链与电流的比值

$$L = \frac{\Psi}{i} \qquad (2-11)$$

是一个常数，称为电感元件的电感（inductance）。在法定单位制中，电感的单位为亨利（伏秒/安＝欧秒），简称亨，符号为 H。在实用中，电感常用毫亨（mH）作单位。

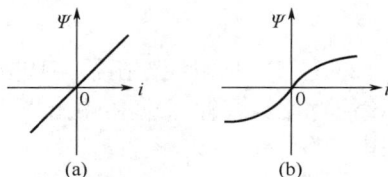

图 2 - 12　电感元件的 Ψ-i 特性曲线
（a）线性电感；（b）非线性电感

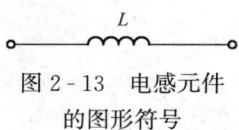

图 2 - 13　电感元件的图形符号

电感元件的特性由其电感 L 表征，L 是反映磁场储能性质的电路参数。电感元件又简称电感，其图形符号如图 2 - 13 所示。图中注明的 L，既表示这是一个电感元件，又表示其电感值为 L。L 的大小只与线圈本身的几何尺寸、匝数及其周围媒质的导磁性能有关，而与线圈是否带电无关。

因为绕制线圈的导线本身具有电阻，所以实际线圈一般不能直接以电感元件为其模型，而常用电感元件与电阻元件的串联组合构成其模型。

二、电感元件电压与电流的关系

当通过电感元件的电流 i 发生变化时，穿过线圈的磁链 Ψ 也相应发生变化，因而在电感元件中产生自感电动势 e_L，使其两端具有电压 u。根据法拉第电磁感应定律，自感电动势的大小为

$$\left| e_L \right| = \left| \frac{\mathrm{d}\Psi}{\mathrm{d}t} \right| \qquad (2-12)$$

将式（2 - 11）代入式（2 - 12），由于 L 为常数，所以

$$\left| e_L \right| = \left| \frac{\mathrm{d}(Li)}{\mathrm{d}t} \right| = L \left| \frac{\mathrm{d}i}{\mathrm{d}t} \right|$$

根据楞次定律，感应电动势的方向总是企图阻碍磁通变化的。若选择自感电动势的参考

方向与电流的参考方向一致，如图 2 - 14（a）所示。那么，当电流的方向与其参考方向一致，且电流增大$\left(即\dfrac{\mathrm{d}i}{\mathrm{d}t}>0\right)$时，自感电动势的实际方向与其参考方向相反，如图 2 - 14（b）所示，即在图 2 - 14（a）所选择的参考方向下，$e_L<0$；当电流的方向与其参考方向一致，且电流减小$\left(即\dfrac{\mathrm{d}i}{\mathrm{d}t}<0\right)$时，自感电动势的实际方向与其参考方向相同，如图 2 - 14（c）所示，即在图 2 - 14（a）选择的参考方向下，$e_L>0$。由此可见，在选择电感元件的自感电动势与电流的参考方向一致的前提下，e_L 与 $\dfrac{\mathrm{d}i}{\mathrm{d}t}$ 总是异号的，从而得

$$e_L=-L\,\frac{\mathrm{d}i}{\mathrm{d}t}$$

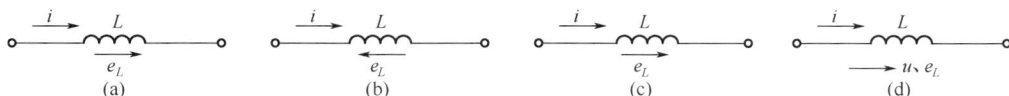

图 2 - 14　电感元件的 i、e_L、u 的关系

(a) i、e_L 的参考方向；(b) $\dfrac{\mathrm{d}i}{\mathrm{d}t}>0$ 时 i、e_L 的方向；(c) $\dfrac{\mathrm{d}i}{\mathrm{d}t}<0$ 时 i、e_L 的方向；(d) i、e_L、u 的参考方向

在电路理论中，元件两端的电位差用电压表示。若选择电压 u 与电动势 e_L 的参考方向一致时，$u=-e_L$。因此，在选择电感元件的电压（简称自感电压）、自感电动势和电流三者的参考方向一致的前提下，如图 2 - 14（d）所示，则有

$$u=-e_L=L\,\frac{\mathrm{d}i}{\mathrm{d}t} \qquad (2-13)$$

式（2 - 13）表明：

（1）通过电感元件的电流增大时，电压与电流的方向一致；电流减小时，电压与电流的方向相反。

（2）任一瞬间，电感元件电压的大小并不取决于这一瞬间电流的大小，而是与这一瞬间电流的变化率成正比。即电感电流变化越快，电压越大；电流变化越慢，电压越小；若电感中虽有电流，但电流不变（直流），则电压为零，此时的电感元件如同 R 为零的电阻，即电感元件短路。

（3）电感电流的变化受到电感电压的约束，在电感电压为有限值的前提下，电感电流不可能发生跃变（也称突变），而只能是连续变化，因为电感电流发生跃变，必然在电感上产生无穷大的电压。电感元件的上述性质，对分析电路的过渡过程（第八章）是极为重要的。

因为电感元件的电压与电流之间成微分（或积分）关系，所以电压与电流的波形一般不相同。电压与电流之间成微分（或积分）关系的元件，称为动态元件。因此，电感元件是一种动态元件。

三、电感元件的磁场能量

如前所述，当电感元件的电流增大时，电压与电流的实际方向一致，表明此时电感元件从外部吸收电能，并转换为磁场能量储存于电感之中；当电流减小时，电压与电流的实际方向相反，表明这时电感元件向外部释放储能，即将磁场能量转换为电能。可见，电感元件与

耗能的电阻元件不同，是一种储能元件。

当选择电感电压与电流的参考方向一致时，电感元件吸收的瞬时功率为

$$p = ui = Li\frac{\mathrm{d}i}{\mathrm{d}t}$$

在极短时间 $\mathrm{d}t$ 内，电感元件吸收的电能为

$$p\,\mathrm{d}t = Li\,\mathrm{d}i$$

当电感电流从零变化到 i 时，对上式积分，则电感元件共吸收的电能为

$$w_L = \int_0^i Li\,\mathrm{d}i = \frac{1}{2}Li^2 \tag{2-14}$$

这些能量全部转换为磁场能量，储存于磁场之中。式（2-14）就是电感电流为 i 时的磁场储能。式（2-14）中，L、i 的单位分别为 H、A，则 w_L 的单位为 J。

式（2-14）表明：电感元件有电流就有磁场能量，与电压的大小及有无没有关系；磁场能量的大小只与电流的平方成正比，而与电流的建立过程无关。

【例 2-5】 图 2-15（a）所示，已知 $L = 10^{-3}$H，$i(t)$ 的波形如图 2-15（b）所示。试求：（1）电压 $u(t)$，并画出它的波形；（2）电感元件吸收的功率 $p(t)$，并画出它的波形；（3）磁场的最大储能。

解 （1）根据 $i(t)$ 的波形分段写出 $i(t)$ 的表达式，并运用 $u = L\frac{\mathrm{d}i}{\mathrm{d}t}$ 分段计算 $u(t)$：

1）$0 \leqslant t < 2$s 区间 $\qquad i(t) = \frac{3}{2}t$ (A)

$$u(t) = L\frac{\mathrm{d}i}{\mathrm{d}t} = 10^{-3} \times \frac{3}{2} = 1.5 \text{(mV)}$$

2）$2 \leqslant t < 3$s 区间 $\qquad i(t) = 9 - 3t$ (A)

$$u(t) = L\frac{\mathrm{d}i}{\mathrm{d}t} = 10^{-3} \times (-3) = -3 \text{(mV)}$$

$u(t)$ 的波形如图 2-15（c）所示。

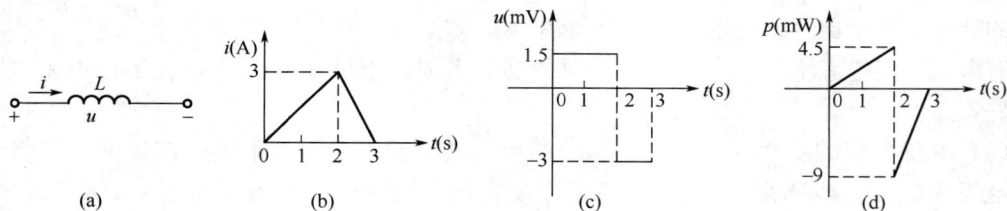

图 2-15 ［例 2-5］图

（2）按 $p(t) = u(t)i(t)$ 计算功率：

1）$0 \leqslant t < 2$s 区间 $\qquad p(t) = 1.5 \times \frac{3}{2}t = 2.25t$ (mW)

2）$2 \leqslant t < 3$s 区间 $\qquad p(t) = -3 \times (9 - 3t) = 9t - 27$ (mW)

$p(t)$ 的波形如图 2-15（d）所示。

（3）$t = 2$s 时，电流为最大值（$i_{max} = 3$A），因此磁场的最大储能为

$$W_{max} = \frac{1}{2}Li_{max}^2 = \frac{10^{-3}}{2} \times 9 = 4.5 \times 10^{-3} \text{(J)}$$

思 考 题

2-2-1 若选择电感元件的电压 u_L 和电流 i_L 的参考方向相反，式（2-13）还成立吗？如果不成立应如何修改？为什么？

2-2-2 若要设计一个电感很大的线圈，应从哪些方面去考虑？

第三节 电容元件及其串并联

一、电容元件

有电压就有电场。所以，电路工作时，在电路中及其周围存在电场，并储存着电场形式的能量。在实际电路中，以储存电场能量而实现一定功能为主要目的的设备是电容器。电容器是电力、电信、自动控制、电子电路及仪表电路中常用的元件之一。

电容器的种类虽多，但其构成原理都是一样的。任意两个彼此靠近、被绝缘介质分隔开的导体就构成一个电容器。两个导体称为电容器的极板，用导线与外电路相连。图 2-16 所示为电容器的结构示意图。

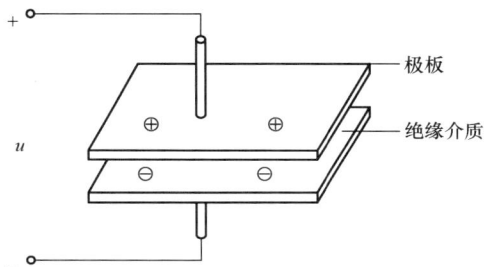

在实际电路中，除了人为制造的电容器外，还存在着许多自然形成的电容器。例如，架空

图 2-16 电容器的结构示意图

输电线路的两根导线之间、导线与大地之间，设备中的各部件之间、导线之间、部件或导线与机壳之间等。一般情况下，这些电容器的作用可以忽略不计，但在高电压及远距离输电线路以及高频电子线路中，这些电容器的影响是不能忽略的。

当电容器的极板间接入电源时，沿电压方向将有等量异号电荷分别聚集在两个极板上，如图 2-16 所示。在任意瞬间，每一极板上聚集的电量决定于同一瞬间极板间电压的大小。在上述过程中，极板间建立电场，电能转换为电场形式的能量储存到电场之中。由此可见，电容器具有聚集电荷而储存电场能量的基本特性。

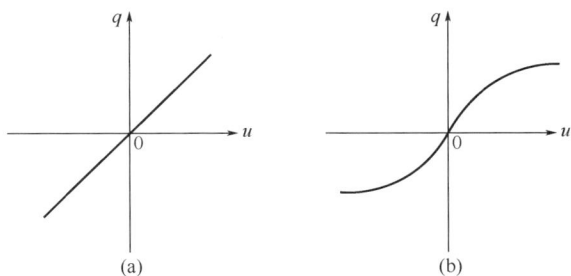

图 2-17 电容元件的 q-u 曲线

(a) 线性电容元件；(b) 非线性电容元件

在电路理论中，为模拟电容器及其他实际部件储存电场能量的基本特性而引入电容元件（capacitor）。电容元件是一个二端元件，在任意时刻，沿电压方向聚集等量的正、负电荷；每一极板上储存的电量 q 与电压 u 的大小成代数关系，即电量与电压的关系由 q-u 平面上的一条曲线所决定，如图 2-17 所示。

电量与电压大小成正比关系的电容元件，它的 q-u 曲线是一条通过坐标原点的直线，如图 2-17（a）所示，称为线性电容元件；否则，称为非线性电容元件，如图 2-17（b）所示。本书只讨论线性电容元件，并简称电容元件。

线性电容元件的电量与电压的比值

$$C = \frac{q}{u} \qquad (2-15)$$

是一个常数，称为电容元件的电容（capacitance）。在法定单位制中，电容的单位为法拉（库/伏），简称法，符号为 F。在实际中，电容单位常用 μF（微法）或 pF（皮法）表示。

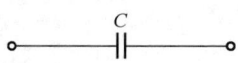

电容元件的特性由其电容 C 表征，C 是反映电场储能性质的电路参数。电容元件又简称电容，其图形符号如图 2-18 所示。图中注明的 C，既表示这是一个电容元件，又表示其电容值为 C。C 的大小只与电容器本身的结构形式（如极板的面积、极板间的距离）和极板间的绝缘材料的性质有关，而与电容器是否带电无关。

图 2-18 电容元件的图形符号

实际电容器一般都可以近似看成电容元件，即可以用电容元件为其模型。但由于电容器极板间的绝缘材料并非绝对不导电，而有漏电流，尤其是在高电压情况下的漏电现象比较明显，这样的实际电容器常用电容元件与电阻元件的并联组合构成其模型。

一个电容器，除标明它的电容外，还要标明它的额定电压。因为电容器承受的电压过高，其绝缘介质将被击穿而导电，形成短路，所以使用电容器时，所加电压不得超过其额定电压。

二、电容元件的电压与电流的关系

电容元件的电压 u 变化时，极板上的电量 q 也随之变化，于是电路中出现电荷的移动，即形成电流 i。设在极短时间 dt 内，电容器每个极板上的电量变化了 dq，则电流的大小

$$|i| = \left| \frac{dq}{dt} \right|$$

将式（2-15）代入上式，由于 C 为常数，所以

$$|i| = \left| \frac{d(Cu)}{dt} \right| = C \left| \frac{du}{dt} \right|$$

若选择电容元件的电压、电流的参考方向一致，如图 2-19（a）所示。当电压的方向与其参考方向一致且电压增大$\left(\text{即 } \frac{du}{dt} > 0\right)$时，极板上电荷增加，这时电容器被充电，电流的方向（图 2-19 中虚线）与其参考方向一致，即在图 2-19（a）所示的参考方向下 $i > 0$，如图 2-19（b）所示；当电压的方向与其参考方向一致且电压减小$\left(\text{即 } \frac{du}{dt} < 0\right)$时，极板上电荷减少，这时电容器放电，电流的方向（图 2-19 中虚线）与其参考方向相反，即在图 2-19（a）所示的参考方向下 $i < 0$，如图 2-19（c）所示。由此可见，在选择电容元件的电压、电流参考方向一致的前提下，i 与 $\frac{du}{dt}$ 总是同号的，因此得

$$i = C \frac{du}{dt} \qquad (2-16)$$

由电容元件的伏安关系式（2-16）可得如下结论：

（1）电容元件的电压增大（充电）时，电流与电压的方向一致；电压减小（放电）时，电流与电压的方向相反。

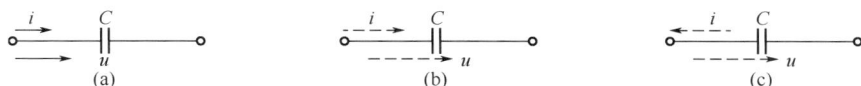

图 2-19　电容元件的 u、i 的关系

(a) u、i 的参考方向；(b) $\dfrac{\mathrm{d}u}{\mathrm{d}t}>0$ 时 u、i 的方向；(c) $\dfrac{\mathrm{d}u}{\mathrm{d}t}<0$ 时 u、i 的方向

（2）线性电容电流，在任何时刻都与该时刻电压的变化率成正比，而与电容电压 u 本身及其过去的状态无关。即电容电压变化越快，电流越大；电压变化越慢，电流越小；若电容元件虽有电压，而电压不变（直流），则电流为零，也就是说，对直流电压，电容元件相当于开路，即电容元件具有通交流隔断直流（隔直通交）的作用。

（3）电容电压的变化直接受到电容电流的约束，在电容电流为有限值的前提下，电容电压不可能发生跃变，而只能是连续变化的，因为电容电压的跃变，必然伴有无限大的电流。电容元件的上述性质，对分析电路的过渡过程（第八章）是极为重要的。

因为电容元件的电压与电流之间成微分（或积分）关系，所以电压与电流的波形一般不相同。电压与电流之间成微分（或积分）关系的元件，称为动态元件。因此电容元件也是一种动态元件。

三、电容元件的电场能量

前已述及，当电容元件的电压增大时，电压与电流的实际方向一致，表明此时电容元件从外部吸收电能，并转换为电场能量储存于电容之中；当电容元件的电压减小时，电压与电流的实际方向相反，这时电容元件向外部释放储能，即将电场能量转换为电能。可见电容元件也是一种储能元件。

当选择电容电压与电流的参考方向一致时，电容元件吸收的瞬时功率为

$$p=ui=Cu\,\frac{\mathrm{d}u}{\mathrm{d}t}$$

在极短时间 $\mathrm{d}t$ 内，电容元件吸收的电能为

$$p\,\mathrm{d}t=Cu\,\mathrm{d}u \tag{2-17}$$

当电容电压从零变化到 u 时，对式（2-17）积分，则电容元件共吸收的电能为

$$w_C=\int_0^u Cu\,\mathrm{d}u=\frac{1}{2}Cu^2 \tag{2-18}$$

这些能量全部转换为电场能量，储存于电场之中。式（2-18）就是电容电压为 u 时的电场储能。式中，C、u 的单位分别为 F（法）、V（伏），则 w_C 的单位为 J（焦）。

式（2-18）表明：电容元件有电压就有电场能量，与电流的大小及有无没有关系；电场能量的大小只与电压的平方成正比，而与电压的建立过程无关。

【例 2-6】　电路如图 2-20（a）所示，已知 $C=2\mu\mathrm{F}$，$u_C(t)$ 的波形如图 2-20（b）所示。试求：（1）$t\geqslant0$ 时的 $i_C(t)$，并画出它的波形；（2）$t=1$、2、4s 时的 u_C 及电容的电场能量。

解　（1）如图 2-20（b）所示，$u_C(t)$ 在 $0\leqslant t<2\mathrm{s}$、$2\mathrm{s}\leqslant t<4\mathrm{s}$、$4\mathrm{s}\leqslant t<6\mathrm{s}$ 的三个区间内的变化率为常数，所以根据 $u_C(t)$ 的波形可分段计算 $i_C(t)$：

$0\leqslant t<2\mathrm{s}$ 区间　$i_C(t)=C\dfrac{\mathrm{d}u_C}{\mathrm{d}t}=2\times10^{-6}\times\dfrac{2-(-2)}{2}=4\times10^{-6}(\mathrm{A})=4(\mu\mathrm{A})$

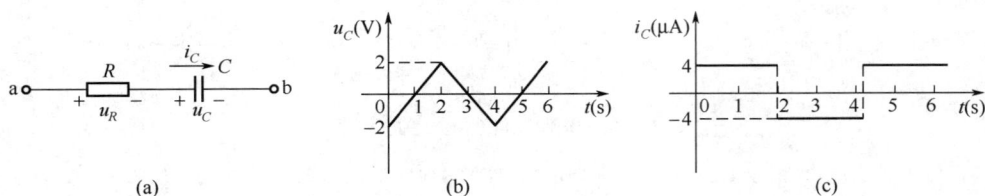

图 2 - 20   ［例 2 - 6］图

$2s \leqslant t < 4s$ 区间 $i_C(t) = C\dfrac{\mathrm{d}u_C}{\mathrm{d}t} = 2 \times 10^{-6} \times \dfrac{-2-2}{2} = -4 \times 10^{-6}(\mathrm{A}) = -4(\mu\mathrm{A})$

$4s \leqslant t < 6s$ 区间 $i_C(t) = C\dfrac{\mathrm{d}u_C}{\mathrm{d}t} = 2 \times 10^{-6} \times \dfrac{2-(-2)}{2} = 4 \times 10^{-6}(\mathrm{A}) = 4(\mu\mathrm{A})$

由以上计算结果画出 $i_C(t)$ 的波形如图 2 - 20（c）所示。

（2）$t = 1s$ 时

$$u_C(1) = 0, \qquad w_C(1) = \frac{1}{2}Cu_C^2(1) = 0$$

$t = 2s$ 时

$$u_C(2) = 2\mathrm{V}, \qquad w_C(2) = \frac{1}{2}Cu_C^2(2) = 4 \times 10^{-6}\mathrm{J}$$

$t = 4s$ 时

$$u_C(4) = -2\mathrm{V}, \qquad w_C(4) = \frac{1}{2}Cu_C^2(4) = 4 \times 10^{-6}\mathrm{J}$$

四、电容器的并联与串联

电容器的电容量不合适或耐压不够时，可以将一些电容器适当连接起来以满足需要，几个电容器连接起来，充电的总电量与它们的端电压的比值，称为它们的等效电容或总电容。

1. 电容器的并联

图 2 - 21 是 C_1、C_2、C_3 三个电容器并联的情况。由于它们的电压同为 u，所以它们所带的电量分别为 $q_1 = C_1u$、$q_2 = C_2u$、$q_3 = C_3u$。它们所带的总电量为各个电容器的电量之和，即

$$q = q_1 + q_2 + q_3 = C_1u + C_2u + C_3u$$
$$= (C_1 + C_2 + C_3)u$$

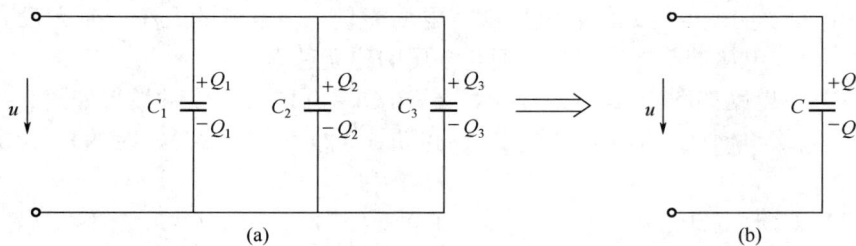

图 2 - 21   电容器的并联

图 2-21（b）中的 C 为图 2-21（a）的等效电容。根据等效条件

$$C = \frac{q}{u} = \frac{(C_1 + C_2 + C_3)u}{u} = C_1 + C_2 + C_3 \qquad (2\text{-}19)$$

式（2-19）中的 C 就是 C_1、C_2、C_3 并联后的等效电容。所以，电容器并联时，等效电容等于各电容器电容之和。

并联电容器的数目越多，其等效电容越大。因为电容器并联相当于增加了电容器极板间的面积，从而增加了电容。因此当电容器的耐压符合要求但容量不够时，可将电容器并联起来，得到较大的电容。但必须注意，电容器并联时电压直接加在每个电容器上，所以每个电容器的耐压必须大于所加电压。

2. 电容器的串联

图 2-22（a）给出了三个电容器串联的情况。电容器串联时，在端电压的作用下，与外电路相连的两个极板带有等量异号的电量 q，中间各个极板顺次由静电感应而产生等量异号的感应电荷。虽然每个电容器所带电量为 q，但所带的总电量也是 q，它们的等效电容 $C = \frac{q}{u}$，见图 2-22（b）。

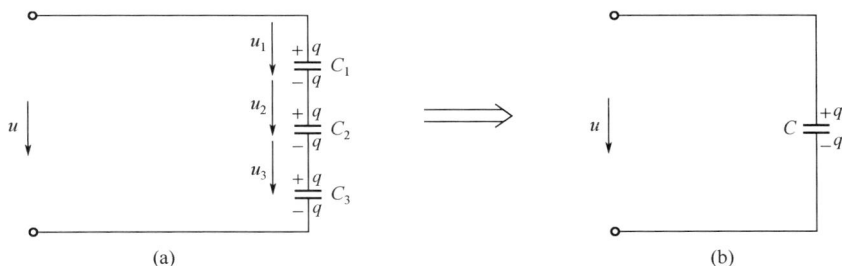

图 2-22　电容器的串联

每个电容器的电压分别为 $u_1 = \dfrac{q}{C_1}$、$u_2 = \dfrac{q}{C_2}$、$u_3 = \dfrac{q}{C_3}$，所以

$$u_1 : u_2 : u_3 = \frac{1}{C_1} : \frac{1}{C_2} : \frac{1}{C_3}$$

即电容器串联时，各电容的电压与电容成反比。

端电压

$$u = u_1 + u_2 + u_3 = \frac{q}{C_1} + \frac{q}{C_2} + \frac{q}{C_3} = \left(\frac{1}{C_1} + \frac{1}{C_2} + \frac{1}{C_3}\right)q$$

所以等效电容的倒数

$$\frac{1}{C} = \frac{u}{q} = \frac{1}{C_1} + \frac{1}{C_2} + \frac{1}{C_3} \qquad (2\text{-}20)$$

串联电容器的等效电容的倒数等于各电容器电容的倒数之和。

电容器串联时，等效电容比其中任何一个电容器的电容都要小。因为电容器串联相当于增大了极板间的距离，因此减小了电容。在实际工作中，若电容器的额定电压小于电路电压，对电容量没有确定要求时，可将电容器串联使用，以满足耐压要求。

【例 2-7】　有两只电容器，$C_1 = 250 \mu\text{F}$，$C_2 = 50 \mu\text{F}$，额定电压分别为 450V 与 250V。

试求：（1）并联使用时的等效电容及工作电压；（2）串联使用时的等效电容及允许的端电压。

解　（1）并联后的等效电容 C 为

$$C = C_1 + C_2 = 250 + 50 = 300(\mu\text{F})$$

并联时，各电容器处在同一电压下，故工作电压不能超过各电容器额定电压的最小值，即

$$u \leqslant 250\text{V}$$

（2）串联后的等效电容 C' 为

$$\frac{1}{C'} = \frac{1}{C_1} + \frac{1}{C_2}$$

$$C' = \frac{C_1 C_2}{C_1 + C_2} = \frac{250 \times 10^{-6} \times 50 \times 10^{-6}}{(250 + 50) \times 10^{-6}}$$

$$\approx 41.7 \times 10^{-6}(\text{F}) = 41.7\mu\text{F}$$

由于串联电容器的分压与电容成反比，电容小的分压大，应使电容较小的 C_2 分压不超过其额定电压，即 $u_2 = 250\text{V}$，则

$$u_1 = \frac{C_2}{C_1} u_2 = \frac{50}{250} \times 250 = 50(\text{V})$$

所以串联后允许的端电压为

$$u = u_1 + u_2 = 50 + 250 = 300(\text{V})$$

思 考 题

2-3-1　若选择电容元件的电压 u 和电流 i 的参考方向相反，式（2-16）还成立吗？如果不成立应如何修改？为什么？

2-3-2　判断下列说法是否正确？如果有错误请改正。

（1）当电容两端的电压达到最大值时，通过它的电流也一定达到最大值。

（2）当电容两端的电压为 u 时，它所消耗的能量为 $\frac{1}{2}Cu^2$。

第四节　电阻的星形连接和三角形连接及其等效变换

在实际电路中，电阻（或其他二端元件）还有另外两种连接方式：一种是星形（Y形）连接，如图 2-23（a）所示；另一种是三角形（△形）连接，如图 2-23（b）所示。它们各有三个端钮与外电路相连接，属于三端网络，因而不同于串联或并联。

在电路分析中，常利用 Y 形网络与 △形网络的等效变换来简化电路的计算。例如图 2-24（a）所示桥形电路，R_1、R_2、R_5 为 Y 形连接，R_2、R_3、R_5 和 R_1、R_4、R_5 为 △形连接。如按等效条件将 △形连接电阻 R_2、R_3、R_5 变换成 Y 形连接的电阻 R_6、R_7、R_8，就可以将原电路化简成图 2-24（b）所示的电路；或者将 Y 形连接的电阻 R_1、R_2、R_5 变换成 △形连接的电阻

R_9、R_{10}、R_{11}，就可将原电路简化成图2‐24（c）所示的电路（也可以把△形连接的电阻 R_1、R_4、R_5 变换成丫形）。图2‐24（b）和图2‐24（c）都是电阻串、并联电路，可按电阻串、并联的方法进行简化和计算。

根据等效网络的定义，在图2‐25所示的丫形网络与△形网络中，若电压 u_{12}、u_{23}、u_{31} 和电流 i_1、i_2、i_3 都分别相等，则两个网络对外是等效的。据此，可导出丫形连接电阻 R_1、R_2、R_3 和△形连接电阻 R_{12}、R_{23}、R_{31} 之间的等效关系。

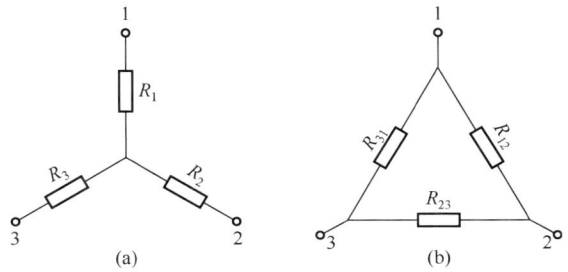

图 2‐23　电阻星形连接与三角形连接

（a）星形连接；（b）三角形连接

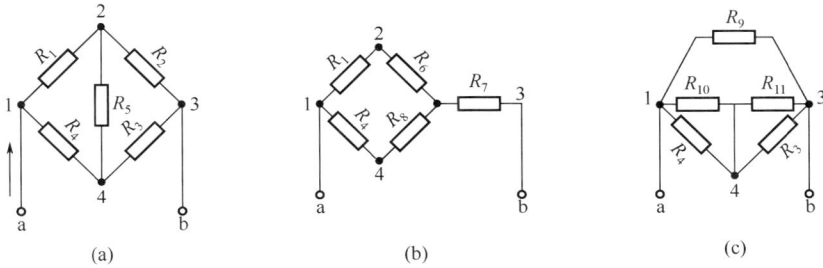

图 2‐24　桥形电路的化简

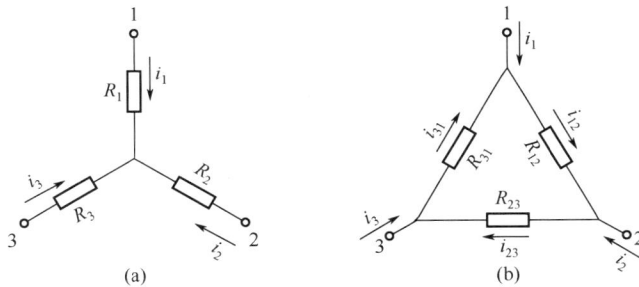

图 2‐25　电阻丫—△网络的等效变换

（a）丫形网络；（b）△形网络

对于图 2‐25（a），根据 KVL

$$\left.\begin{array}{l} u_{12}=R_1 i_1 - R_2 i_2 \\ u_{23}=R_2 i_2 - R_3 i_3 \\ u_{31}=R_3 i_3 - R_1 i_1 \end{array}\right\} \tag{2-21}$$

对于图 2‐25（b），根据 KVL

$$R_{12} i_{12} + R_{23} i_{23} + R_{31} i_{31} = 0$$

则

$$R_{12} i_{12} = -R_{23} i_{23} - R_{31} i_{31} \tag{2-22}$$

根据 KCL 得

$$\left.\begin{array}{l} i_{23}=i_2 + i_{12} \\ i_{31}=i_{12} - i_1 \end{array}\right\} \tag{2-23}$$

将式（2-23）代入式（2-22）得

$$R_{12}i_{12} = -R_{23}(i_2 + i_{12}) - R_{31}(i_{12} - i_1)$$
$$= -R_{23}i_2 - R_{23}i_{12} - R_{31}i_{12} + R_{31}i_1$$

即

$$R_{12}i_{12} + R_{23}i_{12} + R_{31}i_{12} = R_{31}i_1 - R_{23}i_2$$

故

$$i_{12} = \frac{R_{31}}{R_{12} + R_{23} + R_{31}}i_1 - \frac{R_{23}}{R_{12} + R_{23} + R_{31}}i_2$$

同理

$$\left.\begin{aligned}u_{12} = i_{12}R_{12} &= \frac{R_{12}R_{31}}{R_{12} + R_{23} + R_{31}}i_1 - \frac{R_{12}R_{23}}{R_{12} + R_{23} + R_{31}}i_2 \\ u_{23} = R_{23}i_{23} &= \frac{R_{23}R_{12}}{R_{12} + R_{23} + R_{31}}i_2 - \frac{R_{23}R_{31}}{R_{12} + R_{23} + R_{31}}i_3 \\ u_{31} = R_{31}i_{31} &= \frac{R_{31}R_{23}}{R_{12} + R_{23} + R_{31}}i_3 - \frac{R_{31}R_{12}}{R_{12} + R_{23} + R_{31}}i_1\end{aligned}\right\} \quad (2-24)$$

比较方程式（2-21）和式（2-24）可知：要满足等效条件，两组方程中 i_1、i_2、i_3 前面的系数必须相等，即

$$\left.\begin{aligned}R_1 &= \frac{R_{12}R_{31}}{R_{12} + R_{23} + R_{31}} \\ R_2 &= \frac{R_{23}R_{12}}{R_{12} + R_{23} + R_{31}} \\ R_3 &= \frac{R_{31}R_{23}}{R_{12} + R_{23} + R_{31}}\end{aligned}\right\} \quad (2-25)$$

式（2-25），就是从已知的△形连接电阻变换为等效Y形连接电阻的计算公式，解方程式（2-25）可得

$$\left.\begin{aligned}R_{12} &= \frac{R_1R_2 + R_2R_3 + R_3R_1}{R_3} = R_1 + R_2 + \frac{R_1R_2}{R_3} \\ R_{23} &= \frac{R_1R_2 + R_2R_3 + R_3R_1}{R_1} = R_2 + R_3 + \frac{R_2R_3}{R_1} \\ R_{31} &= \frac{R_1R_2 + R_2R_3 + R_3R_1}{R_2} = R_3 + R_1 + \frac{R_3R_1}{R_2}\end{aligned}\right\} \quad (2-26)$$

式（2-26），就是从已知的Y形连接电阻变换为等效△形连接电阻的计算公式。

若Y形（或△形）连接的三个电阻相等，则变换后的△形（或Y形）连接的三个电阻也相等。设Y形三个电阻 $R_1 = R_2 = R_3 = R_Y$，则等效△形的三个电阻为

$$R_{12} = R_{23} = R_{31} = 3R_Y \quad (2-27)$$

同理

$$R_1 = R_2 = R_3 = \frac{R_\triangle}{3} \quad (2-28)$$

一个无源二端网络总可以简化成一个等效电阻，这个等效电阻等于端口电压除以端口电流。而Y、△连接电阻的等效变换，只是连接形式和电阻值的改变，电阻的数量不变。

【例2-8】 图2-26（a）为一桥形电路，已知 $R_1 = 60\Omega$、$R_2 = 30\Omega$、$R_3 = 10\Omega$、$R_4 = 3\Omega$、$R_5 = 6\Omega$、$u_s = 225V$，试用Y—△等效变换求各支路的电流。

解 （1）把△连接的 R_1、R_2、R_3 等效变换成Y连接的 R_a、R_b、R_c，见图2-26（b），按式（2-25）求得

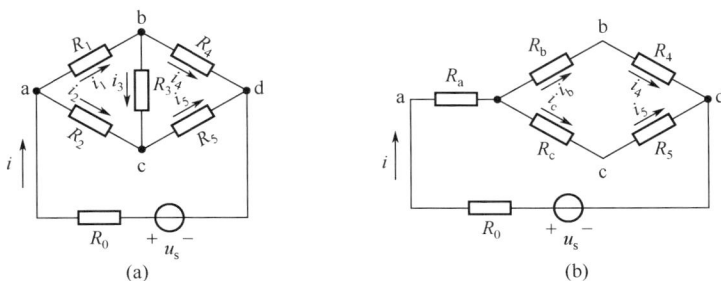

图 2 - 26　[例 2 - 8] 图

$$R_a = \frac{R_1 R_2}{R_1 + R_2 + R_3} = \frac{60 \times 30}{60 + 30 + 10} = 18(\Omega)$$

$$R_b = \frac{R_3 R_1}{R_1 + R_2 + R_3} = \frac{60 \times 10}{60 + 30 + 10} = 6(\Omega)$$

$$R_c = \frac{R_2 R_3}{R_1 + R_2 + R_3} = \frac{30 \times 10}{60 + 30 + 10} = 3(\Omega)$$

（2）对图 2 - 26（b）进行化简得

$$R_{ad} = R_a + \frac{(R_b + R_4)(R_c + R_5)}{R_b + R_4 + R_c + R_5}$$

$$= 18 + \frac{9 \times 9}{9 + 9} = 22.5(\Omega)$$

$$i = \frac{u_s}{R_{ad}} = \frac{225}{22.5} = 10(A)$$

因 R_b 与 R_4 串联，R_c 与 R_5 串联，且

$$R_b + R_4 = R_c + R_5$$

故

$$i_b = i_4 = i_c = i_5 = 5 \text{ A}$$

$$u_{ab} = R_a i + R_b i_b = 18 \times 10 + 6 \times 5 = 210 \text{ (V)}$$

$$u_{ac} = R_a i + R_c i_c = 18 \times 10 + 3 \times 5 = 195 \text{ (V)}$$

（3）返回图 2 - 26（a），计算 i_1、i_2、i_3 得

$$i_1 = \frac{u_{ab}}{R_1} = \frac{210}{60} = 3.5(A)$$

$$i_2 = \frac{u_{ac}}{R_2} = \frac{195}{30} = 6.5(A)$$

$$i_3 = i_1 - i_4 = 3.5 - 5 = -1.5(A)$$

思 考 题

2 - 4 - 1　试分析图 2 - 27 所示网络有几个 Y、△连接？

2 - 4 - 2　求图 2 - 28 所示二端网络的等效电路。

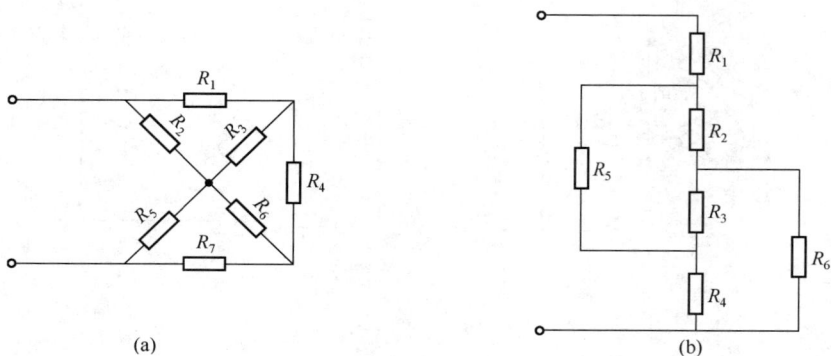

图 2-27 思考题 2-4-1 图

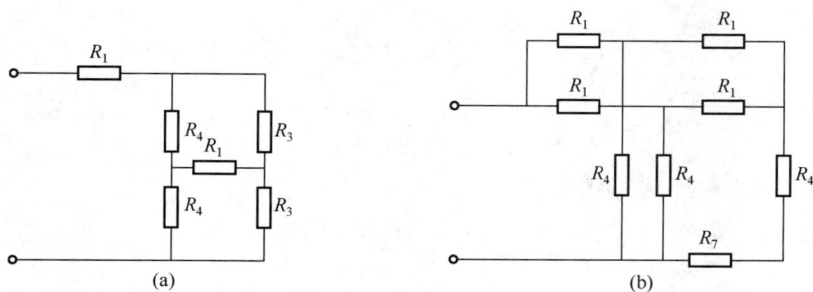

图 2-28 思考题 2-4-2 图

第五节　独立电源及其等效变换

向电路提供电能或电信号的设备称为电源。本节所讨论的电源是能独立向电路提供电能的电源，称为独立源。另外还有一种电源，它们的电压或电流受电路中其他部分的电压或电流所控制，称为受控源或非独立源。受控源将在第六节介绍。

为了建立电源设备的模型，通常将实际电源设备理想化，抽象为理想电源。所谓理想电源，是指在向电路输出电能的过程中，本身不消耗能量的电源，它是从各种实际电源抽象出来的一种基本模型。

一、电压源（voltage source）

像电池、发电机和稳压电源等设备那样，当负载在一定范围内变动时，其输出电流随之变化，而端电压的大小几乎不变，据此定义理想电压源（ideal voltage source）。理想电压源是一个二端理想元件，它的端电压与通过它的电流无关，总保持为某定值或是按一定规律变化的时间函数。至于理想电压源的电流及功率，则由与其相连接的外电路确定。

理想电压源的图形符号如图 2-29 所示。该符号表明这是一个参考方向从"＋"到"－"，电压值为 u_s 的理想电压源。当理想电压源的端电压为恒定值时，用 U_s 表示，称为直流理想电压源。直流理想电压源的伏安特性是一条与电流轴平行的直线，如图 2-30 所示。

由理想电压源的定义可知，与理想电压源并联的元件（或二端网络）不影响理想电压源的电压，只影响它的电流，因此各并联元件互不影响。在电力系统中对任何一个与电网相连

36

的用电设备而言，电网端可近似地看成一个理想电压源。此外，实验室常用的晶体管直流稳压电源，当它的输出电流在较小的范围内变化时，端电压基本上保持不变，也可以看成一个理想电压源。

图 2-29 理想电压源的符号

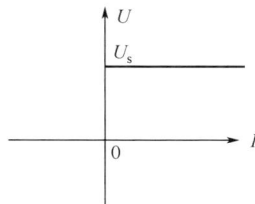

图 2-30 直流理想电压源的伏安特性

一个理想电压源在电压为零的特殊情况下，相当于一个短路元件。需要说明的是：将理想电压源短路或将 u_s 不相等的理想电压源并联，都是与理想电压源的定义相违背的，因而都是没有意义的。

理想电压源实际上是不存在的，它只是实际电压源的一种模型，而实际电压源在向外电路供电时，其内部也有能量损耗，使得电源电压随着输出电流的增大而下降，这是因为电源设备内部存在着一定电阻的缘故。电源内部具有的电阻称为内阻，简称内阻。在电池中主要是电解液的电阻，在发电机中主要是线圈的电阻。电池或发电机等直流电源设备，在正常工作时，其伏安特性近似为一条下降的直线，如图 2-31 所示。该伏安特性曲线所对应的数学关系式为

$$U = U_s - R_s I \qquad\qquad (2-29)$$

根据上述特性，这种实际电压源可用一个直流理想电压源 U_s 和电阻 R_s 的串联组合作为其模型，如图 2-32 所示。这种电源模型称为电压源模型或电压源。

由图 2-32 和式（2-29）可知：实际电压源的内阻越小，就越接近于理想电压源，当 $R_s = 0$ 时，$U = U_s$，并与输出电流的大小无关。所以说，一个直流理想电压源相当于内阻为零的实际电压源。在式（2-29）中，若 $I < 0$，则 $U > U_s$，此时的电压源不向外电路输出电能，而是从外电路吸收电能，它相当于负载（如电动机）。

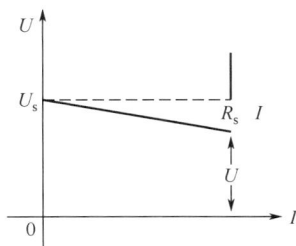

图 2-31 直流电压源的伏安特性

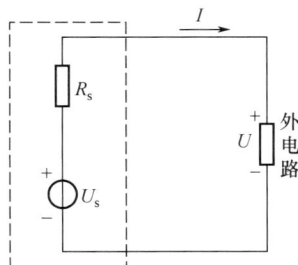

图 2-32 直流电压源的模型

实际电压源的内阻一般很小，其短路电流将很大，因此实际电压源不允许短路。

二、电流源（current source）

除电压源外，还有另外一种类型的电源，在规定的负载范围内，其输出电流几乎是不变的。例如光电池，在具有一定照度的光线照射时，光电池将被激发产生一定值的电流，其大

小与光线的照度成正比，而与它的电压无关；又如稳流电源设备和电力线路中的电流互感器，在一定负载范围内的输出电流几乎不变。据此，定义理想电流源（ideal current source）。理想电流源是一个二端理想元件，它的输出电流与其电压无关，总保持为某定值或是按一定规律变化的时间函数。至于理想电流源的电压及功率，则是任意的，由与其相连接的外电路确定。

理想电流源的图形符号如图 2-33 所示。该符号表明这是一个参考方向如图 2-33 所示、电流值为 i_s 的理想电流源。当理想电流源的输出电流为恒定值时，用 I_s 表示，称为直流理想电流源。直流理想电流源伏安特性是一条与电压轴平行的直线，如图 2-34 所示。

由理想电流源的定义可知，与理想电流源串联的元件（或二端网络）不影响理想电流源的电流，只影响它的电压，因此各串联元件互不影响。实验室中常用的光电池和晶体管稳流设备，在一定的条件下，都能产生恒定的电流，它们的特性接近理想电流源，因此可以看成理想电流源。

图 2-33　理想电流源的符号　　　　图 2-34　直流理想电流源的伏安特性

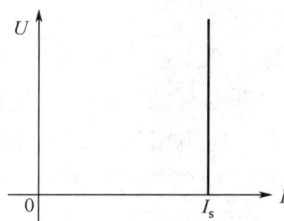

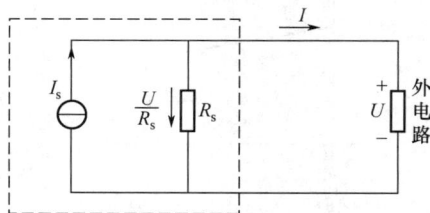

理想电流源只是实际电源的一种模型，而实际电流源在向外电路供电时，其内部也有能量损耗，因而它的输出电流要比 i_s 小。实际直流电流源的伏安特性近似为一条下降的曲线，如图 2-35 所示，它所对应的数学关系式为

$$I = I_s - \frac{U}{R_s} \qquad (2-30)$$

根据上述特性，这种实际电流源可用一个直流理想电流源 I_s 和电阻 R_s 的并联组合作为其模型，如图 2-36 所示。这种电源模型称为电流源模型或电流源。

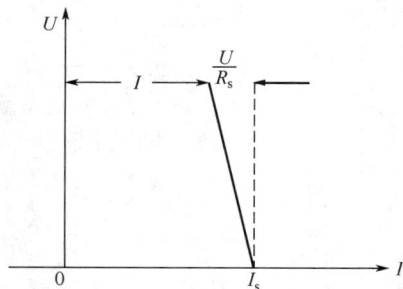

图 2-35　直流电流源的伏安特性　　　图 2-36　直流电流源的模型

由图 2-36 和式（2-30）可知，实际电流源的内阻越大，就越接近于理想电流源，当 $R_s = \infty$ 时，则 $I = I_s$，并与电压的大小无关。所以说，一个直流理想电流源相当于一个内阻为无限大的实际电流源。式（2-30）中，若 U 为负值，则 $I > I_s$，这时的电流源不向外

电路输出电能，而是从外电路吸收电能，它相当于负载。

实际电流源的内阻一般很大，其开路电压将很大，开路后在内阻 R_s 上的损耗为 $R_s I_s^2$，所以实际电流源不允许开路。

【例 2 - 9】　图 2 - 37 所示电路，已知 $u_s = 50\text{V}$，$i_s = 2\text{A}$，$R = 5\Omega$，试计算各图中 i_u、u_i、u_R、i_R、p_u、p_i 及 p_R。

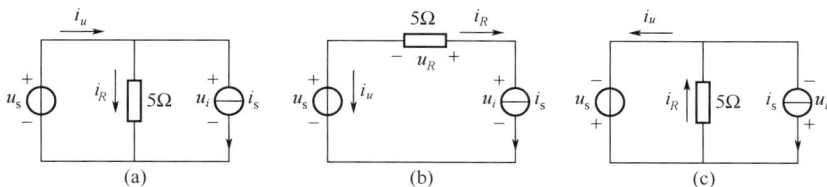

图 2 - 37　［例 2 - 9］图

解　设理想电压源的功率为 p_u、理想电流源的功率为 p_i、电阻的功率为 p_R。

（1）对于图 2 - 37（a）电路，有

$$i_R = \frac{50}{5} = 10(\text{A})$$

$$i_u = i_R + i_s = 10 + 2 = 12(\text{A})$$

$$u_i = u_R = u_s = 50\text{V}$$

$$p_u = -u_s i_u = -600\text{W}（发出）$$

$$p_i = 50 \times 2 = 100(\text{W})（吸收）$$

$$p_R = 50 \times 10 = 500(\text{W})（吸收）$$

（2）对图 2 - 37（b）电路，有

$$i_R = -i_u = i_s = 2\text{A}$$

$$u_R = -Ri_R = -5 \times 2 = -10(\text{V})$$

$$u_i = u_s + u_R = 50 - 10 = 40(\text{V})$$

$$p_u = u_s i_u = 50 \times (-2) = -100(\text{W})（发出）$$

$$p_i = u_i i_s = 40 \times 2 = 80(\text{W})（吸收）$$

$$p_R = -u_R i_R = -(-10) \times (2) = 20(\text{W})（吸收）$$

（3）对图 2 - 37（c）电路，有

$$u_R = u_i = u_s = 50\text{V}$$

$$i_R = \frac{50}{5} = 10(\text{A})$$

$$i_u = i_R - i_s = 8\text{A}$$

$$p_u = -50 \times 8 = -400(\text{W})（发出）$$

$$p_i = -50 \times 2 = -100(\text{W})（发出）$$

$$p_R = 50 \times 10 = 500(\text{W})（吸收）$$

三、电源的等效变换

1. 电压源串联

n 个理想电压源串联时，可用一个等效的理想电压源来代替，如图 2 - 38 所示。根据

KVL，该等效的理想电压源的电压 u_s 等于各个理想电压源电压的代数和，即

$$u_s = \sum_{k=1}^{n} u_{sk}$$

式中：凡参考极性与 u_s 相同的电压源取正号，反之取负号。

图 2-38　理想电压源的串联

如果各串联电压源有串联电阻，则等效电压源的电阻等于各串联电压源的电阻之和。

2. 电流源并联

n 个理想电流源并联时，可用一个等效的理想电流源来代替，如图 2-39 所示。根据

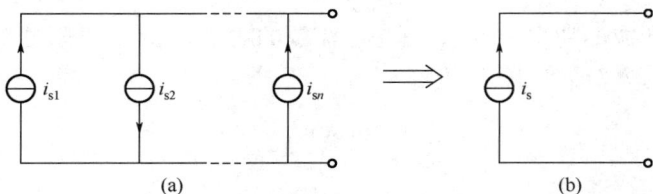

图 2-39　理想电流源的并联

KCL，该等效的理想电流源的电流 i_s 等于各个理想电流源电流的代数和，即

$$i_s = \sum_{k=1}^{n} i_{sk}$$

式中：凡参考极性与 i_s 相同的电流源取正号，反之取负号。

如果各并联电流源有并联电阻，则等效电流源的电阻等于各并联电流源的电阻并联后的等效电阻。

3. 两种电源模型的等效变换

前面介绍了两种电源模型，从理论上讲，一个实际电源既可以用电压源的模型表示，也可以用电流源的模型表示。也就是说，在满足一定的条件下，两种电源模型是可以等效变换的。在电路分析中，利用两种电源模型的等效变换可以简化电路的计算。

图 2-40（a）虚线框内为电压源模型，用 N1 表示，图 2-40（b）虚线框内为电流源模型，用 N2 表示。N1 和 N2 都是有源二端网络，如果 N1 和 N2 两个有源二端网络的端口的电压、电流关系完全相同，即当它们对应的端口具有相同的电压时，其端口电流相等，则 N1、N2 对外是等效的。据此，可导出两种电源模型等效变换时各参数之间的关系。

N1 端口的 u、i 关系为

$$u = u_s - R_s i$$

或

$$i = \frac{u_s}{R_s} - \frac{u}{R_s}$$

N2 端口的 u、i 关系为

$$i = i_s - \frac{u}{R_s'}$$

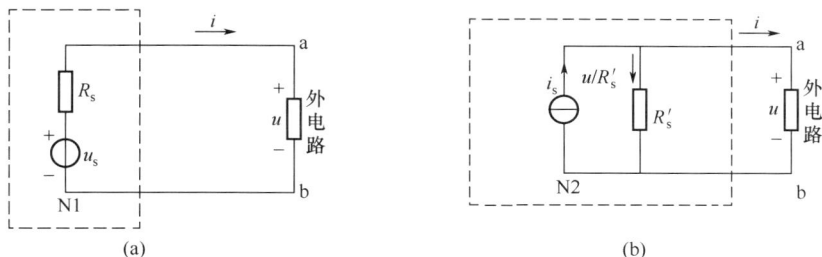

图 2-40 两种电源模型的等效变换

（a）电压源模型；（b）电流源模型

比较以上两式可知，只要下面的方程组成立，则 N1、N2 对外是等效的。

$$\left.\begin{aligned} i_s = \frac{u_s}{R_s} \text{ 或 } u_s = R_s' i_s\\ R_s = R_s' \end{aligned}\right\} \qquad (2\text{-}31)$$

式（2-31）就是两种电源模型等效变换必须满足的条件。

两种电源模型变换时，应注意以下几点：

（1）i_s 的参考方向应从 u_s 的参考"－"极指向"＋"极；两种电源模型中的电阻 R_s 大小相等，只是与电源连接的方式不同。

（2）两种电源模型的变换只对外电路等效，两种电源模型内部并不等效。例如在空载时，电压源模型内部没有损耗，而电流源模型内电阻上的损耗为 $R_s' I_s^2$，比有负载时内电阻上的损耗还要大。

（3）理想电压源与理想电流源之间不能互换。

【例 2-10】 （1）求与图 2-41（a）等效的电流源模型；（2）求与图 2-41（c）等效的电压源模型。

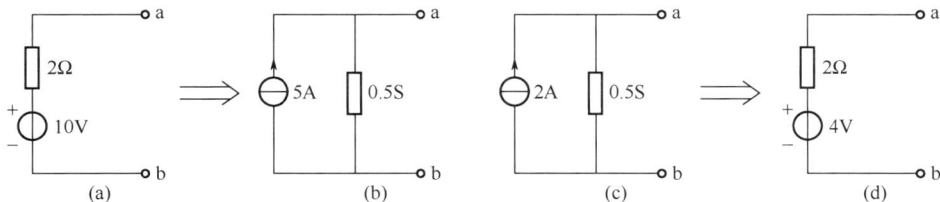

图 2-41 ［例 2-10］图

解 变换过程如图 2-41（b）、（d）所示。

【例 2-11】 （1）计算图 2-42（a）所示电路中的 i_{ab}、u_{ab} 和电压源内阻消耗的功率 p_0、理想电压源发出的功率 p_{us}；（2）将图 2-42（a）的电压源模型变换成图 2-42（b）电流源模型，再计算图 2-42（b）电路中的 i_{ab}、u_{ab} 和电流源内阻消耗的功率 p_0'、理想电流源发出的功率 p_{is}。

解 （1）图 2-42（a）电路中

$$i_{ab} = \frac{10}{1+9} = 1(\text{A})$$

$$u_{ab} = 9 \times 1 = 9(\text{V})$$

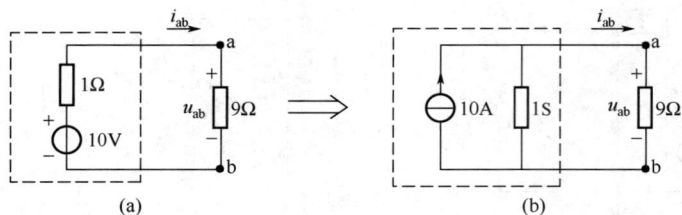

图 2-42　［例 2-11］图

$$p_0 = 1^2 \times 1 = 1(\mathrm{W})$$
$$p_{us} = -10 \times 1 = -10(\mathrm{W})$$

（2）等效电流源模型如图 2-42（b）所示，其中

$$i_s = \frac{10}{1} = 10(\mathrm{A})$$

$$G_s = 1\mathrm{S}$$

在图 2-42（b）中，可求得

$$i_{ab} = 10 \times \frac{1}{1+9} = 1(\mathrm{A})$$

$$u_{ab} = 9 \times 1 = 9(\mathrm{V})$$

$$p_0' = (10-1)^2 \times 1 = 81(\mathrm{W})$$

$$p_{is} = -u_{ab} \times 10 = -90(\mathrm{W})$$

　　由计算结果可知：两个等效电源模型内部的功率情况不同（电流源共发出 90W 的功率，其中的 81W 被其内阻消耗，只有 9W 供给外电路），而对外的电压、电流及功率是相同的。

思 考 题

　　2-5-1　利用电源等效变换将图 2-43 所示各有源二端网络变换成最简电压源或最简电流源模型。

　　2-5-2　某实际电源的伏安特性如图 2-44 所示，求电压源模型。

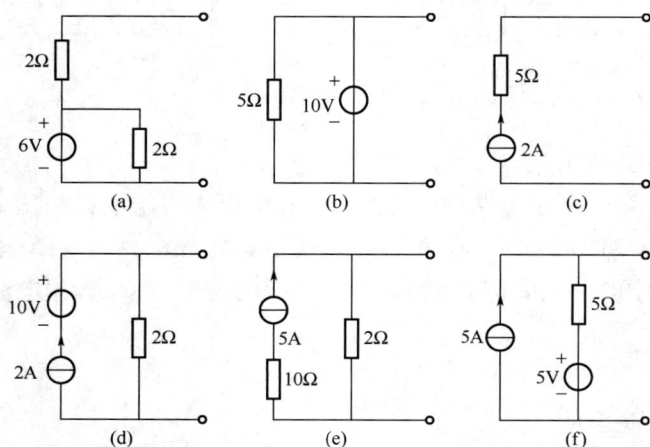

图 2-43　思考题 2-5-1 图

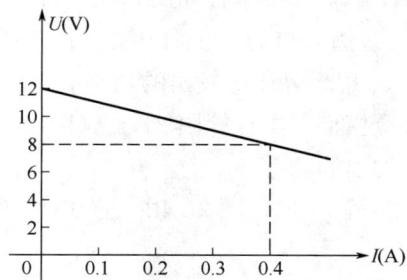

图 2-44　思考题 2-5-2 图

第六节 受控源及含受控源的简单电路分析

前面所讲的电压源和电流源,其电压或电流是恒定值或者是随时间按一定规律变化的函数,与电路中其他支路的电压或电流无关;它们都能独立地向电路提供电能或电信号,即对电路起激励作用,故称为独立源。在实际电路中,除了独立源外,还引入"受控源"。例如:电子电路中,晶体管集电极电流受基极电流的控制,这类电路器件都可以用受控源描述其工作性能。

一、受控源及其性质

受控源与独立源的性质不同,它本身不能直接起激励作用,而只是用来反映电路中某一支路电压或电流对另一支路电压或电流的控制关系,因此受控源是一种非独立源。当电路中不存在独立源时,不能为控制支路提供电压和电流,于是控制量为零,受控源的电压和电流也为零。在电路理论中,受控源主要用来描述和构成各种电子器件的模型,为电子线路的分析计算提供理论基础。例如,图2-45(a)所示的晶体三极管,它的集电极电流 i_c 受其基极电流 i_b 的控制,可用图2-45(b)所示的等效电路表示。其中 β 是三极管的电流放大系数,R_i 是三极管的输入电阻,R_o 是三极管的输出电阻。

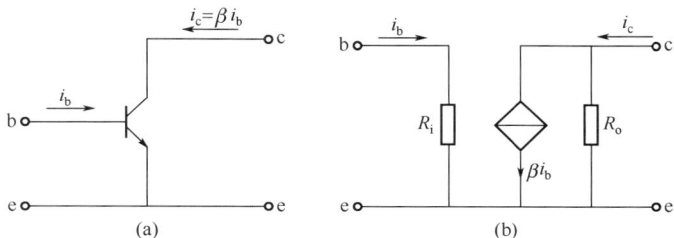

图2-45 晶体三极管及其等效电路

在电路中,只要有一个支路的电压或电流受另一个支路的电压或电流控制时,这两个支路就构成一个受控源。因此,可以把受控源看成是一种具有两个支路的双口元件。其输入端口为控制支路的端口,输出端口为受控支路的端口。根据控制量与受控量的不同,受控源分为以下四种类型:①电压控制的电压源,记作 VCVS;②电流控制的电压源,记作 CCVS;③电压控制的电流源,记作 VCCS;④电流控制的电流源,记作 CCCS。

图2-46是四种理想受控源的模型。为了与独立源相区别,图中用菱形符号表示受控源,参考方向的表示方法与独立源相同。

上述四种理想受控源的输入端口与输出端口的特性用数学式分别表示如下:

VCVS $\qquad\qquad\qquad i_1 = 0, \ u_2 = \mu u_1$ $\qquad\qquad$ (2-32a)

式中:μ 无量纲,称为电压控制电压源的转移电压比或电压放大系数。

CCVS $\qquad\qquad\qquad u_1 = 0, \ u_2 = r_m i_1$ $\qquad\qquad$ (2-32b)

式中:r_m 具有电阻的量纲,称为电流控制电压源的转移电阻。

VCCS $\qquad\qquad\qquad i_1 = 0, \ i_2 = g_m u_1$ $\qquad\qquad$ (2-32c)

式中:g_m 具有电导的量纲,称为电压控制电流源的转移电导。

CCCS $\qquad\qquad\qquad u_1 = 0, \ i_2 = \alpha i_1$ $\qquad\qquad$ (2-32d)

式中:α 无量纲,称为电流控制电流源的转移电流比或电流放大系数。

当比例系数 μ、r_m、g_m、α 为常数时,受控量与控制量之间成正比关系,这样的受控源称为线性受控源。本书只讨论线性受控源,并简称为受控源。

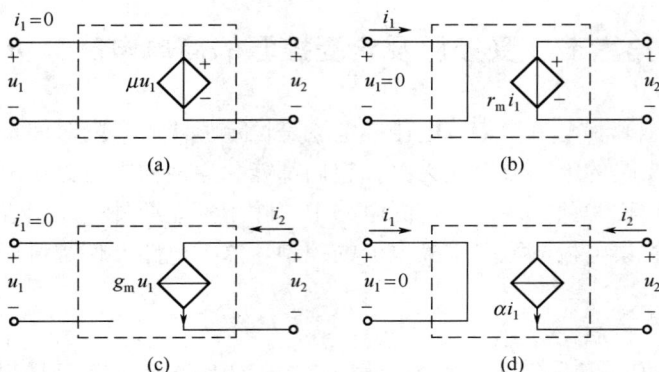

图 2 - 46　四种理想受控源的模型

(a) VCVS；(b) CCVS；(c) VCCS；(d) CCCS

以上所讲的受控源都是理想情况。在非理想情况下，控制支路和受控支路中都存在电阻。

二、含受控源电路的分析简介

电路连接方式的约束和元件性质的约束，是分析计算电路的基本依据。对含有受控源的电路来说，前面所讨论的连接规律（即 KCL 和 KVL）都是适用的，关键问题是怎样对待和处理由受控源的性质而带来的约束关系。

在分析计算含受控源的电路时，总的来说，对受控源的处理与独立源并无原则区别，即对受控源与独立源一样看待和处理；但又必须掌握受控源是非独立源这一特点。

【**例 2 - 12**】　电路如图 2 - 47 所示，试求：（1）图 2 - 47（a）中电流 i_1 和 u_{ab}；（2）图 2 - 47（b）中电压 u_{ab} 和 u_{cb}。

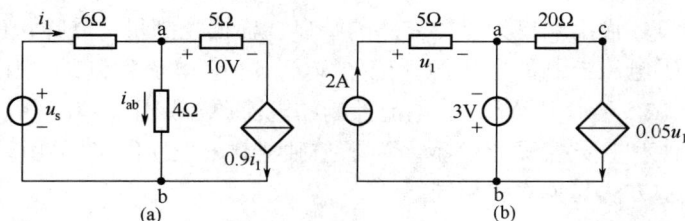

图 2 - 47　［例 2 - 12］图

解　（1）图 2 - 47（a）电路中，因 5Ω 电阻与受控电流源串联，故流过 5Ω 电阻的电流为 $0.9i_1$，即

$$0.9i_1 = \frac{10}{5}$$

$$i_1 \approx 2.22 \text{A}$$

根据 KVL，流过 4Ω 电阻的电流为

$$i_{ab} = i_1 - 0.9i_1$$

$$= 0.22 \text{A}$$

则

$$u_{ab} = 4i_{ab} = 0.89(\text{V})$$

（2）图 2 - 47（b）电路中，得

$$u_1 = 2 \times 5 = 10(\text{V})$$

$$u_{ab} = -3\text{V}$$

$$u_{ac} = 0.05u_1 \times 20 = 10(\text{V})$$

根据 KVL，则

$$u_{ac} + u_{cb} = u_{ab}$$

$$u_{cb} = u_{ab} - u_{ac}$$

$$= -13\text{V}$$

应用等效变换法简化电路时，在有串联电阻的受控电压源与有并联电阻的受控电流源之间，像独立源那样可以进行等效互换。但在变换过程中，必须保留控制变量所在支路，只有先将控制量转化为不会被消去的量以后，才能进行等效变换。

【例 2 - 13】　图 2 - 48（a）为一含有 VCVS 的二端网络，求端口 ab 的等效电路。

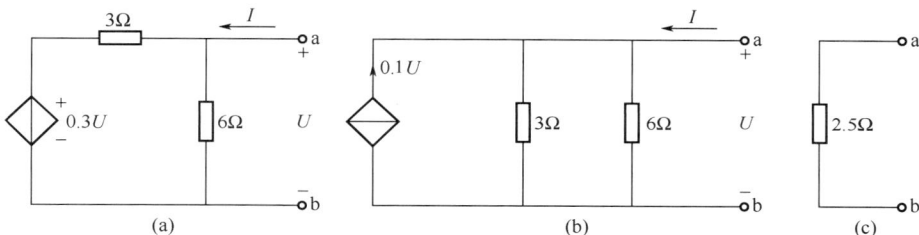

图 2 - 48　［例 2 - 13］图

解　为简化电路，可将图 2 - 48（a）中受控源与电阻的串联组合等效为受控源与电阻的并联组合，等效变换后，受控电流源的电流为

$$\frac{0.3U}{3} = 0.1U$$

如图 2 - 48（b）所示，并联电阻仍为 3Ω。

由图 2 - 48（b）可得

$$I = \frac{U}{6} + \frac{U}{3} - 0.1U = 0.4U$$

由此可得图 2 - 48（a）的二端网络等效于 $\dfrac{1}{0.4\text{S}} = 2.5\Omega$ 的电阻，如图 2 - 48（c）所示。

思 考 题

2 - 6 - 1　受控源和独立源在电路中的作用和性质有何异同？

2 - 6 - 2　对于图 2 - 49 所示电路，试求：

（1）图 2 - 49（a）中电流 i；已知 $R = 2\Omega$，$i_1 = 1\text{A}$。

（2）图 2 - 49（b）中电流 i_2；已知 $u_s = 10\text{V}$，$i_1 = 2\text{A}$，$R_1 = 4.5\Omega$，$R_2 = 1\Omega$。

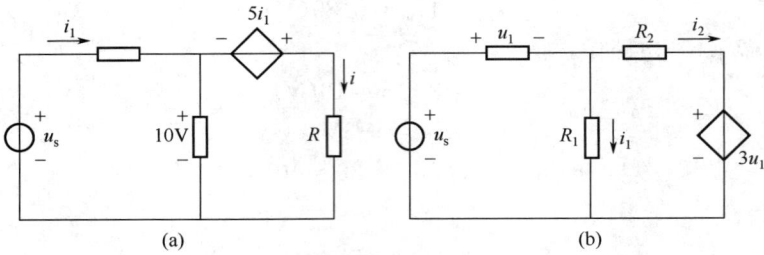

图 2-49　题 2-6-2 图

第七节　电路的工作状态和电位分析

一、电路的工作状态

电路的工作状态有负载状态、空载状态和短路状态三种。

1. 负载状态

在图 2-50（a）所示电路中，当开关 S 闭合时，就会有电流流过负载电阻 R。当电源电压 U_s、内阻 R_i 不变时，电流的大小取决于负载电阻 R 的大小。如图 2-50（b）所示，R 越小，电流越大，电源的负荷就越大；反之，R 越大，电流越小，电源的负荷就越小。

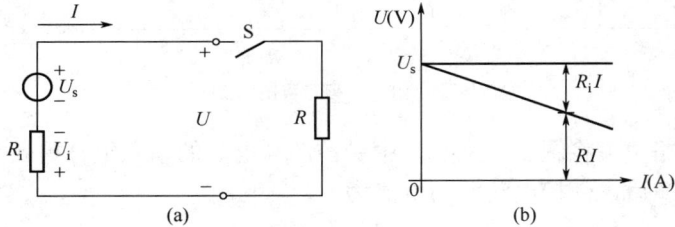

图 2-50　电路工作状态
（a）电路原理图；（b）电路负载状态的伏安特性

用电设备在额定电压下工作，消耗额定功率，这种情况称为电路的额定工作状态。用电设备在额定状态下工作是最经济的。

2. 空载状态

在图 2-50（a）所示电路中，当开关 S 打开时，电路中的电流为零，这种工作状态称为空载或开路（open circuit）。空载时电源内部无电压降，此时有

$$\left.\begin{array}{c} I=0 \\ U=U_s \end{array}\right\}$$

这时开关两端的电压就等于 U_s，称为开路电压。利用这个特点，可以帮助查找故障点。

3. 短路状态

当电源两端被电阻近似为零的导线接通时，这种状态称为短路（short circuit）状态。此时

$$I = I_s = \frac{U_s}{R_i}$$
$$U = 0$$

由于电源的内阻一般很小，短路电流将比负载电流大很多倍，这是绝对不允许的。因此，为了避免短路事故发生后，短路电流过大，危及电源及线路安全，电路中要加装保护装置（如熔丝等）。

二、电位分析

分析直流电路中各点的电位关系，对研究和计算直流电路具有重要的意义。同时，在检查电子设备的故障时，也常常从检查电路中各点的电位是否正常入手，确定故障位置，然后才开始修理。下面重点讨论计算电位的方法。

在电路中要确定电位，必须先选定一个参考点。参考点的电位为零，称为零电位点。这样，电路中某点的电位就是该点到参考点的电压。必须指出，参考点是可以任意选定的，但一经选定后，其余各点电位的计算即以该点为参考。如果换一个参考点，则各点电位也就不同，即电位随参考点的选择而异。因此，在电路中不指定参考点而讨论各点的电位是毫无意义的。

在工程中常选大地作为参考点，即认为大地电位为零。在电子电路中，电路不一定接地，常选用一条公共线作为参考，这条公共线是许多元件汇集之处，且常与底座相连，这条线称为地线。

由于电路中某点的电位实质上就是该点对参考点的电压，因而电位的计算可以归结为电压的计算。下面以图 2-51 为例，说明计算电路中各点电位的方法。首先选定 d 点为参考点，即 $V_d = 0$。

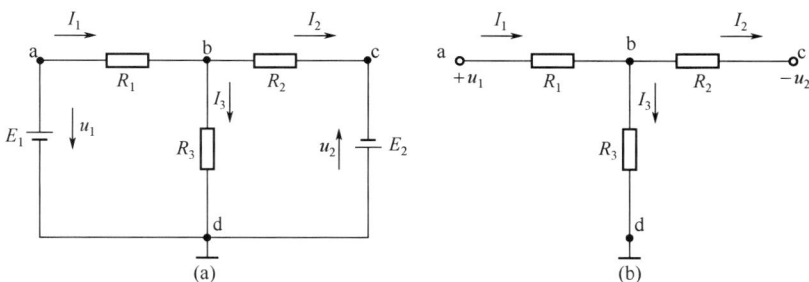

图 2-51　电路中各点电位分析法
（a）电路原理图；（b）电位图

其余各点电位为

$$V_a = u_{ad} = u_1 = E_1$$
$$V_b = u_{bd} = I_3 R_3$$
$$V_c = u_{cd} = -u_2 = -E_2$$

求某点电位往往有几条路径，例如 b 点电位还可以沿 bad 或 bcd 求得。由于电压同路径无关，因此在求电路中某点的电位时，尽量选取最简单的路径。

在电子电路中，一般把电源、信号输入和信号输出的一端接在一起作为参考点，因此在电路图中电源常常不用电池符号表示，而改为标出它的电位极性和数值。如图 2-51（a）改画成图 2 - 51 （b）。a 点标 $+u_1$，表示电源的正极接在 a 点，其电压大小是 u_1，电源的负极接参考点 d。同样，c 点标 $-u_2$，表示电源的负极接在 c 点，其电压大小为 u_2，电源的正极接参考点 d。

【例 2 - 14】 电路如图 2 - 52 （a）所示，当开关 S 断开与接通时，求 a 点的电位。

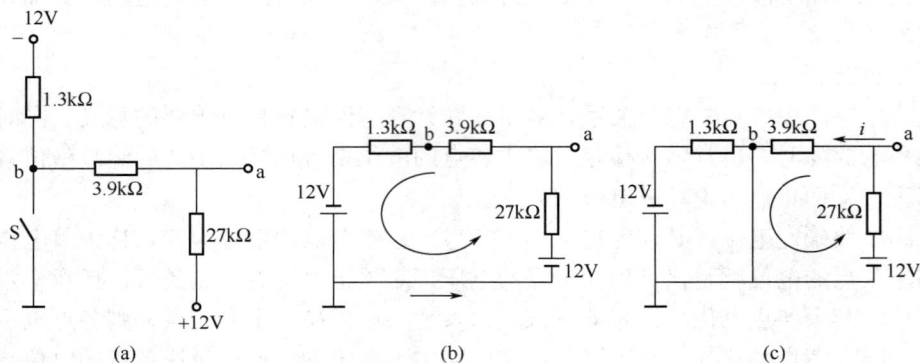

图 2 - 52 ［例 2 - 14］图

解 S 断开及接通时的简化电路，如图 2 - 52 （b）、（c）所示。

先求 S 断开时 a 点的电位，如图 2 - 52 （b）所示。选择较简单的路径，从点 a 经 27kΩ 电阻及 12V 电源到参考点。根据 KVL，求得回路中电流 i，即

$$(27 + 3.9 + 1.3) \times 10^3 \times i - 12 - 12 = 0$$

解得

$$i = \frac{24}{(27 + 3.9 + 1.3) \times 10^3} = 7.45 \times 10^{-4} (\text{A})$$

则 a 点的电位

$$V_a = -27 \times 10^3 \times 7.45 \times 10^{-4} + 12 = -8.12 (\text{V})$$

再求 S 接通时 a 点的电位，如图 2 - 52 （c）所示。选择从点 a 经 3.9kΩ 电阻到参考点的路径。根据 KVL，求得回路中电流 i，即

$$(27 + 3.9) \times 10^3 \times i - 12 = 0$$

解得

$$i = \frac{12}{(27 + 3.9) \times 10^3}$$
$$= 3.88 \times 10^{-4} (\text{A})$$

则 a 点的电位

$$V_a = 3.9 \times 10^3 \times 3.88 \times 10^{-4} = 1.51 (\text{V})$$

思 考 题

2 - 7 - 1 "有电流就有电压，有电压就有电流"，这句话对吗？为什么？

2 - 7 - 2 "电位就是电压"，这句话对吗？为什么？

课程思政二

电路等效是化复杂为简单，揭示了解决问题的一种方法。做任何事要有耐心，不畏困难，仔细观察，认真分析，一步一步地化解，最终复杂的问题便会得以解决。

科 普 知 识 二

电容器的种类及主要技术指标

一、电容器的种类

电容器的种类繁多，分类的方法也很多。按绝缘介质分类，可分为以下几类：

（1）固体有机介质电容器，如纸介质电容器、有机薄膜介质电容器、纸膜复合介质电容器等。

（2）固体无机介质电容器，如云母电容器、陶瓷电容器、玻璃电容器、玻璃釉电容器等。

（3）气体介质电容器，如空气电容器、充气电容器、真空电容器等。

（4）液体介质电容器，如矿物油介质电容器、合成液体介质电容器等。

按照电容量是否可调整来分类，可分为三类：

（1）固定电容器。电容量固定不变的电容器称为固定电容器。

（2）可变电容器。电容量可以改变的电容器称为可变电容器。

（3）微调电容器。电容量变化范围较小的可变电容器称为微调电容器，又称半可变电容器。

常见电容器的外形、结构及其特点见表 2-1。

表 2-1　　　　　　　　常见电容器的外形、结构及其特点

名　　称	外　形　图	极　板	绝缘介质	特　　点
纸介质电容器		铝箔或锡箔	石蜡纸带	容量较大，约为 $0.001 \sim 0.5 \mu F$；额定工作电压可达 600V
云母电容器	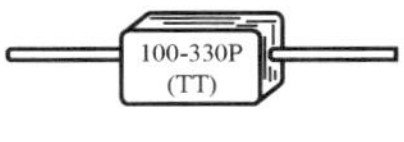 100-330P (TT)	锡箔	云母片	电容量稳定，一般在 $1\mu F$ 以下，耐压较高
油浸纸介质电容器	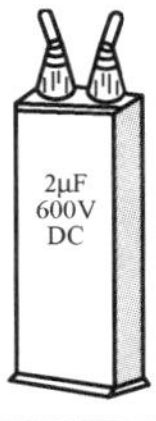 $2\mu F$ 600V DC	金属箔	纸带经油浸特别处理	电容量大，耐压高

续表

名　称	外　形　图	极　板	绝缘介质	特　点
极性电容器	 东凤 cux·1QO 100μF10 8.6	用铝片作正极，电解液作负极	铝的氧化膜	电容量大，可达5000μF，但耐压较低，不超过600V；有极性
陶瓷电容器	 ·047	喷涂银层	陶瓷或压电陶瓷	体积小，耐热性好，绝缘电阻高，稳定性高，容量小；但压电陶瓷电容量大
有机薄膜电容器		金属箔	聚苯乙烯或涤纶等	体积小，容量较大
微调电容器		金属片	云母片或陶瓷	电容量在小范围内可调节
可变电容器	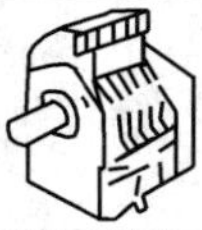	两组金属片（一组不动，另一组可转动）	空气或塑料薄膜	电容在较大范围内可调节

二、电容器的主要技术指标

表示电容器的电气特性、结构特点、使用条件等方面的技术指标很多，这里介绍几个常用的主要技术指标。

（1）标称容量和允许误差。标称容量是标志在电容器外壳上的名义电容量。标称容量并不是准确值，电容器的实际电容量与标称容量之间往往存在一定差异。电容器的实际电容量对于标称容量的最大允许偏差范围称为允许误差。

（2）额定工作电压。额定工作电压是指在规定的工作温度范围内，在保证电容器连续工作而不被击穿的情况下，允许加在电容器上的最高电压。额定工作电压通常称为耐压。电容器的额定工作电压与电容器的结构、绝缘介质和环境温度有关。使用时应根据电容器工作时所承受的电压，选择额定工作电压高于实际工作电压的电容器，以保证电容器安全可靠地工作。

（3）绝缘电阻。电容器的绝缘电阻在数值上等于加在电容器两端的电压与通过电容器的漏电流之比。电容器的绝缘电阻主要取决于介质的绝缘电阻和电容器表面的绝缘电阻（引出端之间的绝缘材料的绝缘电阻）。绝缘电阻反映绝缘介质的性能。高质量的电容器的绝缘电阻很高，一般为几百兆欧至几千兆欧。

除此以外，电容器的技术参数还有温度系数、介质损耗等。

本 章 小 结

一、五种理想元件

（1）电阻元件。在关联参考方向下，其电压、电流关系为 $u = Ri$，称为欧姆定律。电

阻元件的伏安特性曲线是 u - i 平面上通过原点的一条直线。电阻是耗能元件，其功率计算公式为

$$p = ui = Ri^2 = \frac{u^2}{R} = Gu^2$$

（2）电感元件。在关联参考方向下，其电压、电流关系为 $u = L\dfrac{\mathrm{d}i}{\mathrm{d}t}$。电感元件的韦安特性曲线（$\Psi$ - i 曲线）为通过原点的一条直线，电感（自感）定义为 $L = \Psi/i$，为一常量，单位为 H；电感的储能为 $W = \dfrac{1}{2}Li^2$。

（3）电容元件。在关联参考方向下，其电压、电流关系为 $i = C\dfrac{\mathrm{d}u}{\mathrm{d}t}$。电容元件的库伏特性曲线（$q$ - u 曲线）为通过原点的一条直线，电容定义为 $C = q/u$，为一常量，单位为 F；电容的储能为 $W = \dfrac{1}{2}Cu^2$。

（4）理想电压源。其电压与电流无关，或者恒定不变（直流），或者是按一定规律变化的时间函数。直流理想电压源的伏安特性曲线是 U - I 平面上与 I 轴平行且 U 轴坐标为 U_s 的一条直线。

（5）理想电流源。它的输出电流与其电压无关，或者恒定不变（直流），或者是按一定规律变化的时间函数。直流理想电流源的伏安特性曲线是 U - I 平面上与 U 轴平行且 I 轴坐标为 I_s 的一条直线。

二、无源网络的等效变换

1. n 个电阻的串联

（1）等效电阻　　　　　　　　$R = \sum_{k=1}^{n} R_k$

（2）分压公式　　　　　　　　$u_j = u\dfrac{R_j}{R}$

2. n 个电导的并联

（1）等效电导　　　　　　　　$G = \sum_{k=1}^{n} G_k$

（2）分流公式　　　　　　　　$i_j = i\dfrac{G_j}{G}$

3. Y—△等效变换

$$星形电阻 = \frac{三角形中相邻两电阻之积}{三角形中各电阻之和}$$

$$三角形电阻 = \frac{星形中各电阻两两乘积之和}{对面的星形电阻}$$

4. 电容的串并联等效

（1）电容的并联：等效电容 $C = C_1 + C_2 + C_3$

（2）电容的串联：等效电容 $\dfrac{1}{C} = \dfrac{1}{C_1} + \dfrac{1}{C_2} + \dfrac{1}{C_3}$

三、有源网络的等效变换

（1）n 个理想电压源串联时，可用一个等效的理想电压源替代，其电压 $u_s = \sum_{k=1}^{n} u_{sk}$。

（2）n 个理想电流源并联时，可用一个等效的理想电流源替代，其电流 $i_s = \sum_{k=1}^{n} i_{sk}$。

（3）实际电压源与电流源等效变换的条件为：

1）$i_s = \dfrac{u_s}{R_s}$ 或 $u_s = R_s i_s$；

2）R_s 的大小不变，只是连接位置改变。

四、受控源及含受控源的电路分析

受控源也是一种电源，其特点是它提供的电压或电流受电路中其他支路电压或电流的控制，因而不能作为一种独立的激励。下面介绍几种含受控源的简单电路的分析方法。

（1）分析含受控源的简单电路与分析不含受控源的简单电路方法相同，只需注意将控制量用准备求解的变量表示即可。

（2）KCL 和 KVL 适用于含有受控源的电路。

（3）应用等效变换法简化电路时，在有串联电阻的受控电压源与有并联电阻的受控电流源之间，可以像独立源那样进行等效互换。但在变换过程中，必须保留控制变量所在支路。

五、电路的工作状态及电位分析

（1）电路的工作状态有三种，即负载状态、空载状态及短路状态。

（2）电位分析。

1）参考点、电位及电压。参考点即零电位点，参考点可以任意选定，但一经选定后，各点电位的计算即以该点为参考。电路中某点的电位就是该点到参考点的电压。参考点不同各点电位不同，但电路中任意两点之间的电压不随参考点变化。

2）电位计算。电位的计算可归结为电压的计算。KCL 和 KVL 在电位的计算中均适用。

习 题

2-1 已知流过 $R = 10\Omega$ 电阻元件的电流 $i_{ab}(t)$ 的波形如图 2-53 所示。在电流、电压参考方向一致的前提下，试求 $t = 1$、5、8、10s 时的 i_{ab} 和 u_{ab}；画出 $u_{ab}(t)$ 的波形；求出电阻消耗功率的表达式。

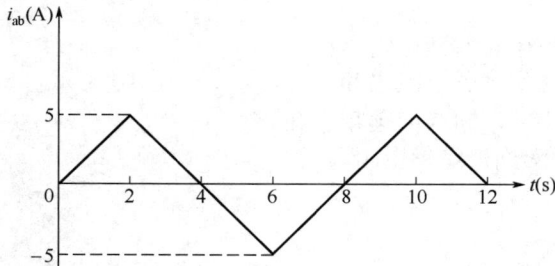

图 2-53 习题 2-1 图

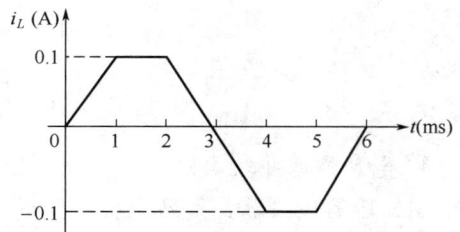

图 2-54 习题 2-2 图

2-2　已知电感元件 $L=0.1H$，电流 $i_L(t)$ 的波形如图 2-54 所示。在电流、电压参考方向一致的前提下，试求：(1) 电压 $u_L(t)$ 的波形；(2) 电感元件的最大储能。

2-3　试求图 2-55 所示电路的等效电阻 R_{ab}（图中各电阻的单位均为 Ω）。

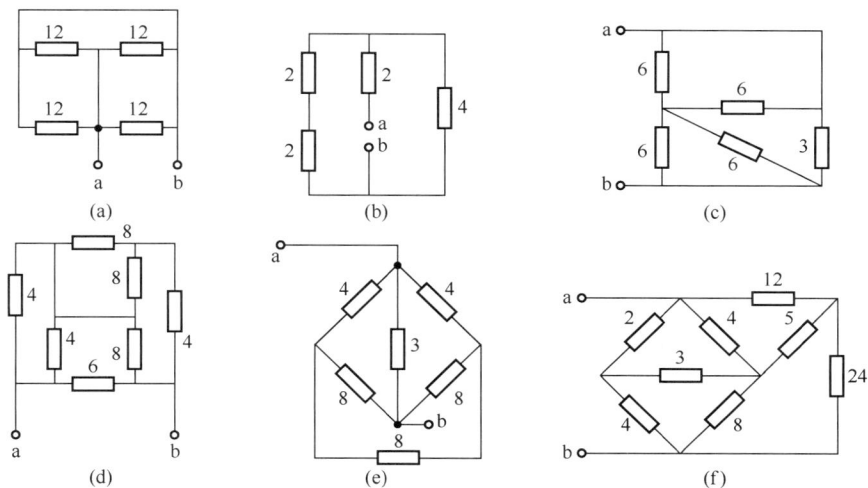

图 2-55　习题 2-3 图

2-4　电阻 R_1、R_2 串联后接在电压为 18V 的电源上，电流为 2A；并联后接在同一电源上，电流为 9A。试求：(1) 电阻 R_1 和 R_2；(2) 并联时每个电阻吸收的功率是串联时的几倍？

2-5　对于图 2-56 所示电路，试完成：(1) $R_1=50\Omega$，$R_5=R_6=40\Omega$，$R_2=R_3=R_4=60\Omega$，求电路中 a、n 两点间的等效电阻 R_{an}；(2) 若 $R_1=R_2=R_3=R_4=R_5=R_6=60\Omega$，求 a、b 两点间的等效电阻 R_{ab}。

2-6　试计算图 2-57 所示电路中的电流 i。

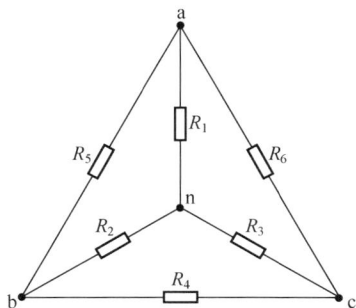

图 2-56　习题 2-5 图

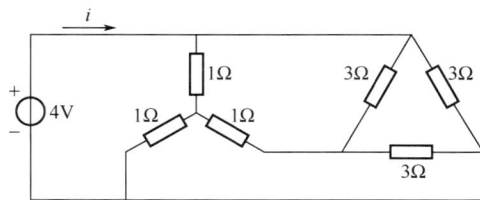

图 2-57　习题 2-6 图

2-7　已知电容元件 $C=200\mu F$，电压 $u_C(t)$ 的波形如图 2-58 所示。在电流、电压参考方向一致的前提下，试求：(1) $i_C(t)$ 的波形；(2) 电容元件的最大电场储能。

2-8　两只电容器，一只电容为 $0.25\mu F$，耐压 250V；另一只电容为 $0.5\mu F$，耐压 300V，试求它们串联以后的耐压值。

2-9　将图 2-59 所示各电路简化成等效电压源或电流源。

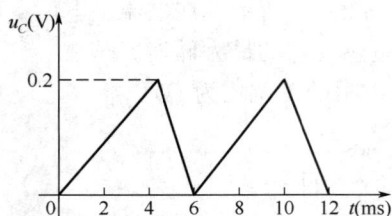

图 2-58　习题 2-7 图

2-10　试求图 2-60 所示电路中的 i_{ab}。

2-11　用一只内阻为 500Ω 的电压表测得蓄电池的电压为 49.02V；用另一只内阻为 2000Ω 的电压表测得蓄电池的电压为 49.75V。试求蓄电池的电压源电阻串联模型。

2-12　图 2-61 所示为一含有 CCCS 的电路，试求出电流 I_1、I_2 和电压 U。

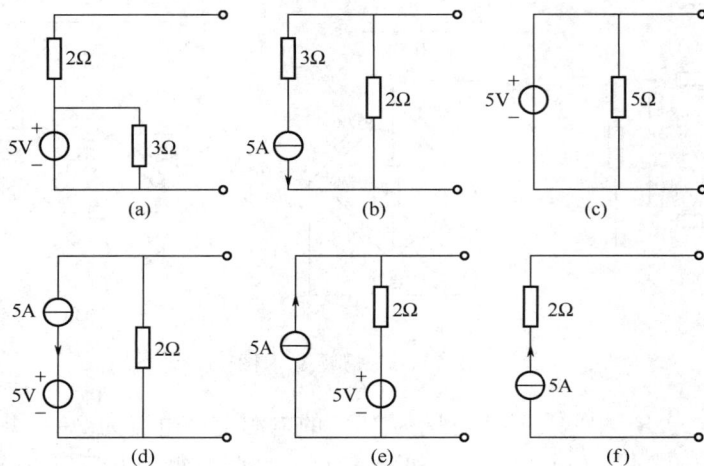

图 2-59　习题 2-9 图

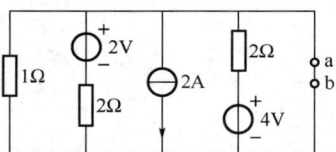

图 2-60　习题 2-10 图

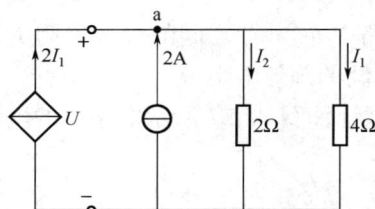

图 2-61　习题 2-12 图

2-13　图 2-62 为一含有 VCVS 的电路，控制量为 $0.4U_1$，试求电路的电流和各元件的功率。

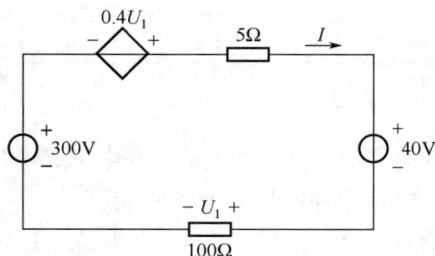

图 2-62　习题 2-13 图

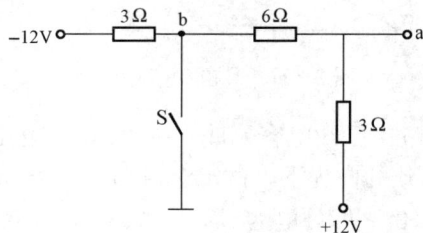

图 2-63　习题 2-14 图

2-14　电路如图 2-63 所示，当开关 S 断开与接通时，试求 a 点的电位。

2-15　图 2-64 所示电路中 $V_a=100V$，$V_b=-30V$，$i=0$，试求 R。

2-16　图 2-65 所示为晶体管电路。选取 d 点为参考点，已知 $V_e=-1V$（e 点电位），$V_c=-4V$（c 点电位）、$U_s=6V$、$I_c=12mA$、$I_b=50\mu A$、$I_2=0.15mA$、$R_2=8.8k\Omega$。试求 I_e、I_1、U_{ce}、U_{be}、R_c。

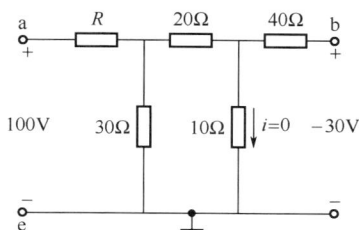

图 2-64　习题 2-15 图　　　　图 2-65　习题 2-16 图

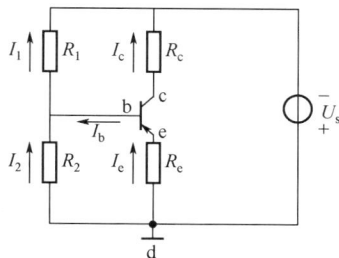

实训三　电位、电压的测定

一、实验目的

（1）用实验证明电路中电位的相对性、电压的绝对性。

（2）加深对电位、电压的概念及相互关系的理解。

二、原理说明

在一个确定的闭合电路中，各点电位的高低视所选的电位参考点的不同而改变，但任意两点间的电位差（即电压）则是绝对的，它不因参考点电位的变动而改变。据此性质，可用一只电压表来测量出电路中各点相对于参考点的电位及任意两点间的电压。

在电路中电位参考点可任意选定。对于不同的参考点，所测出的各点电位是不同的，但其各点电位变化的规律却是一样的。

三、实验设备

实验设备见表 2-2。

表 2-2

序　号	名　称	型号与规格	数量	备　注
1	直流可调稳压电源	0～30V	2 路	
2	万　用　表		1	
3	直流（数字）电压表	0～300V	1	
4	电位、电压测定实验电路板		1	

四、实验内容

利用实验装置上的元件线路，按图 2-66 接线。

（1）分别将两路直流稳压电源接入电路，令 $U_1=6V$，$U_2=12V$（先调准输出电压值，

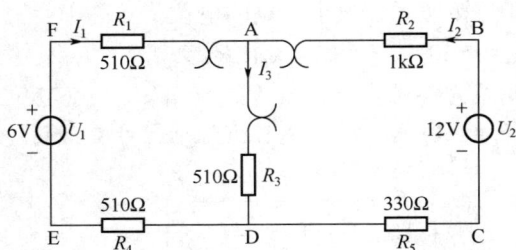

图 2-66 实验接线图

（2）以图 2-65 中的 A 点作为电位的参考点，分别测量 B、C、D、E、F 各点的电位值 V 及相邻两点之间的电压值 U_{AB}、U_{BC}、U_{CD}、U_{DE}、U_{EF} 及 U_{FA}，数据列于表 2-3 中。

（3）以 D 点作为参考点，重复实验内容（2）的测量，测得数据列于表 2-3 中。

再接入实验线路中）。

表 2-3

电位参考点	V 与 U	V_A	V_B	V_C	V_D	V_E	V_F	U_{AB}	U_{BC}	U_{CD}	U_{DE}	U_{EF}	U_{FA}
A	计算值												
	测量值												
	相对误差												
D	计算值												
	测量值												
	相对误差												

五、实验注意事项

（1）本实验线路板一般为多个实验通用，本次实验中不使用电流插头和插座。

（2）测量电位时，用指针式万用表的直流电压挡测量时，用负表棒（黑色）接参考电位点，用正表棒（红色）接被测各点。若指针正向偏转或数显表显示正值，则表明该点电位为正（即高于参考点电位）；若指针反向偏转，此时应调换万用表的表棒，然后读出数值，此时在电位值之前应加一负号（表明该点电位低于参考点电位）。数显表可不调换表棒，直接读出负值。

六、思考题

若以 F 点为参考电位点，实验测得各点的电位值；现令 E 点作为参考电位点，试问此时各点的电位值应有何变化？

七、实验报告

（1）完成数据表格中的计算，对误差做必要的分析。

（2）总结电位相对性和电压绝对性的原理。

（3）写出心得体会及其他。

第 三 章

线性电路的一般分析方法和定理

仅由电阻元件和电源（包括受控源）组成的电路称为电阻电路。本章针对电阻电路说明复杂电路的分析方法——网络方程法。网络方程法又分为支路法、网孔法、节点法。若只求某一条支路的电压或电流，则可使用网络定理，包括叠加定理、等效电源定理等。

第一节 支 路 法

一、支路法

以电路中的各支路电流为未知量（对于理想电流源则以其电压为未知变量），应用 KCL 与 KVL 建立与未知量数目相等的独立方程，解方程组求出各支路电流，并进一步求支路中其他物理量的方法，称为支路法。

二、关于方程的独立性问题

支路法的关键在于列出与支路电流数目相等的独立方程。对于一个具有 b 条支路、n 个节点的电路，应用 KCL 和 KVL 各能列出多少个方程？怎样保证所列出的方程是独立的？下面，以图 3-1 所示电路为例进行讨论。

图 3-1 是具有六条支路、四个节点、三个网孔的电路。以支路电流 i_1、i_2、i_3、i_4、i_5、i_6 为未知量，参考方向如图 3-1 所示。求电路中六个支路电流，需列六个独立方程。

应用 KCL 可列四个节点电流方程：

对节点 a	$-i_1 + i_4 + i_5 = 0$
对节点 b	$-i_2 - i_5 + i_6 = 0$
对节点 c	$-i_3 - i_4 - i_6 = 0$
对节点 d	$i_1 + i_2 + i_3 = 0$

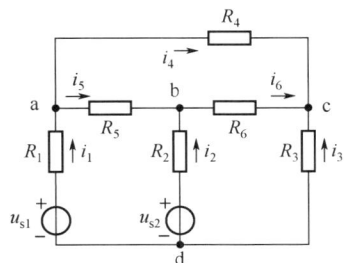

图 3-1 支路法示例

将以上四个方程相加，结果得到 0＝0。这表明，四个方程中的任一个都可以由其他三个推出，这是因为每个支路都与两个节点相连，每个支路电流必然指向其中一个节点、背离另一节点，而且这个电流与其他节点不发生联系。在上述四个方程中，每个支路电流都出现两次，一次为正，一次为负，所以，四个方程相加必然得到 0＝0 的结果，即四个方程中只有三个是独立的。

为了求出图 3-1 所示电路的六个支路电流，还需三个独立方程，它们可由 KVL 得到。

对电路的每一个回路都能应用 KVL 列出一个回路电压方程，但这些方程中并不都是独立的。例如上述电路中可找出七个回路，即可列出七个回路电压方程：

abda 回路 $\qquad R_5i_5 - R_2i_2 + u_{s2} - u_{s1} + R_1i_1 = 0$ ①

bcdb 回路 $\qquad R_6i_6 - R_3i_3 - u_{s2} + R_2i_2 = 0$ ②

acba 回路 $\qquad R_4i_4 - R_6i_6 - R_5i_5 = 0$ ③

abcda 回路 $\qquad R_5i_5 + R_6i_6 - R_3i_3 - u_{s1} + R_1i_1 = 0$ ④

acbda 回路 $\qquad R_4i_4 - R_6i_6 - R_2i_2 + u_{s2} - u_{s1} + R_1i_1 = 0$ ⑤

acdba 回路 $\qquad R_4i_4 - R_3i_3 - u_{s2} + R_2i_2 - R_5i_5 = 0$ ⑥

acda 回路 $\qquad R_4i_4 - R_3i_3 - u_{s1} + R_1i_1 = 0$ ⑦

其中前三个方程是在网孔上列出的，每个方程中都包含有其他回路没有用过的新支路，所以方程就是独立的。而方程④＝①＋②，⑤＝①＋③，⑥＝②＋③，⑦＝①＋②＋③，即后四个方程都可以由前边的方程推出，所以都是不独立的。这是因为这些方程没有涉及新支路。即该电路可以列三个独立的电压方程。

本例六个未知量，六个独立方程，即可解出各支路电流。

上述情况可推广到一般网络：对具有 b 条支路、n 个节点的网络，应用 KCL 可以列出 $n-1$ 个独立的节点电流方程；应用 KVL 可以列出 $b-(n-1)$ 个独立的回路电压方程，则独立方程数等于未知电流数，方程组有唯一解。可以任选其中 $n-1$ 个节点，列出电流方程即是独立电流方程；选取电路中的网孔列出电压方程即是独立电压方程。

三、支路法解题步骤

（1）任意选定各支路电流的参考方向，并标示于图中。

（2）应用 KCL 列出 $n-1$ 个独立的节点电流方程。

（3）应用 KVL 列出 $b-(n-1)$ 个独立的回路电压方程。

（4）解方程组求出各支路电流，若有需要再进一步求其他量。

【例 3-1】 图 3-2 所示电路中，已知 $u_{s1}=130\text{V}$、$u_{s2}=117\text{V}$、$R_1=1\Omega$、$R_2=0.6\Omega$、$R_3=24\Omega$。应用支路法求各支路电流。

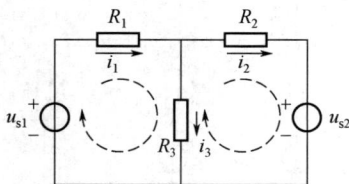

图 3-2 ［例 3-1］图

解 各支路电流的参考方向如图 3-2 所示。

电路只有两个节点，应用 KCL 可得一个独立方程

$$i_1 - i_2 - i_3 = 0$$

还需两个方程。选取网孔为独立回路，回路绕行方向为顺时针，应用 KVL 可得

$$R_1i_1 + R_3i_3 - u_{s1} = 0$$
$$R_2i_2 - R_3i_3 + u_{s2} = 0$$

对上列联立方程组求解得

$$i_1 = 10\text{A}$$
$$i_2 = 5\text{A}$$
$$i_3 = 5\text{A}$$

上面讨论的图 3-1 和图 3-2 所示电路中，只含有电压源。当电路中含有理想电流源时，由于理想电流源的电压 u 为未知量，理想电流源所在支路的电流 $i=i_s$ 为已知，因此电路的未知量数没有改变。应用支路法计算含理想电流源的电路时，按下列原则列写方程：在节点

电流方程中，令理想电流源所在支路的电流为 i_s；在回路电压方程中，以理想电流源的电压 u 为未知量。

【例 3 - 2】　求图 3 - 3 所示电路的各支路电流及理想电流源的电压 u。

解　该电路共有六条支路、四个节点、三个网孔（独立回路）。其中，$i_4 = 2A$，设理想电流源的电压 u 为未知量，如图 3 - 3 所示。

任选各支路电流的参考方向及各回路绕行方向如图 3 - 3 所示。根据 KCL、KVL 列方程：

节点 a　　　　　　　　　　$i_1 + i_2 - i_5 = 0$

节点 b　　　　　　　　　　$i_5 - 2 - i_6 = 0$

节点 c　　　　　$i_1 + i_3 - i_6 = 0$

回路 I　$10i_1 - 10i_2 + 30 + 10 - 100 = 0$

回路 II　$5i_5 - u + 6 \times 2 - 30 + 10i_2 = 0$

回路 III　$15i_6 - 10 - 6 \times 2 + u = 0$

解上列联立方程组，得

$$i_1 = 5A$$
$$i_2 = -1A$$
$$i_3 = -3A$$
$$i_5 = 4A$$
$$i_6 = 2A$$
$$u = -8V$$

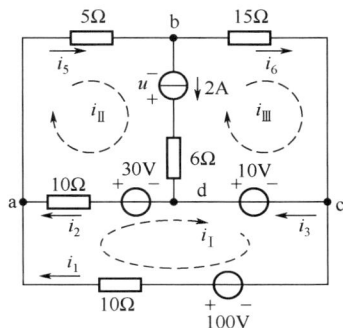

图 3 - 3　〔例 3 - 2〕图

思 考 题

3 - 1 - 1　指出图 3 - 4 所示网络有几条支路、几个独立节点、几个独立回路？

3 - 1 - 2　列出图 3 - 5 所示电路所需要的独立方程组。

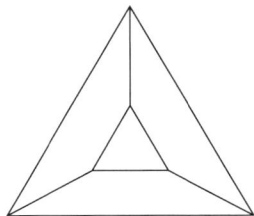

图 3 - 4　思考题 3 - 1 - 1 图

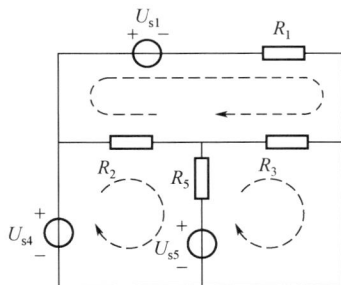

图 3 - 5　思考题 3 - 1 - 2 图

第二节　网　孔　法

用支路法分析电路，只需用 KCL、KVL 建立网络方程，所用原理清楚，容易掌握；但此方法有一个弊端，即电路的支路数越多，所需的方程数就越多，在不借助计算机的情况下解起来就越麻烦。若能适当选择网络的未知变量，使电路自动满足 KCL 或 KVL 中的任一个，则只要根据另一个定律建立网络方程即可，这样就能减少独立的网络方程数。

对于一个平面电路，其网孔数总是少于支路数的，因此可以选择网孔电流为未知变量，这就是下面要分析的网孔法。

一、网孔电流及网孔法的要点

网孔法是以网孔电流为未知量来建立网络方程的，那么什么是网孔电流呢？图 3-6 所示电路有六条支路，三个网孔。设想在每个网孔中，都有一个电流沿网孔边界环流，如图 3-6 中虚线所示。这样一个在网孔内环行的假想电流，称为网孔电流。由于每一网孔电流都沿着各自的网孔环流，故各网孔电流之间彼此无关，是一组独立的电流变量。

从图 3-6 中可以看出，各网孔电流与各支路电流之间的关系为

$$i_1 = i_I,\ i_2 = i_{II} - i_I,\ i_3 = -i_{II},\ i_4 = i_{III},\ i_5 = i_I - i_{III},\ i_6 = i_{II} - i_{III}$$

即所有支路电流都可以用网孔电流线性表示。

由于每一个网孔电流在流经电路的某一节点时，流入该节点之后，又同时从该点流出，因此，各网孔电流都能自动满足 KCL。可见，以网孔电流为未知变量建立起来的网络方程中不存在节点电流方程，而只有根据 KVL 列出的网孔电压方程。

网孔法要点：以网孔电流为未知量，用 KVL 列出与未知量数目相等的独立方程，并根据各网孔电流与各支路电流之间的关系求解电路的分析方法。

设电路有 m 个网孔，就有 m 个网孔电流，以此为变量就可以列出 m 个网孔方程，而且这些方程都是独立的。因此，网孔电流是一组完备的电流变量。

网孔法比支路法减少了 $n-1$ 个方程，求解方程比较简便，但网孔法仅适用于平面电路。

二、网孔方程

1. 只含电压源的电路

图 3-6 所示电路中只含有电压源，设各电源的电压及各支路电阻均为已知，各网孔电流的参考方向示于图中，并选取各回路的绕行方向与其网孔电流的参考方向一致。用 KVL 列写网孔电压方程如下：

网孔 I　　　$R_5(i_I - i_{III}) + R_2(i_I - i_{II}) + u_{s2} - u_{s1} + R_1 i_I = 0$

网孔 II　　　$R_6(i_{II} - i_{III}) + R_3 i_{II} + u_{s3} - u_{s2} + R_2(i_{II} - i_I) = 0$

网孔 III　　　$R_4 i_{III} + R_6(i_{III} - i_{II}) + R_5(i_{III} - i_I) - u_{s4} = 0$

整理后，得

网孔 I　　　$(R_5 + R_2 + R_1)i_I - R_2 i_{II} - R_5 i_{III} = -u_{s2} + u_{s1}$

网孔 II　　　$-R_2 i_I + (R_6 + R_3 + R_2)i_{II} - R_6 i_{III} = -u_{s3} + u_{s2}$

网孔 III　　　$-R_5 i_I - R_6 i_{II} + (R_5 + R_6 + R_4)i_{III} = u_{s4}$

以上三式，简称为网孔方程，写成一般形式为

$$R_{11}i_I + R_{12}i_{II} + R_{13}i_{III} = u_{s11}$$
$$R_{21}i_I + R_{22}i_{II} + R_{23}i_{III} = u_{s22}$$
$$R_{31}i_I + R_{32}i_{II} + R_{33}i_{III} = u_{s33}$$

其中，$R_{11} = R_1 + R_2 + R_5$，$R_{22} = R_2 + R_3 + R_6$，$R_{33} = R_4 + R_5 + R_6$，分别是三个网孔的电阻之和，称为各网孔的自电阻。因为选取自电阻的电压、电流都是关联参考方向，所以自电阻都是正值。$R_{12} = R_{21} = -R_2$，$R_{13} = R_{31} = -R_5$，$R_{23} = R_{32} = -R_6$，分别是网孔 I 与网孔

Ⅱ、网孔Ⅰ与网孔Ⅲ、网孔Ⅱ与网孔Ⅲ之间的公共支路的电阻，称为互电阻，其值可正可负：当流过互电阻的两个相邻网孔电流的参考方向一致时为正，反之为负。本例中，由于各网孔电流的参考方向都选取为顺时针方向，即流过各互电阻的两个相邻网孔电流的参考方向总是相反的，因此，都取负号。$u_{s11}=u_{s1}-u_{s2}$，$u_{s22}=u_{s2}-u_{s3}$，$u_{s33}=u_{s4}$，分别是各网孔中电压源电压的代数和，称为网孔电源电压。凡参考方向与网孔绕行方向一致的电源电压为负号，反之为正号。

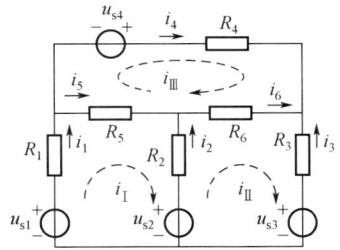

图 3-6 网孔法示例

上述关系可推广到一般电路，对具有 m 个网孔的平面电路，其网孔方程的一般形式为

$$R_{11}i_{I}+R_{12}i_{II}+\cdots+R_{1m}i_{m}=u_{s11}$$
$$R_{21}i_{I}+R_{22}i_{II}+\cdots+R_{2m}i_{m}=u_{s22}$$
$$\cdots$$
$$R_{m1}i_{I}+R_{m2}i_{II}+\cdots+R_{mm}i_{m}=u_{smm}$$

今后用网孔法分析电路，可直接按照上式列写网孔方程并求解。

2. 含有理想电流源的电路

如果电路中含有电流源（即理想电流源与电阻并联）时，可先将电流源变换成等效电压源，再按一般式列写网孔方程。

当电路中含有理想电流源且没有与其并联的电阻时，则无法将它变换成等效电压源。这时可根据电路的结构形式采用下面两种方法处理：一种方法是，当理想电流源支路仅属于一个网孔时，选择该网孔电流等于理想电流源的电流，这样可减少一个网孔方程，其余网孔方程仍按一般方法列写；另一种方法是，在建立网孔方程时，将理想电流源的电压作为一个未知量，每引入这样一个未知量，同时补充一个网孔电流与该理想电流源电流之间约束关系的方程。从而使独立方程数与未知量数仍然相等以便求解。

三、网孔法解题步骤

（1）任选各网孔电流的参考方向及网孔绕行方向。

（2）计算各网孔的自电阻、相关网孔的互电阻及每一网孔的电源电压。

（3）根据网孔方程的一般形式代入数值并求解出各网孔电流。

（4）由各网孔电流与各支路电流之间的关系求出各支路电流。

【例 3-3】 用网孔法求图 3-7 所示电路的各支路电流。

解 各网孔电流的参考方向及网孔绕行方向如图 3-7 所示。

自电阻 $R_{11}=1+2=3$（Ω），$R_{22}=2+1=3$（Ω），$R_{33}=2+1=3$（Ω）

互电阻 $R_{12}=R_{21}=-2\Omega$，$R_{13}=R_{31}=-1\Omega$，$R_{23}=R_{32}=0$

网孔电源电压 $u_{s11}=10V$，$u_{s22}=-5V$，$u_{s33}=5V$

根据一般式得方程组

$$3i_{I}-2i_{II}-i_{III}=10$$
$$-2i_{I}+3i_{II}=-5$$
$$-i_{I}+3i_{III}=5$$

解得

$$i_{\text{I}} = 6.25\text{A}$$
$$i_{\text{II}} = 2.5\text{A}$$
$$i_{\text{III}} = 3.75\text{A}$$

设各支路电流的参考方向如图 3-7 所示，由网孔电流求出支路电流：

$i_1 = i_{\text{I}} = 6.25\text{A}$，$i_2 = i_{\text{II}} = 2.5\text{A}$，$i_3 = i_{\text{I}} - i_{\text{II}} = 3.75\text{A}$

$i_4 = i_{\text{I}} - i_{\text{III}} = 2.5\text{A}$，$i_5 = i_{\text{III}} - i_{\text{II}} = 1.25\text{A}$，$i_6 = i_{\text{III}} = 3.75\text{A}$

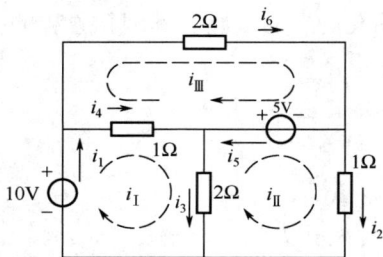
图 3-7　［例 3-3］图

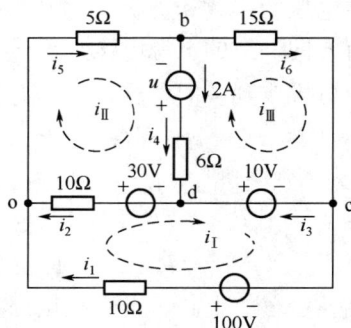
图 3-8　［例 3-4］图

【例 3-4】　用网孔法重解［例 3-2］题。

解　选取各网孔电流的参考方向及网孔绕行方向如图 3-8 所示，设理想电流源的电压 u 为未知量。

列网孔方程

$$(10+10)i_{\text{I}} - 10i_{\text{II}} = 100 - 30 - 10$$
$$-10i_{\text{I}} + (10+5+6)i_{\text{II}} - 6i_{\text{III}} = 30 + u$$
$$-6i_{\text{I}} + (6+15)i_{\text{III}} = 10 - u$$
$$i_{\text{II}} - i_{\text{III}} = 2$$

解得

$$i_{\text{I}} = 5\text{A}$$
$$i_{\text{II}} = 4\text{A}$$
$$i_{\text{III}} = 2\text{A}$$
$$u = -8\text{V}$$

选取各支路电流的参考方向如图 3-8 所示，各支路电流为

$$i_1 = i_{\text{I}} = 5\text{A}，i_2 = i_{\text{II}} - i_{\text{I}} = -1\text{A}，i_3 = i_{\text{III}} - i_{\text{I}} = -3\text{A}$$
$$i_4 = 2\text{A}，i_5 = i_{\text{II}} = 4\text{A}，i_6 = i_{\text{III}} = 2\text{A}$$

　思　考　题

3-2-1　试列出用网孔法计算图 3-9 电路所需要的网孔方程。

3-2-2　用网孔法求图 3-10 所示电路的各支路电流。

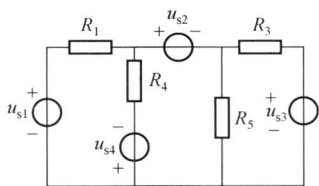

图 3-9　思考题 3-2-1 图　　　　　图 3-10　思考题 3-2-2 图

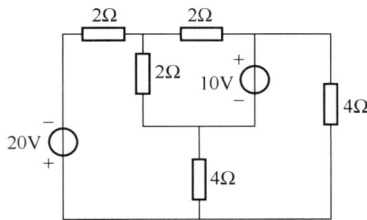

第三节　节　点　法

网孔法自动满足 KCL，因此计算电路时比支路法减少了 $n-1$ 个方程，但它只适用于平面电路。本节介绍的节点法，以节点电压为电路的未知变量，自动满足 KVL，只需用 KCL 列方程，因此也可以减少方程数目，而且不受电路是否是平面的限制。同时，这种方法也比较适宜计算机辅助分析，因而得到普遍应用。

一、节点电压及节点法的要点

一个具有 n 个节点的电路，若选择其中一个节点为参考节点（非独立节点），则其余的 $n-1$ 个节点为独立节点。独立节点对参考节点之间的电压，称为节点电压，则有 $n-1$ 个节点电压，记为 u_1、u_2、$\cdots$、u_{n-1}。

节点法是以节点电压为未知变量来建立网络方程的，由于各节点电压对 KVL 独立无关，因此只需要根据 KCL 列出的节点电流方程，故可以减少联立方程的数目。

图 3-11 所示的电路有六条支路、三个节点。若选择节点 3 为参考节点，则有两个独立的节点电压 u_1、u_2。对具有 n 个节点的电路，则有 $n-1$ 个独立的节点电压，它们是独立无关的，不能相互推出，所以节点电压是一组独立变量；并且每一条支路都接在两个节点之间，所以各支路电压（或电流）都可以用节点电压线性表示，即

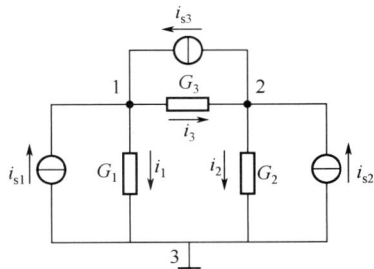

图 3-11　节点法示例

$$u_{13}=u_1, \qquad u_{23}=u_2, \qquad u_{12}=u_1-u_2$$

因此，节点电压又是一组完备的电路变量。

节点法要点：以节点电压为未知量，用 KCL 列出与未知量数目相等的独立方程，并根据各节点电压与各支路电压之间的关系求解电路。

二、节点方程

下面，分三种情况介绍怎样建立节点法的方程。

1. 只含有电流源的电路

图 3-11 所示电路只含有电流源，独立节点数为 $n-1=2$。选取各支路电流的参考方向如图 3-11 所示，对节点 1、2 分别由 KCL 列出节点电流方程

$$i_1+i_3-i_{s1}-i_{s3}=0$$
$$i_2-i_3-i_{s2}+i_{s3}=0$$

设节点 3 为参考节点，则节点 1、2 的节点电压分别为 u_1、u_2。将支路电流用节点电压表示为

$$i_1 = \frac{u_1}{R_1} = G_1 u_1, \quad i_2 = \frac{u_2}{R_2} = G_2 u_2, \quad i_3 = \frac{u_1 - u_2}{R_3} = G_3 u_1 - G_3 u_2$$

代入两个节点电流方程中，经移项整理后得

$$(G_1 + G_3) u_1 - G_3 u_2 = i_{s1} + i_{s3}$$
$$-G_3 u_1 + (G_2 + G_3) u_2 = i_{s2} - i_{s3}$$

写成一般式为

$$G_{11} u_1 + G_{12} u_2 = i_{s11}$$
$$G_{21} u_1 + G_{22} u_2 = i_{s22}$$

其中：$G_{11} = G_1 + G_3$，$G_{22} = G_2 + G_3$ 分别是两个节点所连的电导之和，称为各节点的自电导，其值为正；$G_{12} = G_{21} = -G_3$ 是节点 1 与节点 2 之间的公共支路的电导（之和），称为互电导，其值为负；$i_{s11} = i_{s1} + i_{s3}$，$i_{s22} = i_{s2} - i_{s3}$，分别是汇集于各节点电流源的电流代数和，称为节点电源电流。凡参考方向为流入节点的电源电流，取正值，反之为负值。

应当注意的是：若理想电流源支路有串联电阻，在列写节点方程时，该串联电阻应代以短路。

上述关系可推广到一般电路，对具有 n 个节点的电路，它有 $N = n - 1$ 个独立节点，其节点方程的一般形式为

$$G_{11} u_1 + G_{12} u_2 + \cdots + G_{1N} u_N = i_{s11}$$
$$G_{21} u_1 + G_{22} u_2 + \cdots + G_{2N} u_N = i_{s22}$$
$$\cdots$$
$$G_{N1} u_1 + G_{N2} u_2 + \cdots + G_{NN} u_N = i_{sNN}$$

今后可直接按照上式列写节点方程并求解。

【例 3 - 5】 用节点法求图 3 - 12 所示电路的各支路电流。

解 这是一个只含有电流源的电路，应用节点方程的一般形式即可求解。

选节点 3 为参考节点，其余节点为独立节点，节点电压为 u_1、u_2。

$$G_{11} = 1 + \frac{1}{4}, \ G_{22} = \frac{1}{2} + \frac{1}{4}, \ G_{12} = G_{21} = -\frac{1}{4}, \ i_{s11} = 3 + 5, \ i_{s22} = 2 - 5$$

代入一般式，有

$$\frac{5}{4} u_1 - \frac{1}{4} u_2 = 8$$

$$-\frac{1}{4} u_1 + \frac{3}{4} u_2 = -3$$

解方程得 $\quad u_1 = 6\text{V}, \ u_2 = -2\text{V}$

据各支路的参考方向，求各支路电流

$$i_1 = \frac{u_1}{R_1} = \frac{6}{1} = 6 \ (\text{A}), \ i_2 = \frac{u_2}{R_2} = \frac{-2}{2} = -1 \ (\text{A})$$

$$i_3 = \frac{u_1 - u_2}{R_3} = \frac{6 - (-2)}{4} = 2 \ (\text{A})$$

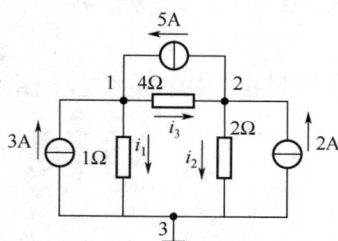

图 3 - 12 ［例 3 - 5］图

2. 含有理想电压源的电路

当电路中含有电压源（即理想电压源与电阻串联）时，可先将电压源变换成等效电流源，再按节点方程的一般形式列写方程，或者根据 $i_s = u_s/R_s$ 的等效关系直接列写节点方程。

当电路中含有理想电压源时，则无法将其变成电流源，此时，可采用下面两种方法处理：①当只有某一条支路含有理想电压源，或者虽有几条支路含有理想电压源，但是它们的一端接在一起，这时，可以选择连在一起的端点（节点）为参考节点，则另一端的节点电压为已知，该节点方程可以省去，其余方程按一般形式列写；②可以设理想电压源支路的电流为未知量，每引入这样的一个未知量，就需要补充一个节点电压与该理想电压源电压的关系方程。这样，独立方程数仍等于未知量数，可解各未知量。

【例 3 - 6】　用节点法求图 3 - 13 所示电路的各支路电流。

解　此电路含有两个理想电压源，可将 10V 电压源的负极端设为参考节点，则其正极端（节点 1）节点电压为已知，故该点的节点方程不需要列写，节点 2、3 之间的理想电压源的电流可设为 i_5，增加了一个未知量，补充该理想电压源与节点电压 u_2、u_3 之间的约束关系方程，其余方程直接列写。

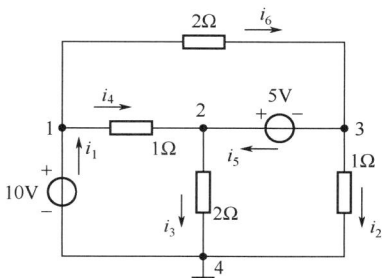

图 3 - 13　［例 3 - 6］图

节点 2 方程　　　　$-u_1 + \left(1 + \dfrac{1}{2}\right)u_2 = i_5$

节点 3 方程　　　　$-\dfrac{1}{2}u_1 + \left(\dfrac{1}{2} + 1\right)u_3 = -i_5$

补充方程　　　　　　　　　$u_2 - u_3 = 5\text{V}$

已知　　　　　　　　　　　$u_1 = 10\text{V}$

解方程组得　　　　$u_2 = 7.5\text{V},\ u_3 = 2.5\text{V},\ i_5 = 1.25\text{A}$

设备支路电流参考方向如图 3 - 13 所示，有

$i_2 = \dfrac{u_3}{1} = 2.5\text{A}$, $i_3 = \dfrac{u_2}{2} = 3.75\text{A}$, $i_4 = \dfrac{u_1 - u_2}{1} = 2.5\text{A}$, $i_6 = \dfrac{u_1 - u_3}{2} = 3.75\text{A}$, $i_1 = i_2 + i_3 = 6.25\text{A}$, $i_5 = 1.25\text{A}$。

3. 具有两个节点的电路

在实际工程中常常遇到具有两个节点、多条支路的电路。电路如图 3 - 14 所示，用节点法求解时，一个节点为参考点，另一个节点电压为未知量，只需要列写一个方程

$$\left(\frac{1}{R_1} + \frac{1}{R_2} + \frac{1}{R_3} + \frac{1}{R_4}\right)u_1 = \frac{u_{s1}}{R_1} + \frac{u_{s2}}{R_2} - \frac{u_{s3}}{R_3},\ \text{即}\ u_1 = \frac{u_{s1}G_1 + u_{s2}G_2 - u_{s3}G_3}{G_1 + G_2 + G_3 + G_4}$$

推广到一般形式 $u_1 = u_{12} = \dfrac{\sum(Gu_s)}{\sum G}$，其中电压源的参考方向与 u_{12} 一致的取正，相反的取负。分母上为所有支路电导之和，恒为正。

若电路中为电流源，该式也可写成 $u_1 = u_{12} = \dfrac{\sum i_s}{\sum G}$。其中电流源的电流参考方向流入节点 1 的，取正；反之，取负。

将以上两式合写成一式为 $u_1 = u_{12} = \dfrac{\sum(Gu_s + i_s)}{\sum G}$，这就是弥尔曼定理。

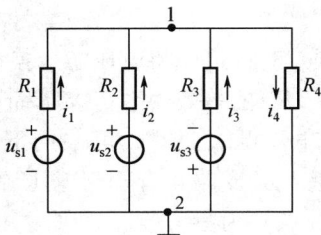

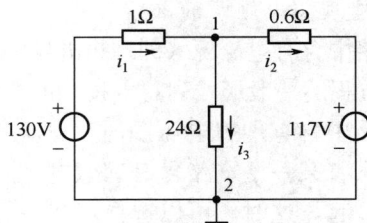

图 3 - 14　具有两个节点的电路　　　　　图 3 - 15　［例 3 - 7］图

【例 3 - 7】　应用弥尔曼定理重解［例 3 - 1］各支路电流。

解　由图 3 - 15，并据弥尔曼定理得

$$u_{12} = \frac{130 + \dfrac{117}{0.6}}{1 + \dfrac{1}{0.6} + \dfrac{1}{24}} = 120(\text{V})$$

设各支路电流的参考方向如图 3 - 2 所示，根据 KVL 得

$$i_1 = \frac{u_{s1} - u_{12}}{1} = 10\text{A}, \quad i_3 = \frac{u_{12}}{24} = 5\text{A}, \quad i_2 = i_1 - i_3 = 5\text{A}$$

思　考　题

3 - 3 - 1　用节点法求图 3 - 16 所示电路的各支路电流。

3 - 3 - 2　试列出用节点法计算图 3 - 17 电路所需要的节点方程。

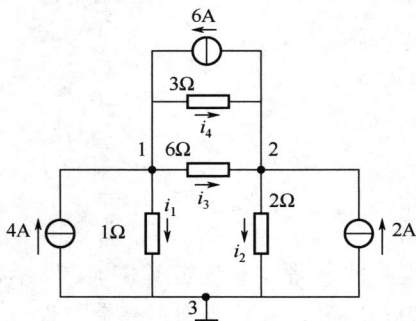

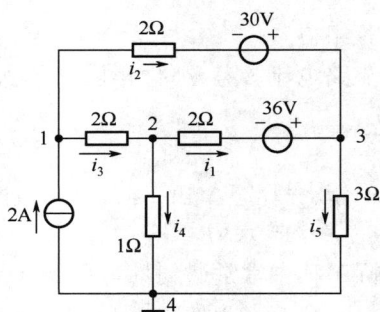

图 3 - 16　思考题 3 - 3 - 1 图　　　　　图 3 - 17　思考题 3 - 3 - 2 图

3 - 3 - 3　应用弥尔曼定理求解图 3 - 18 电路中各支路电流。

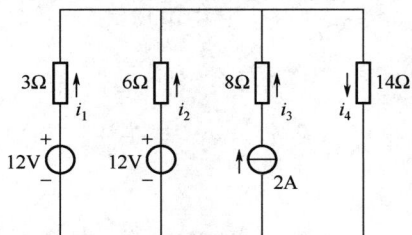

图 3 - 18　思考题 3 - 3 - 3 图

第四节　叠　加　定　理

叠加定理是分析线性电路的一个具有普遍意义的重要定理。在线性电路中，当只有一个独立源作用时，任一支路的响应与激励源的激励成正比，这一关系称为齐性定理。当线性电路中有多个独立电源共同作用时，任一支路的响应等于各独立源单独作用时，分别在该支路所产生的响应的代数和，这一关系称为叠加定理。

下面，通过例子说明叠加定理的内容，并间接验证其正确性。图 3 - 19（a）所示为含有电流源与电压源的线性电路，要求用叠加定理求各支路电流。根据叠加定理，图 3 - 19（a）可以分解为图 3 - 19（b）与图 3 - 19（c）。图 3 - 19（b）中只有电压源作用，电流源不作用，即 $i_s = 0$，故代之以开路；图 3 - 19（c）中只有电流源作用，电压源不作用，即 $u_s = 0$，故代之以短接。

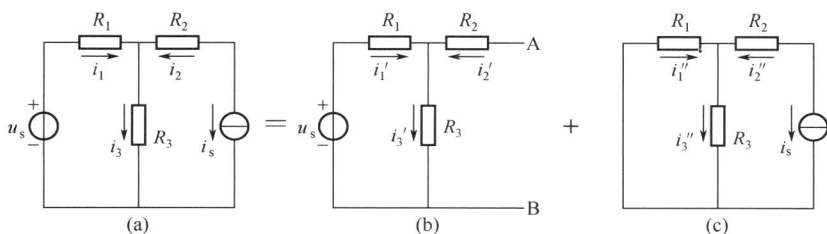

图 3 - 19　叠加定理示例

图 3 - 19（b）中
$$i_1' = i_3' = \frac{u_s}{R_1 + R_3}, \quad i_2' = 0$$

图 3 - 19（c）中
$$i_2'' = -i_s, \quad i_1'' = \frac{R_3 i_s}{R_1 + R_3}, \quad i_3'' = -\frac{R_1 i_s}{R_1 + R_3}$$

因此，图 3 - 19（a）中各支路的电流为
$$i_1 = i_1' + i_1'' = \frac{u_s + R_3 i_s}{R_1 + R_3}, \quad i_2 = i_2' + i_2'' = -i_s i_3 = i_3' + i_3'' = \frac{u_s - R_1 i_s}{R_1 + R_3}$$

下面用弥尔曼定理求解上例。设下端节点为参考节点，则上端节点电压为
$$u = \frac{\dfrac{u_s}{R_1} - i_s}{\dfrac{1}{R_1} + \dfrac{1}{R_3}} = \frac{R_3 u_s - R_1 R_3 i_s}{R_1 + R_3}$$

在图 3 - 19 所示参考方向下，各支路电流为
$$i_3 = \frac{u}{R_3} = \frac{u_s - R_1 i_s}{R_1 + R_3}, \quad i_2 = -i_s, \quad i_1 = i_3 - i_2 = \frac{u_s + R_3 i_s}{R_1 + R_3}$$

可见两种方法计算的结果是相同的，从而间接验证了叠加定理的正确性。

以上虽是一个例子，但对任何线性电路叠加定理都是成立的。它不仅可以直接对电路进行分析计算，更重要的是线性电路的很多定理和方法可由它导出。例如，下面要学习的等效电源定理以及三相电路的对称分量法、非正弦周期电路的计算都要用到叠加定理。

应用叠加定理时应该注意以下几个问题：

（1）叠加定理只适用于线性电路电压、电流的计算，不适于非线性电路或功率的计算。

（2）当某一独立电源单独作用时，其他独立电源应该为零，即将其余的电压源代之以短路，其余的电流源代之以开路；其他元件及连接都不变。

（3）用叠加定理计算电路时，原电路和各独立电源单独作用的电路中的电压、电流的参考方向都可以任选。

【例 3-8】 用叠加定理计算图 3-20 所示电路中各电阻的电流。

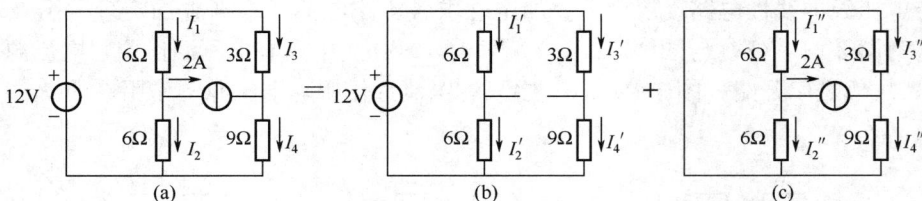

图 3-20　［例 3-8］图

解　选取电流参考方向如图 3-20 所示。

电压源单独作用时，电流源不作用，即 $I_s=0$，故代之以开路，如图 3-20（b）所示，则

$$I_1'=I_2'=\frac{12}{6+6}=1(\text{A}),\quad I_3'=I_4'=\frac{12}{3+9}=1(\text{A})$$

电流源单独作用时，电压源不作用，即 $U_s=0$，故代之以短路，如图 3-20（c）所示。则

$$I_1''=\frac{6}{6+6}\times2=1(\text{A}),\quad I_2''=-\frac{6}{6+6}\times2=-1(\text{A})$$

$$I_3''=-\frac{9}{3+9}\times2=-1.5(\text{A}),\quad I_4''=\frac{3}{3+9}\times2=0.5(\text{A})$$

根据叠加定理，各电阻中的电流为

$$I_1=I_1'+I_1''=1+1=2(\text{A}),\quad I_2=I_2'+I_2''=1-1=0$$

$$I_3=I_3'+I_3''=1-1.5=-0.5(\text{A}),\quad I_4=I_4'+I_4''=1+0.5=1.5(\text{A})$$

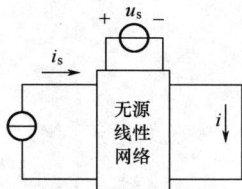

图 3-21　［例 3-9］图

【例 3-9】 封装好的电路如图 3-21 所示，已知下列实验数据，当 $u_s=1\text{V}$，$i_s=1\text{A}$ 时，响应 $i=2\text{A}$；当 $u_s=-1\text{V}$，$i_s=2\text{A}$ 时，响应 $i=1\text{A}$；求 $u_s=-3\text{V}$，$i_s=5\text{A}$ 时，响应 i 的大小。

解　根据叠加定理，有

$$i=k_1i_s+k_2u_s$$

代入实验数据，得

$$k_1+k_2=2,\quad 2k_1-k_2=1$$

解得

$$k_1=1,\ k_2=1$$

$$i=u_s+i_s=-3+5=2(\text{A})$$

思 考 题

3-4-1　用叠加定理求图 3-22 所示电路的各支路电流（将两个电压源看成一组独立源）。

3-4-2　试用叠加定理求图 3-23 所示电路中的电压 U。

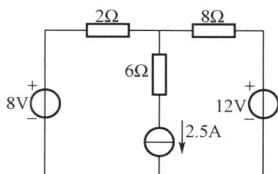

图 3-22　思考题 3-4-1 图　　　　图 3-23　思考题 3-4-2 图

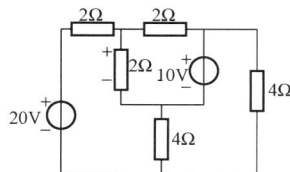

第五节　等 效 电 源 定 理

等效电源定理是分析线性有源二端网络外部性能的一个重要定理，包括戴维南定理和诺顿定理。在只需要分析电路中某一条支路的响应时，其优势是其他方法不可比拟的。

一、戴维南定理

图 3-24 所示电阻电路，若沿 a-b 将电路分成两部分，则右边虚线框内是一个无源二端网络，用 NP 表示，它可用一个等效电阻替代；而左边虚线框内是一个含有独立源的二端网络，用 NA 表示，称为有源二端网络。

戴维南定理指出：任何一个线性有源二端网络，对其外部电路而言，都可用一个理想电压源与一个电阻的串联组合等效替代；该理想电压源的电压等于有源二端网络的端口开路电压 u_{oc}，其串联电阻等于有源二端网络中所有独立源均为零（即将理想电压源代之以短路，理想电流源代之以开路）时的入端等效电阻 R_i，如图 3-25 所示。

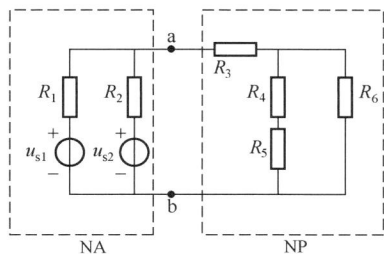

图 3-24　戴维南定理　　　　图 3-25　戴维南等效电路

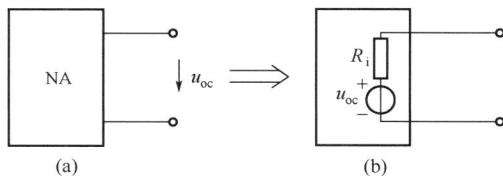

所谓开路电压，就是指将外电路断开后，端口处的电压。

下面，通过实例来说明戴维南定理并验证其正确性。

用戴维南定理求图 3-26（a）所示电路中 10Ω 支路的电流。将图 3-26（a）所示电路以待求支路为中心分为左右两部分，左侧是有源二端网络，如图 3-26（b）所示，可用戴维南定理求其等效电路；右侧为无源二端网络，如图 3-26（c）所示，根据所给数值，可求其等效电阻。

图 3 - 26（b）中，开路电压 $u_{oc} = \dfrac{12-3}{6+3} \times 6 + 3 = 9(V)$，入端电阻 $R_i = 6//3 = \dfrac{6 \times 3}{6+3} = 2(\Omega)$。图 3 - 26（c）中，等效电阻 $R' = (8+4)//24 = \dfrac{12 \times 24}{12+24} = 8(\Omega)$。据此组成图 3 - 26（a）的等效电路为图 3 - 26（d），故而，$i = \dfrac{u_{oc}}{R_i + R + R'} = \dfrac{9}{2+10+8} = 0.45(A)$。

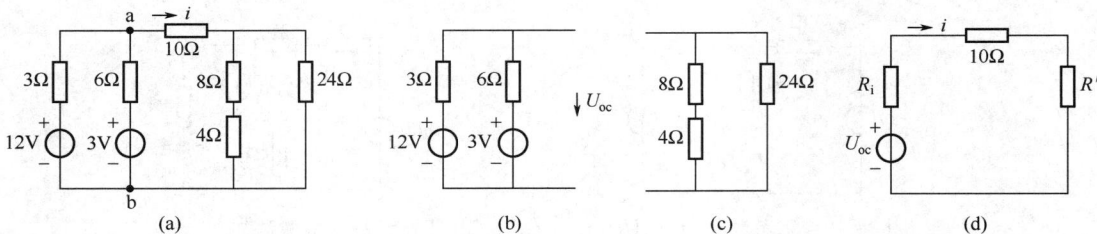

图 3 - 26　戴维南定理实例

用节点法重解上题。$u_{AB} = \dfrac{\dfrac{12}{3} + \dfrac{3}{6}}{\dfrac{1}{3} + \dfrac{1}{6} + \dfrac{1}{10+8}} = 8.1$（V），因此，10Ω 支路的电流为 $i =$

$\dfrac{u_{AB}}{10+8} = \dfrac{8.1}{18} = 0.45$（A）（无源二端网络部分的等效电阻为 8Ω）。

应用戴维南定理分析电路的关键是要求出开路电压 u_{oc} 和入端电阻 R_i。开路电压的计算需要灵活运用已学电路知识，根据不同电路结构，采用不同的方法进行。最常用的是欧姆定律、基尔霍夫定律、弥尔曼定理及电源本身的特点与互换。入端电阻的求法和前面介绍的混联电路等效电阻的求法相同，只要弄清楚连接关系，找对端口，就不难计算。

【例 3 - 10】　用戴维南定理求图 3 - 27（a）所示电路中的支路电流 i。

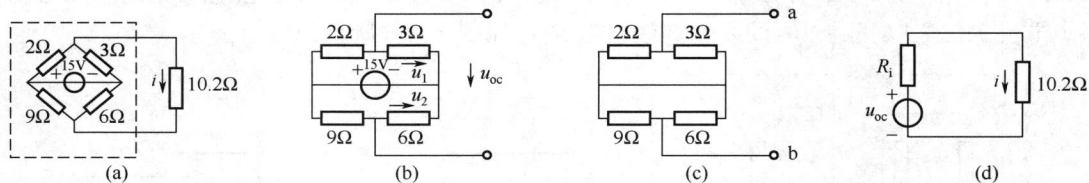

图 3 - 27　［例 3 - 9］图

解　将待求支路断开，其余部分为一有源二端网络，如图 3 - 27（b）所示。根据分压公式求开路电压为

$$u_{oc} = u_1 - u_2 = \frac{15}{3+2} \times 3 - \frac{15}{9+6} \times 6 = 3(V)$$

将理想电压源代以短路，如图 3 - 27（c）所示，求入端电阻得

$$R_i = R_{ab} = \frac{2 \times 3}{2+3} + \frac{9 \times 6}{9+6} = 4.8(\Omega)$$

由 u_{oc}、R_i 及待求支路组成等效电路，如图 3 - 27（d）所示，得

$$i=\frac{u_{oc}}{R_i+10.2}=\frac{3}{4.8+10.2}=0.2(A)$$

二、诺顿定理

由于电压源可以等效变换为电流源，因此，一个线性有源二端网络也可以等效为一个电流源，这就是诺顿定理要说明的内容。

诺顿定理指出：任一线性有源二端网络，对其外电路而言，也可用一个由理想电流源与一个电阻的并联组合来等效替代；该理想电流源的电流等于有源二端网络的短路电流 i_{sc}，其并联电阻等于有源二端网络的入端电阻 R_i。

所谓短路电流，就是指将外电路短接时流过短接线的电流。

诺顿定理分析两个节点的电路比较简便，当然这类问题也可以用弥尔曼定理来分析。等效电源定理中，戴维南定理的应用较广泛，因而要重点掌握。

【例 3 - 11】 用诺顿定理求图 3 - 28（a）所示电路中的支路电流 i。

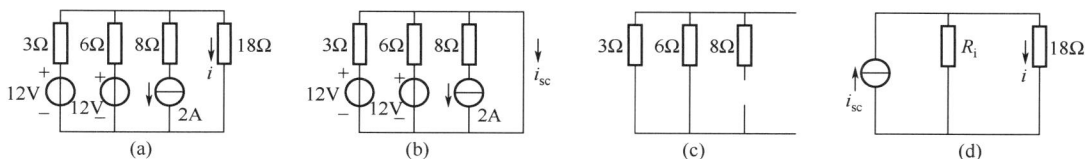

图 3 - 28 ［例 3 - 10］图

解 如图 3 - 28（b）所示，将待求支路短接，短接线上的电流就是短路电流 i_{sc}

$$i_{sc}=\frac{12}{3}+\frac{12}{6}-2=4(A)$$

将理想电压源代以短路，理想电流源代以开路，如图 3 - 28（c）所示，求入端电阻，得

$$R_i=3//6=\frac{3\times6}{3+6}=2(\Omega)$$

由 i_{sc}、R_i 及待求支路组成等效电路，如图 3 - 28（d）所示，根据分流公式得

$$i=\frac{R_i}{R_i+18}\times i_{sc}=\frac{2}{2+18}\times4=0.4(A)$$

应用戴维南定理和诺顿定理时要注意以下两点：一是等效电压源电压的极性应与开路电压的极性一致，等效电流源电流的方向应与二端网络输出的短路电流的方向一致；二是有源二端网络必须是线性的，但外部电路可以是任意二端网络，而且可以是非线性的。

思 考 题

3 - 5 - 1 计算图 3 - 29 所示电路中的支路电流。

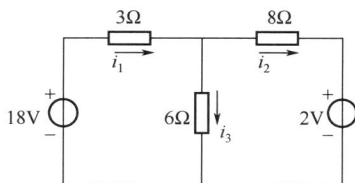

图 3 - 29 思考题 3 - 5 - 1 图

3-5-2　求图 3-30 所示各电路的戴维南等效电路和诺顿等效电路。

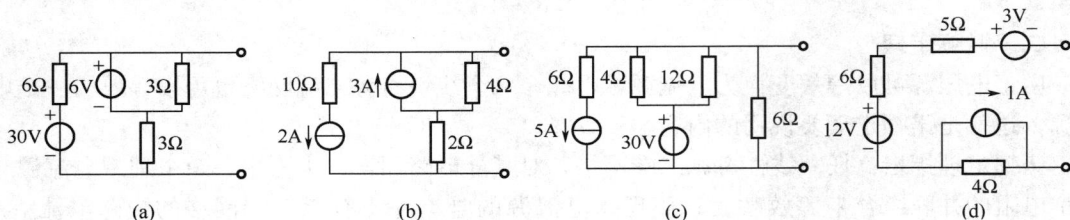

图 3-30　思考题 3-5-2 图

3-5-3　分别用戴维南定理和诺顿定理求图 3-31 中的电流 i。

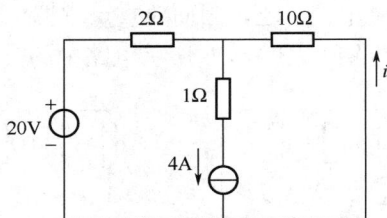

图 3-31　思考题 3-5-3 图

第六节　最大功率传输定理

根据戴维南定理，任何电能传输系统都可以用图 3-31 所示电路等效。电压源的电压 U_s 及内阻 R_i 一般是不变的，而负载 R 是可以变动的。下面要分析的是什么情况下负载可以获得最大功率，这个最大功率是多少。

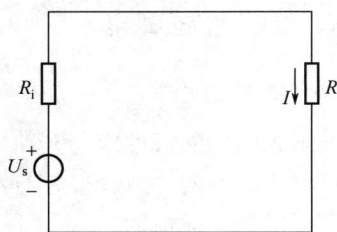

图 3-32　等效传输电路

由图 3-32 所示电路可知，流经负载的电流为

$$I = \frac{U_s}{R_i + R}$$

负载获得的功率为

$$P = I^2 R = \frac{U_s^2 R}{(R_i + R)^2}$$

根据数学知识可知，欲使 P 取得最大值，应使 $\dfrac{\mathrm{d}P}{\mathrm{d}R} = 0$。

由此可得：当 $R = R_i$ 时，负载可获得最大功率，这个最大功率值为 $P_{\max} = \dfrac{U_s^2}{4R}$，这就是最大功率传输定律的内容。这种工作状态称为负载与电源匹配。匹配时，负载可以获得最大功率，但是它的传输效率（负载吸收的功率与电源产生的功率之比）为

$$\eta = \frac{P_{\max}}{U_s I} = \frac{U_s^2/4R}{U_s^2/2R} \times 100\% = 50\%$$

在电力系统中，由于输送的功率较大，必须减少功率损耗，提高传输效率才可以提高电能的利用率。因此，电力系统不能在匹配状态下工作。

在电子技术、通信和自动控制系统中，总希望负载可以获得较强的信号，由于这时电信号本身的功率较小，传输效率就变成次要问题，而负载获得最大功率成为主要问题。因此，在这种情况下，应设法使系统达到匹配状态。

【例 3 - 12】 在图 3 - 33（a）所示电路中，电阻 R 是可变的。试问，R 等于多大时，它能获得最大功率，该最大功率是多少？

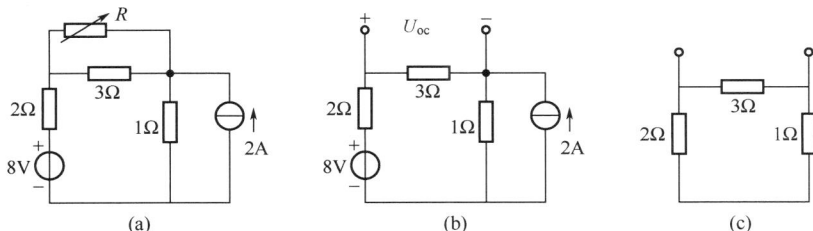

图 3 - 33 ［例 3 - 11］图

解 除去 R 之外，其余部分为一有源二端网络，如图 3 - 33（b）所示，应用戴维南定理求其等效电源。

$$U_{oc} = \frac{8-2}{2+3+1} \times 3 = 3(V)（将电流源化为电压源）$$

将理想电压源代以短路，将理想电流源代以开路，如图 3 - 33（c）所示，求入端电阻，得

$$R_i = (2+1)//3 = \frac{(2+1)\times 3}{(2+1)+3} = 1.5(\Omega)$$

当 $R = R_i = 1.5\Omega$ 时，负载获得最大功率为

$$P_{max} = \frac{U_{oc}^2}{4R} = \frac{3^2}{4 \times 1.5} = 1.5(W)$$

思 考 题

3 - 6 - 1 图 3 - 34 所示电路，R 等于多大时能获得最大功率，该最大功率是多少？

3 - 6 - 2 图 3 - 35 所示电路中，已知负载 R 上获得最大功率，且 $P_{max} = 5W$，求电阻 R 与电压源 U_s 的值。

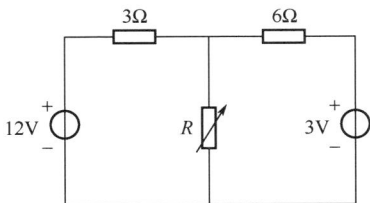

图 3 - 34 思考题 3 - 6 - 1 图

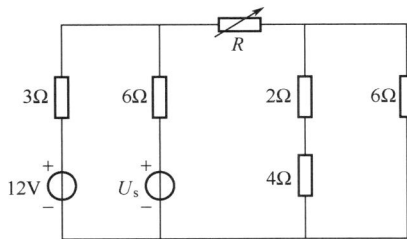

图 3 - 35 思考题 3 - 6 - 2 图

*第七节 图论的基本知识

本章介绍了复杂电路的网络分析法——支路法、网孔法和节点法。这些方法的共同特

点是不改变电路结构，选择一组电路变量，根据基尔霍夫定律以及元件电压、电流关系，建立与未知量数目相等的独立方程，从而求解电路。那么，如何保证所选择的这组电路变量，既是独立的又是完备的呢？这就是网络图论要解决的问题。下面介绍网络图论的基本知识。

一、图

电路是由若干节点与支路构成的若干回路。若略去支路中的元件，仅以线段表示节点之间连接的支路，则由线段与节点构成的图形，称为线图，简称图。如图 3 - 36（b）所示，就是电路 3 - 36（a）的图。如在图中标出各支路电流的参考方向，则称为有向图，图 3 - 36（c）为电路 3 - 36（a）的有向图。

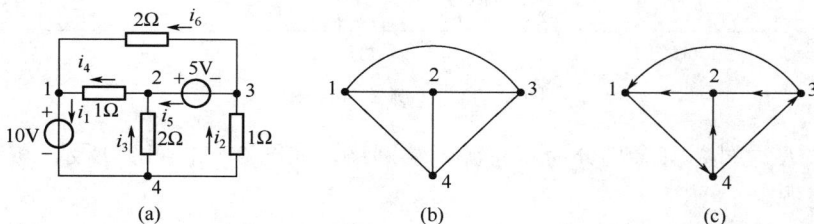

图 3 - 36　图论示意图
（a）电路图；（b）线图；（c）有向图

二、连通图

在电路的图中，若所有节点两两之间均能找到互相连通的路径，则称此图为连通图，如图 3 - 36（b）所示，就是连通图；否则即为非连通图。这里只讨论连通图的情况。

三、树及树支

将连通图中的支路移去一部分，使所有节点仍互相连通，但是不存在任何回路，此时的图形称为树。其中的每条支路称为树支。如图 3 - 37 所示就是图 3 - 36（b）的树及树支。同一连通图可以有多种形式的树，但无论哪种形式，其树支的总数是一定的，计算时可以根据需要选择恰当的树。因为连接第一条树支时，两端有两个节点，之后，每增加一条树支，一端接在原有树支的节点上，另一端只加入一个新节点。所以，树支总数总比节点数少一个。若图中有 n 个节点，则树支数为 $n-1$。

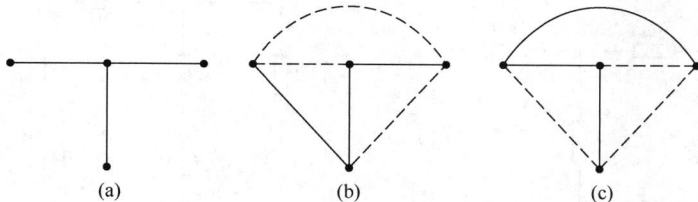

图 3 - 37　树及树支示意图

四、连支

图中除树支以外的支路称为连支，如图 3 - 37（b）、（c）中虚线部分。每当在树上加上一条连支，就必然形成一个回路。在所形成的回路中，只含有一条连支的回路称为基本回路。可以证明，每条连支连接后所构成的基本回路是唯一的。由此可以推断：每增加一条连支，即增加一个基本回路，而各连支的基本回路又彼此不同，相互独立。因此，连通图中所包含的连支数等于该图的基本回路数，也等于独立回路数。设某一图中的支路数为 b，节点数为 n，由于树支数为 $n-1$，因此，连支数为 $b-(n-1)$。

本章第一节支路法，就是以此为理论依据而得出的网络分析方法之一。

思 考 题

3-7-1　画出图 3-38 所示电路的图、树，并就某一种形式的树指出它的树支与连支，以及有几条支路、几个独立节点、几个独立回路。

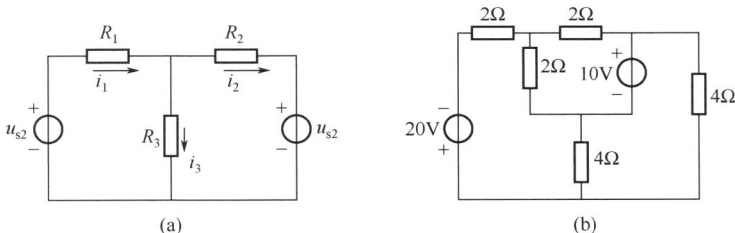

图 3-38　思考题 3-7-1 图

*第八节　割 集 分 析 法

分析复杂电路时，割集分析法比前边已介绍的几种网络分析法应用更广泛、更灵活，用计算机辅助计算时也更方便。但是这种方法要用到矩阵的知识，需要一定的数学基础。

一、割集

在电路的连通图中，用一个闭合面将一部分支路割断，使电路分成互不相连的两部分，这些被割支路的集合称为割集。如图 3-39（a）所示，闭合面 c1 将支路 4、1、5、6 割断的同时，连通图被分成两部分，因此，支路 4、1、5、6 组成一个割集（割集 1）；同理，闭合面 c2 将支路 4、2、6 割断，电路也被分成两部分，支路 4、2、6 组成一个割集（割集 2）；闭合面 c3 将支路 3、5、6 割断，电路也被分成两部分，支路 3、5、6 也组成一个割集（割集 3）。

电路中两部分的电流是连续的。根据 KCL，闭合面上聚集的电流的代数和等于零。设支路电流参考方向与闭合面的参考方向一致的电流取正值，反之，取负值。可用割集电流列写电流方程。

为了保证方程的独立性与完备性，通常用基本割集来列写割集电流方程。那么什么是基本割

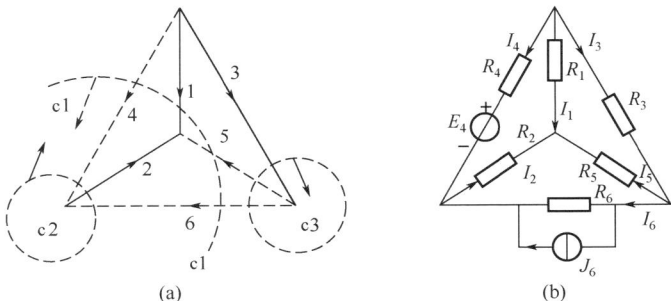

图 3-39　割集法示例
（a）连通图；（b）电路图

集呢？包含且只包含一条树支的割集称为基本割集。由于电路的所有节点靠树支连接在一

起，如果所割断的支路全是连支，则电路不可能分成两部分，所以割集中至少包含一条树支。当每个割集包含一条树支，且各个割集所包含的树支各不相同时，在有 n 个节点的电路中，共有 $n-1$ 条树支，就有 $n-1$ 个不同的割集及其对应的方程。在这些方程中，每一个方程都有一项与其他方程不同的树支电流，因此都是相互独立的，故方程数也为 $n-1$。所以，每个基本割集中只含一条树支就可以保证割集电流方程的独立性与完备性。

二、割集分析法介绍

以割集树支电压为未知量列写割集电流方程并求解电路的方法，称为割集分析法。以图 3-39（a）为例介绍割集分析法。

图 3-39 中支路 1、2、3 为树支，闭合面 c1，c2，c3 对应的割集 1、2、3 中，各含有一条树支，则这三个割集都是基本割集，因此列方程如下：

割集 1 $\qquad\qquad I_1 + I_4 + I_5 + I_6 = 0$

割集 2 $\qquad\qquad I_2 - I_6 - I_4 = 0$

割集 3 $\qquad\qquad I_3 - I_5 - I_6 = 0$

用矩阵表示为

$$\begin{bmatrix} 1 & 0 & 0 & 1 & 1 & 1 \\ 0 & 1 & 0 & -1 & 0 & -1 \\ 0 & 0 & 1 & 0 & -1 & -1 \end{bmatrix} \begin{bmatrix} I_1 \\ I_2 \\ I_3 \\ I_4 \\ I_5 \\ I_6 \end{bmatrix} = \begin{bmatrix} 0 \\ 0 \\ 0 \end{bmatrix}$$

简记为 $QI_b = 0$，即为割集电流方程。式中，$I_b = [I_1, I_2, I_3, I_4, I_5, I_6]^T$ 为支路电流列向量，而矩阵 $Q = \begin{bmatrix} 1 & 0 & 0 & 1 & 1 & 1 \\ 0 & 1 & 0 & -1 & 0 & -1 \\ 0 & 0 & 1 & 0 & -1 & -1 \end{bmatrix} = [1 \vdots E]$，为割集与支路的关联矩阵，其前半部为按支路顺序排列树支的单位矩阵分块，而后半部则为按支路顺序排列的连支矩阵分块。

要将割集电流方程化为以割集树支电压表示的方程，需要先将支路电流 I_b 化为用支路电压 U_b 表示的算式，再将支路电压 U_b 化为用割集电压 U_c 表示的算式，即得割集方程。

现以图 3-39（b）所示电路为例分析。

（1）支路电流 I_b 用支路电压 U_b 表示的算式

$$\begin{bmatrix} I_1 \\ I_2 \\ I_3 \\ I_4 \\ I_5 \\ I_6 \end{bmatrix} = \begin{bmatrix} G_1 U_1 \\ G_2 U_2 \\ G_3 U_3 \\ G_4 U_4 - G_4 E_4 \\ G_5 U_5 \\ G_6 U_6 - J_6 \end{bmatrix} = \begin{bmatrix} G_1 & & & & & \\ & G_2 & & & & \\ & & G_3 & & & \\ & & & G_4 & & \\ & & & & G_5 & \\ & & & & & G_6 \end{bmatrix} \left(\begin{bmatrix} U_1 \\ U_2 \\ U_3 \\ U_4 \\ U_5 \\ U_6 \end{bmatrix} - \begin{bmatrix} 0 \\ 0 \\ 0 \\ E_4 \\ 0 \\ 0 \end{bmatrix} \right) - \begin{bmatrix} 0 \\ 0 \\ 0 \\ 0 \\ 0 \\ J_6 \end{bmatrix}$$

简记为 $\qquad\qquad I_b = G_b U_b - G_b E - J$

式中：U_b 为支路电压列向量，$U_b = [U_1, U_2, U_3, U_4, U_5, U_6]^T$；$E$ 为电源电动势列向量；J 为电流源列向量；G_b 为支路电导对角矩阵，$G_b = \mathrm{diag}[G_1, G_2, G_3, G_4, G_5, G_6]$。

（2）支路电压 U_b 用割集树支电压 U_c 表示的算式

$$\begin{bmatrix} U_1 \\ U_2 \\ U_3 \\ U_4 \\ U_5 \\ U_6 \end{bmatrix} = \begin{bmatrix} U_{c1} \\ U_{c2} \\ U_{c3} \\ U_{c1} - U_{c2} \\ U_{c1} - U_{c3} \\ U_{c1} - U_{c2} - U_{c3} \end{bmatrix} = \begin{bmatrix} 1 & 0 & 0 \\ 0 & 1 & 0 \\ 0 & 0 & 1 \\ 1 & -1 & 0 \\ 1 & 0 & -1 \\ 1 & -1 & -1 \end{bmatrix} \begin{bmatrix} U_{c1} \\ U_{c2} \\ U_{c3} \end{bmatrix}$$

式中：右式系数矩阵为支路与割集的关系矩阵，是割集与支路的关系矩阵 Q 的转置矩阵，即为 Q^T，则 $U_b = Q^T U_c$。

将（1）、（2）的计算结果代入割集电流方程，整理得 $QG_b Q^T U_c - QG_b E - QJ = 0$，或 $QG_b Q^T U_c = QG_b E + QJ$，即为以割集树支电压 U_c 为未知量的割集电流方程。式中，U_c 的系数矩阵为割集电导矩阵 G_c，$G_c = QG_b Q^T$。上例中，

$$G_c = \begin{bmatrix} 1 & 0 & 0 & 1 & 1 & 1 \\ 0 & 1 & 0 & -1 & 0 & -1 \\ 0 & 0 & 1 & 0 & -1 & -1 \end{bmatrix} \begin{bmatrix} G_1 & & & & & \\ & G_2 & & & & \\ & & G_3 & & & \\ & & & G_4 & & \\ & & & & G_5 & \\ & & & & & G_6 \end{bmatrix} \begin{bmatrix} 1 & 0 & 0 \\ 0 & 1 & 0 \\ 0 & 0 & 1 \\ 1 & -1 & 0 \\ 1 & 0 & -1 \\ 1 & -1 & -1 \end{bmatrix} = \begin{bmatrix} G_{11} & G_{12} & G_{13} \\ G_{21} & G_{22} & G_{23} \\ G_{31} & G_{32} & G_{33} \end{bmatrix}$$

式中，各自电导为该割集所割全部支路的电导之和，符号为正；互电导为两个割集共有的连支电导之和，符号与两个割集面在该连支上的参考方向有关，当两割集面的参考方向在该连支上同向时，互电导为正，否则为负。此外，在互电导中，$G_{ij} = G_{ji}$。

课程思政三

创新是人类发展的第一动力，电路的分析方法要有创新，理论创新、方法创新。理论的高价性，方法的创新性，对传统的分析方法敢于挑战度。

*科普知识三

照明节能与绿色照明工程

白炽灯发明至今已有 100 多年，它只能将不足 10％的电能转变为可见光，90％的电能转变成不可见的红外线，照明效率低。白炽灯的优点是光线柔和，没有闪烁，给人以舒适的感觉，缺点是能源的浪费相对较大。

日常照明所用的荧光灯，根据涂在灯管壁上的荧光粉可分为两大类：一种叫"卤素荧光粉"，简称"卤粉"，是 20 世纪 40 年代就有的产品；那时的荧光灯，我们称为"日光灯"。另一种叫"稀土三基色荧光粉"，简称"三基色"，是 20 世纪 60 年代后期发明的产品，我国于 20 世纪 80 年代开始生产。

"稀土三基色荧光粉"是指由发红、绿、蓝三种光的荧光粉，按发光颜色要求，用不同比例混合而成，所以称"三基色"。发红光的荧光粉，由氧化钇（稀土）、氧化铕（稀土）制成。发绿光的荧光粉，由氧化铈（稀土）、氧化铽（稀土）以及氧化铝、氧化镁制成。发蓝光的荧光粉，由氧化铕（稀土）以及氧化铝、氧化镁、碳酸钡、碳酸锰制成。

由于用三基色荧光粉做的荧光灯，比用卤粉做的荧光灯，光效提高约一倍，即 20W 的三基色荧光灯可以与 40W 的日光灯一样亮，所以通常被称为"节能灯"。如果采用节能灯代替日光灯，可以大大节省能源。

绿色照明计划由美国于 1991 年率先提出，旨在鼓励广大照明用户使用高效节能照明器具，尽可能经济有效地减少商业、工业及公共照明场所的用电需求，从而减少发电厂带来的环境污染。我国自 1993 年组织研究制定"中国绿色照明工程计划"，其主要内容包括完善法制、规范市场、典型示范、重点扶持、宣传教育、国际合作等。

本 章 小 结

一、网络方程法

1. 支路法

以电路中的各支路电流为未知量，应用 KCL 列出 $n-1$ 个独立节点电流方程；应用 KVL 列出 $b-(n-1)$ 个独立回路电压方程，解方程组求出各支路电流及其他物理量。

2. 网孔法

以网孔电流为未知量，用 KVL 列出与未知量数目相等的独立方程，其标准形式为

$$R_{11}i_1 + R_{12}i_2 + \cdots + R_{1m}i_m = u_{s11}$$
$$R_{21}i_1 + R_{22}i_2 + \cdots + R_{2m}i_m = u_{s22}$$
$$\cdots$$
$$R_{m1}i_1 + R_{m2}i_2 + \cdots + R_{mm}i_m = u_{smm}$$

解方程组得各网孔电流，并根据各网孔电流与各支路电流之间的关系求解电路。

3. 节点法

以节点电压为未知量，用 KCL 列出与未知量数目相等的独立方程，其标准形式为

$$G_{11}u_1 + G_{12}u_2 + \cdots + G_{1N}u_N = i_{s11}$$
$$G_{21}u_1 + G_{22}u_2 + \cdots + G_{2N}u_N = i_{s22}$$
$$\cdots$$
$$G_{N1}u_1 + G_{N2}u_2 + \cdots + G_{NN}u_N = i_{sNN}$$

解方程组得各节点电压，并根据各节点电压与各支路电压之间的关系求解电路。

4. 割集分析法

以割集树支电压为未知量列写割集电流方程并求解电路的方法，称为割集分析法。列方程时所选用的割集必须是基本割集，以保证方程的独立性与变量的完备性。其一般形式为 $QG_bQ^TU_c = QG_bE + QJ$，$QG_bQ^TU_c = QG_bE + QJ$，U_c 为割集树支电压，G_c 为 U_c 的系数矩阵，称为割集电导矩阵，$G_c = QG_bQ^T$。

二、网络定理

1. 叠加原理

在有多个独立电源共同作用的线性电路中，任一支路的响应等于各独立电源单独作用时，分别在该支路所产生的响应的代数和。

2. 等效电源定理

（1）戴维南定理指出：任何一个线性有源二端网络，对其外部电路而言，都可用一个理想电压源与一个电阻的串联组合等效替代，该理想电压源的电压等于有源二端网络的开路电压 u_{oc}，其串联电阻等于有源二端网络中所有独立源均为零时的入端电阻 R_i。

（2）诺顿定理指出：任一线性有源二端网络，对其外电路而言，都可用一个由理想电流源与一个电阻的并联组合来等效替代，该理想电流源的电流等于有源二端网络的短路电流 i_{sc}，其并联电阻等于有源二端网络的入端电阻 R_i。

3. 最大功率传输定理

任何电能传输系统的负载上获得最大功率的条件是：负载电阻等于电源的内阻（$R = R_i$），获得的最大功率为 $P_{\max} = \dfrac{U_s^2}{4R}$，这种工作状态称为负载与电源匹配。

三、图论的基本知识

在电路中，若略去支路中的元件，仅以线段表示节点之间连接的支路，则由线段与节点构成的图形，称为线图，简称图。

在电路的图中，若所有节点两两之间均能找到互相连通的路径，则称此图为连通图。

将连通图中的支路移去一部分，使所有节点仍互相连通，但是不存在任何回路，此时的图形称为树。其中的每条支路称为树支。图中除树支以外的支路称为连支。

图论为网络分析法提供了理论依据。

习　题

3-1　用支路法求解图 3-40 所示电路的各支路电流及理想电压源的功率。

3-2　用支路法求解图 3-41 所示电路的各支路电流及各元件的功率，并指出是发出的还是吸收的功率。

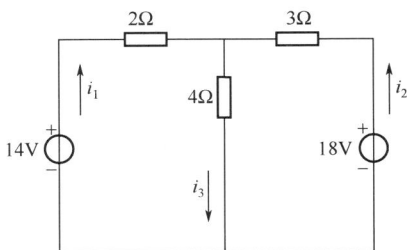

图 3-40　习题 3-1 图

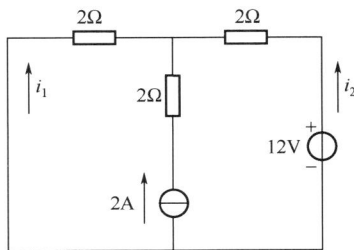

图 3-41　习题 3-2 图

3-3　用网孔法求解图 3-42 所示电路的各支路电流。

3-4　用网孔法求解图 3-43 所示电路的各电阻支路的电流。

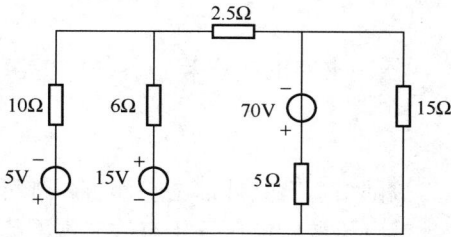

图 3 - 42　习题 3 - 3 图

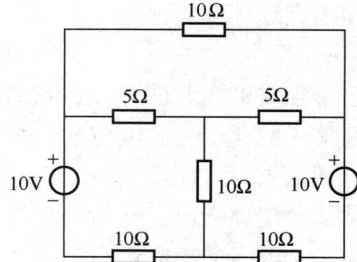

图 3 - 43　习题 3 - 4 图

3 - 5　用节点法求解图 3 - 44 所示电路的各支路电流。

3 - 6　用节点法求解图 3 - 45 所示电路的各支路电流及电源的功率。

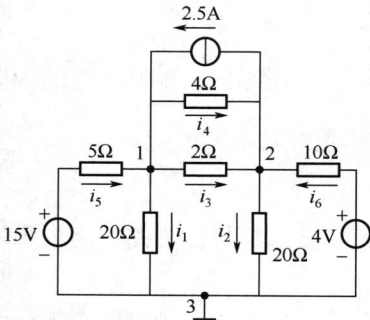

图 3 - 44　习题 3 - 5 图

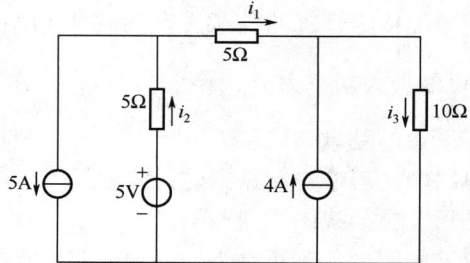

图 3 - 45　习题 3 - 6 图

3 - 7　用网孔法和节点法求解图 3 - 46 所示电路的各支路电流。

3 - 8　用弥尔曼定理求解图 3 - 47 所示电路的各支路电流。

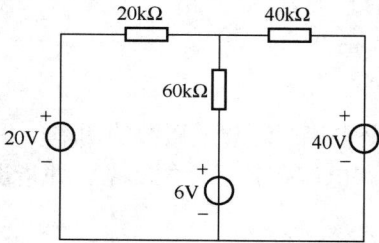

图 3 - 46　习题 3 - 7 图

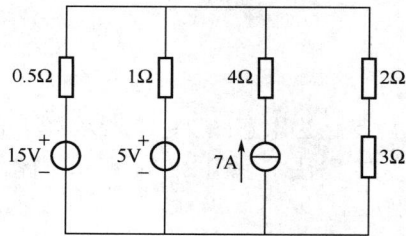

图 3 - 47　习题 3 - 8 图

3 - 9　试求图 3 - 48 所示电路在开关 S 打开和闭合两种情况下的各支路电流。

3 - 10　用叠加定理求解图 3 - 49 所示电路中电压源的输出电流。

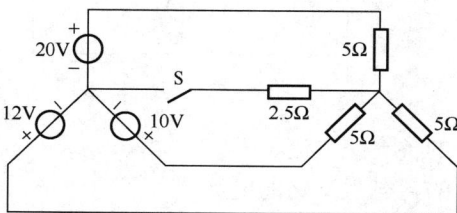

图 3 - 48　习题 3 - 9 图

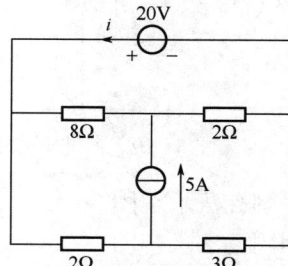

图 3 - 49　习题 3 - 10 图

3-11　应用叠加定理求解图 3-50 所示电路中的电流 i。

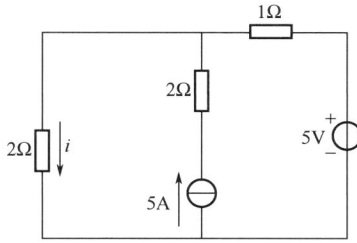

图 3-50　习题 3-11 图

3-12　求图 3-51 所示各有源二端网络的等效电路。

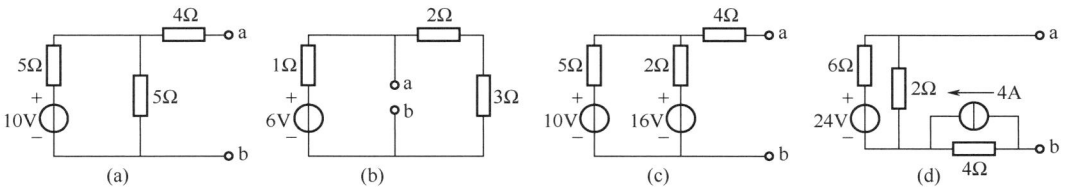

(a)　　　　　(b)　　　　　(c)　　　　　(d)

图 3-51　习题 3-12 图

3-13　用戴维南定理求解图 3-52 所示电路的支路电流 i。

3-14　用戴维南定理求解图 3-53 所示电路的支路电流 i。

3-15　用等效电源定理重解习题 3-10。

3-16　应用等效电源定理求解图 3-54 所示电路中的支路电流 i。

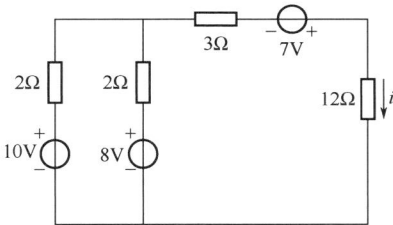

图 3-52　习题 3-13 图　　　　　　图 3-53　习题 3-14 图

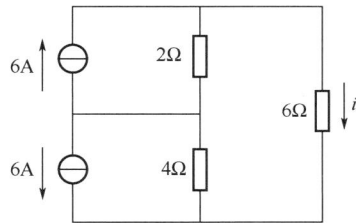

3-17　用诺顿定理求解图 3-55 所示电路中的支路电流 i。

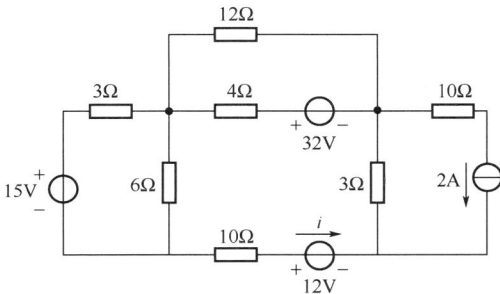

图 3-54　习题 3-16 图　　　　　　图 3-55　习题 3-17 图

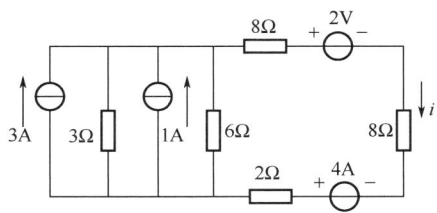

3-18 在图 3-56 所示中，R_L 等于多大时能获得最大功率？并计算这时的电流 i_L 及有源二端网络产生的功率。

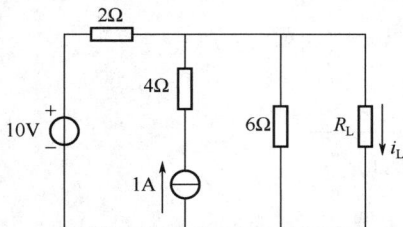

3-19 用戴维南定理计算图 3-57 所示电路中 $R_L=5\Omega$ 电阻中的电流 I，若该电阻 R_L 可变，则当其值多大时，消耗的功率最大？并计算这个最大功率。

图 3-56 习题 3-18 图

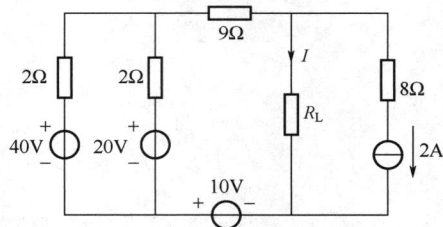

图 3-57 习题 3-19 图

3-20 求图 3-58 所示电路的戴维南等效电路和诺顿等效电路。

3-21 试用戴维南定理求解图 3-59 所示电路的支路电流 i_L。

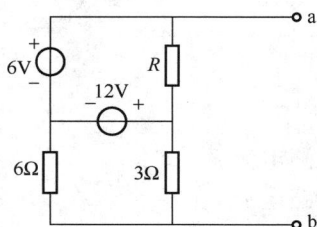

图 3-58 习题 3-20 图

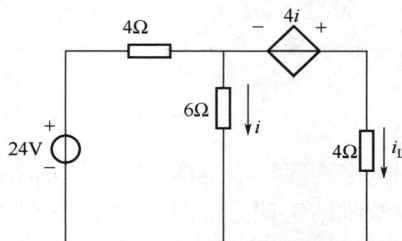

图 3-59 习题 3-21 图

3-22 试求图 3-60 所示电路中的支路电流 I。

3-23 试求图 3-61 所示电路负载电阻中的电流 I。

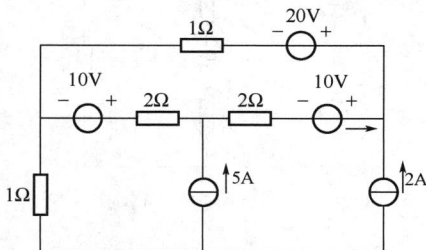

图 3-60 习题 3-22 图

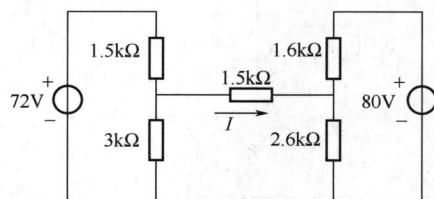

图 3-61 习题 3-23 图

3-24 试画出图 3-62 所示连通图的两棵树。

3-25 用割集法求图 3-63 所示电路中的电压 U。

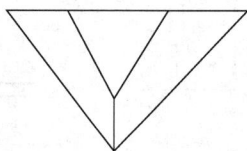

图 3-62 习题 3-24 图

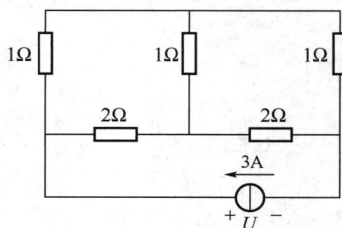

图 3-63 习题 3-25 图

实训四　叠加定理的应用

一、实验目的

通过线性电路叠加定理的应用，加深对线性电路的叠加性和齐次性的认识和理解。

二、原理说明

叠加定理指出：在有多个独立源共同作用下的线性电路中，通过每一个元件的电流或其两端的电压，可以看成是由每一个独立源单独作用时在该元件上所产生的电流或电压的代数和。

线性电路的齐次性是指当激励信号（某独立源的值）增加或减小 K 倍时，电路的响应（即在电路中各电阻元件上所建立的电流和电压值）也将增加或减小 K 倍。

三、预习思考题

（1）叠加定理实验线路如图 3-63 所示，要令 U_{s1}、U_{s2} 分别单独作用，应如何操作？可否直接将不作用的电源（U_{s1} 或 U_{s2}）短接置零？

（2）当 S1（或 S2）拨向短路侧时，如何测 U_{FA}（或 U_{AB}）？

四、实验设备（见表 3-1）

表 3-1

序号	名　　称	型号与规格	数量	备　注
1	直流稳压电源	0～30V 可调	2 路	
2	万用表		1	
3	直流数字电压表		1	
4	直流数字毫安表		1	
5	叠加定理实验电路板		1	

五、实验内容

实验电路如图 3-64 所示。

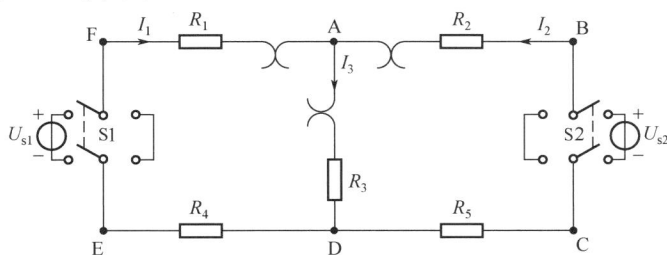

图 3-64　实验电路图

（1）将两路稳压源的输出分别调节为 12V 和 6V，接入 U_{s1} 和 U_{s2} 处。

（2）令 U_{s1} 电源单独作用（将开关 S1 投向 U_{s1} 侧，开关 S2 投向短路侧）。用直流电压表和毫安表（接电流插头）测量各支路电流及各电阻元件两端的电压，数据记入表 3-2。

（3）令 U_{s2} 电源单独作用（将开关 S1 投向短路侧，开关 S2 投向 U_{s2} 侧），重复实验步骤 2 的测量和记录，数据记入表 3-2。

表 3 - 2

测量项目 实验内容	U_1 (V)	U_2 (V)	I_1 (mA)	I_2 (mA)	I_3 (mA)	U_{AB} (V)	U_{CD} (V)	U_{AD} (V)	U_{DE} (V)	U_{FA} (V)
U_{s1} 单独作用										
U_{s2} 单独作用										
$U_{s1}U_{s2}$ 共同作用										
$2U_{s2}$ 单独作用										

（4）令 U_{s1} 和 U_{s2} 共同作用（开关 S1 和 S2 分别投向 U_{s1} 和 U_{s2} 侧），重复上述的测量和记录，数据记入表 3 - 2。

（5）将 U_{s2} 的数值调至＋12V，重复上述第 3 项的测量并记录，数据记入表 3 - 2。

六、实验注意事项

（1）用电流插头测量各支路电流时，或者用电压表测量电压降时，应注意仪表的极性，并应正确判断测得值的正负号。

（2）注意仪表量程的及时更换。

七、实验报告

（1）根据实验数据表格，进行数据的分析、比较，并归纳、总结实验结论，即说明线性电路的叠加性与齐次性。

（2）各电阻器所消耗的功率能否用叠加定理计算得出？试用上述实验数据，进行计算并作出结论。

（3）写出心得体会及其他。

实训五 戴维南定理的应用

一、实验目的

（1）通过戴维南定理的应用，加深对该定理的理解。

（2）掌握测量有源二端网络等效参数的一般方法。

二、原理说明

（1）任何一个线性含源网络，如果仅研究其中一条支路的电压和电流，则可将电路的其余部分看作是一个有源二端网络（或称为含源一端口网络）。

戴维南定理指出：任何一个线性有源网络，总可以用一个电压源与一个电阻的串联来等效代替，此电压源的电动势 U_s 等于这个有源二端网络的开路电压 U_{oc}，其等效内阻 R_i 等于该网络中所有独立源均置零（理想电压源视为短接，理想电流源视为开路）时的等效电阻。

U_{oc}（U_s）和 R_i 称为有源二端网络的等效参数。

（2）有源二端网络等效参数的测量方法，如图 3 - 65 所示。用开路电压、短路电流法测 R_i。在有源二端网络输出端开路时，用电压表直接测其输出端的开路电压 U_{oc}，然后再将其输出端短路，用电流表测其短路电流 I_{sc}，则等效内阻为

84

$$R_i = \frac{U_{oc}}{I_{sc}}$$

如果二端网络的内阻很小，若将其输出端口短路则易损坏其内部元件，因此不宜用此法。

三、预习思考题

（1）在求戴维南等效电路时，作短路试验，测 I_{sc} 的条件是什么？在本实验中可否直接作负载短路实验？

（2）实验前对线路图 3-66（a）预先做好计算，以便调整实验线路及测量时可准确地选取电表的量程。

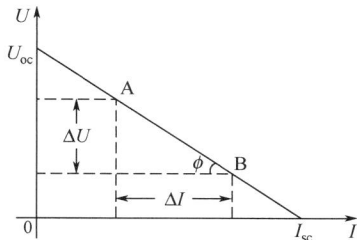

图 3-65 有源二端网络端口伏安关系

四、实验设备

实验设备见表 3-3。

表 **3-3**

序号	名称	型号与规格	数量	备注
1	可调直流稳压电源	0～30V	1	
2	可调直流恒流源	0～500mA	1	
3	直流数字电压表	0～300V	1	
4	直流数字毫安表	0～500mA	1	
5	万用表		1	
6	可调电阻箱	0～99999.9Ω	1	
7	电位器	1k/2W	1	
8	戴维南定理实验电路板		1	

五、实验内容

被测有源二端网络如图 3-66（a）所示。

（1）用开路电压、短路电流法测定戴维南等效电路的 U_{oc} 和 R_i。在 3-66（a）中，接入稳压电源 $U_s=12V$ 和恒流源 $I_s=10mA$，不接入 R_L。利用开关 S，分别测定 U_{oc} 和 I_{sc}，并计算出 R_i，记于表 3-4。（测 U_{oc} 时，不接入毫安表）

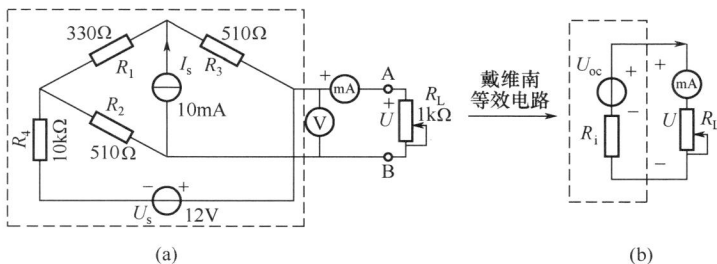

图 3-66 二端网络

（2）负载实验。按图 3-66（a）接入 R_L。改变 R_L 阻值，测量不同端电压下的电流值，记于表 3-5，并据此画出有源二端网络的外特性曲线。

表 3 - 4

U_{oc}（V）	I_{sc}（mA）	$R_i = U_{oc}/I_{sc}$（Ω）

表 3 - 5

U（V）									
I（mA）									

（3）验证戴维南定理。从电阻箱上取得按实验内容（1）所得的等效内阻 R_i 之值，然后令其与直流稳压电源［调到实验内容（1）时所测得的开路电压 U_{oc} 之值］相串联，如图 3 - 66（b）所示，仿照实验内容（2）测其外特性，对戴维南定理进行验证。

表 3 - 6

U（V）									
I（mA）									

六、实验注意事项

（1）测量时应注意电流表量程的更换。

（2）改接线路时，要关掉电源。

七、实验报告

（1）根据实验内容（2）和（3），分别绘出曲线，说明戴维南定理的应用方法，并分析产生误差的原因。

（2）归纳、总结实验结果。

（3）写出心得体会及其他。

第 四 章

正 弦 交 流 电 路

大小和方向不随时间变化的电流或电压，称为直流电。大小和方向随时间变化的电流或电压称为交流电。其中，直流电可分为恒定直流和脉动直流，交流电按其波形又可分为正弦交流电和非正弦交流电，而正弦交流电按其相数又分为单相交流电和三相交流电。

若电流或电压随时间按正弦规律变化，则称为正弦交流电。在具有电阻元件和电容、电感动态元件组成的线性电路中，若所有激励都是同频率的正弦函数，则在稳定状态下的响应也都是与激励同频率的正弦函数。这样的电路称为正弦稳态电路，简称为正弦电路。

到目前为止，不论是生产用电还是生活用电，几乎都采用正弦交流电，即使某些应用直流的场合，如通信设备、电车及各种电子仪器等，也多是通过整流设备将交流电变换为直流电的。正弦交流电之所以得到广泛应用，是由于它具有良好的性能。例如，交流发电机和交流电动机比直流电机的结构简单、造价较低、运行可靠、维护方便；交流电可以直接应用变压器得到不同等级的电压，以满足高压输电和低压用电的要求。

正弦函数还具有便于运算的特点。例如，正弦函数的导数和积分也是正弦函数；若干个同频率正弦函数的加、减结果仍为同频率的正弦函数；对于周期性非正弦函数，可借助于傅里叶级数分解为一系列不同频率的正弦分量。因此，本章进行的正弦交流电路的分析，不仅是研究正弦交流电路所必需的，而且将为后续章节及有关专业课提供理论基础。

第一节　正弦量的基本概念

随时间按正弦规律变化的电压、电流等，统称为正弦量。图 4-1（a）表示一段通过正弦电流的电路，在选定电流的参考方向下，该电流的一般表达式为

$$i = I_m \sin(\omega t + \psi) \tag{4-1}$$

图 4-1（b）是以 t（也可以用 ωt）为横坐标所作的该正弦电流的波形。下面，仅以正弦电流为例，说明正弦量的基本概念。

一、正弦量的三要素

式（4-1）中，I_m 是正弦电流在整个变化过程中所能达到的最大数值，称为正弦电流 i 的最大值或振

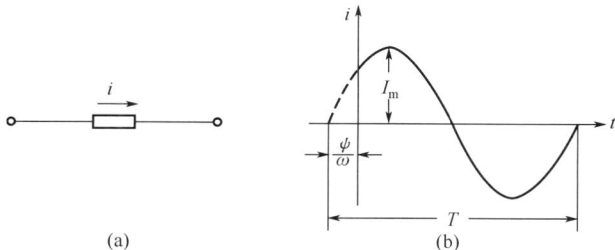

图 4-1　正弦电流及其波形

幅。正弦量的振幅用大写字母并在其右下方加注字母"m"表示，如电压的振幅为 U_m。

正弦量每隔一定时间又重复原来的变化，这种情况称为周期性。正弦量每完成一个循环变化所需要的时间称作周期，用符号 T 表示，单位为秒（s）。正弦量在单位时间内（1s）变化的循环次数称作频率，用符号 f 表示，即

$$f = \frac{1}{T} \qquad (4-2)$$

按定义，频率的单位为 1/s，在国际单位制中称为赫兹（Hz），简称赫；在工程中，频率还用千赫（kHz）、兆赫（MHz）等作单位。

周期和频率都表示正弦量变化的快慢，对正弦函数，通常还用角频率 ω 表示它变化的快慢。角频率是正弦函数在单位时间内所变化的角度（弧度数）。因为正弦函数每完成一个循环，角度变化 2π 弧度，若其经历的时间为一周期 T，则

$$\omega = \frac{2\pi}{T} = 2\pi f \qquad (4-3)$$

即 ω 与 f 成正比，ω 的单位为 rad/s（弧度/秒）。

式（4-1）中的 $\omega t + \psi$，是确定正弦量每一瞬间的大小和正负的角度，称为正弦量的相位。其中，ψ 是正弦量在 $t=0$（即计时起点）时的相位，称为正弦量的初相位，简称初相。相位和初相的单位，用弧度或度表示。

由式（4-1）可知：任一正弦量，当其振幅（最大值或下节将要介绍的有效值）、角频率（频率或周期）和初相位确定之后，该正弦量即完全确定。因此，把最大值、频率和初相（位）称为正弦量的三要素。

需要指出，正弦量的初相可以等于零，也可以是正的或负的，完全取决于计时起点的选择。所谓计时起点，是反映 $t=0$ 的时刻。计时起点可任意选择，但一经选定后，初相的大小和正负也就确定。例如，当正弦量到达零值（正弦量每变化一周期有两次为零，规定由负变正的那个零值作为正弦量的零值）时作为计时起点，则 $\psi=0$，其对应的波形如图 4-2（a）所示；当正弦量到达某一正值时作为计时起点，则 $\psi>0$，其对应的波形如图 4-2（b）所示；当正弦量到达某一负值时作为计时起点则 $\psi<0$，其对应的波形如图 4-2（c）所示。

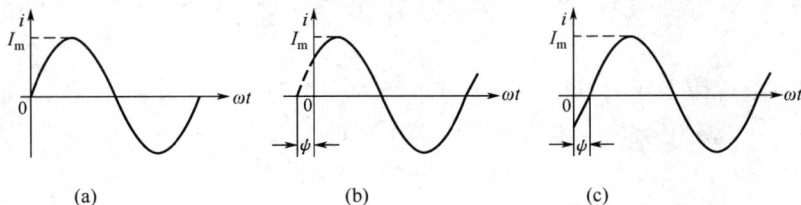

图 4-2　正弦量的初相
（a）$\psi=0$；（b）$\psi>0$；（c）$\psi<0$

从图 4-2 可以看出：在波形图上，正弦量的初相是由正弦量的零值到坐标原点之间的角度表示的，当 $\psi>0$ 时，它位于坐标原点的左边；当 $\psi<0$ 时，它位于坐标原点的右边。

为了统一起见，规定初相在 $|\psi| \leqslant \pi$ 的范围内取值。

二、同频率正弦量的相位差

在分析正弦电路时，经常需要比较几个同频率正弦量的相位，以区别它们之间变化的先

后顺序。设有两个同频率正弦电流

$$i_1 = I_{1m}\sin(\omega t + \psi_1)$$
$$i_2 = I_{2m}\sin(\omega t + \psi_2)$$

它们之间的相位之差叫作相位差，用 φ 表示，即

$$\varphi = (\omega t + \psi_1) - (\omega t + \psi_2) = \psi_1 - \psi_2 \tag{4-4}$$

可见，同频率正弦量的相位差又等于它们的初相之差。当两个同频率正弦量的计时起点改变时，它们的初相也随之改变。但二者的相位差保持不变，所以同频率正弦量的相位差是一个与时间无关的常数。不同频率的正弦量之间也会存在相位差，但它随时间变化。今后所说的相位差，都是对同频率正弦量而言的。

两个同频率正弦量间存在相位差，表示它们在变化过程中到达零值的先后顺序不同，先到达零值的称为超前，后到达零值的称为滞后。例如，图 4-3（a）中 $\varphi = \psi_1 - \psi_2 > 0$，表示 i_1 比 i_2 超前 φ，或者说 i_2 比 i_1 滞后 φ。当 $\varphi = \psi_1 - \psi_2 = 0$ 时，则表示它们同时到达零值，这种情况称为同相，如图 4-3（b）所示；若 $\varphi = \psi_1 - \psi_2 = \pi$（即 180°），则称为反相，如图 4-3（c）所示；若 $\varphi = \psi_1 - \psi_2 = \dfrac{\pi}{2}$（即 90°），则称为正交，如图 4-3（d）所示。为使超前或滞后不致发生混乱，规定超前或滞后的角度均不超过 π（即 180°）。

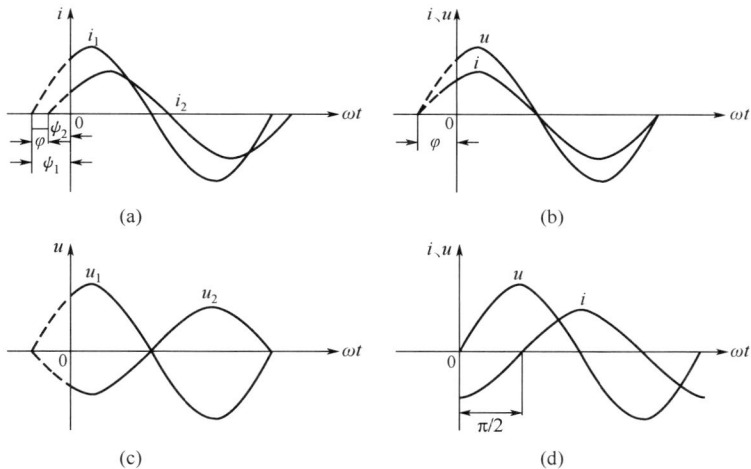

图 4-3　同频率正弦量的相位差

在电路分析中，为分析问题方便，通常在几个有关的同频率正弦量中确定一个正弦量的初相为零，称这个正弦量为参考正弦量，而其他正弦量的初相就等于它们与参考正弦量之间的相位差。但在同一个正弦电路中，只能选取一个参考正弦量。

【例 4-1】　已知某正弦电流的 $T = 0.02\text{s}$，$I_m = 10\text{A}$，$t = 0$ 时的电流值 $i(0) = 8.66\text{A}$。试完成：（1）写出该电流的解析式 $i(t)$，画出它的波形；（2）求 $t = \dfrac{1}{100}\text{s}$ 时的电流值。

解　（1）电流的角频率

$$\omega = \frac{2\pi}{T} = \frac{2\pi}{0.02} = 100\pi \approx 314\text{rad/s}$$

由 $10\sin\psi = 8.66$ 得出电流的初相为

$$\psi = \sin^{-1}\frac{8.66}{10} = \frac{\pi}{3}\text{rad}$$

所以，电流的解析式 $i(t) = 10\sin\left(100\pi t + \frac{\pi}{3}\right)$，其波形如图 4-4 所示。

$$(2)\ i\left(\frac{1}{100}\right) = 10\sin\left(100\pi \times \frac{1}{100} + \frac{\pi}{3}\right)$$

$$= 10\sin\left(\pi + \frac{\pi}{3}\right) = -10\sin\frac{\pi}{3} = -8.66\text{A}$$

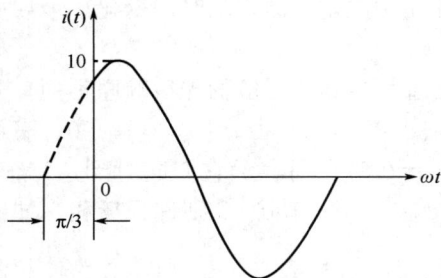

图 4-4　[例 4-1] 图

【例 4-2】　已知三个同频率正弦电压

$$u_1 = 141\sin 100\pi t\ \text{V}$$

$$u_2 = 141\sin\left(100\pi t - \frac{2\pi}{3}\right)\text{V}$$

$$u_3 = 141\sin\left(100\pi t + \frac{2\pi}{3}\right)\text{V}$$

试完成：（1）求它们的振幅、频率和周期；（2）求每两个电压间的相位差，并指出哪个超前，哪个滞后；（3）若选取 u_2 为参考正弦量，重新写出它们的解析式，并比较每两个电压间的相位差。

解　（1）$U_\mathrm{m} = 141\text{V}$，$f = \frac{100\pi}{2\pi} = 50$（Hz），$T = \frac{1}{50} = 0.02$（s）。

（2）u_2 比 u_1 滞后 $\frac{2\pi}{3}\text{rad}$，u_3 比 u_2 滞后 $\frac{2\pi}{3}\text{rad}$，u_1 比 u_3 滞后 $\frac{2\pi}{3}\text{rad}$。

（3）选取 u_2 为参考正弦量，即设 u_2 的初相为零，则

$$u_1 = 141\sin\left(100\pi t + \frac{2\pi}{3}\right)\text{V}$$

$$u_2 = 141\sin 100\pi t\ \text{V}$$

$$u_3 = 141\sin\left(100\pi t - \frac{2\pi}{3}\right)\text{V}$$

各电压间的相位差及超前、滞后关系不变。

三、正弦量的有效值

电路的一个主要作用是转换能量。周期量的瞬时值、最大值都不能确切反映它们在转换能量方面的效果，为此，引入有效值的概念。周期量的有效值用大写字母表示，如 I、U 等。

周期量的有效值定义如下：一个周期量和一个直流量，分别作用于同一电阻，如果经过一个周期的时间，二者产生相等的热量，则这个周期量的有效值等于这个直流量的大小。

按照上述定义计算周期电流的有效值。

设一周期电流 $i(t)$ 通过电阻 R，因为电流是变化的，各瞬间的功率不同，若在极短时间 $\mathrm{d}t$ 内产生的热量为 $i^2R\mathrm{d}t$，则在一个周期 T 内产生的热量为 $\int_0^T i^2R\mathrm{d}t$。

同理，如果电流强度为 I 的直流电流通过电阻 R 的时间为 T，产生的热量为 I^2RT，按照有效值的定义，则有

$$\int_0^T i^2R\,\mathrm{d}t = I^2RT$$

这就得到周期电流的有效值

$$I = \sqrt{\frac{1}{T}\int_0^T i^2\,\mathrm{d}t} \tag{4-5}$$

对于周期电压、周期电动势都有类似的结果，例如周期电压 $u(t)$ 的有效值

$$U = \sqrt{\frac{1}{T}\int_0^T u^2\,\mathrm{d}t}$$

从数学式看，周期量的有效值等于它的瞬时值的平方在一个周期内的平均值 $\left(\frac{1}{T}\int_0^T u^2\,\mathrm{d}t\right)$ 的算术平方根，所以有效值又叫方均根值。

对于正弦量，设

$$i(t) = I_{\mathrm{m}}\sin(\omega t + \psi)$$

由式（4-5）得它的有效值

$$I = \sqrt{\frac{1}{T}\int_0^T I_{\mathrm{m}}^2\sin^2(\omega t + \psi)\,\mathrm{d}t}$$

因为

$$\sin^2(\omega t + \psi) = \frac{1}{2}\left[1 - \cos2(\omega t + \psi)\right]$$

所以

$$I = \sqrt{\frac{I_{\mathrm{m}}^2}{2T}\int_0^T \left[1 - \cos2(\omega t + \psi)\right]\mathrm{d}t}$$

$$= \sqrt{\frac{I_{\mathrm{m}}^2}{2T}\left[t\right]_0^T} = \sqrt{\frac{I_{\mathrm{m}}^2}{2}} = \frac{I_{\mathrm{m}}}{\sqrt{2}} = 0.707I_{\mathrm{m}} \tag{4-6}$$

可见，正弦量的有效值等于它的最大值除以 $\sqrt{2}$，即等于它的最大值乘以 0.707。也就是说，最大值为 1A 的正弦电流（或 1V 的正弦电压、1V 的正弦电动势）在电路中转换能量方面的实际效果和 0.707A 的直流电流（或 0.707V 的直流电压、直流电动势）相当。

［例 4-1］中 $u_{\mathrm{ab}}(t)$ 的最大值为 311V，它的有效值为 $311/\sqrt{2} = 220$V。又如某电容器的额定直流工作电压为 250V，因为正弦电压的最大值为有效值的 $\sqrt{2}$ 倍，所以这个电容器只能在有效值低于 $250/\sqrt{2} = 176.8$（V）的正弦电压下工作。

交流电气设备铭牌上所标的电流、电压值都是有效值。一般交流电流表、交流电压表的标尺都是按有效值刻度的。例如"220V、40W"的白炽灯，是指它的额定电压的有效值为 220V。如果不加说明，交流量的大小都指有效值。正弦值的解析式常写为

$$i(t) = \sqrt{2}\,I\sin(\omega t + \psi)$$

分析整流击穿电压、计算电气设备的绝缘耐压水平时，要按交流电压的最大值考虑。

第二节　正弦量的相量表示法

正弦量的解析式和波形图，虽然能清楚地表示出正弦量的三要素，但直接应用它们去分析、计算正弦交流电路是很不方便的。为了简化正弦交流电路的分析计算，普遍采用以复数运

算为基础的相量法。相量法的前提是用相量表示正弦量。本节先介绍正弦量的相量表示法。

一、用相量表示正弦量

一个正弦量是由它的有效值、角频率和初相三要素决定的。在线性电路中，若激励是同频率的正弦量，则全部稳态响应都是与激励同频率的正弦量，即给出激励的频率，就确定了响应的频率。因此，每个正弦量响应的三要素中，只有有效值和初相两个要素是待求的未知量。在数学中，每一个复数对应着唯一的模和幅角两个要素。可见，频率为已知的正弦量与复数之间存在着对应的可能性。所谓正弦量的相量表示，就是借用复数来表示正弦量的有效值和初相。为了与一般的复数相区别，把表示正弦量的复数称为相量，并用大写字母上加一圆点"·"表示。

复数是由实数和虚数之和构成的，其代数形式为

$$\dot{A} = a + jb$$

式中：a 是实数，称为复数 $\dot{A}$ 的实部；jb 是虚数，称为复数 $\dot{A}$ 的虚部。

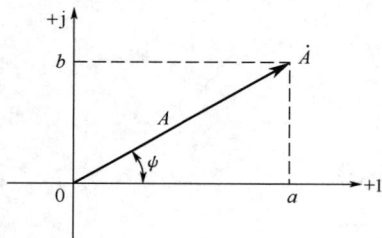

图 4-5 复数的矢量表示

$j = \sqrt{-1}$，称为虚数单位，在数学中，虚数单位用 i 表示。在电路中，为了避免与电流 i 混淆，故用 j 表示。

复数 $\dot{A} = a + jb$，在复平面上可用一个矢量表示，如图 4-5 所示。

矢量与正实轴之间的夹角 ψ 称为复数 $\dot{A}$ 的幅角，并规定：由正实轴沿逆时针方向转到矢量的幅角为正，沿顺时针方向转到矢量的幅角为负。由图 4-5 可知，矢量在实轴上的投影就是 $\dot{A}$ 的实部 a，在虚轴上的投影就是 $\dot{A}$ 的虚部 b，即

$$\left.\begin{array}{l} a = A\cos\psi \\ b = A\sin\psi \end{array}\right\} \tag{4-7}$$

$$\left.\begin{array}{l} A = \sqrt{a^2 + b^2} \\ \psi = \arctan\dfrac{b}{a} \end{array}\right\} \tag{4-8}$$

由此得复数的三角形式

$$\dot{A} = A\cos\psi + jA\sin\psi = A(\cos\psi + j\sin\psi)$$

应用欧拉公式

$$e^{j\psi} = \cos\psi + j\sin\psi$$

可将复数 $\dot{A}$ 的三角形式变换成指数形成

$$\dot{A} = A(\cos\psi + j\sin\psi) = Ae^{j\psi}$$

为了书写方便，常把复数的指数形式简化为

$$\dot{A} = Ae^{j\psi} = A\angle\psi$$

需要注意的是，在对复数的代数形式 $\dot{A} = a + jb$ 与指数形式 $A\angle\psi$ 进行变换时，应根据 a 和 b 的正、负来确定矢量在第几象限，从而确定幅角 ψ 的正、负和大小。例如，当 a 为正、b 为负时，矢量在第四象限，这时的幅角应为 $-\psi$；当 a 为负、b 为正时，矢量在第二

象限，幅角 ψ 大于 $90°$，小于 $180°$，即

$$\psi = 180° - \arctan\left|\frac{b}{a}\right|$$

$e^{j\psi} = 1\angle\psi$ 是一个模数为 1、幅角为 $\angle\psi$ 的复数。任意复数 $\dot{A}$ 乘以 $e^{j\psi}$，就相当于把复数 $\dot{A}$ 所对应的矢量逆时针方向旋转 $\angle\psi$ 角，因此 $e^{j\psi}$ 称为角度为 $\angle\psi$ 的旋转因子。同理，$e^{j\omega t}$ 称为角度为 ωt 的旋转因子。根据欧拉公式，$e^{j\frac{\pi}{2}} = j$、$e^{-j\frac{\pi}{2}} = -j$，$e^{j\pi} = -1$，因此 $\pm j$ 和 -1 都可以看成是旋转因子。例如，复数 $\dot{A}$ 乘以 j，就等于将该复数对应的矢量在复平面逆时针方向旋转 $\pi/2$；复数 $\dot{A}$ 除以 j（等于 $\dot{A}$ 乘以 $-j$），就等于将该矢量顺时针方向旋转 $\pi/2$，如图 4-6 所示。

下面，具体说明如何用相量表示正弦量。

设有一个正弦电压和一个复指数函数

$$u = U_m \sin(\omega t + \psi)$$

$$\dot{A} = U_m e^{j(\omega t + \psi)} = U_m \cos(\omega t + \psi) + j U_m \sin(\omega t + \psi)$$

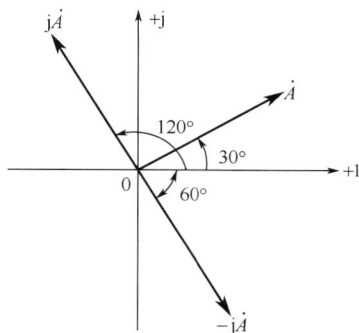

图 4-6　复数 $\dot{A}$ 乘以或除以 j 的几何意义

比较以上两式可知，正弦函数 u 正好等于复指数函数 $\dot{A}$ 的虚部，二者的关系为

$$u = \mathrm{Im}[U_m e^{j(\omega t + \psi)}] = \mathrm{Im}[U_m e^{j\psi} e^{j\omega t}] = \mathrm{Im}[\dot{U}_m e^{j\omega t}] \tag{4-9}$$

式中

$$\dot{U}_m = U_m e^{j\psi}$$

式（4-9）表明，通过数学变换方法可以把一个正弦时间函数与一个复指数函数唯一对应起来。其中：Im 是一个"取虚部"的运算符号；$e^{j\omega t}$ 是一个模数为 1、幅角为 ωt 的旋转因子，它对所有同频率正弦量都是一样的；只有 $\dot{U}_m$ 这一项对不同正弦量才是不同的，它是一个与时间无关的复常数，其模 U_m 等于正弦函数 u 的振幅、幅角 ψ 等于 u 的初相。也就是说，复常数 $\dot{U}_m$ 包含着正弦函数 u 的振幅和初相两个要素。当正弦函数的角频率 ω 为已知时，$\dot{U}_m$ 就可以唯一确定该正弦函数。因此，一个频率为已知的正弦量与一个复常数 $\dot{U}_m = U_m e^{j\psi}$ 之间具有唯一对应关系，即

$$u = U_m \sin(\omega t + \psi) \Leftrightarrow U_m\angle\psi = \dot{U}_m \tag{4-10}$$

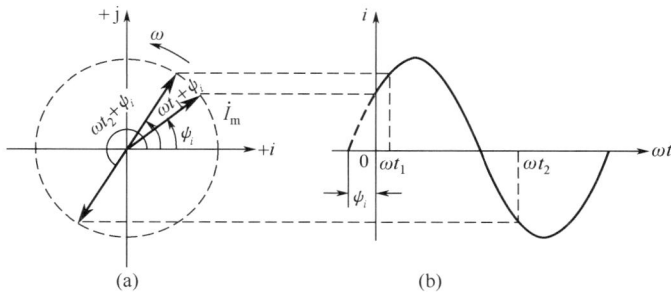

图 4-7　旋转相量与正弦量

式中的符号"$\Leftrightarrow$"表示二者之间为对应关系（不是相等关系）。复常数 $\dot{U}_m = U_m e^{j\psi}$ 称为正弦量 u 的最大值相量。

因为正弦量的有效值等于其振幅除以 $\sqrt{2}$，而且正弦电流、电压的大小都用有效值表示，所以正弦量的相量通常用有效值表示，即

$$\dot{U}=Ue^{j\psi}=U\angle\psi$$

用相量表示正弦量，还可用相量的几何意义来说明。图 4-7（a）中的 $\dot{I}_m$ 为正弦电流 i 的相量，它的模等于 i 的振幅，幅角等于 i 的初相。设想该相量从初始位置（即 $t=0$ 开始，以固定角速度 ω 逆时针方向绕坐标原点旋转，称为旋转相量。该旋转相量在虚轴上的投影就是时间 t 的正弦函数，即

$$i=I_m\sin(\omega t+\psi)$$

而且，相量每旋转一周，所对应的正弦曲线也完成一个循环，如图 4-7（b）所示。可见，复平面上的一个旋转相量可以完整地表示一个正弦量。该旋转相量所对应的复指数函数为

$$I_m e^{j(\omega t+\psi)}=I_m e^{j\psi}e^{j\omega t}=\dot{I}_m e^{j\omega t}$$

式中：$e^{j\omega t}$ 便是式（4-9）中的旋转因子；$\dot{I}_m=I_m e^{j\psi}$，表示正弦量的复常数。

式（4-10）表明的正弦量与相量之间存在的对应关系非常简单，只要确定了其中一方，就可以直接写出对应的另一方，而不必写出中间的变换过程，举例如下。

【例 4-3】 已知正弦电压和电流的解析式为

$$u=\sqrt{2}\times220\sin\left(314t+\frac{\pi}{6}\right)\text{V}$$

$$i=\sqrt{2}\times5\sin\left(314t-\frac{\pi}{3}\right)\text{A}$$

试写出他们对应的相量。

解
$$\dot{U}=220e^{j\frac{\pi}{6}}=220\angle\frac{\pi}{6}\text{V}$$

$$\dot{I}=5e^{-j\frac{\pi}{3}}=5\angle-\frac{\pi}{3}\text{A}$$

【例 4-4】 已知 $f=50\text{Hz}$ 的三个正弦电流的相应量为

$$\dot{I}_1=10\angle0°\text{A}$$

$$\dot{I}_2=10\angle-120°\text{A}$$

$$\dot{I}_3=10\angle120°\text{A}$$

试写出它们对应的解析式。

解
$$i_1=\sqrt{2}\,10\sin100\pi t$$

$$i_2=\sqrt{2}\,10\sin(100\pi t-120°)$$

$$i_3=\sqrt{2}\,10\sin(100\pi t+120°)$$

二、相量图

在复平面上，用以表示正弦量的矢量图称为相量图。例如，有一正弦电压

$$u=\sqrt{2}U\sin(\omega t+\psi)$$

该相量所对应的相量图如图 4-8 所示。

同频率正弦量所对应的相量，在复平面上的相对位置不随时间变化，因而可以画在同一相量图上，图中，任意两个相量之间的夹角就是它们所对应的正弦量的相位差。例如〔例 4-3〕的相量图如图 4-9 所示，〔例 4-4〕的相量图如图 4-10 所示。

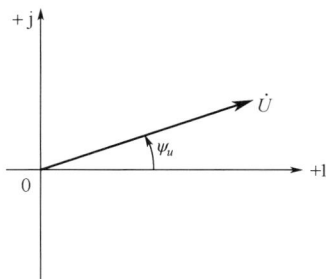

图 4 - 8　正弦量的相量图　　　图 4 - 9　〔例 4 - 3〕相量图　　　图 4 - 10　〔例 4 - 4〕相量图

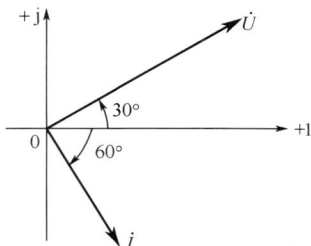

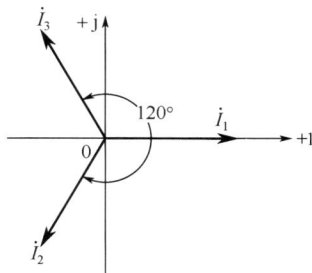

不同频率正弦量所对应的相量不能画在同一相量图上，因为它们的相对位置是随时间变化的。

前面曾谈到参考正弦量的概念。同理，在作同频率正弦量的相量图时，可任选一个相量作为参考相量（即设该相量的初相为零），并把它画在水平方向，其他相量则根据它们与参考相量的相位差画出来。相量图作为正弦量的一种几何表示方法，具有直观、简便等优点，在正弦交流电路分析中得到广泛应用。

几个同频率正弦量的加、减，其结果仍然是一个频率相同的正弦量；几个同频率正弦量的加、减运算，相当于它们所对应的相量的加、减。

三、基尔霍夫定律的相量形式

基尔霍夫定律与元件的性质无关，而且对任意瞬间都是成立的，KCL 和 KVL 的时域形式为

$$\sum i = 0$$

$$\sum u = 0$$

由本节所述可知，在同一频率正弦激励下的线性电路中，全部稳态响应都是与激励同频率的正弦量，即 KCL 和 KVL 求和式中的电流和电压都是同频率的正弦量。因此，KCL 和 KVL 的相量形式为

$$\sum \dot{I} = 0 \qquad\qquad (4 - 11)$$

$$\sum \dot{U} = 0 \qquad\qquad (4 - 12)$$

在相量图中，上述电流（电压）的相量和构成闭合多边形。

根据同样道理，叠定原理也适用于正弦稳态电路中的电流相量和电压相量。

第三节　正弦交流电路中的 R、L、C 元件

一、电阻元件

1. 电压和电流的关系

在图 4 - 11（a）所示的电路中，若电压、电流取关联参考方向，则电阻元件的电压、电流关系为

$$u = Ri$$

设电阻元件的正弦电流

$$i(t) = \sqrt{2}\, I \sin(\omega t + \psi_i)$$

则电阻元件的电压

$$u(t)=Ri(t)=\sqrt{2}RI\sin(\omega t+\psi_i)=\sqrt{2}U\sin(\omega t+\psi_u)$$

其中
$$U=RI, \quad \psi_u=\psi_i$$

可见，正弦交流电路中，电阻元件的同频率正弦电压、电流的有效值、最大值之间符合欧姆定律，关联参考方向下的电压和电流同相。

图 4-11（b）中画出了电流、电压的波形（设 $\psi_i=0$），并在图的下面画出了电流、电压各瞬间的方向。

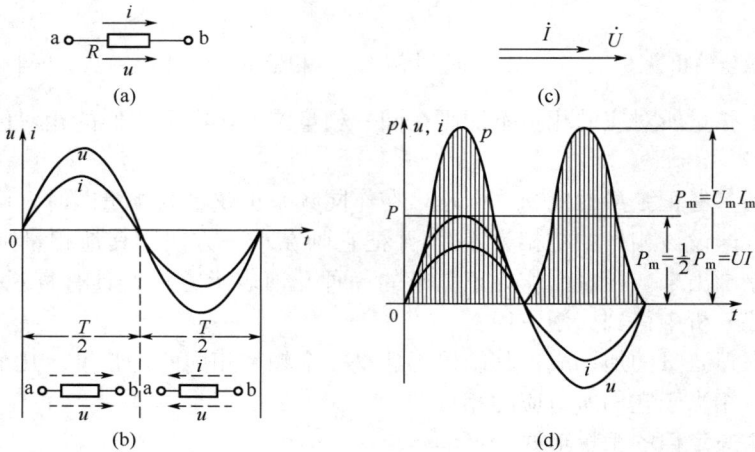

图 4-11 电阻元件的电压、电流、功率的波形
(a) 电路图；(b)、(d) 波形图；(c) 相量图

由 $u(t)=Ri(t)$，如电阻元件电流的相量为 $\dot{I}$，则其电压的相量

$$\dot{U}=R\dot{I} \tag{4-13}$$

由此可见，电阻元件的电压、电流相量之间也符合欧姆定律。式（4-13）既包含了电阻元件的电压与电流的有效值之比为 R 的关系，又包含了电压与电流同相的关系。

图 4-11（c）是电阻元件的电压、电流相量图。

2. 功率

电压、电流变化时，功率也是变化的。工程上将瞬时功率 p 的平均值称为平均功率，用大写字母 P 表示。周期性的交流电路中的平均功率是瞬时功率在电压、电流的一个周期内的平均值，也就是电路平均每秒钟接受或发出的电能。瞬时功率为 p，在 dt 时间内接受或发出的电能为 $p\,dt$，在一个周期内接受或发出的电能为 $\int_0^T p\,dt$，所以平均功率为

$$P=\frac{1}{T}\int_0^T p\,dt \tag{4-14}$$

平均功率简称功率。通常说的功率，都指平均功率而言。

正弦交流电路中电阻元件接受的瞬时功率

$$p(t)=\sqrt{2}U\sin\omega t\times\sqrt{2}I\sin\omega t$$
$$=2UI\sin^2\omega t=UI(1-\cos 2\omega t)$$

$p(t)$ 的波形如图 4-11（d）所示，它是随时间以两倍于电流的频率而变化的，但 p 的值总是正的，因为电阻元件的电压、电流方向总是一致的，总是接受能量转变为热能的。图 4-11

96

（d）中曲线 p 和时间轴 t 所包围的阴影面积相当于一个周期内电阻元件接受的电能。

上面所得的 $p(t)$ 中，一部分 UI 是不变的，其平均值就是 UI；一部分（$-UI\cos2\omega t$）是变化的，其平均值为零。所以电阻元件接受的平均功率

$$P = UI = I^2R = U^2G$$

与直流情况下的结果一样，但这里的 P 是平均功率，U 和 I 是有效值。有效值是按周期量在热效应方面相当的直流值而定义的，所以有同样的结果。

二、电感元件

1. 电压和电流

在图 4-12（a）所示的电路中，选择电感元件的电流 i、感应电动势 e_L、因感应电动势而具有的电压 u 三者的参考方向一致时，

$$u = -e_L = L\frac{\mathrm{d}i}{\mathrm{d}t}$$

设电感元件的正弦电流

$$i(t) = \sqrt{2}\,I\sin(\omega t + \psi_i)$$

则电感元件的电压

$$u(t) = L\frac{\mathrm{d}}{\mathrm{d}t}\sqrt{2}\,I\sin(\omega t + \psi_i) = \sqrt{2}\,\omega LI\cos(\omega t + \psi_i)$$

$$= \sqrt{2}\,\omega LI\sin\left(\omega t + \psi_i + \frac{\pi}{2}\right)$$

$$= \sqrt{2}\,U\sin(\omega t + \psi_u)$$

其中

$$U = \omega LI, \qquad \psi_u = \psi_i + \frac{\pi}{2}$$

可见，正弦交流电路中，电感元件的同频率正弦电压、电流的有效值及最大值的关系是

$$\frac{U}{I} = \frac{U_\mathrm{m}}{I_\mathrm{m}} = \omega L = 2\pi fL = X_L \qquad (4\text{-}15)$$

关联参考方向下的电压比电流超前 $\dfrac{\pi}{2}$。

图 4-12（b）中不仅画出了电压、电流的波形（设 $\psi_i = 0$），还画出了感应电动势的波形。在所选参考方向下，感应电动势与电压反相、比电流滞后 $\dfrac{\pi}{2}$。

与电阻元件显然不同的一点是，电感元件的电压和电流不同相。电阻元件的电压和电流方向一致、大小成正比。参考方向选择一致时，同时达到零值或同时达到最大值，所以同相。电感元件电压的大小不取决于电流的大小，而是与电流的变化率成正比。正弦量在瞬时值为零时变化率最大，达到最大值的瞬间的变化率为零，所以在正弦交流电路中的电感元件，电流为零时电压达到最大值，电流达到最大值时电压为零。这样，在所选参考方向下，电压达到零值比电流早 1/4 周期，所以电压比电流超前 $\pi/2$。

式（4-15）中的 X_L 称为感抗。在同样的 U 下，X_L 越大，I 越小，所以感抗反映了电感元件对正弦电流的限制能力。感抗与频率成正比，是因为电流大小一定时，频率越高，电流变化越快，感应电动势越大。感抗又与电感成正比，是因为电流一定时，电感越大，感应电动势越大。在直流即 $\omega = 0$ 的情况下，感抗为零，电感元件如同短路。

ω 的单位为 rad/s，L 的单位为 H，感抗的单位为 Ω，和电阻的单位相同。

感抗的倒数

$$B_L = \frac{1}{X_L} = \frac{1}{\omega L} \qquad (4\text{-}16)$$

称为感纳，单位为 S（西门子）。

从电压、电流的有效值关系而言，电感元件的感抗、感纳分别和电阻元件的电阻、电导相当。但是，感抗、感纳只有在正弦交流电中有意义，而且感抗不等于电感元件的电压和电流瞬时值的比值，即 $X_L \neq u/i$ 且 $B_L \neq i/u$。

由 $u = L\dfrac{\mathrm{d}i}{\mathrm{d}t}$，如电感元件的电流相量为 $\dot{I}$，根据上节介绍的定理，则其电压相量

$$\dot{U} = \mathrm{j}\omega L\dot{I} = \mathrm{j}X_L\dot{I} \qquad (4\text{-}17)$$

式（4-17）既包含了电感元件电压与电流有效值之比为 X_L 的关系，又包含了电压比电流超前 $\pi/2$ 的关系。

图 4-12（c）是电感元件的电流、感应电动势、电压的相量图。

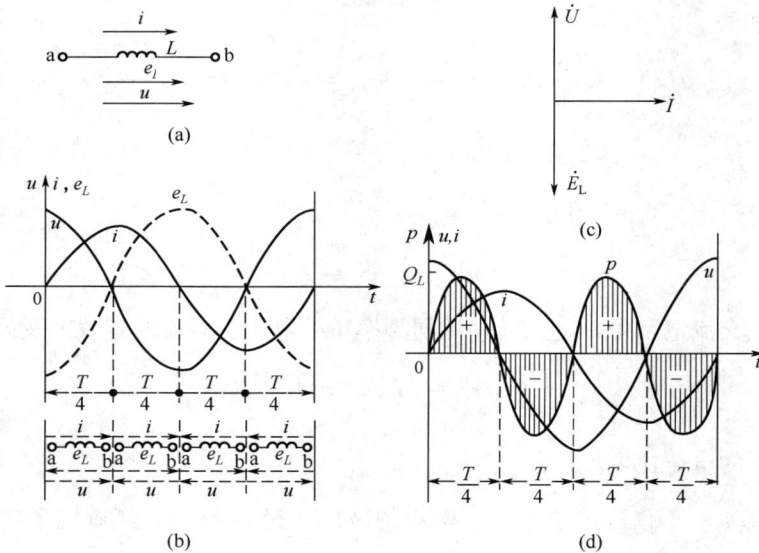

图 4-12　电感元件的电压、电流、功率的波形
(a) 电路图；(b)、(d) 波形图；(c) 相量图

2. 功率和能量

设 $\varphi_i = 0$，电感元件接受的瞬时功率

$$p(t) = \sqrt{2}U\sin\left(\omega t + \frac{\pi}{2}\right) \times \sqrt{2}I\sin\omega t = 2UI\cos\omega t \times \sin\omega t$$

$$= UI\sin2\omega t = I^2 X_L\sin2\omega t$$

是以两倍于电流的频率，按正弦函数规律变化的，最大值为 $I^2 X_L$。

瞬时功率 $p(t)$ 的波形如图 4-12（d）所示。从图中可以看到，在电流的第一个 1/4 周期内，电流为正值而且增加，电压和电流方向一致，p 为正值，电感元件从外部接受能量，

转变为磁场能量储存着。第一个 1/4 周期之末，电流达到最大值，磁场能量也达到最大值 $\frac{1}{2}LI_m^2$。在第二个 1/4 周期内，电流减小，电压和电流方向相反，p 为负值，电感元件向外部释放储能，磁场能量逐渐减少。到第二个 1/4 周期之末，电流下降为零，磁场能量也为零，原先的储能全部释放给外部。以下两个 1/4 周期的情况，除方向相反的电流所产生磁场的方向相反外，与上述一样。图 4 - 12（d）中的曲线 p 和时间轴 t 所包围的几块阴影面积分别相当于电感元件储存的能量（用"＋"号表示）和释放的能量（用"－"号表示），它们分别相等的。

从以上分析可知，电感元件接受的平均功率为零，因为它是储能元件，不消耗能量，只与外部进行能量的交换。

不同电感元件与外界交换能量的规模是不同的，而任何电感元件的平均功率都为零，所以平均功率这个量不能反映电感元件的能量情况，而需引用别的量。

实际线圈的电阻很小，它既能像电阻器那样起限流的作用，又比电阻器消耗的能量少，所以交流电路中常用线圈限流，例如日光灯的镇流器、异步电动机的起动电抗器、限制短路电流的电抗器等。

三、电容元件

1. 电压和电流

在图 4 - 13（a）所示的电路中，电压、电流取关联参考方向，电容元件的电压、电流关系为

$$i = C\frac{du}{dt}$$

设电容元件的电压

$$u(t) = \sqrt{2}U\sin(\omega t + \psi_u)$$

则电容元件的电流

$$i(t) = C\frac{d}{dt}\sqrt{2}U\sin(\omega t + \psi_u)$$
$$= \sqrt{2}\omega CU\sin\left(\omega t + \psi_u + \frac{\pi}{2}\right)$$
$$= \sqrt{2}I\sin(\omega t + \psi_i)$$

其中
$$U = \frac{1}{\omega C}I, \quad \psi_u = \psi_i - \frac{\pi}{2}$$

可见，正弦交流中，电容元件的同频率正弦电压、电流的有效值及最大值关系是

$$\frac{U}{I} = \frac{U_m}{I_m} = \frac{1}{\omega C} = \frac{1}{2\pi f C} = X_C \tag{4-18}$$

关联参考方向下的电压比电流超前 $-\pi/2$。

图 4 - 13（b）中画出了电压、电流的波形（设 $\psi_u = 0$）。

与电阻元件显然不同，正弦交流电路中电容元件的电压和电流不同相；又与电感元件不同，电容元件的电压不是比电流超前，而是比电流滞后 $\pi/2$。电容元件电流的大小不取决于电压的大小，而是和电压的变化率成正比。所以，在正弦交流电路中的电容元件，电压为零的瞬间电流达到最大值，电压达到最大值时电流为零。这样，在所选参考方向下，电流达到

(a)

(b)

(c)

(d)

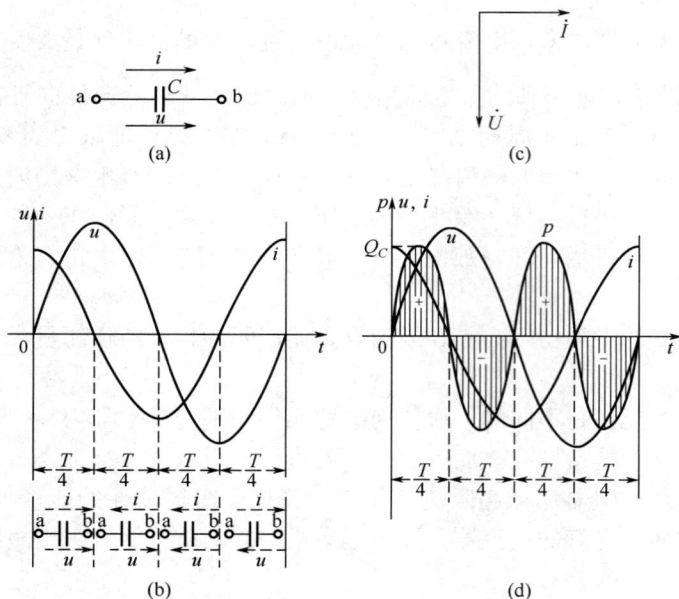

图 4-13　电容元件的电压、电流、功率的波形

(a) 电路图；(b)、(d) 波形图；(c) 相量图

零值比电压早 1/4 周期，所以电流比电压超前 $\pi/2$，或者说电压比电流超前 $-\pi/2$。

式（4-18）中的 X_C 称为容抗。在同样电压 U 的作用下，X_C 越大，电流 I 越小，所以容抗反映了电容元件对正弦电流的限制能力。容抗与频率成反比，是因为电压大小一定时，频率越高，电压变化越快，电流越大。容抗又与电容成反比。这是因为电压一定时，电容越大，电流越大。在直流即 $\omega=0$ 的情况下，容抗为无限大，电容元件如同开路。

ω 的单位为 rad/s；电容的单位为 F；容抗的单位为 Ω，与电阻的单位相同。

容抗的倒数

$$B_C = \frac{1}{X_C} = \omega C \tag{4-19}$$

称为容纳，单位为 S。

从电压、电流的有效值关系而言，电容元件的容抗、容纳也分别与电阻元件的电阻、电导相当。但是，容抗、容纳也只有在正弦交流电路中才有意义，而且容抗不等于电容元件的电压和电流瞬时值的比值，即 $X_C \neq u/i$ 且 $B_C \neq i/u$。

由 $i = C\dfrac{\mathrm{d}u}{\mathrm{d}t}$，设电容元件的电压相量为 $\dot{U}$，则其电流相量为

$$\dot{I} = \mathrm{j}\omega C\dot{U}$$

或

$$\dot{U} = \frac{1}{\mathrm{j}\omega C}\dot{I} = -\mathrm{j}\frac{1}{\omega C}\dot{I} = -\mathrm{j}X_C\dot{I} \tag{4-20}$$

式（4-20）既包含了电容元件电压与电流有效值之比为 X_C 的关系，又包含了电压比电流超前 $-\pi/2$ 的关系。

图 4-13（c）是电容元件电压、电流的相量图。

2. 功率和能量

设 $\psi_u = 0$，电容元件接受的瞬时功率

$$p(t) = \sqrt{2}U\sin\omega t \times \sqrt{2}I\sin\left(\omega t + \frac{\pi}{2}\right) = 2UI\sin\omega t\cos\omega t = UI\sin 2\omega t = I^2 X_C \sin 2\omega t$$

是以两倍于电流的频率，按正弦函数规律变化的，最大值为 $I^2 X_C$。

瞬时功率 p（t）的波形如图 4-13（d）所示。从图中可以看到，电压的第一个 1/4 周期内，电压为正值而且增加，电流和电压方向一致，p 为正值，电容元件从外部接受能量，转变为电场能量储存着。第一个 1/4 周期之末，电压达到最大值，电场能量也达到最大值 $\frac{1}{2}CU_m^2$。

在第二个 1/4 周期内，电压减小，电流和电压方向相反，p 为负值，电容元件向外部释放储能，电场能量逐渐减少。到第二个 1/4 周期之末，电压下降到零，电场能量也为零，原先的储能全部释放给外部。以下两个 1/4 周期的情况，除方向相反的电压所产生电场的方向相反外，与上述一样。图 4-13（d）中的曲线 p 与时间轴 t 所包围的几块阴影面积分别相当于电容元件储存的能量（用"＋"号表示）和释放的能量（用"－"号表示），它们是分别相等的。

从以上的分析可知，电容元件接受的平均功率为零，因为它也是储能元件，不消耗能量，只与外部进行能量的交换。同电感元件一样，其能量交换的规模用其他量来反映，这一点将在后面的有关问题中专门讨论。

第四节　*RLC* 串 并 联 电 路

一、*RLC* 串联电路

1. 电压与电流的关系

图 4-14（a）为 *RLC* 串联电路，图 4-14（b）是它的相量模型。

选取电流、电压为关联参考方向，并设电流为

$$i = \sqrt{2}\,I\sin(\omega t + \psi_i)$$

则各元件的电压及端口电压都是与电流同频率的正弦量。根据 KVL，端口电压的解析式为

$$u = u_R + u_L + u_C = \sqrt{2}\,U\sin(\omega t + \psi_u) \tag{4-21}$$

电流、电压的相量分别为

$$\dot{I} = I\angle\psi_i$$

$$\dot{U} = U\angle\psi_u$$

根据图 4-14（b），由 KVL 的相量形式得

$$\dot{U} = \dot{U}_R + \dot{U}_L + \dot{U}_C = R\dot{I} + j\omega L\dot{I} + \frac{1}{j\omega C}\dot{I}$$

$$= \left[R + j\left(\omega L - \frac{1}{\omega C}\right)\right]\dot{I} = [R + j(X_L - X_C)]\dot{I}$$

$$= (R + jX)\dot{I} = Z\dot{I} \tag{4-22}$$

式（4-22）是 *RLC* 串联电路的电压与电流关系的相量形式。根据式（4-22）作电流、电压的相量图。在作串联电路的相量图时，一般选取电流 $\dot{I}$ 为参考相量比较方便，把它画在正实轴上，$\dot{U}_X$ 比电流超前 $\frac{\pi}{2}$，应用相量相加得出端口电压相量 $\dot{U}$，如图 4-14（c）所示（图中设 $X_L > X_C$）。由相量图可以看出，$\dot{U}_R$、$\dot{U}_X = \dot{U}_L + \dot{U}_C$ 和 $\dot{U}$ 组成直角三角形，称为电压三角形。

根据复阻抗的定义，式（4-22）中的

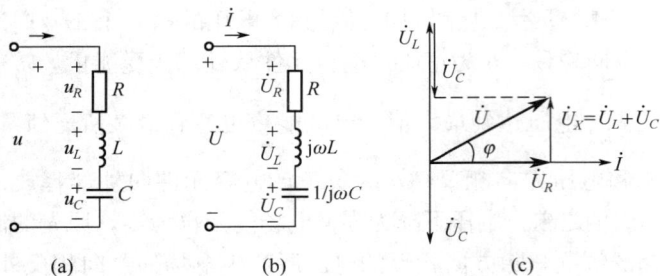

图 4 - 14　RLC 串联电路及其相量图

(a) 电路图；(b) 相量模型；(c) 相量图

$$Z = \frac{\dot{U}}{\dot{I}} = R + \mathrm{j}(X_L - X_C)$$

$$= R + \mathrm{j}X \qquad (4-23)$$

就是该串联电路的复阻抗。它的实部 R 等于电阻元件的电阻，虚部 $X = X_L - X_C$ 称为电路的等效电抗，等于感抗减去容抗，它反映了感抗与容抗的综合限流作用。复阻抗只与电路元件的参数和电源的频率有关，与电压、电流的相量无关。

复阻抗可用指数形式表示为

$$Z = \frac{\dot{U}}{\dot{I}} = \frac{U \angle \psi_u}{I \angle \psi_i} = \frac{U}{I} \angle \psi_u - \psi_i = |Z| \angle \varphi \qquad (4-24)$$

式中

$$\left. \begin{array}{l} |Z| = \dfrac{U}{I} \\[2mm] \varphi = \psi_u - \psi_i \end{array} \right\} \qquad (4-25)$$

式（4-25）表明，端口电压有效值与电流有效值的比值 $|Z|$ 等于复阻抗的模，称为阻抗；端口电压 $\dot{U}$ 比电流 $\dot{I}$ 超前的相角 φ 等于复阻抗的幅角，称为阻抗角。复阻抗的指数形式与代数形式之间有下列关系

$$Z = |Z| \angle \varphi = |Z| \cos\varphi + \mathrm{j}|Z| \sin\varphi = R + \mathrm{j}X$$

其中

$$\left. \begin{array}{l} R = |Z| \cos\varphi \\ X = |Z| \sin\varphi \end{array} \right\} \qquad (4-26)$$

$$\left. \begin{array}{l} |Z| = \sqrt{R^2 + X^2} \\[2mm] \varphi = \arctan \dfrac{X}{R} \end{array} \right\} \qquad (4-27)$$

显然，串联电路的 R、X 和 $|Z|$ 构成一个直角三角形，如图 4-15 所示，称为阻抗三角形。阻抗三角形也可由电压三角形的各边同除以电流有效值 I 得出，因此阻抗三角形与电压三角形是相似三角形。

由以上分析可知：式（4-22）既表达了端口电压有效值与电流有效值间的量值关系，又表达了电压与电流间的相位关系。若已知电流相量 $\dot{I} = I \angle \psi_i$，则根据式（4-22）得电压相量

$$\dot{U} = Z\dot{I} = |Z| \angle \varphi \times I \angle \psi = |Z| I \angle \psi_i + \varphi = U \angle \psi_u$$

从而可写出电压的解析式为

$$u = \sqrt{2}\,|Z|\,I \sin(\omega t + \psi_i + \varphi) = \sqrt{2}\,U \sin(\omega t + \psi_u)$$

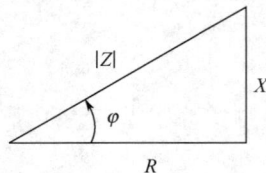

图 4 - 15　阻抗三角形

式中：φ 为电压 $\dot{U}$ 比电流 $\dot{I}$ 超前的相角，即阻抗角，$\varphi = \psi_u - \psi_i$。$\varphi$ 角可正、可负，其正负

由 X 的正负决定。

2. 电路的三种性质

RLC 串联电路中，$X = X_L - X_C$，$\dot{U}_L$ 与 $\dot{U}_C$ 反相，都表明电感元件与电容元件的作用是相反的。电路中的电阻 R、感抗 X_L、容抗 X_C 都视为正值，而 X 可正、可负、可零。根据元件参数 L、C 及电源频率 f 的大小不同，RLC 串联电路有以下三种情况：

（1）当电路的 $X_L > X_C$，即 $X > 0$ 时，$U_L > U_C$，阻抗角 $\varphi > 0$，则电压 $\dot{U}$ 比电流 $\dot{I}$ 超前，其相量图如图 4-16（a）所示。这时的电路相当于 R、L 串联，称为感性电路。

（2）当电路 $X_L < X_C$，即 $X < 0$ 时，$U_L < U_C$，阻抗角 $\varphi < 0$，则电压 $\dot{U}$ 比电流 $\dot{I}$ 滞后，其相量图如图 4-16（b）所示。这时的电路相当于 R、C 串联，称为容性电路。

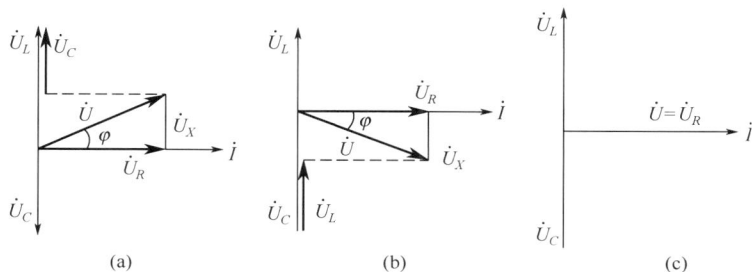

图 4-16 RLC 串联电路三种情况的相量图
（a）感性；（b）容性；（c）阻性

（3）当电路的 $X_L = X_C$，即 $X = 0$ 时，$U_L = U_C$，阻抗角 $\varphi = 0$，则电压 $\dot{U}$ 与电流 $\dot{I}$ 同相，其相量图如图 4-16（c）所示。这时的电路为电阻性质，称为串联谐振。

【例 4-5】　图 4-17（a）为正弦交流电路中的一部分，已知电阻 R 的电压 $U_R = 10\text{V}$、电感 L 的电压 $U_L = 16\text{V}$，试求端口电压 U。

解　首先注意，两个同频率正弦量的和（或差）不仅与它们的有效值有关，还与它们的相位差有关。

$$U \neq U_R + U_L = 10 + 16 = 26(\text{V})$$

相位差、初相都与参考方向的选择有关。因为 R 和 L 串联，电流相同，先选定电流 i 的参考方向，再选定 u_R、u_L 及 u 的参考方向，如图 4-17（b）所示，一般都选关联参考方向。

（1）作相量图分析问题，如图 4-17（c）所示。先任作电流相量 $\dot{I}$（一般选初相为零），再作与 $\dot{I}$ 同相的电阻电压相量 $\dot{U}_R$，由 KVL 有 $\dot{U} = \dot{U}_R + \dot{U}_L$，故从 $\dot{U}_R$ 末端作超前 $\dot{I}$ 90° 的电感电压相量 $\dot{U}_L$，并得出端口电压相量。$\dot{U}_R$ 和 $\dot{U}_L$ 相量的长度按 $U_L : U_R = 10 : 16$ 选择。

由相量图可见 $\dot{U}$、$\dot{U}_L$、$\dot{U}_R$ 三者组成 $\dot{U}$ 为斜边的直角三角形，故得

$$U = \sqrt{U_R^2 + U_L^2} = \sqrt{10^2 + 16^2} = 18.87(\text{V})$$

（2）还可由相量式计算。设电流相量为

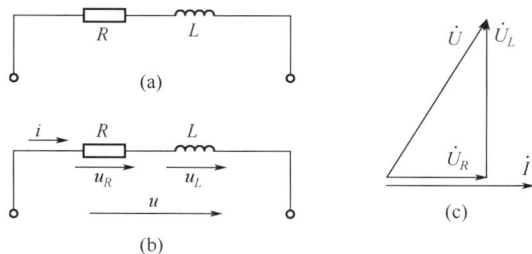

图 4-17　［例 4-5］电路图

$$\dot{I} = I\angle 0°$$

因为 $\dot{U}_R$ 与 $\dot{I}$ 同相，$\dot{U}_L$ 比 $\dot{I}$ 超前 $90°$，所以

$$\dot{U}_R = 10\angle 0° = 10(\text{V})$$

$$\dot{U}_L = 16\angle 90° = \text{j}16(\text{V})$$

由 KVL，得

$$\dot{U} = \dot{U}_R + \dot{U}_L = 10 + \text{j}16 = 18.87\angle 57.99°(\text{V})$$

两种方法的实质是一样的。

二、RLC 并联电路

1. 电压、电流关系

电导为 G、电感为 L、电容为 C 的三个元件关联的电路如图 4-18（a）所示。

分析电压、电流关系，按习惯选各量参考方向示于图 4-18（a）中，作电路的相量图如图 4-18（b）所示。分析并联电路，由于各元件的电压相等，一般以电压相量为参考相量。作出 $\dot{U}$ 后，首尾相连地作出与 $\dot{U}$ 同相的 $\dot{I}_G$、比 $\dot{U}$ 滞后 $\pi/2$ 的 $\dot{I}_L$、比 $\dot{U}$ 超前 $\pi/2$ 的 $\dot{I}_C$，最后连得端口电流相量 $\dot{I}$。图 4-18（b）中，设 $X_C < X_L$、即 $B_C > B_L$，故 $I_C > I_L$。从图 4-18（b）中可以看出 $\dot{I}_C$ 和 $\dot{I}_L$ 相反，图中，用 $\dot{I}_B = \dot{I}_C + \dot{I}_L$ 表示它们的总和。$\dot{I}_C$、$\dot{I}_B$、$\dot{I}$ 组成一个 $\dot{I}$ 为斜边的直角三角形，有电流三角形之称。

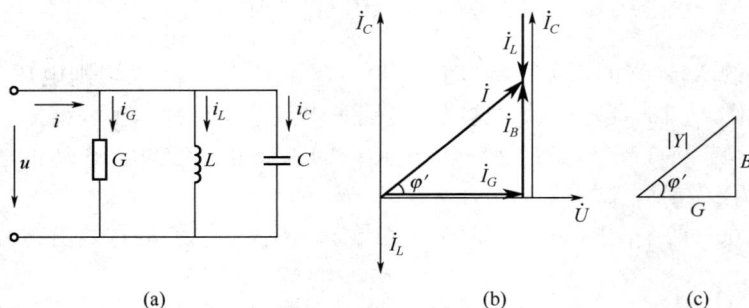

图 4-18 电阻、电感、电容并联电路
(a) 电路图；(b) 相量图；(c) 导纳三角形

$\dot{I}_L$、$\dot{I}_C$ 反相，表明并联的 L 和 C 的作用也是相互补偿的。

设电压相量为 $\dot{U}$，则各元件的电流相量分别为

$$\dot{I}_G = G\dot{U}$$

$$\dot{I}_L = \frac{1}{\text{j}X_L}\dot{U} = -\text{j}B_L\dot{U}$$

$$\dot{I}_C = \frac{1}{-\text{j}X_C}\dot{U} = \text{j}B_C\dot{U}$$

由 KCL，得端口电流相量为

$$\dot{I} = \dot{I}_G + \dot{I}_L + \dot{I}_C = \dot{I}_G + \dot{I}_B = [G + \text{j}(B_C - B_L)]\dot{U}$$

$$= (G + \text{j}B)\dot{U} = Y\dot{U} \tag{4-28}$$

式（4-28）便是电路的端口电流、电压相量的关系式，端口电流、电压的有效值关系、相位关系都包含在 Y 这一复数中。

设 $\dot{U}=U\mathrm{e}^{\mathrm{j}\psi u}$，$\dot{I}=I\mathrm{e}^{\mathrm{j}\psi i}$，则

$$\frac{\dot{I}}{\dot{U}}=\frac{I\mathrm{e}^{\mathrm{j}\psi i}}{U\mathrm{e}^{\mathrm{j}\psi u}}=\frac{I}{U}\mathrm{e}^{\mathrm{j}(\psi i-\psi u)}=Y=|Y|\mathrm{e}^{\mathrm{j}\varphi'}=G+\mathrm{j}B$$

式中：Y 称为复导纳，是关联参考方向下网络的端口电流相量与电压相量的比值，单位为 S，Y 是一个复数。

复导纳 Y 的实部为电路的电导 G，Y 的虚部 $B=B_C-B_L$，称为电纳，单位为 S，B 为正、负的代数量，$B_C>B_L$ 时 B 为正值，$B_C<B_L$ 时 B 为负值。

复导纳 Y 的模

$$|Y|=\sqrt{G^2+B^2}=\sqrt{G^2+(B_C-B_L)^2}$$

称为导纳，单位为 S，导纳 $|Y|$ 就是端口电流与电压的有效值的比值，即

$$|Y|=\frac{I}{U}$$

复导纳的幅角

$$\varphi'=\arctan\frac{B}{G}=\arctan\frac{B_C-B_L}{G}$$

称为导纳角，导纳角就是关联参考方向下端口电流超前电压的相位差，即

$$\varphi'=\psi_i-\psi_u$$

B 为正值时 φ' 为正值，B 为负值时 φ' 为负值。

图 4-18（b）中

$$I_G=GU,\quad I_B=BU,\quad I=|Y|U$$

所以 G、B、$|Y|$ 组成一个与电流三角形相似的，以 $|Y|$ 为斜边的直角三角形，称为导纳三角形，如图 4-18（c）所示。$\dot{I}=Y\dot{U}$，这一关系也可称为相量形式的欧姆定律。

2. 电路的三种性质

视 ω、L、C 的值不同，RLC 并联电路也有三种情况：

（1）$B_C>B_L$。电纳 $B=B_C-B_L$ 为正值，电容电流的有效值大于电感的有效值，$\dot{I}_B=\dot{I}_C+\dot{I}_L$ 比电压超前 $\pi/2$，导纳角 φ' 为正值，端口电流超前电压。电路呈容性，其相量图重作于图 4-19（a）。

（2）$B_C<B_L$。B 为负值，$I_C<I_L$，$\dot{I}_B$ 比电压滞后 $\pi/2$，导纳角 φ' 为负值，端口电流滞后电压，电路呈感性，其相量图如图 4-19（b）所示。

（3）$B_C=B_L$。$B=0$，$I_C=I_L$，$I_B=0$，$\varphi'=0$，$Y=G$，$\dot{I}=\dot{I}_G$，电路呈谐振状态，相量图如图 4-19（c）所示。

电阻元件的 $Y=G$，电感元件的 $Y=\frac{1}{\mathrm{j}\omega L}$，电容元件的 $Y=\mathrm{j}\omega C$。

【例 4-6】　对于线圈，常以 RL 串联电路为其模型。一个 $R=5\Omega$、$L=150\mathrm{mH}$ 的线圈

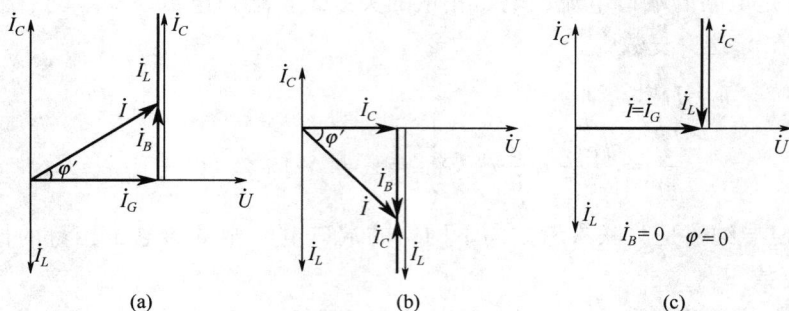

图 4 - 19　电阻、电感、电容并联电路的三种状态
(a) 容性；(b) 感性；(c) 阻性

和一个电容器串联，接到 220V 的工频电源上，试在电容器的电容为 100、50μF 两种情况下求电流及线圈的电压。

　　解　（1）$C=100\mu\text{F}$，则

$$X_L = \omega L = 100\pi \times 150 \times 10^{-3} = 47.12(\Omega)$$

$$X_C = \frac{1}{\omega C} = \frac{1}{100\pi \times 100 \times 10^{-6}} = 31.83$$

$$X = X_L - X_C = 47.12 - 31.83 = 15.29(\Omega)$$

X 为正，电路是感性的，复阻抗

$$Z = R + jX = 5 + j15.29 = 16.09\angle 71.89°(\Omega)$$

　　设 $\dot{U} = 220\angle 0° = 220\text{V}$，则电流

$$\dot{I} = \frac{\dot{U}}{Z} = \frac{220}{16.09\angle 71.89°} = 13.67\angle -71.89°(\text{A})$$

线圈的复阻抗

$$Z_{RL} = R + jX_L = 5 + j47.12 = 47.38\angle 83.94°(\Omega)$$

线圈电压

$$\dot{U}_{RL} = Z_{RL}\dot{I} = 47.38\angle 83.94° \times 13.67\angle -71.89° = 647.7\angle 12.05°(\text{V})$$

　　（2）$C=50\mu\text{F}$，则

$$X_C = \frac{1}{\omega C} = \frac{1}{100\pi \times 50 \times 10^{-6}} = 63.67(\Omega)$$

$$X = X_L - X_C = 47.12 - 63.67 = -16.55(\Omega)$$

电路成为容性的，复阻抗

$$Z = R + jX = 5 - j16.55 = 17.29\angle -73.19°\Omega$$

仍设 $\dot{U} = 220\angle 0°\text{V}$，则

$$\dot{I} = \frac{220\angle 0°}{17.29\angle -73.19°} = 12.72\angle 73.19°　(\text{A})$$

$$\dot{U}_{RL} = Z_{RL}\dot{I} = 47.38\angle 83.94° \times 12.72\angle 73.19° = 602.9\angle 157.1°　(\text{V})$$

　　【例 4 - 7】　日光灯导通后，镇流器与灯管串联。镇流器可用电感元件为其模型，灯管可用电阻元件为其模型。一个日光灯电路的 $R = 300\Omega$、$L = 1.66\text{H}$，工频电源的电压为

220V，试求：电源电压与灯管电流的相位差、灯管电流、灯管电压、镇流器电压。

解　这是 RL 串联电路，镇流器的感抗

$$X_L = \omega L = 100\pi \times 1.66 = 521.5(\Omega)$$

电路的复阻抗

$$Z = R + jX_L = 300 + j521.5 = 601.6\angle 60.01°(\Omega)$$

所以电源电压比灯管电流超前 $60.01°$。

灯管电流

$$I = \frac{U}{|Z|} = \frac{220}{601.6} = 0.365\,7\ (A)$$

灯管电压、镇流器电压各为

$$U_R = RI = 300 \times 0.365\,7 = 109.7(V)$$
$$U_L = X_L I = 521.5 \times 0.365\,7 = 190.7(V)$$

【例 4 - 8】　已知 $R = 25\Omega$、$L = 2\text{mH}$、$C = 5\mu\text{F}$ 并联网络的端口正弦电流 $I = 0.5A$，电路的角频率为 5000rad/s，试求端口电压及各元件电流。

解
$$G = \frac{1}{R} = \frac{1}{25} = 0.04\ (S)$$
$$B_L = \frac{1}{\omega L} = \frac{1}{5000 \times 2 \times 10^{-3}} = 0.1\ (S)$$
$$B_C = \omega C = 5000 \times 5 \times 10^{-6} = 0.025\ (S)$$
$$B = B_C - B_L = 0.025 - 0.1 = -0.075\ (S)$$

电路是感性的

$$Y = G + jB = 0.04 - j0.075 = 0.085\angle -61.93°(S)$$

设 $\dot{I} = 0.5\angle 0°A$，则

$$\dot{U} = \frac{\dot{I}}{Y} = \frac{0.5\angle 0°}{0.085\angle -61.93°} = 5.882\angle 61.93°(V)$$
$$\dot{I}_G = G\dot{U} = 0.04 \times 5.882\angle 61.93° = 0.2353\angle 61.93°(A)$$
$$\dot{I}_L = -jB_L\dot{U} = -j0.1 \times 5.882\angle 61.93° = 0.5882\angle -28.07°(A)$$
$$\dot{I}_C = jB_C\dot{U} = j0.025 \times 5.882\angle 61.93° = 0.1471/\angle 151.9°(A)$$

第五节　正弦交流电路中的功率

一、瞬时功率

以正弦交流电路中一个二端网络为对象，分析正弦交流电路中功率的一般情况。设一个二端网络的端口电压、电流各为

$$u(t) = \sqrt{2}U\sin(\omega t + \varphi)$$
$$i(t) = \sqrt{2}I\sin\omega t$$

其中的 φ 为电压比电流超前的相位差，它与电压、电流参考方向的选择有关。u、i 的参考方向选择一致时，$p = ui$ 应看成网络接收的功率；u、i 的参考方向选择相反时，$p = ui$ 应看成网络发出的功率。下面的叙述中，以电压、电流选择关联参考方向为例，把所得 $p(t)$

看成二端网络接收的瞬时功率。

$$p(t) = u(t)i(t) = \sqrt{2}\,U\sin(\omega t + \varphi) \times \sqrt{2}\,I\sin\omega t$$

$$= 2UI\sin(\omega t + \varphi) \times \sin\omega t = UI\cos\varphi - UI\cos(2\omega t + \varphi)$$

$$= UI\cos\varphi(1 - \cos2\omega t) + UI\sin\varphi\sin2\omega t = p_a(t) + p_r(t) \qquad (4\text{-}29)$$

设 $\varphi > 0$、$i(t)$、$u(t)$、$p(t)$ 的波形如图 4-20（a）所示。

从图 4-20（a）中可见，$p(t)$ 两倍于电流的频率且作周期性变化。因为储能元件的存在，电压、电流不同相，瞬时功率有时为正值，有时为负值，表示网络有时从外部吸收能量，有时向外部释放能量。

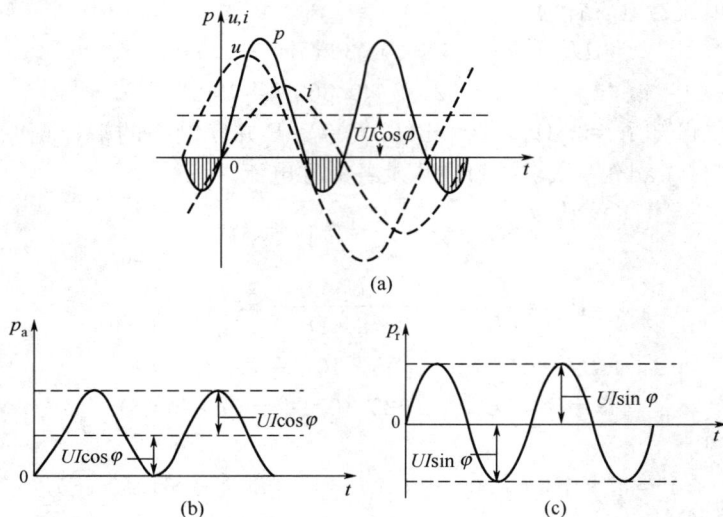

图 4-20　正弦交流电路的功率波形
（a）瞬时功率；（b）p_a 分量；（c）p_r 分量

上述表明，瞬时功率是由 $p_a(t)$、$p_r(t)$ 两个分量组成的，这两个分量的波形分别如图 4-20（b）、（c）所示。分量

$$p_a(t) = UI\cos\varphi(1 - \cos2\omega t)$$

与电阻元件的 $p(t)$ 相似，两倍于电流频率而变化，但总为正值，它是网络吸收能量的瞬时功率，它的平均值为 $UI\cos\varphi$。分量

$$p_r(t) = UI\sin\varphi\sin2\omega t$$

与电感元件和电容元件的 $p(t)$ 相似，是一个两倍于电流频率而变化的正弦函数，是网络与其外部交换能量的瞬时功率，它的最大值为 $UI\sin\varphi$。

二、平均功率（有功功率）

网络吸收或发出的瞬时功率在一周期内的平均值称为平均功率，用大写字母 P 表示。由式（4-29）可得

$$P = \frac{1}{T}\int_0^T p\,\mathrm{d}t = \frac{1}{T}\int_0^T \left[UI\cos\varphi - UI\cos(2\omega t + \varphi)\right]\mathrm{d}t = UI\cos\varphi \qquad (4\text{-}30)$$

式（4-30）表明对无源网络而言，平均功率等于网络等效电阻吸收的瞬时功率中的恒定分量，即网络等效电阻吸收的平均功率，它反映了网络中的电能转换成其他形式能量的平

均速率，因此平均功率又称有功功率。有功功率的单位为 W（瓦）。

正弦交流电路的有功功率不仅与电压、电流有效值的乘积有关，还与电压、电流相位差的余弦（$\cos\varphi$）有关，$\cos\varphi$ 称为电路的功率因数，φ 角称为功率因数角。对无源网络而言，功率因数角就是它的阻抗角，它决定于电源的频率和网络的参数。一般情况下，$0° \leq |\varphi| \leq 90°$，$0 \leq \cos\varphi \leq 1$。

三、无功功率

电容元件或电感元件虽不消耗能量，但它们的存在将引起网络与电源之间的能量往返交换，从而增加了输电线路的能量损耗。为了定量地衡量电路与电源之间（或两部分电路之间）能量交换的规模，将能量交换的最大速率，即网络与电源之间的往返交换的瞬时功率分量的最大值定义为无功功率，用大写字母 Q 表示，即

$$Q = UI\sin\varphi \tag{4-31}$$

"无功功率"这一名称的由来，是相对于有功功率而言的。无功功率的量纲与有功功率相同，但为了区别起见，无功功率的单位称为乏（var）。无功功率虽然不是"消耗"的功率，但不能把它理解为"无用"的功率，因为无功功率是某些电气设备进行正常工作所必需的。例如，变压器和交流电动机等赖以工作的磁场，就是由无功功率建立的，因此，无功功率是发电厂和电力系统中重要经济、技术指标之一。

和前面提到的一样，当选择 u、i 参考方向一致时，由式（4-31）计算所得应视为网络吸收的无功功率；当选择 u、i 参考方向相反时，由式（4-31）计算所得应视为网络发出的无功功率。由于不同性质网络的阻抗角有正有负，所以无功功率也有正负之分。在 u、i 参考方向一致的情况下，当无源网络的等效电抗 $X > 0$（感性电路）时，$\varphi > 0$，$Q > 0$，表示该网络吸收感性无功功率；反之，当无源网络的等效电抗 $X < 0$（容性电路）时，$\varphi < 0$，$Q < 0$，表示该网络吸收容性无功功率。也就是说，感性电路吸收正值的无功功率（相当于发出容性无功功率），容性电路吸收负值的无功功率（相当于发出感性无功功率）。

四、视在功率

发电机、变压器等电气设备都是按照额定电流（均指有效值）进行设计、制造和使用的，通常把额定电压与额定电流的乘积称为设备的额定容量，用以表示该设备所能输出的最大功率。为此，在电工技术中，将电压有效值与电流有效值的乘积定义为视在功率，用大写字母 S 表示，即

$$S = UI \tag{4-32}$$

视在功率与有功功率、无功功率具有相同的量纲，但为了区别起见，视在功率的单位为 V·A（伏安）。

由式（4-31）～式（4-33）可知，同一网络的 S、P、Q 三者具有下列关系

$$S = \sqrt{P^2 + Q^2}$$
$$P = S\cos\varphi$$
$$Q = S\sin\varphi$$

即 S、P、Q 构成一个电压三角形或阻抗三角形相似的功率三角形，如图 4-21 所示。

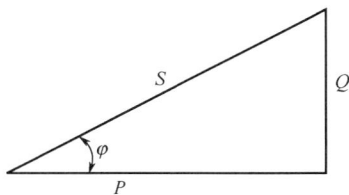

图 4-21　功率三角形

【例 4-9】　已知 $R = 50\Omega$，$L = 0.2\text{H}$，$C = 100\mu\text{F}$，串联在 $f = 50\text{Hz}$，$\dot{U} = 220\angle0°$ 的电

源上，求复阻抗 Z，电流 $\dot{I}$，有功功率 P，无功功率 Q_L、Q_C、Q，视在功率 S。

解 $Z = R + \mathrm{j}\left(\omega L - \dfrac{1}{\omega C}\right) = 50 + \mathrm{j}\left(2 \times 3.14 \times 50 \times 0.2 - \dfrac{1}{2 \times 3.14 \times 50 \times 100 \times 10^{-6}}\right)$

$$= 50 + \mathrm{j}31 = 58.8\angle 31.7^\circ\,(\Omega)$$

$$\dot{I} = \frac{\dot{U}}{Z} = \frac{200\angle 0^\circ}{58.8\angle 31.7^\circ} = 3.7\angle -31.7^\circ(\mathrm{A})$$

$$P = UI\cos\varphi = 220 \times 3.7\cos 31.7^\circ = 692.6(\mathrm{W})$$

$$Q_L = X_L I^2 = 2\pi f L I^2 = 2 \times 3.14 \times 50 \times 0.2 \times 3.7^2 = 859.7(\mathrm{var})$$

$$Q_C = X_C I^2 = \frac{1}{2\pi f C}I^2 = \frac{1}{2 \times 3.14 \times 50 \times 100 \times 10^{-6}} \times 3.7^2 = 435.3(\mathrm{var})$$

$$Q = UI\sin\varphi = 220 \times 3.7\sin 31.7^\circ = 427.7(\mathrm{var})$$

$$S = UI = 220 \times 3.7 = 814(\mathrm{V \cdot A})$$

第六节　功率因数的提高

一、提高功率因数的意义

功率因数是电力系统的一个重要参数，它直接影响到发、变电设备容量的利用率和输电线路的功率损耗。

负载的功率因数低，对电力系统不利，主要表现在以下两方面：

（1）负载的功率因数过低，使电源设备的容量不能充分利用。例如，一台额定容量为 60kV·A 的单相变压器，设它在额定电压、额定电流下运行，在负载的 $\cos\varphi$ 为 1 时，它传输的有功功率为 60kW，容量得到充分的利用；在负载的 $\cos\varphi$ 为 0.8 时，它传输的有功功率降低为 48kW，容量的利用较差；在负载的 $\cos\varphi$ 为 0.6 时，传输的有功功率为 36kW，容量利用得更不充分。

（2）在一定的电压下向负载送一定的有功功率时，负载的 $\cos\varphi$ 越低，通过输电线路的电流越大，导线电阻的能量损耗和导线阻抗的电压降越大。功率因数是电力经济中的一个重要指标。因此，提高电路的功率因数对提高设备利用率和降低线路损耗有重要的现实意义。

二、提高功率因数的方法

电路的功率因数是由电路的参数和电源的频率所决定的，它与电压、电流的大小无关，即

$$\cos\varphi = \frac{P}{S} \tag{4-33}$$

提高功率因数的最简单方法之一是并联补偿电容。这种方法能减少整个负载电路对无功功率的要求。减少电源对负载电路供给的无功功率，也就是减少了电源至负载这段线路的无功电流，从而提高了整个负载电路的功率因数。上述情况对负载电路内部的感性支路的电流、功率和功率因数无任何改变。正如电力系统中，变电站对无功功率的补偿，并不能代替系统内部的工厂、学校等对无功功率所进行的补偿。

感性负载并联电容，可以使电感中的磁场能量与电容器中的电场能量进行交换，从而减少电源与负载间能量的互换。

图 4 - 22 所示电路中，可看出感性负载未并联电容器前，电流 $\dot{I}_1$ 滞后电压 $\dot{U}$ 为 $\dot{\varphi}_1$ 角。此时总电流 $\dot{I}=\dot{I}_1$ 也滞后电压为 $\dot{\varphi}_1$ 角。并联电容器后，电压 $\dot{U}$ 不变，感性负载中 $\dot{I}_1$ 不变，电容支路中电流 $\dot{I}_C$ 超前 $\dfrac{\pi}{2}$。总电流 $\dot{I}=\dot{I}_1+\dot{I}_C$，$\dot{I}$ 滞后电压 $\dot{U}$ 为 φ_2 角，且 $\varphi_2 < \varphi_1$。所以 $\cos\varphi_2 > \cos\varphi_1$，从而提高了电路的功率因数。

下面对图 4 - 22 进行分析，求出并联电容器的计算公式。

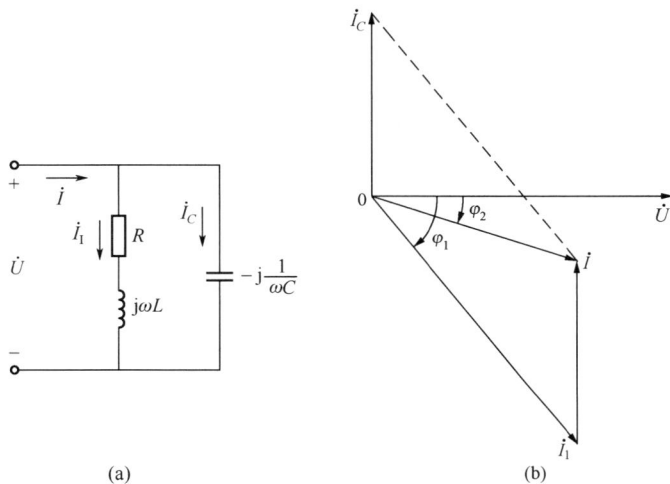

图 4 - 22 功率因数的提高

并联电容器前 $\qquad P=UI_1\cos\varphi_1,\qquad I_1=\dfrac{P}{U\cos\varphi_1}$

并联电容器后 $\qquad P=UI\cos\varphi_2,\qquad I=\dfrac{P}{U\cos\varphi_2}$

由图 4 - 22（b）得

$$I_C=I_1\sin\varphi_1-I\sin\varphi_2=\frac{P}{U}(\tan\varphi_1-\tan\varphi_2)$$

又知

$$I_C=\frac{U}{X_C}=U\omega C$$

代入上式，得

$$U\omega C=\frac{P}{U}(\tan\varphi_1-\tan\varphi_2)$$

则

$$C=\frac{P}{U^2\omega}(\tan\varphi_1-\tan\varphi_2) \qquad\qquad (4-34)$$

应用式（4 - 34），可求出功率因数从 $\cos\varphi_1$ 提高到 $\cos\varphi_2$ 所需的电容值。

【例 4 - 10】 已知电动机的功率 $P=10\text{kW}$，接到 220V，50Hz 的电源上，$\cos\varphi_1=0.5$，求将功率因数提高到 0.9 时，应并联多大电容?

解 $\cos\varphi_1=0.5$，$\varphi_1=60°$，$\tan\varphi_1=1.732$

$\cos\varphi_2=0.9$，$\varphi_2=25.8°$，$\tan\varphi_2=0.484$

$$C = \frac{P}{\omega U^2}(\tan\varphi_1 - \tan\varphi_2) = \frac{10 \times 10^3}{2 \times 3.14 \times 50 \times 220^2} \times (1.732 - 0.484)$$

$$= 821 \times 10^{-6} = 821(\mu F)$$

第七节　复功率及最大功率的传输

一、复功率

设二端网络的电压、电流，在参考方向一致时的解析式为

$$i = \sqrt{2}I\sin(\omega t + \psi_1)$$

$$u = \sqrt{2}U\sin(\omega t + \psi_1 + \varphi)$$

它们的相量为

$$\dot{I} = I\angle\psi_1$$

$$\dot{U} = U\angle(\psi_1 + \varphi)$$

若将电压相量 $\dot{U}$ 与电流相量 $\dot{I}$ 的共轭复数 $\overset{*}{I} = I\angle-\psi_1$ 相乘，则得

$$\dot{U}\overset{*}{I} = U\angle(\psi_1 + \varphi)I\angle(-\psi_1) = UI\angle\varphi = UI\cos\varphi + jUI\sin\varphi = P + jQ$$

由上述结果可知：复数 $\dot{U}\overset{*}{I}$ 的模正好等于网络的视在功率 S，幅角正好等于功率因数角 φ；用代数形式表示时，其实部为网络吸收的有功功率，虚部为网络吸收的无功功率。据此，将电压相量 $\dot{U}$ 与电流相量 $\dot{I}$ 的共轭复数 $\overset{*}{I}$ 的乘积定义为复功率，用符号 $\widetilde{S}$ 表示，即

$$\widetilde{S} = \dot{U}\overset{*}{I} = P + jQ \tag{4-35}$$

选取 $\dot{U}$、$\dot{I}$ 参考方向一致时，$\widetilde{S}$ 应视为网络吸收的复功率；选取 $\dot{U}$、$\dot{I}$ 参考方向相反时，$\widetilde{S}$ 应视为网络发出的复功率。复功率的单位仍为 V·A（伏安）。

引用复功率的目的，是为了将电压、电流的相量直接用于功率的计算，但复功率本身不代表正弦量，它只是相量法的一个辅助计算量。

根据能量转换与守恒定律，对任何一个正弦交流电路，有功功率总是平衡的，即电路中的所有电源发出的有功功率之和等于所有负载吸收的有功功率之和。通过数学可以证明，整个电路的无功功率也是平衡的，即电路中所有电源发出的无功功率的代数和等于所有负载吸收的无功功率的代数和。因此，整个电路的复功率也是平衡的，即

$$\sum\widetilde{S} = 0$$

但必须注意：由于一般情况下，$\sum\dot{U} \neq 0$，$\sum\dot{I} \neq 0$，所以视在功率通常不是平衡的，即 $\sum\widetilde{S} \neq 0$。

【例 4-11】　图 4-23 所示电路中，已知 $R_1 = 30\Omega$，$X_L = 40\Omega$，$R_2 = 80\Omega$，$X_C = 60\Omega$，$\dot{U}_s = 220\text{V}$，试求电流 $\dot{I}_1$、$\dot{I}_2$、$\dot{I}$ 及复功率 $\widetilde{S}_1$、$\widetilde{S}_2$、$\widetilde{S}$。

解　（1）$\dot{I}_1 = \dfrac{\dot{U}_s}{Z_1} = \dfrac{220}{30 + j40} = \dfrac{220}{50\angle53.1°}$

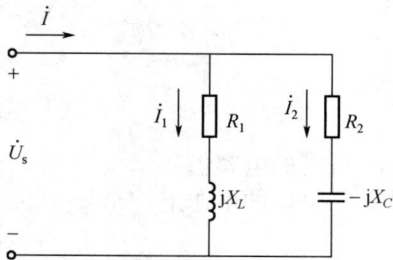

图 4-23　[例 4-11] 图

$$=4.4\angle-53.1°=2.64-\text{j}3.52\ (\text{A})$$

$$\dot{I}_2=\frac{\dot{U}_s}{Z_2}=\frac{220}{80-\text{j}60}=\frac{220}{100\angle-36.9°}$$

$$=2.2\angle36.9°=1.76+\text{j}1.32\ (\text{A})$$

$$\dot{I}=\dot{I}_1+\dot{I}_2=(2.64+1.76)-\text{j}(3.52-1.32)$$

$$=4.92\angle-26.5°\ (\text{A})$$

(2) $\widetilde{S}_1=\dot{U}_s\overset{*}{I}_1=220\times4.4\angle53.1°=968\angle53.1°=(581.21+\text{j}774.09)\ (\text{V}\cdot\text{A})$

$\widetilde{S}_2=\dot{U}_s\overset{*}{I}_2=220\times2.2\angle-36.9°=484\angle-36.9°=387.04-\text{j}290.6\ (\text{V}\cdot\text{A})$

$\widetilde{S}_3=\dot{U}_s\overset{*}{I}=220\times4.92\angle26.5°=1082.4\angle26.5°=968.67+\text{j}482.96\ (\text{V}\cdot\text{A})$

由以上计算可以看出

$$P_1+P_2=581.21+387.04=968.25(\text{W})=P$$
$$Q_1+Q_2=774.09-290.6=483.49(\text{var})=Q$$
$$\widetilde{S}_1+\widetilde{S}_2=968.25+\text{j}483.49(\text{V}\cdot\text{A})=\widetilde{S}$$
$$S_1+S_2=968+484=1452\neq S$$

二、最大功率的传输

正弦交流电路中，电源的功率如何能有效地传输到负载，负载上如何能获得最大功率，较直流电路复杂一些。下面以图 4-24 为例，说明最大功率的传输问题。

图 4-24 中，$\dot{U}_s$ 为电源电压的相量，$Z_i=R_i+\text{j}X_i$ 为电源的内电阻，$Z=R+\text{j}X$ 为负载阻抗。

设电源参数一定，则负载吸收的功率将取决于负载阻抗

$$\dot{I}=\frac{\dot{U}_s}{Z_i+Z}=\frac{\dot{U}_s}{(R_i+R)+\text{j}(X_i+X)}$$

则

$$I=\frac{U_s}{\sqrt{(R_i+R)^2+(X_i+X)^2}}$$

负载吸收功率为

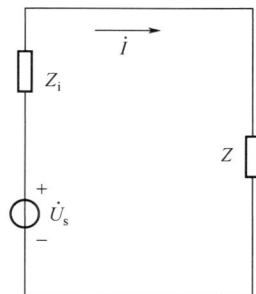

图 4-24 阻抗匹配条件下的示意电路

$$P=I^2R=\frac{U_s^2R}{(R_i+R)^2+(X_i+X)^2}\tag{4-36}$$

改变负载参数，使其获得最大功率，即阻抗匹配。

1. 负载的电阻和电抗均可调

若负载的电抗 X 可调，由式（4-36）可知，负载吸收的功率 P 是 X 的函数。

当 $X+X_i=0$ 时，即负载的电抗与电源的内电抗大小相等、性质相反时，此负载吸收的功率最大，其功率值为

$$P_m=\frac{U_s^2R}{(R_i+R)^2}\tag{4-37}$$

若负载的电抗 X 和电阻 R 都可调，则负载吸收的功率 P 是 X 和 R 的函数。

首先 $X=-X_i$，这时负载吸收的功率达到 P_m 值，该值仍为 R 的函数。令 P_m 为极大值，即

$$\frac{\mathrm{d}P_{\mathrm{m}}}{\mathrm{d}R}=\frac{\mathrm{d}}{\mathrm{d}R}\left[\frac{U_{\mathrm{i}}^{2}R}{(R_{\mathrm{i}}+R)^{2}}\right]=\frac{(R_{\mathrm{i}}+R)^{2}U_{\mathrm{s}}^{2}-2U_{\mathrm{s}}^{2}R(R_{\mathrm{i}}+R)}{R_{\mathrm{i}}+R}=0$$

得

$$R=R_{\mathrm{i}}$$

因此，当负载的电抗 X 和电阻 R 均可调时，负载吸收最大功率的条件为

$$R=R_{\mathrm{i}}$$
$$X=-X_{\mathrm{i}}$$
$$Z=Z_{\mathrm{i}}^{*} \tag{4-38}$$

式（4-38）中 $\overset{*}{Z}_{\mathrm{i}}$ 是 Z_{i} 的共轭复数，即

$$\overset{*}{Z}_{\mathrm{i}}=R_{\mathrm{i}}-\mathrm{j}X_{\mathrm{i}}$$

当负载阻抗与信号源内阻抗为一共轭复数时，负载与信号源处于匹配状态，负载获得的最大功率为

$$P_{\mathrm{m}}=\frac{U_{\mathrm{s}}^{2}}{4R_{\mathrm{i}}} \tag{4-39}$$

2. 负载的阻抗模可调而阻抗角不变

在变压器阻抗变换时，只改变复阻抗的模 $|Z|$，不改变复阻抗的角 φ。

将 $R_{\mathrm{i}}=|Z_{\mathrm{i}}|\cos\varphi_{\mathrm{i}}$，$X_{\mathrm{i}}=|Z_{\mathrm{i}}|\sin\varphi_{\mathrm{i}}$，$R=|Z|\cos\varphi$，$X=|Z|\sin\varphi$ 代入式（4-36）得

$$P=\frac{U_{\mathrm{s}}^{2}|Z|\cos\varphi}{(|Z_{\mathrm{i}}|\cos\varphi_{\mathrm{i}}+|Z|\cos\varphi)^{2}+(|Z_{\mathrm{i}}|\sin\varphi_{\mathrm{i}}+|Z|\sin\varphi)^{2}}$$
$$=\frac{U_{\mathrm{s}}^{2}\cos\varphi}{\dfrac{|Z_{\mathrm{i}}|^{2}}{|Z|}+|Z|+2|Z_{\mathrm{i}}|\cos(\varphi_{\mathrm{i}}-\varphi)}$$

由于只改变 $|Z|$，所以当分母最小时，功率 P 最大。

令

$$\frac{\mathrm{d}P}{\mathrm{d}|Z|}=0$$

即

$$\frac{\mathrm{d}P}{\mathrm{d}|Z|}=\frac{\mathrm{d}\left[\dfrac{|Z_{\mathrm{i}}|^{2}}{|Z|}+|Z|+2|Z_{\mathrm{i}}|\cos(\varphi_{\mathrm{i}}-\varphi)\right]}{\mathrm{d}|Z|}=-\frac{|Z_{\mathrm{i}}|^{2}}{|Z|^{2}}+1=0$$

得

$$|Z|=|Z_{\mathrm{i}}| \tag{4-40}$$

负载阻抗模变而阻抗角不变，负载阻抗模等于信号源内阻抗模时电路达到匹配，负载获最大功率。这时的负载吸收的最大功率为

$$P_{\mathrm{m}}=\frac{U_{\mathrm{s}}^{2}\cos\varphi}{2|Z|[1+\cos(\varphi_{\mathrm{i}}-\varphi)]}$$

当 $\varphi=\varphi_{\mathrm{i}}$ 时 $$P_{\mathrm{m}}=\frac{U_{\mathrm{s}}^{2}\cos\varphi}{4|Z_{\mathrm{i}}|} \tag{4-41}$$

*第八节 复杂正弦交流电路的计算

对于正弦交流电路，如果构成电路的电阻、电感、电容元件都是线性的，且电路中的正弦电源都是同频率的，那么电路中各部分电压和电流仍将是同频率的正弦量。此时分析电路可以采用相量法。

前面介绍过相量形式的欧姆定律和基尔霍夫定律与直流电路中的这两个定律形式上完全相同，只不过直流电路中各量都是实数，而交流电路中各量是复数。如果把直流电路中的电阻换以复阻抗，电导换以复导纳，所有正弦量均用相量表示，那么讨论直流电路时所采用的各种网络分析方法、原理和定理都完全适用于线性正弦交流电路。

一、网孔电流法

图 4 - 25 所示的电路，图中 $\dot{U}_{s1}$、$\dot{U}_{s2}$、R、X_L、X_C 均为已知，求各支路电流。

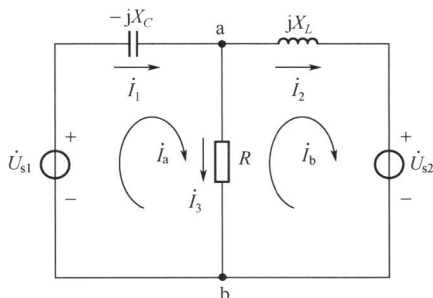

图 4 - 25 正弦交流电路的网孔电流法

首先选定网孔电流 $\dot{I}_a$、$\dot{I}_b$ 和支路电流 $\dot{I}_1$、$\dot{I}_2$、$\dot{I}_3$ 的参考方向，示于图 4 - 25 中。其次，令绕行方向与网孔电流参考方向一致，然后列出网孔方程组

$$\left. \begin{array}{l} Z_{11}\dot{I}_a + Z_{12}\dot{I}_b = \dot{U}_{s11} \\ Z_{21}\dot{I}_a + Z_{22}\dot{I}_b = \dot{U}_{s22} \end{array} \right\}$$

其中

$$Z_{11} = R - jX_C, \quad Z_{12} = Z_{21} = -R$$

$$Z_{22} = R + jX_L, \quad \dot{U}_{s11} = \dot{U}_{s1}, \quad \dot{U}_{s22} = -\dot{U}_{s2}$$

解方程组得 $\dot{I}_a$ 和 $\dot{I}_b$，然后求出各支路电流

$$\dot{I}_1 = \dot{I}_a, \quad \dot{I}_2 = \dot{I}_b, \quad \dot{I}_3 = \dot{I}_a - \dot{I}_b$$

【例 4 - 12】 图 4 - 25 所示电路中，已知 $\dot{U}_{s1} = 100\angle0°\text{V}$，$\dot{U}_{s2} = 100\angle90°\text{V}$，$R = 5\Omega$，$X_L = 5\Omega$，$X_C = 2\Omega$，求各支路电流的大小。

解 选定支路电流 $\dot{I}_1$、$\dot{I}_2$、$\dot{I}_3$ 和网孔电流 $\dot{I}_a$、$\dot{I}_b$ 的参考方向如图 4 - 25 所示。

选绕行方向与网孔电流参考方向一致，列出方程

$$(5 - j2)\dot{I}_a - 5\dot{I}_b = 100 \tag{4-42}$$

$$-5\dot{I}_a + (5 + j5)\dot{I}_b = -j100 \tag{4-43}$$

由式（4 - 42）得
$$\dot{I}_b = \frac{(5 - j2)\dot{I}_a - 100}{5}$$

代入式（4 - 43）得
$$-5\dot{I}_a + (5 + j5) \times \frac{(5 - j2)\dot{I}_a - 100}{5} = -j100$$

整理得
$$\dot{I}_a = \frac{100}{2 + j3} = 15.38 - j23.1 = 27.8\angle-56.3° \text{（A）}$$

因而

$$\dot{I}_b = \frac{(5-j2) \times 27.8\angle -56.3° - 100}{5} = \frac{149.7\angle -78.1° - 100}{5}$$

$$= -13.82 - j29.8 = 32.3\angle -115.4°(A)$$

各支路电流
$$\dot{I}_1 = \dot{I}_a = 27.8\angle -56.3°（A）$$

$$\dot{I}_2 = \dot{I}_b = 32.3\angle -115.4°(A)$$

$$\dot{I}_3 = \dot{I}_a - \dot{I}_b = 29.2 + j6.2 = 29.8\angle 11.9°(A)$$

所以
$$I_1 = 27.8A，\quad I_2 = 32.3A，\quad I_3 = 29.8A$$

二、节点电压法

如图 4-26 所示电路，有关量的参考方向已标注于图上。设 b 点为零电位点，则可用节点电位法求出 $\dot{U}_{ab}$ 和各支路电流 $\dot{I}_1$、$\dot{I}_2$、$\dot{I}_3$。

根据弥尔曼定理

$$\dot{U}_{ab} = \frac{\sum \dot{U}_s Y}{\sum Y} = \frac{\dot{U}_{s1} Y_1 + \dot{U}_{s2} Y_2}{Y_1 + Y_2 + Y_3}$$

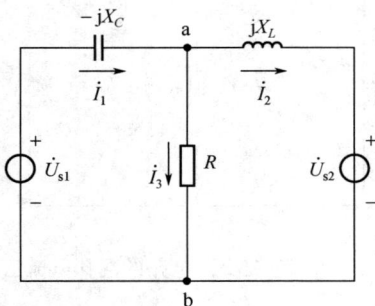

图 4-26 正弦交流电路的节点电压法

其中
$$Y_1 = \frac{1}{-jX_C},\quad Y_2 = \frac{1}{jX_L},\quad Y_3 = \frac{1}{R}$$

各支路电流为
$$\dot{I}_1 = (\dot{U}_{s1} - \dot{U}_{ab})\, Y_1$$

$$\dot{I}_2 = (\dot{U}_{ab} - \dot{U}_{s2})\, Y_2$$

$$\dot{I}_3 = \dot{U}_{ab} Y_3$$

【例 4-13】 在图 4-26 所示电路中，已知 $R = 10\Omega$，$X_C = 10\Omega$，$X_L = 5\Omega$，$\dot{U}_{s1} = 100\angle 0°V$，$\dot{U}_{s2} = 10\angle 90°V$，试用节点电压法求各支路电流。

解

$$Y_1 = \frac{1}{-jX_C} = j\frac{1}{10} = j0.1(S)$$

$$Y_2 = \frac{1}{jX_L} = \frac{1}{j5} = -j0.2(S)$$

$$Y_3 = \frac{1}{R} = \frac{1}{10} = 0.1(S)$$

$$\dot{U}_{ab} = \frac{\dot{U}_{s1} Y_1 + \dot{U}_{s2} Y}{Y_1 + Y_2 + Y_3} = \frac{100\angle 0° \times j0.1 + 10\angle 90° \times (-j0.2)}{j0.1 + (-j0.2) + 0.1} = \frac{2 + j10}{0.1 - j0.1}$$

$$= 72\angle 123.7°(V)$$

各支路电流为

$$\dot{I}_1 = (\dot{U}_{s1} - \dot{U}_{ab})Y_1 = (100\angle 0° - 72\angle 123.7°) \times j0.1 = (100 + 40 - j60) \times j0.1$$

$$= (140 - j60) \times j0.1 = 15.23\angle 66.8°(A)$$

$$\dot{I}_2 = (\dot{U}_{ab} - \dot{U}_{s2})Y_2 = (72\angle 123.7° - 10\angle 90°) \times (-j0.2)$$

$$= (-40 + j60 - j10) \times (-j0.2)$$

$$=64\angle-51.3°\times(-j0.2)=12.8\angle-141.3°(A)$$

$$\dot{I}_3=\dot{U}_{ab}Y_3=72\angle123.7°\times0.1=7.2\angle123.7°(A)$$

【例 4 - 14】 电路如图 4 - 27 所示，试用节点法求各支路电流的大小并作相量图。

解 选 b 点为参考点。选定 i_1、i_2 和 i_3 的参考方向如图 4 - 27 所示。

令

$$Y_1=\frac{1}{j\omega L}=\frac{1}{j8}=-j0.125(S)$$

$$Y_2=j\omega C=j0.1(S)$$

$$Y_3=\frac{1}{20}=0.05(S)$$

$$\dot{U}_{ab}=\frac{\dot{U}_{s3}Y_3}{Y_1+Y_2+Y_3}=\frac{100\times\dfrac{1}{20}}{0.05+j0.1-j0.125}$$

$$=\frac{5}{0.05-j0.025}=\frac{5\angle0°}{0.055\,9\angle-26.6°}=89.4\angle26.6°(V)$$

各支路电流

$$\dot{I}_1=\dot{U}_{ab}Y_1=-j0.125\times89.4\angle26.6°=11.2\angle-63.6°(A)$$

$$\dot{I}_2=\dot{U}_{ab}Y_2=j0.1\times89.4\angle26.6°=8.94\angle116.6°(A)$$

$$\dot{I}_3=(\dot{U}_{s3}-\dot{U}_{ab})Y_1=(100-89.4\angle26.6°)\times0.05$$

$$=(20-j40)\times0.05=1-j2=2.24\angle-63.4°(A)$$

或

$$\dot{I}_3=\dot{I}_1+\dot{I}_2=11.2\angle-63.6°+8.94\angle116.6°$$

$$=4.98-j10+(-3.99+j8)=1-j2=2.24\angle-63.4°(A)$$

所以 $\qquad I_1=11.2A，I_2=8.94A，I_3=2.24A$

相量图如图 4 - 28 所示。

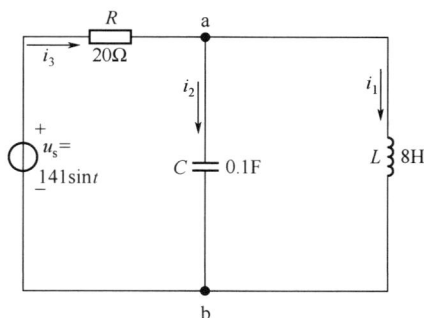

图 4 - 27 ［例 4 - 14］电路图　　　图 4 - 28 ［例 4 - 14］相量图

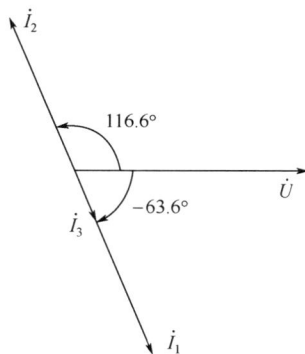

三、戴维南定理

对于图 4 - 29 所示电路，用戴维南定理求 R 支路的电流，方法如下。

画出戴维南等效电路，如图 4 - 29（d）所示。

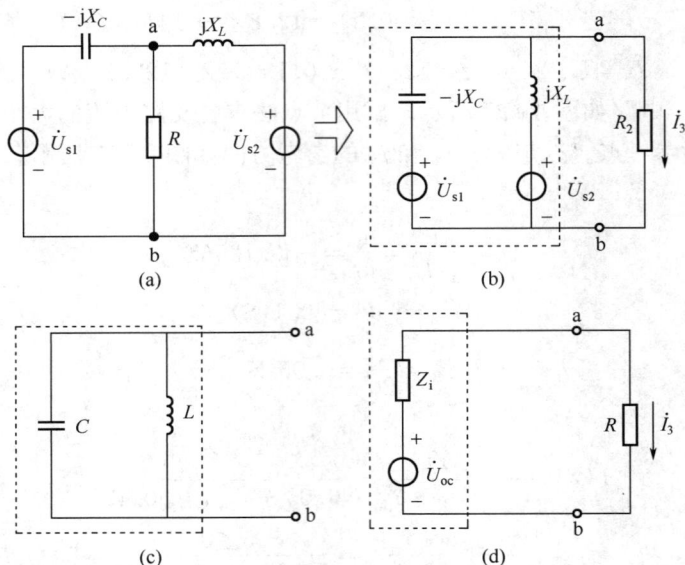

图 4 - 29　戴维南定理解题图

由图 4 - 29（b）虚线框内含源二端网络将外部 R 支路断开后，得 a、b 两点间的开路电压，即

$$\dot{U}_{oc} = \frac{\dot{U}_{s1}Y_1 + \dot{U}_{s2}Y_2}{Y_1 + Y_2}$$

求 a、b 端等效阻抗，由图 4 - 29（c）可得

$$Z_i = \frac{jX_L(-jX_C)}{j(X_L - X_C)}$$

这样 R 中电流

$$\dot{I}_3 = \frac{\dot{U}_{abo}}{Z_i + R}$$

【例 4 - 15】　试用戴维南定理求图 4 - 25 电路中 R 支路的电流大小。已知条件同〔例 4 - 12〕。

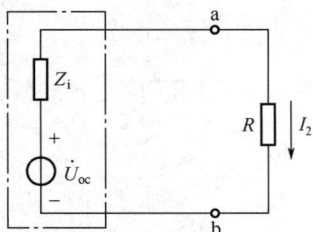

图 4 - 30　戴维南等效电路

解　选定支路电流参考方向同前。先求开路电压

$$\dot{U}_{oc} = \frac{\dot{U}_{s1}Y_1 + \dot{U}_{s2}Y_2}{Y_1 + Y_2}$$

$$= \frac{100 \times \frac{j}{2} + j100 \times \left(-\frac{j}{5}\right)}{\frac{j}{2} - \frac{j}{5}} = \frac{20 + j50}{j0.3}$$

$$= \frac{53.9\angle 68.2°}{0.3\angle 90°} = 179.7\angle -21.8°(V)$$

再求入端阻抗

$$Z_i = \frac{(j5) \times (-j2)}{j5 - j2} = \frac{10}{j3} = -j3.33(\Omega)$$

118

R 中电流

$$\dot{I}_3 = \frac{\dot{U}_{abo}}{Z_i + R} = \frac{179.7\angle-21.8°}{5-j3.33} = \frac{179.7\angle-21.8°}{6\angle-33.6°} = 29.9\angle11.8°(A)$$

所以 $I_3 = 29.9A$

第九节 串联谐振电路

谐振是交流电路中可能发生的一种特殊现象。一方面，谐振电路在无线电技术中有着广泛的应用。例如，在收音机和电视机的接收回路中，利用谐振电路的特殊性来选择所需的电台信号和抑制某些干扰信号。在电子测量仪器中，利用谐振电路的特性来测量线圈和电容器的参数等。但另一方面，电路发生谐振时又有可能破坏整个电路系统的正常工作状态。例如，在电力系统中，就要避免发生谐振，以免引起某些电气设备的损坏。所以，对谐振现象的研究有着重要的实际意义。

图 4-31 所示的 R、L、C 串联电路，在外加角频率为 ω 的正弦电压作用下，电路的复阻抗 Z 为

图 4-31 串联谐振电路

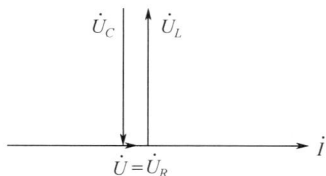

$$Z = R + j\omega L - j\frac{1}{\omega C} = R + j(X_L - X_C) = R + jX$$

回路中的电流为

$$\dot{I} = \frac{\dot{U}_s}{Z} = \dot{U}_s Y$$

图 4-32 R、L、C 串联谐振电路相量图

当电路中电源电压的角频率、电路的参数 L 和 C 满足一定的条件，恰好使感抗和容抗大小相等，即 $X_L = X_C$ 时，电路中的电抗为零，即 $X = X_L - X_C = 0$。电路出现的这种现象称为谐振。此时电路中的电流和电源电压出现了同相位的情况，如图 4-32 所示。

在 R、L、C 串联电路中，电压与电流参考方向一致的情况下，电路端电压与电路电流的相位同相，这种现象称为串联谐振。下面详细讨论串联谐振电路的有关问题。

一、串联谐振条件及谐振频率

电路谐振时，电路的电抗为零，电路的阻抗为一纯电阻，此时电路的端电压与电流同相。

根据电路的复阻抗 $Z = R + j\left(\omega L - \frac{1}{\omega C}\right) = R + j(X_L - X_C) = R + jX$，要使阻抗 Z 为一纯电阻，则必须 $X = X_L - X_C = 0$，即

$$\omega L = \frac{1}{\omega C} \tag{4-44}$$

这就是 R、L、C 串联电路达到谐振时的条件。

若 ω_0、f_0 分别为电路满足谐振条件时的角频率和频率。从式（4-44）可以推出

$$\omega_0 = \frac{1}{\sqrt{LC}} \tag{4-45}$$

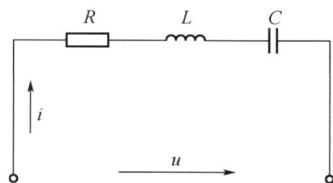

$$f_0 = \frac{1}{2\pi\sqrt{LC}} \qquad\qquad (4\text{-}46)$$

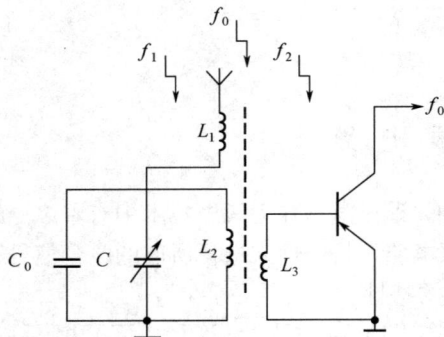

图 4-33 收音机的输入回路

从式（4-45）或式（4-46）可以清楚地看出，串联谐振电路的谐振频率完全由电路中的 L 及 C 这两个元件的数值决定，与电阻 R 无关。它反映了电路的一种固有性质。而且对于任意一个 R、L、C 串联电路，总有一个谐振频率 f_0 与其对应，所以 f_0 也称为电路的固有谐振频率。一个 R、L、C 串联电路，只有当外加电压的频率与其电路本身的固有谐振频率相等时，电路才发生谐振。

从式（4-44）看出，可以改变电源的频率 ω_0 使其等于电路的固有谐振频率，从而使电路发生谐振；也可以通过改变 L 及 C 这两个参数来使电路发生谐振。例如，在半导体收音机中，就是通过改变输入回路的电容 C，使其与要接收的频率相同，从而使电路发生谐振，达到从众多电台信号中选择出某一个电台信号的目的。改变电路参数使其发生谐振的过程称为调谐。

二、串联谐振电路的特征

1. 谐振时电路的阻抗

根据串联时电路的谐振条件可知，当电路谐振时，电抗 $X = 0$，此时电路的阻抗具有最小值，且为纯电阻性。若将谐振时的阻抗用 Z_0 表示，则

$$Z_0 = R + \mathrm{j}X = R \qquad\qquad (4\text{-}47)$$

由于电路谐振时的感抗 $\omega_0 L$ 等于容抗 $\dfrac{1}{\omega_0 C}$，所以将谐振时的感抗或容抗称为电路的特性阻抗，用 ρ 表示，即

$$\rho = \omega_0 L = \frac{1}{\omega_0 C} \qquad\qquad (4\text{-}48)$$

将 $\omega_0 = \dfrac{1}{\sqrt{LC}}$ 代入式（4-48），得

$$\rho = \omega_0 L = \frac{1}{\omega_0 C} = \sqrt{\frac{L}{C}} \qquad\qquad (4\text{-}49)$$

ρ 的单位为 Ω。

2. 谐振时电路的电流

由于电路谐振时阻抗 $Z_0 = R$ 且最小，因此，谐振时的电流取最大值，其值为

$$I_0 = \frac{U}{Z_0} = \frac{U}{R} \qquad\qquad (4\text{-}50)$$

U 为电路端电压的有效值，I_0 为谐振时电流的有效值。

3. 谐振时电路中各元件的电压

为了分析方便，以图 4-31 为例，分析其上面的电压，将图中各元件用复阻抗形式表示，将电压电流

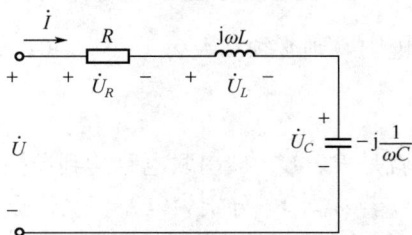

图 4-34 串联谐振电路

用相量表示后，重画于图 4 - 34。

根据前面的公式可知，谐振时

$$\dot{U}_{R0}=R\dot{I}_0=R\,\frac{\dot{U}}{R}=\dot{U}$$

$$\dot{U}_{L0}=\mathrm{j}\omega_0L\dot{I}_0=\mathrm{j}\omega_0L\,\frac{\dot{U}}{R}$$

$$\dot{U}_{C0}=-\mathrm{j}\,\frac{1}{\omega_0C}\dot{I}_0=-\mathrm{j}\,\frac{1}{\omega_0C}\,\frac{\dot{U}}{R}$$

若定义电路谐振时的特性阻抗 ρ 与电路电阻 R 之比为 Q，则

$$Q=\frac{\rho}{R}=\frac{\omega_0L}{R}=\frac{1}{\omega_0CR}=\frac{1}{R}\sqrt{\frac{L}{C}} \tag{4-51}$$

其中 Q 称为品质因数，于是

$$\dot{U}_{L0}=\frac{\mathrm{j}\omega_0L}{R}\dot{U}=\mathrm{j}Q\dot{U} \tag{4-52}$$

$$\dot{U}_{C0}=-\mathrm{j}\,\frac{\dot{U}}{\omega_0CR}=-\mathrm{j}\,\frac{1}{\omega_0C}\,\frac{\dot{U}}{R}=-\mathrm{j}Q\dot{U} \tag{4-53}$$

由此可见，谐振时，电感与电容上的电压有效值相等，且等于端电压的 Q 倍，所以串联谐振又称为电压谐振。同时，谐振时，电感电压的相位与电容电压的相位相反，两者电压 $\dot{U}_{LC0}=\dot{U}_{L0}+\dot{U}_{C0}=0$，从而使端电压 $\dot{U}=\dot{U}_R$。其相量图如图 4 - 32 所示。

在电力系统中，由于很多设备都工作在高电压、大电流的情况下，因此为了保护运行的设备不至于因过电压而被击穿导致损坏，往往使电路工作在失谐状态，即不得不采取措施避免谐振。

三、谐振曲线

激励的有效值不变而频率改变时，网络的响应将随之改变，表示网络响应的有效值随激励频率变化的曲线称为谐振曲线。下面简单介绍 RLC 串联电路的 U 一定，I 随 ω 变化的电流谐振曲线。

随着 ω 的变化，RLC 串联电路

$$X_L=\omega L,\quad X_C=\frac{1}{\omega C},\quad X=\omega L-\frac{1}{\omega C}$$

的变化曲线如图 4 - 35 所示。

X_L 与 ω 成正比，$X_L(\omega)$ 为一直线。X_C 与 ω 成反比，$X_C(\omega)$ 为双曲线的一支。ω 由零增加到正无限大，中间经过 X 为零的点，与这个零点对应的角频率就是谐振角频率 ω_0。在 $\omega<\omega_0$ 时，X 为负值，电路是容性的。在 $\omega>\omega_0$ 时，X 为正值，电路是感性的。

随着 ω 的变化，电流 I 的变化曲线 $I(\omega)$ 如图 4 - 36 所示。

当 $\omega=0$ 时，电容如同开路，I 为零。随着 ω 由零增加到 ω_0，阻抗由无限大减小为 R，$I=U/|Z|$ 由零增加到最大值 $I_0=U/R$。ω 由 ω_0 增加到无限大，阻抗由 R 增加到无限大，I 由最大减小到零。

图 4 - 36 表明，RLC 串联电路的 U 一定时，ω 越接近 ω_0，电流越大；ω 越偏离 ω_0，电流越小。或者说，ω 越接近 ω_0 的电流越容易通过，ω 越偏离 ω_0 的电流越不容易通过。网络具有的这种选择接近于谐振频率附近的电流的性能，在无线电技术中，称为"选择性"。选

择性与电路的品质因数 Q 有关，品质因数 Q 越大，电流的谐振曲线越尖锐，选择性越好，这是 Q 之所以称为品质因数的一个原因，但并不是 Q 越大越好。

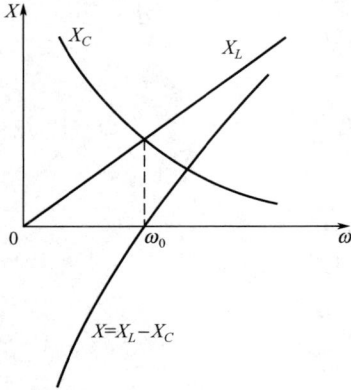

图 4-35　X_L、X_C、X 变化曲线　　　　　图 4-36　$I(\omega)$ 变化曲线

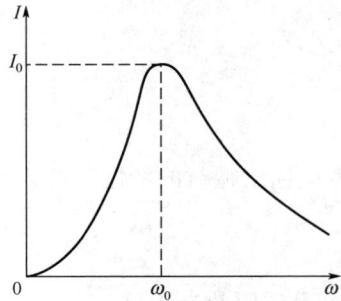

工程上，串联谐振电路是用线圈和电容器串联而成的，线圈一般用 RL 串联组合为其模型，电容器的能量损耗一般可以不计，所以把线圈的 $\omega L/R$ 值定义为线圈的品质因数 Q_L。

【例 4-16】　某收音机的输入回路（调谐电路）可以用 RLC 串联组合为其模型，其中 $L=0.233\text{mH}$，可调电容的变化范围从 $C_1=42.5\text{pF}$ 至 $C_2=360\text{pF}$。试求此串联电路谐振频率的范围。

解　$C_1=42.5\text{pF}$ 时的谐振频率为

$$f_{01}=\frac{1}{2\pi\sqrt{LC_1}}=\frac{1}{2\pi\sqrt{0.233\times10^{-3}\times42.5\times10^{-12}}}$$
$$=1600\times10^3(\text{Hz})=1600\text{kHz}$$

$C_2=360\text{pF}$ 时的谐振频率为

$$f_{02}=\frac{1}{2\pi\sqrt{LC_2}}=\frac{1}{2\pi\sqrt{0.233\times10^{-3}\times360\times10^{-12}}}$$
$$=550\times10^3(\text{Hz})=550\text{kHz}$$

所以此电路的谐振频率范围为 $550\sim1600\text{kHz}$。

如果被天线接收的某一电台的电磁波信号频率与调谐电路的某一谐振频率相同，就有较大的电容电压输出，经检波、放大而被接收。非谐振频率的电磁波信号，则不能产生足够大的电容电压，而不能被接收，收音机就是这样选择电台的。

第十节　并联谐振电路

一、并联谐振的条件

信号源的内阻较大时，如应用串联谐振电路，电路的品质因数将较小，选择性差。对高内阻的信号源，需采用并联谐振电路，实际并联谐振电路由线圈和电容器并联而成。

分析图 4-37（a）所示 RL 串联支路与 C 支路并联网络的谐振条件。两个支路的复导纳各为

$$Y_1=\frac{1}{R+j\omega L}=\frac{R-j\omega L}{R^2+(\omega L)^2}$$

$$Y_2 = j\omega C$$

网络的复导纳

$$Y = Y_1 + Y_2 = \frac{R}{R^2 + (\omega L)^2} + j\left[\omega C - \frac{\omega L}{R^2 + (\omega L)^2}\right]$$

由谐振时导纳（或阻抗）的虚部为零得谐振条件为

$$C = \frac{L}{R^2 + (\omega L)^2} \qquad (4\text{-}54)$$

网络的 ω、R、L 一定，改变电容调谐，达到谐振所需的 C〔如式（4-54）〕。由此可知，改变电容，总是可使网络达到谐振的。

网络的 R、L、C 一定，改变频率调谐，从式（4-54）可以解得谐振角频率

$$\omega_0 = \sqrt{\frac{1}{LC} - \frac{R^2}{L^2}} \qquad (4\text{-}55)$$

如果 $\frac{R^2}{L^2} < \frac{1}{LC}$，即 $R < \sqrt{\frac{L}{C}}$，ω_0 为实数；如 $R > \sqrt{\frac{L}{C}}$，ω_0 虚数。所以，只有在 $R < \sqrt{\frac{L}{C}}$ 的情况下，网络才可通过

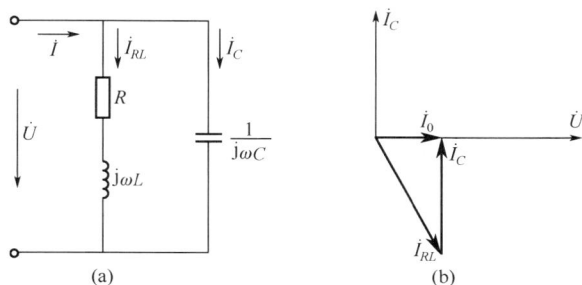

图 4-37 并联谐振电路
（a）电路图；（b）相量图

调节激励频率达到谐振。

线圈的品质因数 $Q_L = \omega L / R$ 相当高时，由于 $\omega L \gg R$，谐振的近似条件为

$$\omega_0 L \approx \frac{1}{\omega_0 C}, \qquad \omega_0 \approx \frac{1}{\sqrt{LC}}$$

这样，高品质因数的并联谐振电路的近似谐振条件和串联谐振电路的谐振条件一样，线圈的感抗等于电容器的容抗。

二、并联谐振的特点

并联谐振的特点是：①网络的阻抗最大或接近最大；②线圈电流和电容电流可能远远大于端口电流。

并联谐振时，网络的复导纳为一实数，即

$$Y_0 = \frac{R}{R^2 + (\omega_0 L)^2} \qquad (4\text{-}56)$$

式（4-56）与电容 C 无关，调节电容而达谐振时，与非谐振时的导纳相比，这个 Y_0 是最小的。但是，由于这个 Y_0 与 ω 有关，在调节 ω 而达谐振时，与非谐振时相比，它并不是最小，而是接近于最小，这里不详细讨论这一点。

由于 $R^2 + (\omega_0 L)^2 = \frac{L}{C}$，所以

$$Y_0 = \frac{RC}{L}, \qquad Z_0 = \frac{L}{RC}$$

其中，Z_0 为谐振时网络的阻抗。上述表明，线圈电阻越小，并联谐振时网络呈现的阻抗越大。如果网络端口由电流有效值一定的电流源激励，则谐振网络端口将出现很高的电压。

并联谐振时的相量图如图 4-37（b）所示。谐振是由于线圈电流的无功分量与电容器电流抵消而形成的，网络端口电流就等于电流的有功分量。由于高品质因数线圈的 $\omega L \gg R$，线圈电流的有功分量远小于其无功分量，线圈电流的有效值 I_{RL} 近似等于其无功分量的有效值，也就近似等于电容器电流的有效值，即 $I_{RL} \approx I_C$。

由式（4-56）得 Y_0，如端口电压为 U，则端口谐振电流为

$$I_0 = \frac{R}{R^2 + (\omega_0 L)^2} U$$

则

$$U = I_0 \frac{R^2 + (\omega_0 L)^2}{R}$$

所以谐振时，$I_C = \omega_0 cu$，由式（4-54）得

$$I_{RL} \approx I_C = \frac{\omega_0 L}{R} I_0 = Q_L I_0$$

线圈的品质因数 Q_L 越大，谐振时线圈电流，电容器电流越大。并联谐振又称为电流谐振。

$R=0$ 的并联谐振电路，即 LC 并联电路的谐振角频率为

$$\omega_0 = \frac{1}{\sqrt{LC}}$$

谐振时 $Z_0 = \infty$，即相当于开路，总电流 I_{LC} 为零，但 L、C 中的电流 I_L 和 I_C 不为零。

【例 4-17】 $R = 10\Omega$、$L = 100\mu H$ 的线圈和 $C = 100\mu F$ 的电容器构成并联谐振回路，信号源的电流为 $1\mu A$。试求谐振角频率及谐振时的阻抗、端口电压、线圈电流、电容器电流。

解 谐振角频率

$$\omega_0 = \sqrt{\frac{1}{LC} - \frac{R^2}{L^2}} = \sqrt{\frac{1}{100 \times 10^{-6} \times 100 \times 10^{-12}} - \frac{10^2}{(100 \times 10^{-6})^2}}$$

$$= \sqrt{10^{14} - 10^{10}} \approx \sqrt{10^{14}} = 10^7 (\text{rad/s})$$

谐振时的阻抗

$$Z_0 = \frac{L}{RC} = \frac{100 \times 10^{-6}}{10 \times 100 \times 10^{-12}} = 10^5 (\Omega)$$

为 $R = 10\Omega$ 的 10 000 倍。

谐振时端口电压

$$U = Z_0 I_s = 10^5 \times 10^{-6} = 0.1 (\text{V})$$

谐振时线圈的品质因数

$$Q_L = \frac{\omega_0 L}{R} = \frac{10^7 \times 100 \times 10^{-6}}{10} = 100$$

谐振时的线圈电流和电容器电流

$$I_{RL} \approx I_C = Q_L I_s = 100 \times 10^{-6} = 10^{-4} (\text{A})$$

课程思政四

我国交流 1000kV 特高压输电走在了世界最前列，全球能源互联网引领电力行业的发展

方向。电力是改善人民生活，提高人民生活质量的基础。

＊科 普 知 识 四

移动通信的发展

移动通信的发展经历了下面几个阶段：

20 世纪二三十年代：警车无线调度电话，使用 2MHz 频率。

20 世纪四五十年代：人工接续的电话，单工工作方式，使用频段为 150MHz 和 450MHz。频道较少，用户发展受到限制。

20 世纪 60 年代：自动拨号移动电话，全双工工作方式，使用频段为 150MHz 及 450MHz，同时开始研究 800MHz 频段的应用。

20 世纪 70 年代：早期蜂窝移动电话系统。

20 世纪 80 年代：现代蜂窝移动电话系统，使用频段为 800/900MHz（早期曾使用 450MHz），全自动拨号，全双工工作，具有区域频道转换、自动漫游通信功能。频谱利用率、系统容量及话音质量都有明显的提高。

20 世纪 90 年代：数字蜂窝移动通信及卫星移动通信。

20 世纪 80 年代发展起来的现代蜂窝移动电话系统，人们把它称为第一代移动通信系统。其主体技术是模拟调频、频分多址，主要业务是电话。代表这一系统的有美国的 AMPS，英国的 TACS，北欧的 NMT‐900 及日本的 HCMTS 等。模拟系统的主要缺点是：频谱利用率低，不能与 ISDN 兼容，保密性差，移动终端进一步小型化、低功耗、低价格的难度大。

第二代移动通信系统以数字传输、时分多址为其主体技术。目前，国际上已进入商用和准备进入商用的数字蜂窝系统有欧洲的 GSM、美国的 DAMPS（IS‐54 目前用 IS‐136，）及日本的 JDC。另外，更值得一提的是码分多址（CDMA）数字蜂窝移动通信系统，它与其他蜂窝系统比较具有下列优点：

（1）系统容量大，为 GSM 的 5.6 倍，TACS 的 11.2 倍。

（2）抗衰落能力及抗干扰性能强。

（3）话音质量高。

（4）保密性及安全性优于 GSM 系统。

（5）移动台发射功率低（约 10mW）。

（6）具有软切换和软容量特性。

（7）频率复用模式可达到 1。本区和邻区可共用同一频道，因而不需要频率动态分配。

（8）可实现宽带数据传输。

由于 CDMA 系统具有上述优点而为各国所重视。

第三代移动通信系统是综合的全球个人通信网，它是 2000 年以后的移动通信网络。目前规划与研究比较典型的系统有以下两种：

（1）未来公用陆地移动通信系统（FPLMTS）。这是一个由国际无线电咨询委员会建议的系统，它计划将所有的移动通信综合于一体，为移动用户在全球范围内提供高质量的话音与非话音服务，并能与其他通信网互联。

（2）通用移动通信系统（UMTS）。这是欧共体于 1988 年开始的"欧洲高级通信研究"（RACE）发展计划的一部分，计划在 2000 年左右在欧洲投入使用。UMTS 将具有三个重要特点，即它是一个综合了各种现有移动通信的综合系统，是一个提供多种服务的综合业务系统，可用于各种环境。

第三代移动通信系统将实现以"个人通信号码"取代今天的"电话机号码"，使目前的移动通信中只有"终端移动性"发展为"个人移动性"，从而满足任何人在任何时间和任何地点，使用任一固定或移动终端，通过个人通信号码能和任何人建立全时空信息交换的愿望，即实现"全能个人通信器"的目标。第三代移动通信网将是一个特别庞大的通信网络，系统容量相当于全球人口总数，其覆盖范围要达到地球上任何一个有人类活动的三维空间。在无线网络中，为了大幅度提高频谱利用率，降低终端的功耗和成本，需要采用覆盖范围小于 1km 的微小区和覆盖范围只有 5～30m 的微微小区结构，以满足城市用户密集环境和室内终端密度很高的场合的要求。

在第三代移动通信系统与第二代移动通信系统之间是个人通信网，在欧洲习惯称为个人通信网络（PCN），在美国则称为个人通信业务（PCS）。个人通信网是实现全球一个网的一项具体措施。

分析上述发展状况可以看出，从 20 世纪 20 年代到 70 年代的半个世纪内，移动通信的发展是缓慢的，应用范围也不大。近 20 年，尤其是 20 世纪 80 年代以来，移动通信在技术进步和业务增长方面都是十分惊人的，其原因可以归纳为两个方面：一是技术工艺的限制被突破。在半导体电子技术、大规模集成电路、程控交换及微机处理与控制技术未得到发展与广泛应用之前不可能有现代蜂窝移动电话系统的出现于商用。二是社会经济的发展。一方面促进了社会的流动性和工作场所的流动性，人们需要在移动过程中获得信息交换；另一方面使更多的人具有承受移动通信费用的能力。同时，频率资源的不断开发与有效利用也是促进移动通信持续发展的一个重要因素。

谐振电路的选择性与通频带

一个串联谐振回路对于频率有一定的选择性，而且 Q 值越高，电路的选择性越好，也就是说越尖锐的谐振曲线越有利于从众多的信号中选择所需的信号而抑制其他信号的干扰。可是在实际应用中需要选择的信号往往不是单一的频率，而是占有一定的频率范围，这个范围称为频带。如广播电台为保证不失真地传输音乐节目，其频带宽度可达十几千赫。这就希望电路的谐振曲线不要太尖锐，太尖锐了就会把一部分需要传输的信号抑制掉。结果降低了广播质量。

在实际应用中，常把回路电流不小于谐振电流值的 $\frac{1}{\sqrt{2}}=0.707$ 倍$\left(即\ I \geqslant \frac{1}{\sqrt{2}} I_0\right)$的频率范围，称为该回路的通频带。

从不失真地传输信号的角度考虑，在信号的频带范围内谐振电路对信号的损耗很小，在频带范围外谐振电路对信号的损耗要大，即要求谐振电路的通频带的形状为矩形。在实际电路中，这是不可能的，但希望越接近矩形越好。

电路的通频带 B 与品质因数 Q 是成反比的，说明电路通频带与选择性之间存在着矛盾。电路的品质因数越高，谐振曲线就越尖锐，电路的选择性越好，但是通频带就越窄。反之，Q 值越低，选择性越差，但通频带越宽。从传输信号角度考虑，总希望频带宽一些，谐振曲线平坦，这样电路失真较小，即要求 Q 值不能太高。但是，从抑制干扰提高选择性的角度考虑，又希望谐振曲线尖锐，即要求 Q 值要高。因此在实际应用时，应考虑具体情况，两者兼顾，又有所侧重，来选择合适的 Q 值。

通过以上分析，了解了串联谐振电路的一些基本特性。需要指出的是，以上的分析是针对电路本身的参数（R、L、C 元件的数值），没有考虑信号源电阻对电路的影响而得出的结论。若将电压源内阻考虑在内，整个电路的品质因数 Q 值会大大降低，从而使电路选择性变差。特别是对于高内阻的信号源作用时，电路可能会失去其选择信号的能力。因此，串联谐振电路只适合于接低内阻的信号源，不宜作为高内阻的信号源的负载。

本 章 小 结

一、正弦交流电的基本概念

1. 正弦交流电的三要素

一个正弦交流电流，可以用解析式表示为

$$i = I_m \sin(\omega t + \psi)$$

式中：最大值 I_m、角频率 ω、初相位 ψ 称为正弦量的三要素。

2. 有效值

交流量的有效值定义为：一个交流量和直流量分别作用于同一电阻，若在相同时间内产生相同的热量，则该直流量在数值上等于交流量的有效值。

正弦量是交流量，其有效值的定义同上。正弦量有效值与最大值的关系为

$$I = \frac{I_m}{\sqrt{2}} = 0.707 I_m$$

3. 相位差

同频率正弦量的相位差等于它们的初相位之差，相位差反映了两个正弦量达到零值的差别。

4. 正弦量的相量表示

正弦量的有效值对应复数的模，初相对应复数的幅角，正弦量可以用复数表示，正弦量的运算可以转变为复数的运算。

正弦量的有效值对应相量的大小，初相位对应相量的方向角。正弦量的运算可以转变为相量的运算。

二、电阻、电感、电容元件上电压、电流的基本关系（见表 4-1）

表 4-1

元件	电压、电流相量关系	有效值关系	相量图	有功功率	无功功率
R	$\dot{U} = R\dot{I}$	$U = RI$		$P = UI = \frac{U^2}{R} = I^2 R$	$Q = 0$
L	$\dot{U} = jX\dot{I}$	$U = X_L I$		$P = 0$	$Q = UI = \frac{U^2}{X} = I^2 X_L$
C	$\dot{U} = -jX_C\dot{I}$	$U = X_C I$		$P = 0$	$Q = UI = \frac{U^2}{X_C} = I^2 X_C$

三、正弦交流电路的基本运算

1. 串联电路

$$Z = R + j(X_L - X_C) = R + jX = |Z| \angle \varphi$$

$$\dot{I} = \frac{\dot{U}}{Z} = I \angle \varphi$$

式中：R、X、$|Z|$、$\angle \varphi$ 组成阻抗三角形，从阻抗三角形上可求出相互之间的关系式。根据阻抗角 $\varphi > 0$、$\varphi < 0$、$\varphi = 0$ 的情况，电路呈现感性、容性、纯电阻性三种状态。

2. 并联电路

$$Y = G + j(B_C - B_L) = G + jB = |Y| \angle \varphi'$$

$$\dot{I} = \dot{U}Y = I \angle \varphi'$$

式中：G、B、$|Y|$、$\angle \varphi'$ 组成导纳三角形，从导纳三角形上可求出相互之间的关系式。根据导纳角 $\varphi' > 0$、$\varphi' < 0$、$\varphi' = 0$ 的情况，电路呈现容性、感性、纯电阻性三种状态。

3. 相量法

将正弦交流电路中的激励和响应全用相量表示，引入复阻抗、复导纳，则直流电阻性电路中的分析方法可推广应用到正弦交流电路中去。

4. 相量图

相量图是分析正弦交流电路的有力工具，它能十分直观地反映电路中电流、电压相互之间的大小和相位关系。

将正弦量表示在相量图上，可以按照相量的平行四边形和多边形法则进行运算。串联电路一般以电流为参考相量，并联电路一般以电压为参考相量。

四、正弦交流电路的功率

若正弦交流电路用一个二端网络表示，端口电压和电流取关联方向，则：

有功功率 $\qquad\qquad P = UI\cos\varphi$

无功功率 $\qquad\qquad Q = UI\sin\varphi$

视在功率 $\qquad\qquad S = UI = \sqrt{P^2 + Q^2}$

P、Q、S 之间组成功率三角形，从功率三角形上可求出相互之间的关系式。

功率因数 $\qquad\qquad \cos\varphi = \dfrac{P}{S}$

提高功率因数的方法是在感性负载上并联电容器。

五、谐振电路

在具有 LC 的正弦交流电路中出现端口电压和电流同相的现象称为谐振。

串联谐振电路谐振时的特点是：阻抗最小，电流最大，电压与电流同相，阻抗为一纯电阻，电感与电容上的电压相等且等于总电压的 Q 倍。

并联谐振电路谐振时的特点是：阻抗最大，电流最小，电压与电流同相，阻抗为一纯电阻，电感与电容支路上的电流相等且等于总电流的 Q 倍。

习　题

4-1　已知一正弦电流的振幅 $I_m = 5A$，频率 $f = 50Hz$，初相 $\psi_i = \dfrac{\pi}{6}$ rad。试完成：

（1）写出该电流的解析式；（2）求 $t=0.01\text{s}$、$t=0.02\text{s}$ 的电流值。

4-2 已知正弦电流 $i=10\sin(314t+60°)\text{A}$，试求该正弦电流 i 的最大值 I_m、频率 f 和初相 ψ_i；若又知正弦电压 $u=100\sin(314t-30°)\text{V}$，试说明 u 与 i 的相位关系。

4-3 用相量求下列正弦量的和与差，并画出相量图。

（1）$i_1=\sqrt{2}\,9\sin314t\text{A}$，$i_2=\sqrt{2}\,12\sin(314t+90°)\text{A}$。$i_1+i_2=?$，$i_2-i_1=?$

（2）$i_1=\sqrt{2}\,3\sin(314t+60°)\text{A}$，$i_2=\sqrt{2}\,3\sin(314t-60°)\text{A}$。$i_1+i_2=?$，$i_2-i_1=?$

（3）$u_1=\sqrt{2}\,220\sin314t\text{V}$，$u_2=\sqrt{2}\,220\sin(314t-120°)\text{V}$。$u_1+u_2=?$，$u_2-u_1=?$

（4）$u_1=\sqrt{2}\,220\sin(314t-150°)\text{V}$，$u_2=\sqrt{2}\,220\sin(314t-30°)\text{V}$。$u_1+u_2=?$，$u_2-u_1=?$

4-4 三个同频率正弦电压

$$u_1=\sqrt{2}\,220\sin\omega t\text{V}$$
$$u_2=\sqrt{2}\,220\sin(\omega t-120°)\text{V}$$
$$u_3=\sqrt{2}\,220\sin(\omega t+120°)\text{V}$$

试应用相量图求：（1）$\dot U_1+\dot U_2+\dot U_3$；（2）$\dot U_1-\dot U_2$；（3）$\dot U_2-\dot U_3$；（4）$\dot U_3-\dot U_1$。

4-5 已知

$$i_1(t)=12\sin100\pi t\,(\text{A})$$
$$i_2(t)=12\sin(100\pi t-120°)\,(\text{A})$$
$$i_3(t)=12\sin(100\pi t+120°)\,(\text{A})$$

试求：（1）$\dot I_2+\dot I_3$；（2）$\dot I_3-\dot I_1$；（3）$\dot I_1+\dot I_2+\dot I_3$；（4）$\dot I_1-\dot I_2-\dot I_3$。

4-6 某电热器由四根额定电压为220V、电阻为96.8Ω的电阻丝并联组成，由50Hz的交流电源供电。已知供电线路的电阻为2.3Ω（电抗忽略不计）。试完成：（1）若电源电压为220V，求电热器工作时的两端电压；（2）若需保证电热器两端电压为220V，电源电压应为多少伏？

4-7 一个 $C=0.02\mu\text{F}$ 的电容器，接在 $\omega=10^6\text{rad/s}$ 的正弦电路中，已知电容两端电压有效值为100V，初相为60°。试求电路电流 $\dot I$，写出电流解析式 $i(t)$，并画出电压、电流的相量图。

4-8 RL 串联电路的 $R=22\Omega$、$L=0.5\text{H}$。试完成：（1）求电路接到电压为220V的直流电压源时的电阻电压 U_R；（2）求电路接到电压为220V的工频正弦电压源时的 U_R。

4-9 一个电磁铁接到220V的工频正弦电压源时，线圈的电流在15A以上才能吸住衔铁，已知线圈的感抗为8Ω，试问线圈的电阻最大值。

4-10 一个日光灯管的电压为110V、40W。现将它接到电压为220V的工频正弦电压源，为了保证灯管的电压为110V，镇流器的电感应为多少？

4-11 $R=7.5\Omega$、$L=6\text{mH}$、$C=5\mu\text{F}$ 的串联电路接到 $I_s=0.1\text{A}$、$\omega=5000\text{rad/s}$ 的正弦电流源，试求电路电压。

4-12 在一电感元件两端加 $f=50\text{Hz}$、$U=100\text{V}$ 的正弦电压、测得电流 $I=10\text{A}$。试完成：（1）计算该电感元件的电感 L；（2）若在该电感元件两端加 $f'=10^3\text{Hz}$、$U=100\text{V}$ 的正弦电压，求电感元件的电流 I'。

(a)　　　　　　　　　　(b)

(c)　　　　　　(d)　　　　　　(e)

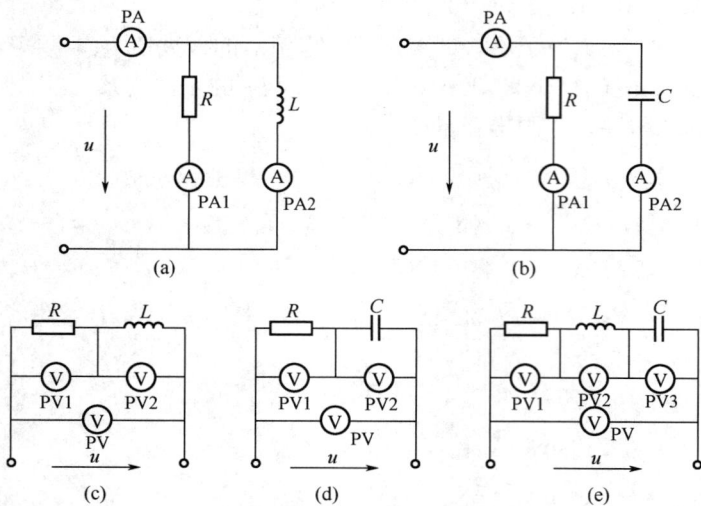

图 4-38　习题 4-13 图

4-13　图 4-38 中各图所示皆为正弦交流电路中的一部分。试完成：（1）若电压表 PV1、PV2、PV3 的读数都是 100V，分别求每个电路中电压表 PV 的读数；（2）若电流表 PA1、PA2 的读数均为 10A，求电路中电流表 PA 的读数。

4-14　一个电感线圈，接到电压为 120V 的直流电源时，电流为 20A；接到频率为 50Hz、电压为 220V 的正弦交流电源时，电流为 28.2A。试求该线圈的电阻 R 和电感 L。

4-15　一个线圈与一个电容器串联，外接电压 $u = \sqrt{2}\,100\sin(2000t + 60°)$ V。已知线圈的 $R = 10\Omega$，$L = 10\text{mH}$，电容 $C = 50\mu\text{F}$。试完成：（1）求 $\dot{I}$、$\dot{U}_R$、$\dot{U}_L$、$\dot{U}_C$ 及电压 $\dot{U}$ 比电流 $\dot{I}$ 超前的相位差 φ；（2）作电流、电压的相量图；（3）写出电流、电压的解析式 $i(t)$、$u_R(t)$、$u_L(t)$、$u_C(t)$。

4-16　已知 $R = 500\Omega$、$C = 2\mu\text{F}$ 的并联电路的端口电流

$$i(t) = \sqrt{2}\,100\sin(1000t + 10°)\,(\text{mA})$$

试求端口电压及电阻、电容的电流，作相量图。

4-17　已知 RLC 串联电路端口正弦电压的有效值为 100V，$U_{RL} = 150\text{V}$，$U_C = 200\text{V}$，$f = 50\text{Hz}$，$X_C = 100\Omega$，试求 R 和 L。

4-18　三个负载 Z_A、Z_B、Z_C，并联接在 $U = 100\text{V}$ 的正弦交流电源上。已知：负载 Z_A 的电流为 10A，功率因数为 0.8（滞后）；负载 Z_B 的电流为 2A，功率因数为 0.6（超前）；负载 Z_C 的电流为 4A，功率因数为 1。试求整个电路的有功功率、无功功率、视在功率及电路的总电流。

4-19　$R = 10\Omega$、$L = 10\text{mH}$、$C = 50\mu\text{F}$ 的三个元件串联，外接 $u = \sqrt{2}\,100\sin(2000t + 60°)$ V 的电压，试求电路的 P、Q、S。

4-20　有一个 $U = 220\text{V}$、$P = 40\text{W}$、$\cos\varphi = 0.443$ 的日光灯，为了提高功率因数，与它并联一个 $C = 4.75\mu\text{F}$ 的电容器。试求并联电容后电路的电流和功率因数（$f = 50\text{Hz}$）。

4-21　一台发电机的容量为 25kV·A，供电给功率为 14kW、功率因数为 0.8 的电动机。试完成：（1）还可以供应几盏 25W 的白炽灯用电？（2）如设法将电动机的功率因数提高到 0.9，问可以多供应几盏 25W 的白炽灯用电？

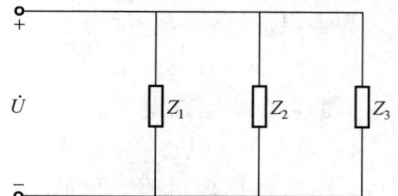

4-22　图 4-39 所示并联电路中，外加电压 $U = 220\text{V}$，$Z_1 = R_1 = 10\Omega$，$Z_2 = 3 - \text{j}4\Omega$，$Z_3 = 8 + \text{j}6\Omega$。试求各支路的有功、无功、视在功率和功率因数以及电路

图 4-39　习题 4-22 图

总的有功、无功、视在功率和功率因数。

4-23 一个电压 $U=220\text{V}$、功率 $P=40\text{W}$ 的日光灯，其功率因数 $\cos\varphi_1=0.443$。若将功率因数提高到 0.8，为了提高功率因数，试求日光灯两端应并联多大的电容 C。

4-24 教学楼有 200 只 40W 日光灯，平均功率因数为 0.5，供电线路电压 $U=220\text{V}$、频率 $f=50\text{Hz}$。试完成：（1）求线路电流 I_1 及功率 P_1、Q_1、S_1；（2）为了提高功率因数，在线路两端并联电容 $C=740\mu\text{F}$，求并联电容后线路的功率因数 $\cos\varphi_2$、电流 I_2、功率 P_2、Q_2、S_2。

4-25 在图 4-40 所示的电路中，已知 $\dot{U}=220\angle0°\text{V}$，$Z_1=\text{j}10\Omega$，$Z_2=\text{j}50\Omega$，$Z_3=100\Omega$。试求各支路电流，并作相量图。

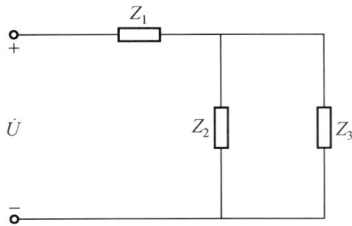

图 4-40 习题 4-25 图

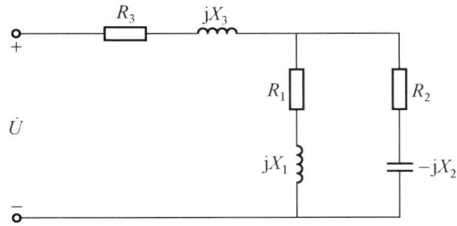

图 4-41 习题 4-26 图

4-26 在图 4-41 所示的电路中，已知 $R_1=10\Omega$，$X_1=6.28\Omega$，$R_2=20\Omega$，$X_2=31.9\Omega$，$R_3=15\Omega$，$X_3=15.7\Omega$，$\dot{U}=220\angle0°\text{V}$。试求各支路电流及电路的功率 S、P、Q。

4-27 图 4-42 所示部分电路中，$U=120\text{V}$，$X_{L1}=20\Omega$，$X_{C2}=20\Omega$，$R_3=20\Omega$，$X_{L3}=10\Omega$，$X_{C3}=30\Omega$，试分别求：开关 S 打开和 S 合上时各元件的电流和电压。

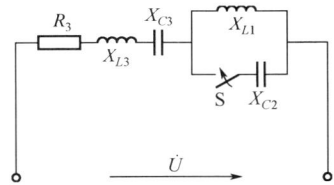

图 4-42 习题 4-27 图

4-28 图 4-43 所示电路中，$\dot{U}_{s1}=100\text{V}$，$\dot{U}_{s2}=\text{j}100\text{V}$，$Z_1=-\text{j}2\Omega$，$Z_2=\text{j}5\Omega$，$Z_3=5\Omega$，试用网孔法求 Z_3 支路的电流。

4-29 图 4-44 所示电路中，$\dot{U}_s=2\text{V}$，$Z_1=\text{j}2\Omega$，$Z_2=\text{j}1\Omega$，$Z_3=\text{j}2\Omega$，$Z_4=-\text{j}1\Omega$，$Z_5=(5+\text{j}7)\ \Omega$，试用等效电源定理求 Z_5 的电流。

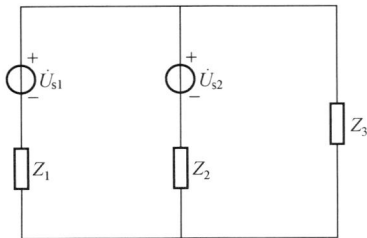

图 4-43 习题 4-28 图

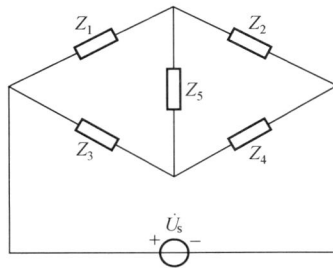

图 4-44 习题 4-29 图

4-30 串联谐振回路中的信号源的电压为 1V，频率为 1MHz。调节 C 使回路谐振时，电流为 100mA，电容电压为 100V。试求回路的 R、L、C 及品质因数 Q。

4 - 31 将一个 RLC 串联电路接到有效值为 100V 不变的正弦电压源。电压源的频率 $f_1=50Hz$ 和 $f_3=100Hz$ 时，电流都是 10A。电压源的频率为 f_2 时，电流最大，为 20A。试求电路的 R、L、C 及频率 f_2。

4 - 32 试求 $R=20\Omega$、$L=250\mu H$、$C=10pF$，串联电路的谐振频率、特性阻抗、品质因数，若端口正弦交流电压的有效值为 10mV，试求谐振时的电流、电感电压和电容电压的有效值。

4 - 33 $R=2\Omega$ 电阻与 $L=40mH$ 的电感线圈串联，然后再与 $C=250pF$ 的电容并联。试求电路的谐振频率和谐振时电路的复阻抗。

实训六 用三表法测量电感线圈参数

一、实验目的

（1）学会用交流电压表、交流电流表和功率表测量电感线圈参数的方法。
（2）学会功率表的接法和使用。

二、原理说明

正弦交流信号激励下的元件值或阻抗值，可以用交流电压表、交流电流表及功率表分别测量出元件两端的电压 U、流过该元件的电流 I 和它所消耗的功率 P，然后通过计算得到所求的各值，这种方法称为三表法，是用以测量 50Hz 交流电路参数的基本方法。

计算的基本公式为：

阻抗的模 $|Z|=\dfrac{U}{I}$，电路的功率因数 $\cos\varphi=\dfrac{P}{UI}$

等效电阻 $R=\dfrac{P}{I^2}=|Z|\cos\varphi$，等效电抗 $X=|Z|\sin\varphi$

$$X=X_L=2\pi fL,\qquad L=\dfrac{X_L}{2\pi f}$$

三、预习思考题

（1）在 50Hz 的交流电路中，测得一只铁心线圈的 P、I 和 U，如何算得它的阻值及电感量？
（2）画出实际电感线圈的等效电路。

四、实验设备

实验设备见表 4 - 2。

表 4 - 2

序号	名称	型号与规格	数量	备注	序号	名称	型号与规格	数量	备注
1	交流电压表	0～450V	1		4	自耦调压器		1	
2	交流电流表	0～5A	1		5	电感线圈		1	
3	功率表		1						

五、实验内容

测试线路如图 4 - 45 所示。
（1）按图 4 - 45 所示接线，并经指导教师检查后，方可接通市电电源。

（2）测量电感线圈 Z 的参数记于表 4 - 3 中测量值内。

（3）计算 $\cos\varphi$、$Z(\Omega)$、$R(\Omega)$、$L(mH)$ 填入表 4 - 3 中。

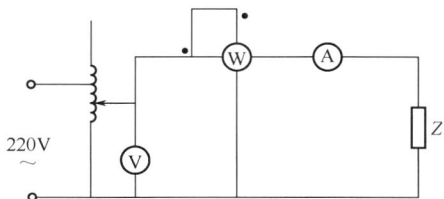

图 4 - 45 三表法测量电感线圈参数接线图

表 4 - 3

被测阻抗	测量值			计算值	电路等效参数	
	U （V）	I （A）	P （W）	$\cos\varphi$	Z （Ω）	R （Ω）　L （mH）
电感线圈 L						

六、实验注意事项

（1）本实验直接用市电 220V 交流电源供电，实验中要特别注意人身安全，不可用手直接触摸通电线路的裸露部分，以免触电，进实验室应穿绝缘鞋。

（2）自耦调压器在接通电源前，应将其手柄置于零位上。调节时，使其输出电压从零开始逐渐升高，观测电流表读数不得超过电感线圈的额定值。

（3）实验前应详细阅读（智能）交流功率表的使用说明书，熟悉其使用方法。

七、实验报告

（1）根据实验数据，完成各项计算。

（2）完成预习思考题（1）、（2）的任务。

（3）写出心得体会及其他。

实训七　正弦稳态交流电路的功率因数提高

一、实验目的

（1）掌握日光灯线路的接线。

（2）理解提高电路功率因数的意义并掌握其方法。

二、原理说明

日光灯电路如图 4 - 46 所示，图中 A 是日光灯管，L 是镇流器，S 是启辉器，C 是补偿电容器，用以改善电路的功率因数（$\cos\varphi$ 值）。

有关日光灯的工作原理请自行翻阅有关资料。

三、预习思考题

（1）参阅课外资料，了解日光灯的启辉原理。

（2）在日常生活中，当日光灯上缺少了启辉器时，人们常用一根导线将启辉器的两端短接一下，然后迅速断开，使日光灯点亮；或用一只启辉器去点亮多只同类型的日光灯，这是为什么？

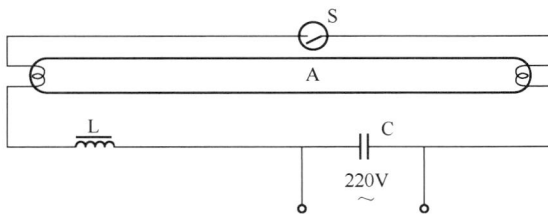

图 4 - 46　日光灯电路图

（3）为了提高电路的功率因数，常在感性负载上并联电容器，此时增加了一条电流支路，试问电路的总电流是增大还是减小，此时感性元件上的电流和功率是否改变？

（4）提高线路功率因数为什么只采用并联电容器法，而不用串联法？所并的电容器是否越大越好？

四、实验设备

实验设备见表4-4。

表4-4

序　号	名　　称	型号与规格	数　量	备　注
1	交流电压表	0～450V	1	
2	交流电流表	0～5A	1	
3	功率表		1	
4	自耦调压器		1	
5	镇流器、启辉器	与20W灯管配用	各1	
6	日光灯灯管	20W	1	
7	电容器	1μF，2.2μF，4.7μF/500V	各1	
8	电流插座		3	

五、实验内容

（1）日光灯线路接线与测量。利用实验设备中"20W日光灯实验器件"按图4-47接线。经指导教师检查后接通实验台电源，调节自耦调压器的输出，使其输出电压缓慢增大，直到日光灯刚启辉点亮为止，记下三表的指示值于表4-5中。然后将电压调低，使其输出电压缓慢减小，直到日光灯刚熄灭为止，记下三表的指示值于表4-5中。

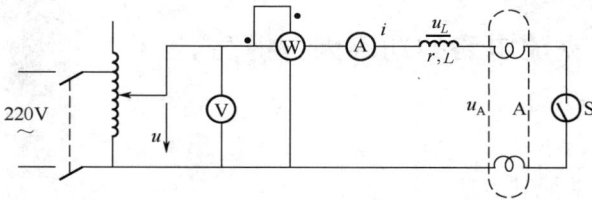

图4-47　日光灯线路实验接线图

表4-5

	测　量　数　值			计算值	
	U (V)	I (A)	P (W)	R (Ω)	$\cos\varphi$
启辉值					
熄灭值					

（2）并联电容——电路功率因数的提高。利用设备中的电流插座，按图4-48组成实验线路。

经指导老师检查后，接通实验台电源，将自耦调压器的输出调至220V，记录功率表、电压表读数。通过一只电流表和三个电流插座分别测得三条支路的电流。改变电容值，进行三次重复测量，测量数据记入表4-6中。

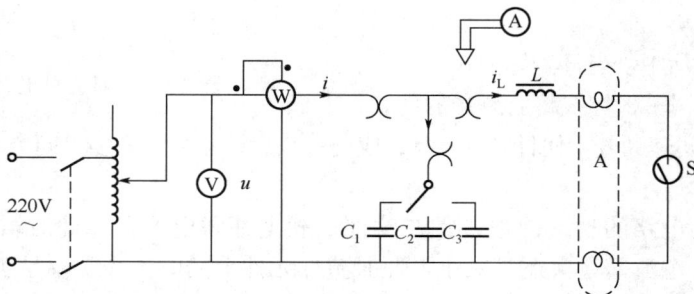

图4-48　提高功率因数接线图

表 4 - 6

电容值 (μF)	测量数值						计算值	
	P (W)	$\cos\varphi$	U (V)	I (A)	I_L (A)	I_C (A)	I' (A)	$\cos\varphi$
0								
1								
2.2								
4.7								

六、实验注意事项

（1）本实验用交流市电 220V，务必注意用电和人身安全。

（2）功率表要正确接入电路，读数时要注意量程和实际读数的折算关系。若功率表无测量 $\cos\varphi$ 的功能，$\cos\varphi$ 无法测量，则表中 $\cos\varphi$ 测量值不做。

（3）线路接线正确，日光灯不能启辉时，应检查启辉器和灯头插座的接触是否良好。

七、实验报告

（1）完成数据表格中的计算，进行必要的误差分析。

（2）讨论改善电路功率因数的意义和方法。

（3）装接日光灯线路的心得体会及其他。

第 五 章

耦合电感与双口网络

实际电路中,除用一个孤立电感线圈来起镇流、滤波、延时、振荡等作用外,还常常利用互感现象制造空心变压器、铁心变压器、电磁铁、继电器和交流电桥等重要的电磁设备。这类具有互感的设备,在电路理论上可抽象为耦合电感或理想变压器元件。本章主要讨论这两种元件的电压、电流关系,含耦合电感或理想变压器电路,以及双口网络的分析方法。

从元件端钮数量来讲,耦合电感和理想变压器都是双口元件,所组成的电路属双口网络。

第一节 耦 合 电 感 元 件

一个孤立的空心电感线圈如图 5 - 1 (a) 所示。产生的磁链 Ψ 与电流 i 的关系为

$$\Psi = Li \tag{5-1}$$

式中:$\Psi = N\Phi$,N 为线圈的匝数,Φ 为穿过线圈的磁通。

由电磁感应定律可知,端钮电压 u 与电流 i 的关系为

$$u = L\frac{\mathrm{d}i}{\mathrm{d}t} \tag{5-2}$$

式中:u 与 i 为关联参考方向。

此线圈的电路模型如图 5 - 1 (b) 所示。

一、互感

图 5 - 2 是两个相互有耦合的互感线圈。线圈 1 中的电流 i_1 产生的磁通(可用磁感应强度线表示)不但穿过本身的线圈 1,还有一部分会穿过相邻的线圈 2。同样,线圈 2 中的电流 i_2 产生的磁通不但穿过本身的线圈 2,也会有一部分穿过相邻的线圈 1。这种现象称为互感。这样,每个线圈中的磁通可以写成

$$\left.\begin{array}{l} \Phi_1 = \Phi_{11} + \Phi_{12} \\ \Phi_2 = \Phi_{21} + \Phi_{22} \end{array}\right\} \tag{5-3}$$

式中:Φ_1、Φ_2 分别为线圈 1 和线圈 2 中的(总)磁通;Φ_{11} 为电流 i_1 在线圈 1 中产生的磁通;Φ_{12} 为电流 i_2 产生的磁通穿过线圈 1;Φ_{22} 为电流 i_2 在线圈 2 中产生的磁通;Φ_{21} 为电流 i_1 产生的磁通穿过线圈 2;Φ_{11}、Φ_{22} 分别称为电流 i_1、i_2 对本身线圈产生的自感磁通;Φ_{12} 称为电流 i_2 对线圈 1 产生的互感磁通;Φ_{21} 称为电流 i_1 对线圈 2 产生的互感磁通。

设

$$\left.\begin{array}{l} \Phi_{12} = k_{12}\Phi_{22} \\ \Phi_{21} = k_{21}\Phi_{11} \end{array}\right\} \tag{5-4}$$

式中:k_{12} 称为磁通 Φ_{22} 对线圈 1 的耦合系数;k_{21} 称为磁通 Φ_{11} 对线圈 2 的耦合系数;当两

个线圈的形状、相对位置和磁介质的磁导率都保持不变时，k_{12} 和 k_{21} 皆为常数。

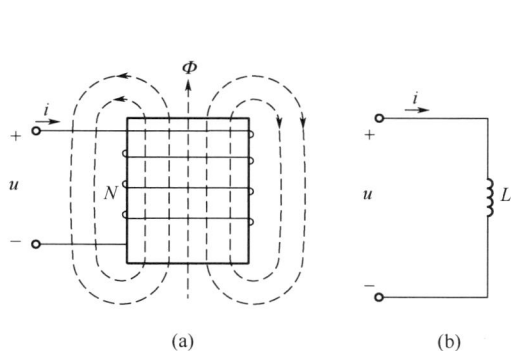

图 5-1　单个电感

（a）电感线圈；（b）电感模型

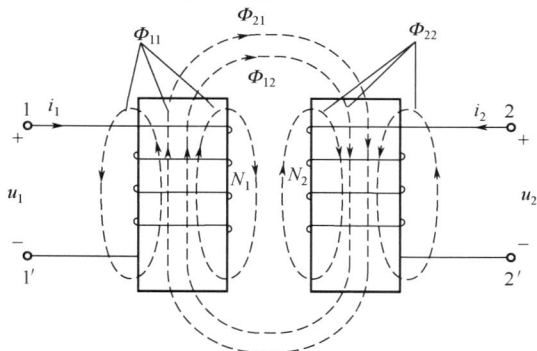

图 5-2　互感线圈

这样，每个线圈的磁链可写为

$$\begin{aligned}
\boldsymbol{\Psi}_1 &= N_1 \boldsymbol{\Phi}_1 = N_1 \boldsymbol{\Phi}_{11} + N_1 \boldsymbol{\Phi}_{12} = N_1 \boldsymbol{\Phi}_{11} + N_1 k_{12} \boldsymbol{\Phi}_{22} \\
&= N_1 \boldsymbol{\Phi}_{11} + \frac{N_1}{N_2} N_2 k_{12} \boldsymbol{\Phi}_{22} = \boldsymbol{\Psi}_{11} + \frac{N_1}{N_2} k_{12} \boldsymbol{\Psi}_{22} \\
&= L_1 i_1 + \frac{N_1}{N_2} k_{12} L_2 i_2 = L_1 i_1 + M_{12} i_2
\end{aligned} \tag{5-5}$$

式中：M_{12} 称为电流 i_2 对线圈 1 的互感系数，$M_{12} = \dfrac{N_1}{N_2} k_{12} L_2$；$L_1$、$L_2$ 称为各线圈的自感系数。

同理

$$\begin{aligned}
\boldsymbol{\Psi}_2 &= N_2 \boldsymbol{\Phi}_2 = N_2 \boldsymbol{\Phi}_{21} + N_2 \boldsymbol{\Phi}_{22} \\
&= N_2 k_{21} \boldsymbol{\Phi}_{11} + N_2 \boldsymbol{\Phi}_{22} \\
&= \frac{N_2}{N_1} N_1 k_{21} \boldsymbol{\Phi}_{11} + N_2 \boldsymbol{\Phi}_{22} = \frac{N_2}{N_1} k_{21} \boldsymbol{\Psi}_{11} + \boldsymbol{\Psi}_{22} \\
&= \frac{N_2}{N_1} k_{21} L_1 i_1 + L_2 i_2 = M_{21} i_1 + L_2 i_2
\end{aligned} \tag{5-6}$$

式中：M_{21} 称为电流 i_1 对线圈 2 的互感系数，$M_{21} = \dfrac{N_2}{N_1} k_{21} L_1$。

互感系数 M_{12}、M_{21} 的量值只与两线圈的形状、相对位置和周围磁介质的磁导率有关，在线性磁介质的情况下，必然存在

$$M_{12} = M_{21} = M \tag{5-7}$$

因此，M_{12}、M_{21} 一律用符号 M 来表示，并统一称为互感系数，简称互感。

互感系数 M 是表征有耦合的两互感线圈耦合程度的参数，耦合系数 k_{12} 和 k_{21} 也是表征有耦合的两互感线圈耦合程度的参数。它们之间的关系为

$$M^2 = M_{12} M_{21} = \frac{N_1}{N_2} k_{12} L_2 \frac{N_2}{N_1} k_{21} L_1 = k_{12} k_{21} L_1 L_2 \tag{5-8}$$

$$\sqrt{k_{12} k_{21}} = \frac{M}{\sqrt{L_1 L_2}} \tag{5-9}$$

令 $k=\sqrt{k_{12}k_{21}}=\dfrac{M}{\sqrt{L_1L_2}}$，称为耦合系数的几何平均值，反映两互感线圈耦合程度，$0\leqslant k\leqslant 1$。当 $k=1$ 时称为全耦合，$M=\sqrt{L_1L_2}$。k 接近 1 时称紧耦合，k 远离 1 时称松耦合，$k=0$ 时称无耦合。

二、同名端与互感电压的极性

由式（5-5）和式（5-6）可看出，有耦合的两线圈中每个线圈的磁链是由自感磁链和互感磁链两部分组成的。由式（5-6）还可看出，有耦合的两线圈的特性是由两个线圈的自感系数 L_1、L_2 和它们的互感系数 M 三个参数确定的。

图 5-3（a）所示有耦合的两互感线圈与图 5-2 所示两互感线圈相比，右边线圈的绕向不同。因此，图 5-3（a）所示两线圈中每个线圈的磁通变为

$$\left.\begin{array}{l}\Phi_1=\Phi_{11}-\Phi_{12}\\ \Phi_2=-\Phi_{21}+\Phi_{22}\end{array}\right\} \tag{5-10}$$

两线圈中的互感磁通都与其自感磁通的方向相反。

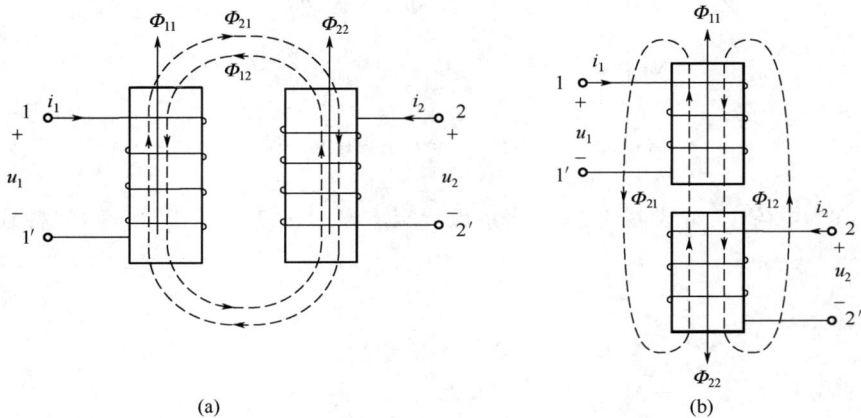

图 5-3　不同绕向和不同相对位置的两互感线圈
(a) 位置平行；(b) 位置重叠

根据电磁感应定律，图 5-2 所示有耦合的两线圈的伏安关系可写为

$$\left.\begin{array}{l}u_1=L_1\dfrac{\mathrm{d}i_1}{\mathrm{d}t}+M\dfrac{\mathrm{d}i_2}{\mathrm{d}t}\\[2mm] u_2=M\dfrac{\mathrm{d}i_1}{\mathrm{d}t}+L_2\dfrac{\mathrm{d}i_2}{\mathrm{d}t}\end{array}\right\} \tag{5-11}$$

式中：$L_1\dfrac{\mathrm{d}i_1}{\mathrm{d}t}$、$L_2\dfrac{\mathrm{d}i_2}{\mathrm{d}t}$ 分别称为线圈 1 和线圈 2 的自感电压；$M\dfrac{\mathrm{d}i_2}{\mathrm{d}t}$、$M\dfrac{\mathrm{d}i_1}{\mathrm{d}t}$ 分别称为线圈 1 和线圈 2 的互感电压。

图 5-3（a）中两线圈的伏安关系为

$$\left.\begin{array}{l}u_1=L_1\dfrac{\mathrm{d}i_1}{\mathrm{d}t}-M\dfrac{\mathrm{d}i_2}{\mathrm{d}t}\\[2mm] u_2=-M\dfrac{\mathrm{d}i_1}{\mathrm{d}t}+L_2\dfrac{\mathrm{d}i_2}{\mathrm{d}t}\end{array}\right\} \tag{5-12}$$

式中互感电压项前是负号。

图 5 - 3（b）所示有耦合的两互感线圈与图 5 - 2 所示的两互感线圈的绕向都相同；但它们相对位置不同，也产生了互感磁通与自感磁通方向相反的情况，因此，它们的端钮伏安关系应为

$$\left.\begin{array}{l} u_1 = L_1 \dfrac{\mathrm{d}i_1}{\mathrm{d}t} - M \dfrac{\mathrm{d}i_2}{\mathrm{d}t} \\[2mm] u_2 = -M \dfrac{\mathrm{d}i_1}{\mathrm{d}t} + L_2 \dfrac{\mathrm{d}i_2}{\mathrm{d}t} \end{array}\right\} \qquad (5-13)$$

由以上可看出，有耦合的两互感线圈的相对位置和线圈绕向不同，它们的伏安关系式中互感电压可能为正值，也可能为负值。即互感电压的正、负与两线圈的实际绕向和它们的相对位置有关。实际上，有耦合的两互感线圈都要包上绝缘层，甚至要经过浸漆，所以线圈的实际绕向是看不出来的。因此，电工技术中规定用标注同名端的方法来反映线圈的绕向和相对位置。

所谓同名端是指有耦合的两个互感线圈中的两个端钮：当电流分别由两个互感线圈的两个端钮流入（或流出）时，它们产生的互感磁通和自感磁通的方向是相同的。这样的两个端钮，通常用标上同样的点号"•"或星号"＊"来表示，如图 5 - 4 所示，电路中的两互感线圈就不再画出两线圈的实际绕向和相对位置。

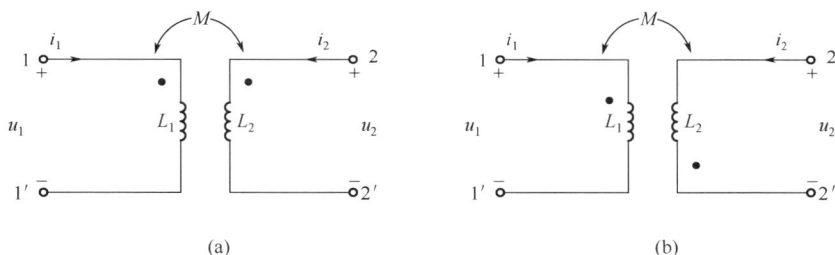

图 5 - 4　耦合电感元件
（a）同名端同侧；（b）同名端异侧

根据这一约定可知，图 5 - 2 中的两互感线圈的端钮中 1 和 2 是同名端（当然，1′和 2′也是同名端）；在图 5 - 3（a）中，1 与 2′是同名端；在图 5 - 3（b）中 1 和 2′也是同名端。

图 5 - 4 中的耦合电感虽未画出其线圈绕向和相对位置，但通过"•"（或"＊"）的标注便可知，在图 5 - 4（a）中端钮 1 和 2 是同名端（当然 1′和 2′也是同名端），在图 5 - 4（b）中端钮 1 和 2′是同名端（1′和 2 也是同名端）。实际的耦合线圈在出厂之前都标注上同名端，如果同名端不明，可以通过实验的方法测出。有了同名端，互感磁通或互感电压的正负号就能确定。例如，对于图 5 - 4（a）所示电路，有

$$\left.\begin{array}{l} u_1 = L_1 \dfrac{\mathrm{d}i_1}{\mathrm{d}t} + M \dfrac{\mathrm{d}i_2}{\mathrm{d}t} \\[2mm] u_2 = M \dfrac{\mathrm{d}i_1}{\mathrm{d}t} + L_2 \dfrac{\mathrm{d}i_2}{\mathrm{d}t} \end{array}\right\} \qquad (5-14)$$

对于图 5 - 4（b）所示电路，有

$$\left.\begin{array}{l} u_1 = L_1 \dfrac{\mathrm{d}i_1}{\mathrm{d}t} - M \dfrac{\mathrm{d}i_2}{\mathrm{d}t} \\[2mm] u_2 = -M \dfrac{\mathrm{d}i_1}{\mathrm{d}t} + L_2 \dfrac{\mathrm{d}i_2}{\mathrm{d}t} \end{array}\right\} \qquad (5-15)$$

由此得出有耦合的两个互感线圈的端口电压极性判断准则：

（1）自感电压项 $L\dfrac{\mathrm{d}i}{\mathrm{d}t}$：其正负号取决于端钮电压与电流的参考方向是否为关联的，若为关联的便为正号，否则为负号。

（2）互感电压项 $M\dfrac{\mathrm{d}i}{\mathrm{d}t}$：首先要确定它的高电位端，然后再根据端钮电压的参考极性确定它在伏安关系中的正负号。决定互感电压的高电位端的方法是，若产生互感磁通的电流（在另一侧）是从标"•"端流入的，则互感电压在（本侧的）标"•"端应是高电位端；若产生互感磁通的电流（在另一侧）是从非标"•"端流入的，则互感电压在（本侧的）非标"•"端应是高电位端。如果这样确定的互感电压的极性与线圈端钮电压的参考极性一致，则此互感电压项为正号，否则为负号。

三、互感元件

根据互感线圈的上述性能和基本关系，引入互感模型。互感元件是具有磁场联系和相互约束的两个电感元件，在电压、电流的参考方向对同名端一致的条件下，如图 5-5（a）所示，每个电感元件的电压与电流的关系为

$$\left.\begin{aligned} u_1 &= L_1\,\frac{\mathrm{d}i_1}{\mathrm{d}t} + M\,\frac{\mathrm{d}i_2}{\mathrm{d}t} \\ u_2 &= M\,\frac{\mathrm{d}i_1}{\mathrm{d}t} + L_2\,\frac{\mathrm{d}i_2}{\mathrm{d}t} \end{aligned}\right\} \tag{5-16}$$

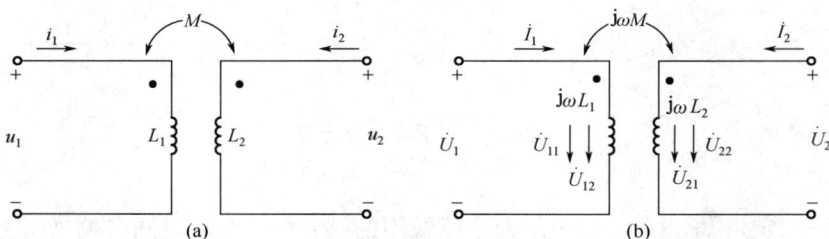

图 5-5　互感元件的符号及其相量模型
(a) 互感元件；(b) 相量模型

由于互感元件具有两个端口，因此它是一个双口元件，在正弦交流情况下，互感元件的相量模型如图 5-5（b）所示，按图中所示电压、电流的参考方向，其相量关系为

$$\left.\begin{aligned} \dot{U}_1 &= \dot{U}_{11} + \dot{U}_{12} = \mathrm{j}\omega L_1\dot{I}_1 + \mathrm{j}\omega M\dot{I}_2 \\ \dot{U}_2 &= \dot{U}_{22} + \dot{U}_{21} = \mathrm{j}\omega L_2\dot{I}_2 + \mathrm{j}\omega M\dot{I}_1 \end{aligned}\right\} \tag{5-17}$$

思 考 题

5-1-1　互感现象与自感现象有什么异同？

5-1-2　同名端是用来标注两互感线圈的什么？

第二节　具有互感的正弦交流电路

具有互感的正弦交流电路与前面所讨论的一般正弦交流电路有许多共同点，但也有它的特殊性。在具有互感的正弦交流电路中，互感电压与电流均为同频率的正弦量，因此可以应用相量法，KCL 和 KVL 仍然是分析电路的基本依据。不同的是，在互感线圈的每个支路中，除存在自感电压外，还存在互感电压，因而在 KVL 方程中必须计入互感电压；在考虑线圈的电阻时，还要计入线圈的电阻电压。

一、互感线圈的串联

具有互感的两个线圈串联时，有两种可能的连接方式：一种如图 5-6（a）所示，将两个线圈的异名端相连，在任一瞬间，通过两个线圈的电流方向对同名端一致，即每个线圈中的自感磁链与互感磁链的方向一致，这样的连接叫作顺向串联；另一种如图 5-6（b）所示，将两个线圈的同名端相连，在任一瞬间，通过两个线圈的电流方向对同名端是相反的；即每个线圈中的自感磁链和互感磁链的方向相反，这样的连接叫作反向串联。

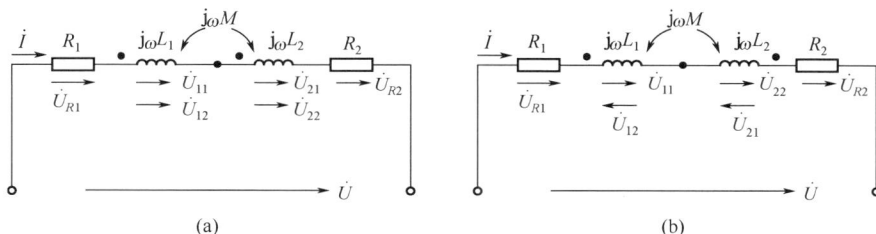

图 5-6　互感线圈的串联
（a）顺向串联；（b）反向串联

顺向串联时，选择各电阻电压和自感电压的参考方向与电流的参考方向一致、各互感电压的参考方向与电流的参考方向对同名端一致，如图 5-6（a）所示。根据 KVL 得

$$
\begin{aligned}
\dot{U} &= \dot{U}_{R1} + \dot{U}_{11} + \dot{U}_{12} + \dot{U}_{22} + \dot{U}_{21} + \dot{U}_{R2} \\
&= R_1\dot{I} + j\omega L_1\dot{I} + j\omega LM\dot{I} + j\omega L_2\dot{I} + j\omega LM\dot{I} + R_2\dot{I} \\
&= \left[(R_1 + R_2) + j\omega(L_1 + L_2 + 2M)\right]\dot{I} \\
&= (R_P + j\omega L_P)\dot{I}
\end{aligned}
\tag{5-18}
$$

$$
L_P = L_1 + L_2 + 2M \tag{5-19}
$$

式中：R_P 为两线圈顺向串联时的等效电阻，$R_P = R_1 + R_2$。

式（5-19）为两线圈顺向串联时的等效电感。

反向串联时，仍按上述原则选择各电压和电流的参考方向，如图 5-6（b）所示。根据 KVL 得

$$
\begin{aligned}
\dot{U} &= \dot{U}_{R1} + \dot{U}_{11} - \dot{U}_{12} + \dot{U}_{22} - \dot{U}_{21} + \dot{U}_{R2} \\
&= R_1\dot{I} + j\omega L_1\dot{I} - j\omega LM\dot{I} + j\omega L_2\dot{I} - j\omega LM\dot{I} + R_2\dot{I} \\
&= \left[(R_1 + R_2) + j\omega(L_1 + L_2 - 2M)\right]\dot{I} \\
&= (R_a + j\omega L_a)\dot{I}
\end{aligned}
\tag{5-20}
$$

$$L_a = L_1 + L_2 - 2M \qquad (5-21)$$

式中：R_a 为两线圈反向串联时的等效电阻，$R_a = R_1 + R_2$。

式（5-21）为两线圈反向串联时的等效电感。

由上述结果可知，在外加电压相等的情况下，顺向串联时的电流小于反向串联时的电流。互感线圈反向串联时，互感具有削弱电感的作用，其效果与电容 C 对电感的作用相同，因而称为"容性效应"。

利用互感线圈的顺向串联和反向串联，可以测定互感线圈的 M，也可以确定它的同名端。

【例 5-1】 将两个线圈串联接到工频 220V 的正弦电源上，顺向串联时电流为 2.7A，功率为 218.7W，反向串联时电流为 7A，求互感 M。

解 正弦交流电路中，当计入线圈的电阻时，互感为 M 的串联磁耦合线圈的复阻抗为

$$Z = (R_1 + R_2) + j\omega(L_1 + L_2 \pm 2M)$$

根据已知条件，顺向串联时，有

$$R_1 + R_2 = \frac{P}{I_P^2} = \frac{218.7}{2.7^2} = 30(\Omega)$$

$$(\omega L_P)^2 = \left(\frac{U}{I_P}\right)^2 - (R_1 + R_2)^2$$

$$L_P = \frac{\sqrt{\left(\frac{U}{I_P}\right)^2 - (R_1 + R_2)^2}}{\omega} = \frac{\sqrt{\left(\frac{220}{2.7}\right)^2 - 30^2}}{2\pi \times 50} = 0.24(H)$$

反向串联时，线圈电阻不变，根据已知条件可得

$$(\omega L_a)^2 = \left(\frac{U}{I_a}\right)^2 - (R_1 + R_2)^2$$

$$L_a = \frac{\sqrt{\left(\frac{U}{I_a}\right)^2 - (R_1 + R_2)^2}}{\omega} = \frac{\sqrt{\left(\frac{220}{7}\right)^2 - 30^2}}{2\pi \times 50} = 0.03(H)$$

由 $L_P = L_1 + L_2 + 2M$、$L_a = L_1 + L_2 - 2M$ 可知

$$M = \frac{L_P - L_a}{4} = \frac{0.24 - 0.03}{4} = 0.053(H)$$

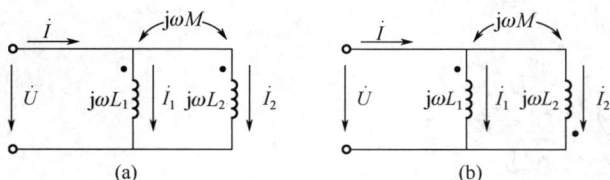

图 5-7 互感线圈的并联
(a) 两个线圈的同侧并联；(b) 两个线圈的异侧并联

二、互感线圈的并联

互感线圈的并联也有两种连接方式：一种是两个线圈的同名端相连，称同侧并联，如图 5-7（a）所示；另一种为两个线圈的异名端相连，称异侧并联，如图 5-7（b）所示。

在图 5-7 所示电压、电流的参考方向下，可列出如下电路方程

$$\left.\begin{array}{l} \dot{I} = \dot{I}_1 + \dot{I}_2 \\ \dot{U} = \dot{U}_{11} \pm \dot{U}_{12} = j\omega L_1 \dot{I}_1 \pm j\omega M \dot{I}_2 \\ \dot{U} = \dot{U}_{22} \pm \dot{U}_{21} = j\omega L_2 \dot{I}_2 \pm j\omega M \dot{I}_1 \end{array}\right\} \qquad (5-22)$$

式（5-22）中互感电压前的正号对应于同侧并联，负号对应于异侧并联。求解式（5-22）可得并联电路的等效复阻抗 Z 为

$$Z = \frac{\dot{U}}{\dot{I}} = \frac{j\omega(L_1 L_2 - M^2)}{L_1 + L_2 \mp 2M} = j\omega L$$

L 为两个线圈并联后的等效电感，即

$$L = \frac{L_1 L_2 - M^2}{L_1 + L_2 \mp 2M} \tag{5-23}$$

式（5-23）分母中，负号对应于同侧并联，正号对应于异侧并联。

有时为了便于分析电路，将式（5-22）进行变量代换、整理，可得如下方程

$$\left.\begin{aligned} \dot{U} &= j\omega L_1 \dot{I}_1 \pm j\omega M(\dot{I} - \dot{I}_1) = j\omega(L_1 \mp M)\dot{I}_1 \pm j\omega M \dot{I} \\ \dot{U} &= j\omega L_2 \dot{I}_2 \pm j\omega M(\dot{I} - \dot{I}_2) = j\omega(L_2 \mp M)\dot{I}_2 \pm j\omega M \dot{I} \end{aligned}\right\} \tag{5-24}$$

式（5-24）方程与图5-8所示电路的方程是一致的，因此，用图5-8所示无互感的电路可等效替代图5-7所示的互感电路。图5-8称为图5-7的去耦等效电路，即消去互感后的等效电路。用去耦等效电路来分析求解互感电路的方法，称为互感消去法。

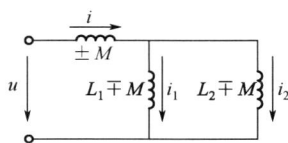

图 5-8　消去互感后的等效电路

在图5-8中，$\pm M$ 前面的正号对应于互感线圈的同侧并联，负号对应于互感线圈的异侧并联。而 $L_1 \mp M$ 和 $L_2 \mp M$ 中，M 前的负号对应于同侧并联，正号对应于异侧并联。同时应当注意，去耦等效电路仅仅对外电路等效。一般情况下，消去互感后，节点将增加。有时还会遇到有互感的两个线圈仅有一端相连接的情况，如图5-9所示。在图示各量的参考方向下，其端钮间的电压方程为

$$\left.\begin{aligned} \dot{U}_{13} &= j\omega L_1 \dot{I}_1 \pm j\omega M \dot{I}_2 \\ \dot{U}_{23} &= j\omega L_2 \dot{I}_2 \pm j\omega M \dot{I}_1 \end{aligned}\right\} \tag{5-25}$$

式中：M 前的正号对应于同侧相连，负号对应于异侧相连。

由于 $\dot{I} = \dot{I}_1 + \dot{I}_2$ 的关系，故式（5-25）也可写成

$$\left.\begin{aligned} \dot{U}_{13} &= j\omega(L_1 \mp M)\dot{I}_1 \pm j\omega M \dot{I} \\ \dot{U}_{23} &= j\omega(L_2 \mp M)\dot{I}_2 \pm j\omega M \dot{I} \end{aligned}\right\} \tag{5-26}$$

由式（5-26）可得图5-10所示去耦等效电路模型。M 前的正、负号，上面的对应同侧相连，下面的对应异侧相连。

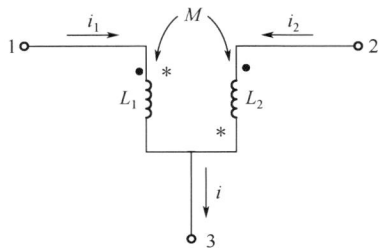

图 5-9　一端相连的互感线圈

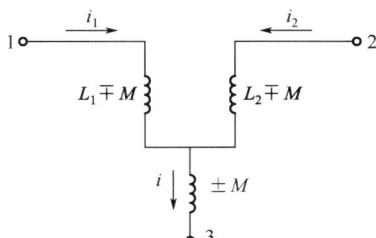

图 5-10　去耦等效电路

143

思 考 题

5-2-1 根据图 5-9 所示互感线圈的同名端及电流、电压的参考方向，写出一次和二次回路的电压方程。

△第三节 空心变压器

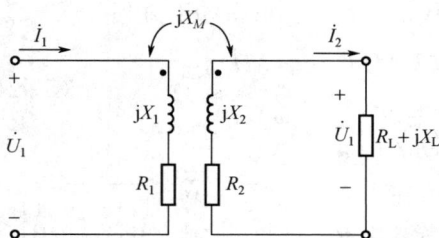

图 5-11 空心变压器电路模型

空心变压器是一个没有铁心或者绕在非铁磁性心棒上的互感线圈，在高频电路中广泛应用，其电路模型如图 5-11 所示。一个线圈与电源 $\dot{U}_1$ 相连，称为一次绕组；另一线圈与负载相连，称为二次绕组。空心变压器的两个绕组之间虽没有电的直接联系，但可以通过磁通将电能从一次绕组传递到二次绕组。图 5-11 中，R_1、X_1 为一次绕组的电阻和电抗，R_2、X_2 为二次绕组的电阻和电抗，X_M 为两个绕组的互感电抗，R_L+jX_L 为负载的电阻和电抗。

根据图 5-11 中电流 $\dot{I}_1$、$\dot{I}_2$ 的参考方向及互感线圈的同名端，由 KVL 列出两个回路的电压方程为

$$\left.\begin{aligned}(R_1+jX_1)\dot{I}_1-jX_M\dot{I}_2&=\dot{U}_1\\ [(R_2+R_L)+j(X_2+X_L)]\dot{I}_2-jX_M\dot{I}_1&=0\end{aligned}\right\} \tag{5-27}$$

令 $Z_{11}=R_1+jX_1$，$Z_{22}=(R_2+R_L)+j(X_2+X_L)=R_{22}+jX_{22}$，$Z_{12}=Z_{21}=jX_M$
则得

$$\left.\begin{aligned}Z_{11}\dot{I}_1-Z_{12}\dot{I}_2&=\dot{U}_1\\ -Z_{21}\dot{I}_1+Z_{22}\dot{I}_2&=0\end{aligned}\right\} \tag{5-28}$$

为了便于对空心变压器进行分析和计算，可根据回路电压方程导出它的等效电路。由式 (5-28) 得

$$\dot{I}_2=\frac{Z_{21}\dot{I}_1}{Z_{22}}=\frac{jX_M}{Z_{22}}\dot{I}_1=\frac{j\omega M}{Z_{22}}\dot{I}_1 \tag{5-29}$$

$$\dot{I}_1=\frac{\dot{U}_1}{Z_{11}+\dfrac{(\omega M)^2}{Z_{22}}} \tag{5-30}$$

式 (5-30) 表明，由于互感的存在，二次侧对一次侧的影响相当于在一次回路中增加了一个串联复阻抗 Z_{ref}。Z_{ref} 是空心变压器的二次侧反映到一次侧的复阻抗，称为二次侧对一次侧的反映阻抗，又称反射阻抗或引入阻抗。

$$\left.\begin{aligned}\dot{I}_1 &= \frac{\dot{U}_1}{Z_{11} + Z_{\text{ref}}} \\ Z_{\text{ref}} &= \frac{(\omega M)^2}{Z_{22}}\end{aligned}\right\}\qquad (5-31)$$

根据式（5-31）可得空心变压器从一次侧看进去的等效电路，如图 5-12（a）所示。由式（5-29）可得空心变压器二次侧的等效电路，如图 5-12（b）所示。

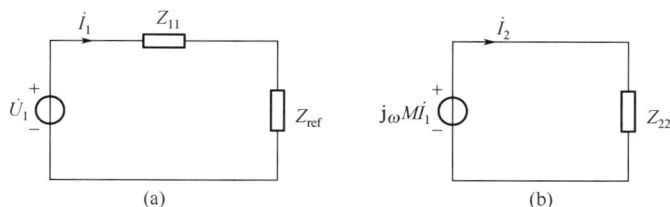

图 5-12 空心变压器的等效电路

（a）一次侧等效电路；（b）二次侧等效电路

【例 5-2】 求图 5-13 所示电路的 $\dot{I}_1$ 和 $\dot{I}_2$。

解 作图 5-13 所示空心变压器电路的一次侧等效电路，如图 5-14 所示。由图可得

$$\dot{I}_1 = \frac{115\angle 0°}{20 + \text{j}1131 + 422 - \text{j}189} = 0.1105\angle -64.9°(\text{A})$$

$$\dot{I}_2 = \frac{\text{j}\omega M \dot{I}_1}{R_2 + \text{j}\omega L_2 + Z_L} = \frac{\text{j}146.01 \times 0.1105\angle -64.9°}{0.008 + 42 + \text{j}18.85}$$
$$= 0.35\angle 1°(\text{A})$$

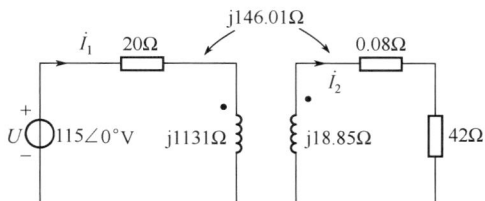

图 5-13 ［例 5-2］电路图

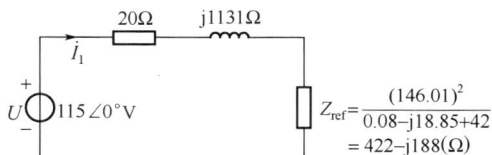

图 5-14 ［例 5-2］一次侧等效电路

【例 5-3】 测定互感线圈同名端的方法之一，如图 5-15 所示电路。一个线圈经开关 S 接入直流电源（如干电池），另一线圈接入直流电压表。在开关 S 接通瞬间，若电压表的指针向右方偏转（称正向偏转），试判定线圈的同名端。

解 在 S 接通瞬间，电流 i_1 从 A 端流向 B 端，且 $\dfrac{\text{d}i_1}{\text{d}t} > 0$，在线圈 2 中产生互感电压 u_2，并形

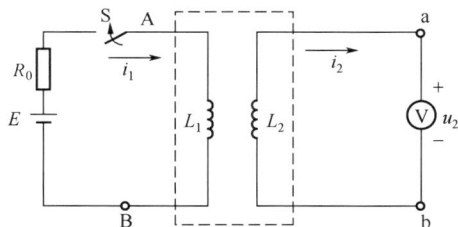

图 5-15 ［例 5-3］测定互感线圈

成电流 i_2。电压表的指针向右偏转表明 i_2 的方向从电压表的"＋"极流向"－"极，即 a 端电位高于 b 端电位，u_2 的方向从 a 端指向 b 端。根据互感电压与电流的方向对同名端一致的原则，可

确定线圈 1 接电池正极的一端（图 5-15 中 A 端）与线圈 2 接电压表"+"极的一端（图 5-15 中 a 端）为同名端。

思 考 题

5-3-1　什么是空心变压器？

△第四节　理 想 变 压 器

一、理想变压器的伏安关系

理想变压器最初是从实际变压器中抽象出来的电路元件模型，理想变压器的电路符号与耦合电感相同，如图 5-16 所示。但其表征参数不是三个，而是一个被称为变比的常数 n。变比 n 定义为两绕组的匝数比。

在图 5-16 所示同名端和参考方向下，理想变压器的伏安关系为

$$\left.\begin{array}{l} u_1 = nu_2 \\ i_2 = -ni_1 \end{array}\right\} \tag{5-32}$$

式中：变比 n 定义为一次绕组匝数 N_1 与二次绕组匝数 N_2 之比，即 $n = \dfrac{N_1}{N_2}$。

由式（5-32）可知，理想变压器一侧电压为零时，另一侧电压也必然为零；同样，一侧电流为零时，另一侧电流也必然为零。

由于理想变压器的特性可用端口电压和电流之间的代数关系表征，所以，它是一种线性双口电阻元件。作为一个电阻元件，它对于任何波形和频率，包括直流都适用；但它不能作为实际变压器的直流模型。

对于图 5-17 所示理想变压器，由于与图 5-16 中的理想变压器相比，一次电压和电流的参考方向及同名端位置均相同，但二次电压和电流的参考方向及同名端位置不同，由此可得如图 5-17 所示理想变压器的伏安关系为

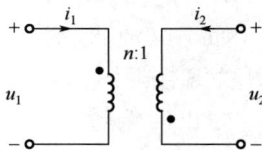

$$\left.\begin{array}{l} u_1 = -nu_2 \\ i_2 = ni_1 \end{array}\right\} \tag{5-33}$$

根据图 5-15 和图 5-17 以及式（5-32）和式（15-33），可总结出如下规律：

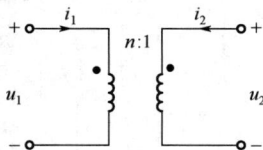

图 5-16　理想变压器的电路　　　　　图 5-17　理想变压器

（1）不论端口电流的参考方向如何，当两个端口电压参考方向的正极性位于同名端时，联系两个电压的方程中的变比 n 前取正号，否则取负号。

（2）不论端口电压的参考方向如何，当两个端口电流的参考方向都是从同名端流入时，联系两个电流的方程中的变比 n 前取负号，否则取正号。

二、理想变压器的两个基本特性

1. 非能特性

在任意时刻，理想变压器吸收的功率为

$$p(t)=u_1 i_1 + u_2 i_2 = nu_2 i_1 + u_2(-ni_1)=0 \tag{5-34}$$

因此，理想变压器既不消耗能量，也不储存能量，它把输入到一次侧的能量同时全部由二次侧传送出去。这种既不消耗能量，也不储存能量的特性称为非能特性。由此可知，通过理想变压器可以改变电压和电流的大小，而且不附带引入任何无源元件和储能元件的作用，这正是人们设计变压器时所希望的理想特性。

2. 阻抗变换特性

理想变压器不仅能改变电压和电流，而且也能改变阻抗。在理想变压器二次侧接一阻抗 Z，如图 5-18 所示。

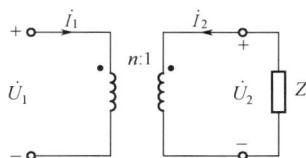

由于 $\dot{U}_2 = -Z\dot{I}_2$，即 $\dfrac{\dot{U}_2}{\dot{I}_2}=-Z$，则根据理想变压器的伏

图 5-18　阻抗变换

安关系，得

$$Z_{\text{in}}=\frac{\dot{U}_1}{\dot{I}_1}=n\frac{\dot{U}_2}{-\dfrac{\dot{I}_2}{n}}=-n^2\frac{\dot{U}_2}{\dot{I}_2}=n^2 Z \tag{5-35}$$

式（5-35）中 Z_{in} 称为折合阻抗。它表明，当在二次侧接一阻抗 Z 时，从一次侧看进去的输入阻抗等于该阻抗的 n^2 倍。二者性质完全相同，只是把阻抗 Z 的电阻分量和电抗分量分别增大 n^2 倍。在电子线路中，常利用这一阻抗变换特性实现最大功率传输。应该指出，式（5-35）中的阻抗变换公式与同名端的位置无关。

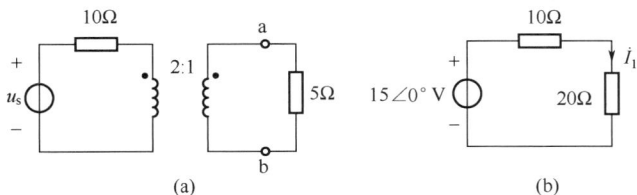

图 5-19　[例 5-4]图

【例 5-4】　试求图 5-19（a）所示电路中 5Ω 电阻消耗的功率。其中 $u_\text{s}(t)=15\sqrt{2}\sin4t\,\text{V}$。

解　根据理想变压器的折合阻抗可得等效电路如图 5-19（b）所示。于是

$$\dot{I}_1=\frac{15\angle 0^\circ}{10+20}=0.5\angle 0^\circ(\text{A})$$

所以，5Ω 电阻消耗的功率为

$$P=20I_1^2=20\times 0.5^2=5(\text{W})$$

思 考 题

5-4-1　什么是理想变压器？

△第五节　双　口　网　络

　　网络常用来传输电能或对电信号进行处理（例如，对信号的放大）等。在完成这样的任务时，网络的一对指定端钮作为电能或信号的输入端钮，这对端钮称为输入端口；经传输后的电能或被处理后的信号取自网络的另一对端钮，这对端钮称为输出端口。这种具有两个端口的网络称为双口网络。在正弦交流情况下，一个不含独立电源的二端网络的伏安关系相量形式为 $\dot{U}=Z\dot{I}$ 或 $\dot{I}=Y\dot{U}$，亦即可以用它的输入阻抗 Z 或输入导纳 Y 来表征。下面分析在正弦交流情况下，一个不含独立源的双口网络的伏安关系的相量形式。

图 5-20　双口网络 N

一、双口网络的 Z 参数方程

　　设双口网络 N 如图 5-20 所示，输入端口 11′ 的电流相量 $\dot{I}_1$ 和电压相量 $\dot{U}_1$，输出端口 22′ 的电流相量 $\dot{I}_2$ 和电压相量 $\dot{U}_2$，它们的参考方向如图 5-20 所示。

　　为了求得双口网络的伏安关系，可用"外施电源法"，在端口 11′ 和 22′ 分别施加电流源 $\dot{I}_1$ 和 $\dot{I}_2$，从而求得 $\dot{I}_1$、$\dot{I}_2$、$\dot{U}_1$ 和 $\dot{U}_2$ 四者之间的关系。由于双口网络内部不含独立源，作用于双口网络的电源仅为这两个电流源 $\dot{I}_1$ 和 $\dot{I}_2$。根据叠加定理，可求得端口电压 $\dot{U}_1$ 和 $\dot{U}_2$。

　　当电流源 $\dot{I}_1$ 单独作用时，端口 22′ 开路，如图 5-21（a）所示，此时在端口 11′ 和端口 22′ 处出现的电压分别为 $\dot{U}'_1$ 和 $\dot{U}'_2$。由于双口网络是线性的，因此

$$\dot{U}'_1=Z_{11}\dot{I}_1,\quad \dot{U}'_2=Z_{21}\dot{I}_1$$

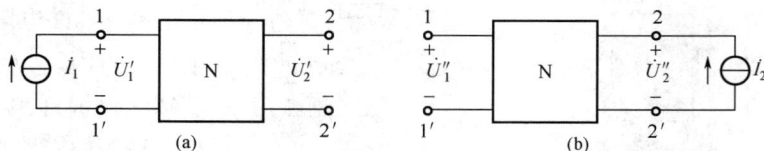

图 5-21　电流源 $\dot{I}_1$ 和 $\dot{I}_2$ 单独作用图

（a）电流源 $\dot{I}_1$ 单独作用；（b）电流源 $\dot{I}_2$ 单独作用

　　其中，Z_{11}、Z_{22} 为比例常数，一般为复数。同理，当电流源 $\dot{I}_2$ 单独作用时，端口 11′ 开路，如图 5-21（b）所示，可得

$$\dot{U}''_1=Z_{12}\dot{I}_2,\quad \dot{U}''_2=Z_{22}\dot{I}_2$$

　　根据叠加定理可得

$$\dot{U}_1=\dot{U}'_1+\dot{U}''_1,\quad \dot{U}_2=\dot{U}'_2+\dot{U}''_2$$

即

$$\left.\begin{aligned}\dot{U}_1&=Z_{11}\dot{I}_1+Z_{12}\dot{I}_2\\ \dot{U}_2&=Z_{21}\dot{I}_1+Z_{22}\dot{I}_2\end{aligned}\right\}\tag{5-36}$$

此即为正弦交流情况下，双口网络的伏安关系相量形式。然而，这只是一种形式，这一伏安

148

关系常称为双口网络 Z 参数方程。显然，参数 Z_{11}、Z_{12}、Z_{21}、Z_{22} 称为 Z 参数，它们与双口网络的结构、元件参数、激励电源的频率有关。

对于一个给定的双口网络 N，可由式（5 - 36）的 Z 参数方程来确定它的 Z 参数，即

$$\left. \begin{aligned} Z_{11}=\frac{\dot{U}_1}{\dot{I}_1}\bigg|_{\dot{I}_2=0}, \quad & Z_{12}=\frac{\dot{U}_1}{\dot{I}_2}\bigg|_{\dot{I}_1=0} \\ Z_{21}=\frac{\dot{U}_2}{\dot{I}_1}\bigg|_{\dot{I}_2=0}, \quad & Z_{22}=\frac{\dot{U}_2}{\dot{I}_2}\bigg|_{\dot{I}_1=0} \end{aligned} \right\} \tag{5 - 37}$$

由式（5 - 37）可见，在确定这四个参数时必须有一个端口电流为零，也就是说，必须有一个端口为开路状况。例如，Z_{12} 可在以下情况来确定：使输入端口开路，而在输出端口施加电流源 $\dot{I}_2$，确定输入端的电压 $\dot{U}_1$ 后，即可算得 Z_{12}。当然，也可以在输出端口施加电压源，但这样就会增添确定 $\dot{I}_2$ 的工作。采用在输入端施加电压源或电流源的办法也都是不可取的，因为这将违背 $\dot{I}_1=0$ 的条件。对于其余三个参数，也可作类似的考虑。

Z 参数又称为开路阻抗参数。

【例 5 - 5】　试确定图 5 - 22（a）所示双口网络的 Z 参数。

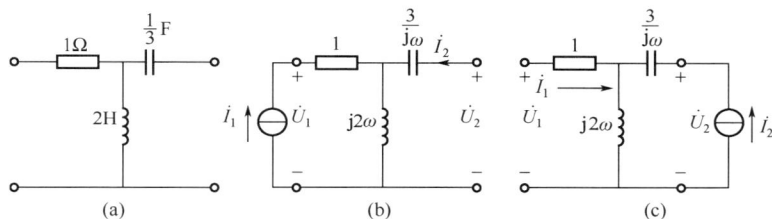

图 5 - 22　［例 5 - 5］电路

解　由图 5 - 22（b）所示相量模型可得

$$Z_{11}=\frac{\dot{U}_1}{\dot{I}_1}=1+\mathrm{j}2\omega$$

而

$$\dot{U}_2=\mathrm{j}2\omega\dot{I}_1$$

则

$$Z_{21}=\frac{\dot{U}_2}{\dot{I}_1}=\mathrm{j}2\omega$$

由图 5 - 22（c）所示相量模型可得

$$Z_{22}=\frac{\dot{U}_2}{\dot{I}_2}=-\mathrm{j}\frac{3}{\omega}+\mathrm{j}2\omega=\mathrm{j}\left(2\omega-\frac{3}{\omega}\right)$$

又因

$$\dot{U}_1=\mathrm{j}2\omega\dot{I}_2$$

得

$$Z_{12}=\frac{\dot{U}_1}{\dot{I}_2}=\mathrm{j}2\omega$$

注意，$Z_{12}=Z_{21}$。对于不含受控源的互易双口网络，这是一个普遍的性质。

二、其他形式的双口网络方程

双口网络有四种描述其端口变量 $\dot{I}_1$、$\dot{I}_2$、$\dot{U}_1$ 和 $\dot{U}_2$ 的关系方程。Z 参数方程只是其中的一种。其他三种常用方程的相量形式为：

Y 参数方程
$$\left.\begin{array}{l} \dot{I}_1 = Y_{11}\dot{U}_1 + Y_{12}\dot{U}_2 \\ \dot{I}_2 = Y_{21}\dot{U}_1 + Y_{22}\dot{U}_2 \end{array}\right\} \tag{5-38}$$

H 参数方程
$$\left.\begin{array}{l} \dot{U}_1 = H_{11}\dot{I}_1 + H_{12}\dot{U}_2 \\ \dot{I}_2 = H_{21}\dot{I}_1 + H_{22}\dot{U}_2 \end{array}\right\} \tag{5-39}$$

T 参数方程
$$\left.\begin{array}{l} \dot{U}_1 = A\dot{U}_2 + B\,(-\dot{I}_2) \\ \dot{I}_1 = C\dot{U}_2 + D\,(-\dot{I}_2) \end{array}\right\} \tag{5-40}$$

上述三种参数方程组是按图 5-20 所示的参考方向列出的。三组方程中的系数，按照上列顺序，分别称为导纳参数、转移参数和传输参数。相应地，上列各组方程，分别称为导纳参数方程、转移参数方程和传输参数方程。

思 考 题

5-5-1　求图 5-23 所示双口网络的 Y 参数。

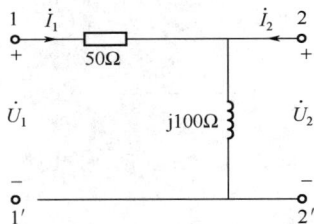

图 5-23　思考题 5-5-1 图

课程思政五

磁悬浮、电动汽车无线充电是磁耦合理论的应用。新技术、新工艺、新设备、新材料已在我国全面铺开，我国的发展正日新月异。

*科 普 知 识 五

电力用户功率因数的规定

我国原电力工业部于 1996 年 10 月发布了《供电营业规则》，其中对用户的功率因数做了规定。

无功电力应就地平衡。用户应在提高用电自然功率因数的基础上，按有关标准设计和安装无功补偿设备，并做到随其负荷和电压变动及时投入或切除，防止无功电力倒送。除电网有特殊要求的用户外，用户在当地供电企业规定的电网高峰负荷时的功率因数，应达到下列规定：

100kV·A（千伏安）及以上高压供电的用户功率因数为 0.90 以上。

其他电力用户和大、中型电力排灌站、趸购转售电企业，功率因数为 0.85 以上。

农业用电的功率因数为 0.80。

凡功率因数不能达到上述规定的新用户，供电企业可拒绝接电。对已送电的用户，供电企业应督促和帮助用户采取措施，提高功率因数。对在规定期限内仍未采取措施达到上述要求的用户，供电企业可中止或限制供电。

本 章 小 结

1. 耦合电感的伏安关系

$$
\left.\begin{array}{l}
u_1 = \pm L_1 \dfrac{\mathrm{d}i_1}{\mathrm{d}t} \pm M \dfrac{\mathrm{d}i_2}{\mathrm{d}t} \\[2mm]
u_2 = \pm M \dfrac{\mathrm{d}i_1}{\mathrm{d}t} \pm L_2 \dfrac{\mathrm{d}i_2}{\mathrm{d}t}
\end{array}\right\}
$$

式中各项的正、负号与端钮电压、电流的参考方向和同名端的位置有关。

2. 同名端与互感电压

同名端是用来表示有耦合的两个线圈对应端钮相对位置和线圈绕向的标记。不同线圈的这样两个端钮称为同名端，即当电流分别从这两个端钮流入（或流出）时，所产生的自感磁通和互感磁通的方向是一致的。

决定互感电压的高电位端的方法是：若产生互感磁通的电流（在另一侧）是从标"·"端流入的，则互感电压在（本侧的）标"·"端应是高电位端。

3. 具有互感的正弦交流电路分析方法

（1）两互感线圈串联时：

顺向串联，其等效电感为　　　　$L_\mathrm{P} = L_1 + L_2 + 2M$

反向串联，其等效电感为　　　　$L_\mathrm{a} = L_1 + L_2 - 2M$

其中，互感为 $M = (L_\mathrm{P} - L_\mathrm{a})/4$。

（2）两互感线圈并联时：

同名端相连　　　　$L = \dfrac{L_1 L_2 - M^2}{L_1 + L_2 - 2M}$

异名端相连　　　　$L = \dfrac{L_1 L_2 - M^2}{L_1 + L_2 + 2M}$

4. 空心变压器电路的分析用反映阻抗法

对于含空心变压器电路，当一、二次侧只有磁耦合没有电联系时，利用反映阻抗的概念，通过作一、二次侧等效电路的方法进行分析的方法，称为反映阻抗法。反映阻抗 $Z_\mathrm{ref} = \dfrac{(\omega M)^2}{Z_{22}}$。

5. 理想变压器电路的分析用折合阻抗法

当理想变压器一、二次侧之间只有磁耦合，没有电联系时，可利用折合阻抗的概念，通过作一、二次侧等效电路的方法进行分析的方法，称为折合阻抗法。折合阻抗 $Z_{in}=n^2Z$。

6. 双口网络的伏安关系

双口网络的伏安关系有四种描叙其端口变量 $\dot{I}_1$、$\dot{I}_2$、$\dot{U}_1$ 和 $\dot{U}_2$ 的关系方程，分别称为阻抗参数方程、导纳参数方程、转移参数方程和传输参数方程。其参数 Z、Y、H 和 T 由列出的方程确定。

习　题

5-1　已知图 5-24 所示各互感线圈的绕向，试判定它们的同名端。

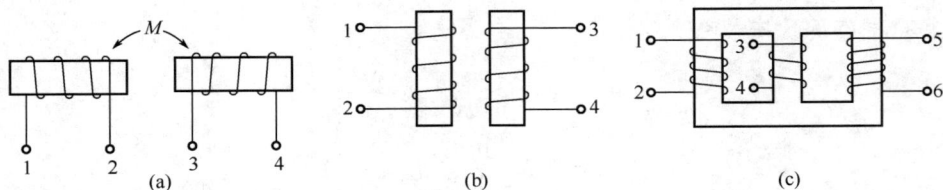

图 5-24　习题 5-1 图

5-2　如图 5-25（a）所示电路，试确定两线圈的同名端；若一次侧电流波形为三角波，如图 5-25（b）所示，二次侧开路，试定性画出互感电压的波形。

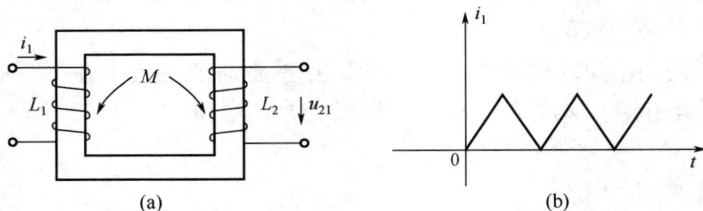

图 5-25　习题 5-2 图

5-3　图 5-26 所示电路中，$i=5\sqrt{2}\sin100t$ A，$M=0.2$H，试求电压 u_{AB} 的解析式。

5-4　图 5-27 所示电路中，电源频率为 50Hz，电流表读数为 1A，电压表读数为 220V，试求两线圈的互感 M。

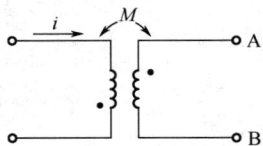

图 5-26　习题 5-3 图　　　　图 5-27　习题 5-4 图

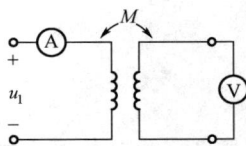

5-5　已知一耦合电感的参数为 $L_1=6$H，$L_2=4$H，$M=3$H，试计算此耦合电感中两线圈串联或并联后形成的二端网络的等效电感值。

5-6　利用互感线圈的顺向串联和反向串联可以测定互感线圈的同名端。现有一个交流电源和一块交流电流表，试说明测定图 5 - 28 同名端的方法和步骤。

5 - 7　根据图 5 - 29 所示互感线圈的同名端及电流、电压的参考方向，写出一、二次回路的电压方程。

5 - 8　通过测量流入有互感的两串联线圈的电流、功率和外施电压，可以确定两个线圈之间的互感。现在用 $U=220\text{V}$，$f=50\text{Hz}$ 的电源进行测量，当顺向串联时，测得 $I=2.5\text{A}$，$P=62.5\text{W}$；当反向串联时，测得 $P=250\text{W}$。试求互感 M。

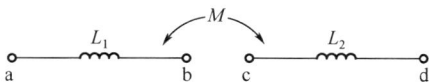

图 5 - 28　习题 5 - 6 图

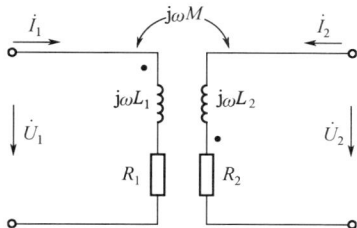

图 5 - 29　习题 5 - 7 图

5 - 9　图 5 - 30 所示电路中，已知 $i=2\sqrt{2}\sin(1000t+30°)$ A，$L_1=L_2=0.02\text{H}$，$M=0.01\text{H}$。试求：（1）$\dot{U}_{AB}$；（2）画出电压电流相量图。

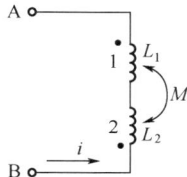

5 - 10　图 5 - 31 所示电路处于正弦稳态中，试求 $\dot{I}_1$ 和 $\dot{I}_2$。

5 - 11　电路如图 5 - 32 所示，分别求开关 S 打开和闭合时的电流 $\dot{I}$。

5 - 12　电路如图 5 - 33 所示，试用反映阻抗法求 $\dot{I}_2$。

图 5 - 30
习题 5 - 9 图

5 - 13　图 5 - 34 所示正弦交流电路中，已知 $R_1=R_2=10\Omega$，$\omega L_1=30\Omega$，$\omega L_2=20\Omega$，$\omega M=10\Omega$，电源电压 $\dot{U}=100\angle0°\text{V}$。求电压 $\dot{U}_2$。

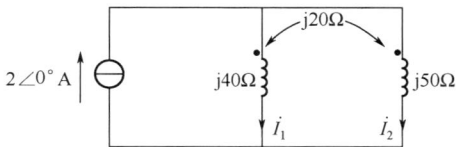

图 5 - 31　习题 5 - 10 图

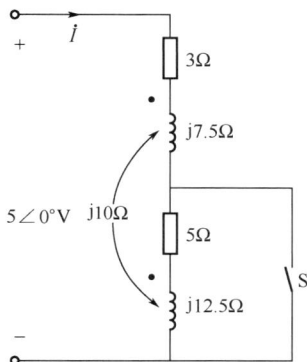

图 5 - 32　习题 5 - 11 图

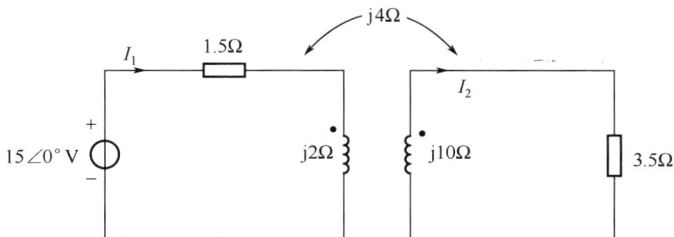

图 5 - 33　习题 5 - 12 图

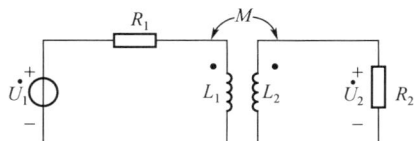

图 5 - 34　习题 5 - 13 图

5-14 电路如图 5-35 所示，为使 10Ω 电阻能获得最大功率，试确定理想变压器的变比 n 及最大功率值。

5-15 试求图题 5-36 所示双口网络的 Z 参数。

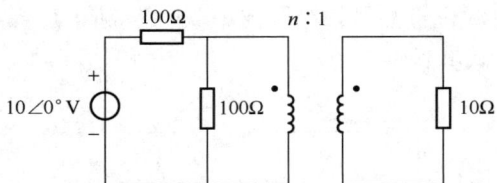

图 5-35 习题 5-14 图

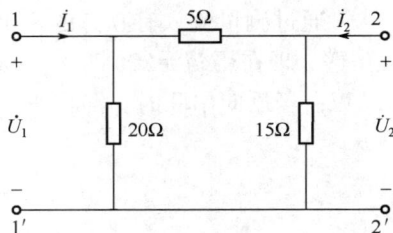

图 5-36 习题 5-15 图

实训八 互感电路观测

一、实验目的
(1) 学会互感电路同名端、互感系数的测定方法。
(2) 理解两个线圈的同名端、互感系数的测量原理。

二、原理说明
1. 判断互感线圈同名端的方法

(1) 直流法。如图 5-37 所示，当开关 S 闭合瞬间，若毫安表的指针正偏，则可断定"1""3"为同名端；指针反偏，则"1""4"为同名端。

(2) 交流法。如图 5-38 所示，将两个线圈 N_1 和 N_2 的任意两端（如 2、4 端）连在一起，在其中的一个线圈（如 N_1）两端加一个低电压，另一线圈（如 N_2）开路，用交流电压表分别测出端电压 U_{13}、U_{12} 和 U_{34}。若 U_{13} 是两个线圈端电压之差，则 1、3 是同名端；若 U_{13} 是两线圈端电压之和，则 1、4 是同名端。

2. 两线圈互感系数 M 的测定

在图 5-38 的 N_1 侧施加低压交流电压 U_1，测出 I_1 及 U_2。根据互感电动势 $E_{2M} \approx U_{20} = \omega M I_1$，可算得互感系数为 $M = \dfrac{U_2}{\omega I_1}$。

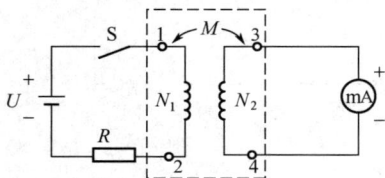

图 5-37 直流法测同名端

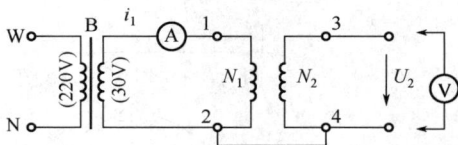

图 5-38 交流法测同名端

三、预习思考题
(1) 用直流法判断同名端时，如何根据 S 断开瞬间，毫安表指针的正、反偏来判断同名端？
(2) 弄清同名端的判断和互感系数 M 的测量原理。

四、实验设备

实验设备见表 5-1。

表 5-1

序号	名　　称	型号与规格	数量	备注
1	数字直流电压表	0～300V	1	
2	直流毫安表	0～500mA	1	
3	交流电压表	0～450V	1	
4	交流电流表	0～5A	1	
5	空心互感线圈	N_1 为大线圈，N_2 为小线圈	1 对	
6	自耦调压器		1	
7	直流稳压电源	0～30V	1	
8	电阻器	510Ω	1	

五、实验内容

1. 分别用直流法和交流法测定互感线圈的同名端

（1）直流法。实验线路如图 5-37 所示。先将直流稳压电源调至 10V，然后串联 510Ω 和开关接至互感线圈的 1、2 端，再将直流毫安表接至互感线圈的 3、4 端。经老师检查无误后，开始实验。当开关 S 闭合瞬间，若毫安表的指针正偏，则可断定"1""3"为同名端；指针反偏，则"1""4"为同名端。

（2）交流法。实验线路如图 5-38 所示。将调压器回零后串联交流电流表接至互感线圈的 1、2 端，再将两个线圈 N_1 和 N_2 的 2、4 端连在一起，3、4 端开路。经老师检查无误后，开始实验。在 N_1 两端加一个低电压，即缓慢调节调压器，使电流表读数为 0.2A。用交流电压表分别测出端电压 U_{13}、U_{12} 和 U_{34}。若 U_{13} 是两个线圈端电压之差，则 1、3 是同名端；若 U_{13} 是两线圈端电压之和，则 1、4 是同名端。

2. 两线圈互感系数 M 的测定

在交流法中已测出 I_1 为电流表读数 0.2A 及 $U_2 = U_{34}$。根据互感电动势 $E_{2M} \approx U_{20} = \omega M I_1$，可算得互感系数为 $M = \dfrac{U_2}{\omega I_1}$。

六、实验注意事项

（1）整个实验过程中，注意流过线圈 N_1、N_2 的电流不得超过额定值。

（2）作交流试验前，首先要检查自耦调压器，要保证手柄置于零位。调节时要特别仔细、小心，要随时观察电流表的读数，不得超过额定值。

七、实验报告

（1）总结对互感线圈同名端、互感系数的实验测试方法。

（2）自拟测试数据表格，完成计算任务。

（3）写出心得体会及其他。

第 六 章

三 相 正 弦 交 流 电 路

目前，国内外的电力系统普遍采用三相制供电方式。所谓三相制，就是由三个频率相同而相位不同的电压源所组成的三相电源供电系统。平时所用的单相交流电源，只是三相制中的一相。

三相制之所以得到广泛应用，是因为它比单相制具有明显的优越性，这主要表现在以下几方面：

（1）三相交流发电机和变压器，比同容量的单相交流发电机和变压器节省材料、体积小，有利于制造大容量发电机组。

（2）在输电电压、输送功率和线路损耗等相同的条件下，三相输电线路比单相输电线路节省有色金属约 25%。

（3）三相电流能够产生旋转磁场，从而制造出结构简单、性能良好、运行可靠的三相异步电动机，作为各种生产机械的动力设备。

三相交流电路实际上是交流电路的一种特例，因此第四章所讨论的有关正弦交流电路的基本理论、基本定律和分析方法，对三相正弦交流电路完全适用。但三相正弦交流电路又有其自身的特点，学习时应充分注意。

第一节　对称三相电源及其连接方式

一、对称三相电源

三相电源一般是由三个频率相同、振幅相等、相位互差120°的正弦电压源按一定方式连接而成的，如图 6-1 所示。在忽略电源内部阻抗的情况下，上述一组电压源称为对称三相正弦理想电压源，简称为对称三相电源。

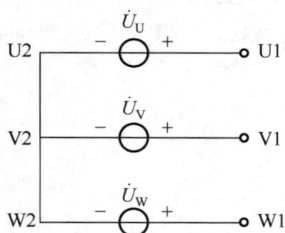

图 6-1　三相理想电压源

三相电源中的每一个电源称为一相，分别称为 U 相、V 相、W 相。各相电源电压的参考正极性称为始端，用字母 U1、V1、W1 表示；电压的参考负极性称为末端，用字母 U2、V2、W2 表示。各相电源电压的参考方向由始端指向末端。在电力工程中，对称三相电源是由三相交流发电机产生的，本书后面如不特殊说明，均指对称三相电源。

若以 U 相为参考相，则对称三相电源的电压解析式为

$$
\left.
\begin{aligned}
u_{\mathrm{U}} &= U_{\mathrm{m}}\sin\omega t \\
u_{\mathrm{V}} &= U_{\mathrm{m}}\sin(\omega t - 120°) \\
u_{\mathrm{W}} &= U_{\mathrm{m}}\sin(\omega t + 120°)
\end{aligned}
\right\}
\tag{6-1}
$$

表示它们的相量分别为

$$
\left.
\begin{aligned}
\dot{U}_{\mathrm{U}} &= U\angle 0° \\
\dot{U}_{\mathrm{V}} &= U\angle -120° = \alpha^2\dot{U}_{\mathrm{U}} \\
\dot{U}_{\mathrm{W}} &= U\angle 120° = \alpha\dot{U}_{\mathrm{U}}
\end{aligned}
\right\}
\tag{6-2}
$$

式中：α 是工程上为了方便而引入的单位相量算子。

$$
\alpha = \mathrm{e}^{\mathrm{j}120°} = \angle 120° = -\frac{1}{2} + \mathrm{j}\frac{\sqrt{3}}{2}
$$

$$
\alpha^2 = \mathrm{e}^{-\mathrm{j}120°} = \angle -120° = -\frac{1}{2} - \mathrm{j}\frac{\sqrt{3}}{2}
$$

$$
\alpha^3 = \mathrm{e}^{\mathrm{j}360°} = 1
$$

它们的波形和相量图如图 6-2（a）、（b）所示。

对称三相电源的电压瞬时值之和为零，即

$$
u_{\mathrm{U}} + u_{\mathrm{V}} + u_{\mathrm{W}} = 0
$$

或

$$
\dot{U}_{\mathrm{U}} + \dot{U}_{\mathrm{V}} + \dot{U}_{\mathrm{W}} = 0
$$

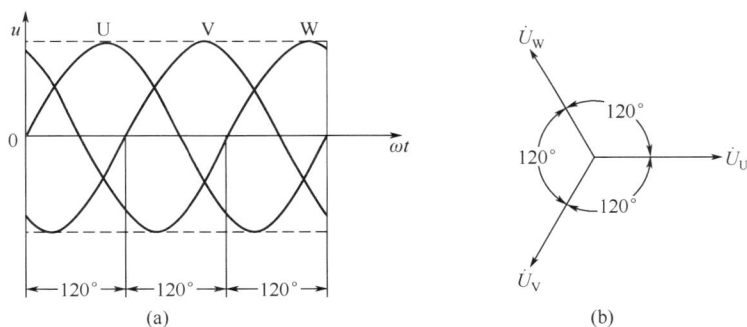

图 6-2　对称三相电源的电压波形图和相量图
（a）电压波形图；（b）相量图

由图 6-2（a）可以看出，对称三相正弦电压到达零值（或最大值）的先后顺序不同，通常把各相电压到达零值（或最大值）的顺序，称为相序（phase sequence）。例如，式（6-1）中三个电压的相序是 U—V—W，称为正相序，简称正序；如果三相电压到达零值（或最大值）的顺序是 U—W—V，则称为负相序，简称负序。通常所说的相序，均指正序。

对三相电源来说，哪相是 U 相是可以任意指定的，比它超前 120°的就是 W 相，比它滞后 120°的就是 V 相。在发电厂和变电站的电压母线上，通常涂以黄、绿、红三种颜色，分别表示 U、V、W 相。

二、三相电源的连接

在三相电路中，对称三相电源一般接成星形或三角形两种特定的方式。如图 6-3 所示，就是三相电源的星形连接方式，按星形连接方式连接的电源称为星形电源。

从三个电压源的正极性 U、V、W 向外引出的三条输出线称为端线。端线 U、V、W 之间的电压称为线电压，习惯上把表示这些线电压参考方向的下标都按照字母的次序安排，分别记为 $\dot{U}_{UV}$、$\dot{U}_{VW}$、$\dot{U}_{WU}$；每一相的电压称为相电压，记为 $\dot{U}_U$、$\dot{U}_V$、$\dot{U}_W$。星形电源的线电压和相电压之间有如下关系

$$\dot{U}_{UV} = \dot{U}_U - \dot{U}_V$$
$$\dot{U}_{VW} = \dot{U}_V - \dot{U}_W$$
$$\dot{U}_{WU} = \dot{U}_W - \dot{U}_U$$

以上三个关系式中只有两个是彼此独立的。对于对称三相电源，如果设 $\dot{U}_U = U\angle 0°$，则 $\dot{U}_V = U\angle -120°$，$\dot{U}_W = U\angle 120°$，代入上述关系式后可得

$$\left.\begin{array}{l} \dot{U}_{UV} = U\angle 0° - U\angle -120° = \sqrt{3}\dot{U}_U\angle 30° \\ \dot{U}_{VW} = U\angle -120° - U\angle 120° = \sqrt{3}\dot{U}_V\angle 30° \\ \dot{U}_{WU} = U\angle 120° - U\angle 0° = \sqrt{3}\dot{U}_W\angle 30° \end{array}\right\} \quad (6\text{-}3)$$

由式（6-3）可得：若三个相电压是一组对称正弦量，则三个线电压也是一组对称正弦量。在大小上，线电压的有效值等于相电压有效值的 $\sqrt{3}$ 倍；在相位上，线电压超前于对应的相电压 30°。上述线电压与相电压之间的关系可以用图 6-4 所示的电压相量图来表示。

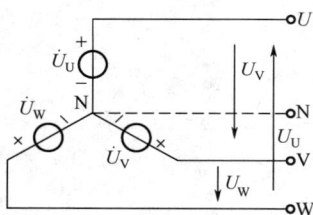

图 6-3　星形电源

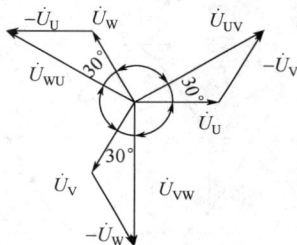

图 6-4　星形电源线电压与相电压的相量关系

如果把对称三相电源顺次相接形成一个回路，再从端子 U、V、W 依次引出端线来，如图 6-5（a）所示，就成为三相电源的三角形连接，按三角形方式连接的电源简称三角形电源。三角形电源的线电压等于相电压，即

$$\dot{U}_{UV} = \dot{U}_U , \dot{U}_{VW} = \dot{U}_V , \dot{U}_{WU} = \dot{U}_W$$

在正确连接［见图 6-5（a）］的情况下，因为 $\dot{U}_U + \dot{U}_V + \dot{U}_W = 0$，所以不会在闭合回路中产生环流，但若将一相电源的始端和末端接反（例如把 V2 与 W2 相连、W1 与 U1 相连），如图 6-5（b）所示。

这时，作用在回路中的总电压将等于一相电源电压的两倍，即

$$\dot{U}_U + \dot{U}_V - \dot{U}_W = (\dot{U}_U + \dot{U}_V + \dot{U}_W) - 2\dot{U}_W = -2\dot{U}_W$$

其相量如图 6-5（c）所示。由于实际电压源的内阻抗很小，因此在回路中会产生很大的环流而烧毁电源。

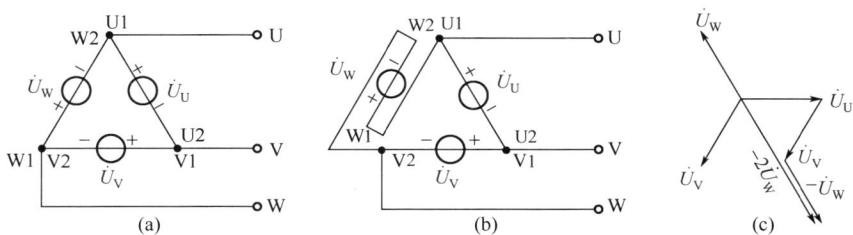

图 6 - 5 三相电源的三角形连接

（a）三角形电源；（b）一相接反；（c）一相接反时的相量图

因为三相交流发电机实际产生的电压只是近似于正弦量，即使三角形连接正确，在空载的情况下回路中也有电流，这将引起电能损耗，使发电机的温度升高，所以三相发电机一般不作三角形连接。三相变压器的接线经常接成三角形。为了防止接线错误而导致设备损坏，接线时，先把三相绕组接成开口三角形，经过一个交流电压表闭合（电压表的量程应大于一相电压的两倍），如图 6 - 6 所示。如电压表的读数近似为零，则表示连接正确，然后将电压表拆除再把三角形闭合。

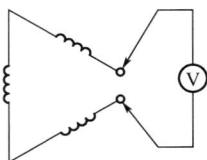

图 6 - 6 检查三角形连接的电路

思 考 题

6 - 1 - 1 指出图 6 - 7 所示三相电源的连接方式，并分析连接是否正确？

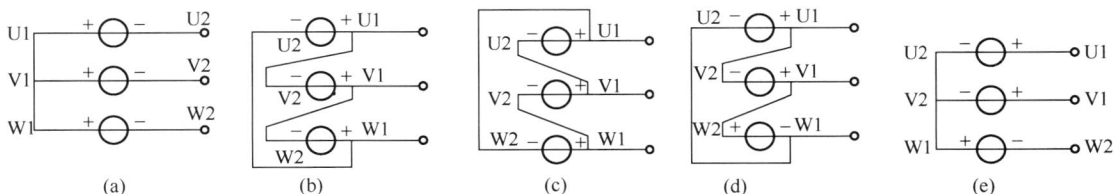

图 6 - 7 思考题 6 - 1 - 1 图

6 - 1 - 2 三相变压器的一次绕组和二次绕组都可以接成星形或三角形，这样，三相变压器可能有几种连接方式？

第二节 三相负载的连接

三相电源与三相负载合理地连接便构成三相电路。三相电路的负载有动力负载，如三相电动机，它具有对称的三个绕组，在电路模型中用三个相同的阻抗来代表；还有如照明、家用电器等负载只需要单相电源，但将它们按一定的规则连接在一起也能组成三相负载。如果三相的负载都相等，则称为对称负载；否则，为不对称三相负载。三相电源、三相负载都对称，且端线的三个阻抗都相等的三相电路称为对称三相电路。

三相负载和三相电源一样，也有星形连接和三角形连接两种，但负载和电源的连接方式不一定相同，图 6 - 8 为星形连接的三相电路，星形负载的中性点用 N′表示。负载中性点和

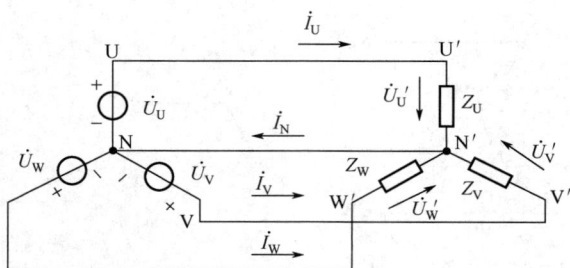

图 6-8　星形连接的三相电路

电源中性点之间有中性线相连的三相电路，称为三相四线制电路；没有中性线相连的电路，称为三相三线制电路。

一、三相负载的星形连接

图 6-8 所示电源和负载都是星形连接的电路，即 Y/Y 连接的三相电路。电源与负载之间有四条输电线，即三根相线（也叫端线，俗称火线）与一根中性线（俗称零线）。这样的连接称为三相四线制，用 Y/Y₀ 表示。图 6-8 中 Z_U、Z_V、Z_W 分别表示 U、V、W 相负载，Z_N 为中性线阻抗，每相输电线路的阻抗归并到每相负载中。

流过每根相线的电流称为线电流（line current），规定各线电流的参考方向由电源端钮 U、V、W 流向负载端钮 U′、V′、W′，线电流分别用相量 $\dot{I}_U$、$\dot{I}_V$、$\dot{I}_W$ 表示。流过每相电源或负载的电流称为相电流（phase current）。在电源中，规定各相电流的参考方向从电源的末端到始端，即与各相电压的参考方向相反。在负载中，规定相电流的参考方向与各相电压的参考方向一致。流过中性线的电流 $\dot{I}_N$ 称为中性线电流，这些电流的参考方向如图 6-8 所示。

很明显，三相四线制中，线电流等于相电流（$I_L=I_{ph}$），可以一律简用 $\dot{I}_U$、$\dot{I}_V$、$\dot{I}_W$ 表示。中性线电流等于各相电流的代数和，用公式表示为

$$\dot{I}_U+\dot{I}_V+\dot{I}_W=\dot{I}_N$$

在 Y/Y 连接的三相三线制电路中，因无中性线，则有

$$\dot{I}_U+\dot{I}_V+\dot{I}_W=0$$

由于三个线电流的初相位不同，在某一瞬时不会同时流向负载，至少有一根相线作为返回电源的通路。

二、三相负载的三角形连接

图 6-9（a）所示电源和负载都是三角形连接的三相电路，即 △/△ 连接的三相电路。

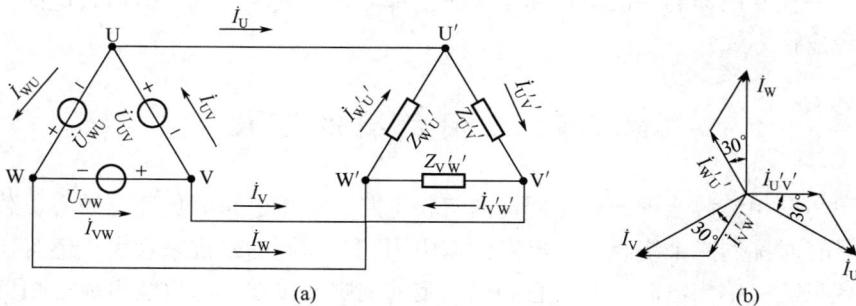

(a)　　　　　(b)

图 6-9　三角形连接负载的相电流与线电流

（a）相电流与线电流；（b）电流相量图

在图 6-9 中，根据各相电流、线电流的参考方向，由 KCL 得

$$\left.\begin{aligned}\dot{I}_{U}&=\dot{I}_{U'V'}-\dot{I}_{W'U'}\\\dot{I}_{V}&=\dot{I}_{V'W'}-\dot{I}_{U'V'}\\\dot{I}_{W}&=\dot{I}_{W'U'}-\dot{I}_{V'W'}\end{aligned}\right\}\tag{6-4}$$

若三相负载对称，则接在对称三相电源的三个负载相电流也是对称的，因此按式（6-4）作电流相量图如图 6-9（b）所示。由相量图可知，三个线电流相量

$$\left.\begin{aligned}\dot{I}_{U}&=\sqrt{3}\dot{I}_{U'V'}e^{-j30^\circ}\\\dot{I}_{V}&=\sqrt{3}\dot{I}_{V'W'}e^{-j30^\circ}\\\dot{I}_{W}&=\sqrt{3}\dot{I}_{W'U'}e^{-j30^\circ}\end{aligned}\right\}\tag{6-5}$$

即三个线电流也是一组对称正弦量。线电流的有效值等于相电流有效值的$\sqrt{3}$倍，它们的相位关系是：$\dot{I}_U$ 滞后 $\dot{I}_{U'V'}$ 30°，$\dot{I}_V$ 滞后 $\dot{I}_{V'W'}$ 30°，$\dot{I}_W$ 滞后 $\dot{I}_{W'U'}$ 30°。若相电流的有效值用 I_{ph} 表示，线电流的有效值用 I_L 表示，则有

$$I_L=\sqrt{3}I_{ph}$$

在三相三线制电路中，根据各线电流的参考方向和 KCL，三个线电流之和恒等于零，即

$$\dot{I}_U+\dot{I}_V+\dot{I}_W=0$$

在对称三相电路中，一般所说的电流是指线电流，而且线电流有效值的下标可以省略，直接用 I 表示。

【例 6-1】 在图 6-10（a）所示的三相电路中，已知对称电源的线电压有效值为 380V，相线和中性线的阻抗为零。试求：(1) 各相负载阻抗 $Z_U=Z_V=Z_W=8.66+j5\Omega$ 时，各相电流及中性线电流，并画出电压、电流相量图；(2) $Z_U=Z_V=8.66+j5\Omega$、$Z_W=17.3+j10\Omega$ 时，各相电流及中性线电流，并画出电压、电流相量图。

解 (1) 对称线电压的有效值为 380V，则对称相电压的有效值为 $380/\sqrt{3}=220$V。由于相线和中性线的阻抗为零，所以负载的相电压等于电源的相电压。设 $\dot{U}_U=220\angle0^\circ$V，则

$$\dot{U}_V=220\angle-120^\circ\text{V}$$

$$\dot{U}_W=220\angle120^\circ\text{V}$$

根据欧姆定律的相量形式，各负载相电流为

$$\dot{I}_U=\frac{\dot{U}_U}{Z_U}=\frac{220}{8.66+j5}=\frac{220}{10\angle30^\circ}=22\angle-30^\circ(\text{A})$$

$$\dot{I}_V=\frac{\dot{U}_V}{Z_V}=\frac{220\angle-120^\circ}{8.66+j5}=\frac{220\angle-120^\circ}{10\angle30^\circ}=22\angle-150^\circ(\text{A})$$

$$\dot{I}_W=\frac{\dot{U}_W}{Z_W}=\frac{220\angle120^\circ}{8.66+j5}=\frac{220\angle120^\circ}{10\angle30^\circ}=22\angle90^\circ(\text{A})$$

根据 KCL，中性线电流

$$\dot{I}_N=\dot{I}_U+\dot{I}_V+\dot{I}_W=0$$

相量图如图 6-10（b）所示。

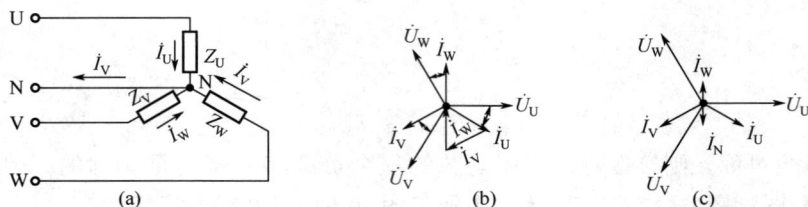

图 6-10　［例 6-1］图

（2）相电压不变，U、V 相负载阻抗没变，故相电流 $\dot{I}_U$、$\dot{I}_V$ 不变，W 相电流为

$$\dot{I}_W = \frac{\dot{U}_W}{Z_W} = \frac{220\angle 120°}{20\angle 30°} = 11\angle 90°\,(A)$$

中性线电流

$$\dot{I}_N = \dot{I}_U + \dot{I}_V + \dot{I}_W = 22\angle -30° + 22\angle -150° + 11\angle 90°$$
$$= (19.06 - j11) + (-19.06 - j11) + j11$$
$$= -j11$$
$$= 11\angle -90°\,(A)$$

相量图如图 6-10（c）所示。

由此例可知：在相线和中性线阻抗为零的情况下，星形连接负载承受的电压为电源的相电压；三相负载对称时，负载的相电流也对称，中性线电流等于零，即中性线不起作用；若三相负载不对称，则负载相电流也不对称，中性线电流不等于零，若断开中性线，将对电路产生影响。

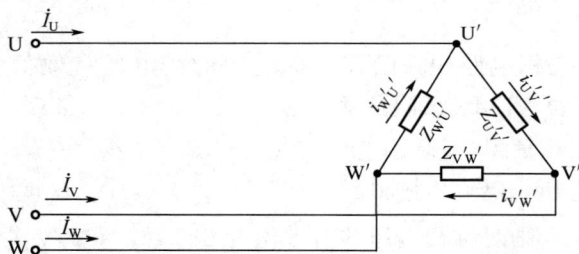

图 6-11　［例 6-2］图

【例 6-2】　将［例 6-1］中的三相负载改接成三角形，如图 6-11 所示，接在相同电源上。试求负载对称（$Z_U = Z_V = Z_W = 8.66 + j5\,\Omega$）时的相电流和线电流。

解　电路如图 6-11 所示。仍设电源相电压 $\dot{U}_U = 220\angle 0°\,V$，则线电压

$$\dot{U}_{UV} = \sqrt{3}\dot{U}_U\angle 30° = 380\angle 30°\,(V)$$

$$\dot{U}_{VW} = 380\angle -90°\,V$$

$$\dot{U}_{WU} = 380\angle 150°\,V$$

由于相线的阻抗为零，所以三角形负载承受的电压为电源线电压。负载相电流为

$$\dot{I}_{UV} = \frac{\dot{U}_{UV}}{Z_{UV}} = \frac{380\angle 30°}{8.66 + j5} = \frac{380\angle 30°}{10\angle 30°} = 38\,(A)$$

$$\dot{I}_{VW} = \frac{\dot{U}_{VW}}{Z_{VW}} = \frac{380\angle -90°}{8.66 + j5} = \frac{380\angle -90°}{10\angle 30°} = 38\angle -120°\,(A)$$

$$\dot{I}_{WU} = \frac{\dot{U}_{WU}}{Z_{WU}} = \frac{380\angle 150°}{8.66 + j5} = \frac{380\angle 150°}{10\angle 30°} = 38\angle 120°\,(A)$$

根据式（6-5），各线电流为

$$\dot{I}_U = \sqrt{3}\,\dot{I}_{UV}\angle -30° = 65.82\angle -30°(A)$$

$$\dot{I}_V = \sqrt{3}\,\dot{I}_{VW}\angle -30° = 65.82\angle -150°(A)$$

$$\dot{I}_W = \sqrt{3}\,\dot{I}_{WU}\angle -30° = 65.82\angle 90°(A)$$

由此例可知：在相线阻抗为零的情况下，三角形连接负载承受的电压为电源的线电压；三相负载对称时，负载的相电流及线电流都是对称的，若只要求计算相电流和线电流的有效值，可按下列关系计算

$$I_{ph} = \frac{U_L}{|Z|} = \frac{380}{10} = 38(A)$$

$$I_L = \sqrt{3}\,I_{ph} = \sqrt{3}\times 38 = 65.82(A)$$

由上面两个例题可以看出：在电源线电压相同的情况下，对称三相负载由星形连接改为三角形连接时，相电流为星形连接时的$\sqrt{3}$倍，线电流为星形连接时的3倍。

思 考 题

6-2-1　一台三相异步电动机，铭牌上标有380/220V、Y/△，如接在线电压为380V的电源上，6个端子（U1、V1、W1与U2、V2、W2）应如何连接？如接在线电压为220V的电源上，又该如何连接？

6-2-2　三相高压输电线路的电压（指线电压）为110kV，接在该线路上的三相变压器的绕组接成三角形时，每相绕组承受的电压是多少伏？若将变压器绕组改接成星形时，每相绕组承受的电压又是多少伏？从变压器绕组使用绝缘材料方面考虑，该变压器绕组接成哪种形式比较好？

第三节　对称三相电路的分析

三相电路实质上是复杂正弦交流电路的一种特殊类型，因此第四章所讨论的正弦交流电路的分析方法对三相电路完全适用。但在分析对称三相电路时，应注意由于电路的对称性而引起的一些特殊规律性，利用这些规律可以简化三相电路的分析计算。

下面以图6-12（a）所示的三相四线制Y/Y₀系统为例，分析对称三相电路的特点。

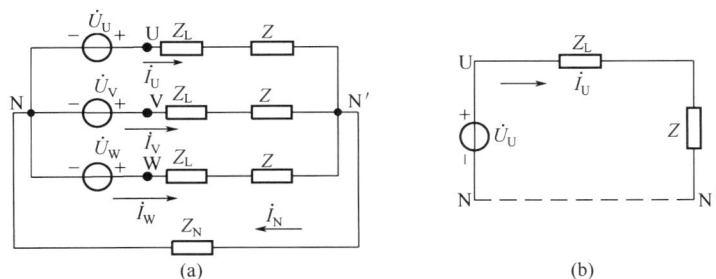

图6-12　对称三相电路

（a）三相电路；（b）单线图

163

一、对称三相电路的特点

图 6-12（a）所示对称三相电路具有 N′、N 两个节点。负载中性点 N′ 与电源中性点 N 之间的电压 $\dot{U}_{\mathrm{N'N}}$ 称为中性点电压，其参考方向规定从 N′ 到 N。设对称三相电源的相电压为 $\dot{U}_{\mathrm{U}}$、$\dot{U}_{\mathrm{V}}=\alpha^2\dot{U}_{\mathrm{U}}$、$\dot{U}_{\mathrm{W}}=\alpha\dot{U}_{\mathrm{U}}$，每根相线的复阻抗为 Z_{L}，每相负载的复阻抗为 Z，中性线的复阻抗为 Z_{N}。根据弥尔曼定理，中性点电压为

$$\dot{U}_{\mathrm{N'N}}=\frac{\dot{U}_{\mathrm{U}}Y_{\mathrm{U}}+\dot{U}_{\mathrm{V}}Y_{\mathrm{V}}+\dot{U}_{\mathrm{W}}Y_{\mathrm{W}}}{Y_{\mathrm{U}}+Y_{\mathrm{V}}+Y_{\mathrm{W}}+Y_{\mathrm{N}}}$$

式中

$$Y_{\mathrm{U}}=\frac{1}{Z_{\mathrm{L}}+Z}=Y_{\mathrm{V}}=Y_{\mathrm{W}}=Y,\qquad Y_{\mathrm{N}}=\frac{1}{Z_{\mathrm{N}}}$$

因为三相电源和负载均为对称，则

$$\dot{U}_{\mathrm{N'N}}=\frac{\dot{U}_{\mathrm{U}}Y_{\mathrm{U}}+\dot{U}_{\mathrm{V}}Y_{\mathrm{V}}+\dot{U}_{\mathrm{W}}Y_{\mathrm{W}}}{Y_{\mathrm{U}}+Y_{\mathrm{V}}+Y_{\mathrm{W}}+Y_{\mathrm{N}}}$$

$$=\frac{(\dot{U}_{\mathrm{U}}+\alpha^2\dot{U}_{\mathrm{U}}+\alpha\dot{U}_{\mathrm{U}})Y}{3Y+Y_{\mathrm{N}}}=0$$

各相电流（即线电流）和中性线电流

$$\dot{I}_{\mathrm{U}}=\dot{U}_{\mathrm{U}}Y=\frac{\dot{U}_{\mathrm{U}}}{Z_{\mathrm{L}}+Z}$$

$$\dot{I}_{\mathrm{V}}=\dot{U}_{\mathrm{V}}Y=\frac{\dot{U}_{\mathrm{V}}}{Z_{\mathrm{L}}+Z}=\alpha^2\dot{I}_{\mathrm{U}}$$

$$\dot{I}_{\mathrm{W}}=\dot{U}_{\mathrm{W}}Y=\frac{\dot{U}_{\mathrm{W}}}{Z_{\mathrm{L}}+Z}=\alpha\dot{I}_{\mathrm{W}}$$

$$\dot{I}_{\mathrm{N}}=\dot{I}_{\mathrm{U}}+\dot{I}_{\mathrm{V}}+\dot{I}_{\mathrm{W}}=0$$

负载相电压

$$\dot{U}'_{\mathrm{U}}=Z\dot{I}_{\mathrm{U}}$$

$$\dot{U}'_{\mathrm{V}}=Z\dot{I}_{\mathrm{V}}=\alpha^2\dot{U}'_{\mathrm{U}}$$

$$\dot{U}'_{\mathrm{W}}=Z\dot{I}_{\mathrm{W}}=\alpha\dot{U}'_{\mathrm{U}}$$

在不考虑输电导线的阻抗时（即 $Z_{\mathrm{L}}=0$），负载相电压等于电源相电压。

上述分析结果表明，Y/Y₀ 连接的对称三相电路具有以下特点：

（1）$\dot{U}_{\mathrm{N'N}}=0$、$\dot{I}_{\mathrm{N}}=0$，即中性线不起作用。也就是说，不管中性线阻抗的大小或中性线是否存在，对电路都没有影响。

（2）各相负载的电流、电压都是和电源同相序的对称正弦量，因此，只要计算出一相的电流、电压之后，其他两相的电流、电压可按对称条件直接写出。

（3）各相电流、电压只决定于该相的电源电压和负载阻抗，与其他两相无关，即各相电流、电压的计算具有"独立性"。

因此，Y/Y₀ 连接的对称三相电路可归结为一相计算。图 6-12（b）所示为一相计算电路，称为单线图，图中的虚线表示假想的中性线。

根据星形和三角形的等效互换，可将三角形连接的对称负载化为等效星形连接负载处

理。因此，上述计算方法可推广到其他类型的对称三相电路。

二、对称三相电路的一般计算方法

根据以上特点，对称三相电路的一般计算方法和步骤分析如下：

（1）若已知对称三相电源的线电压 $\dot{U}_{UV}$、$\dot{U}_{VW}$、$\dot{U}_{WU}$，则无需考虑电源的实际连接方式，可将电源看成星形连接，并根据对称情况下相电压与线电压的关系式（6-3）确定电源的相电压 $\dot{U}_U$、$\dot{U}_V$、$\dot{U}_W$。

（2）将电路中所有三角形连接的负载，用等效星形连接负载替代。

（3）把所有的中性点用阻抗为零的假想中性线连接起来，并作出一相电路的单线图，按单线图计算出一相（取 U 相）的电流和电压，根据对称条件直接写出其他两相的电流和电压。

（4）回到原电路，根据对称相电压和线电压、相电流和线电流的关系，求出三角形负载的相电压和相电流。

【例 6-3】 一台三相笼型异步电动机作星形连接，如图 6-13 所示，每相等效阻抗 $Z=7.6+j5.7\Omega$，每根相线的线路阻抗 $Z_L=0.4+j0.3\Omega$，接在线电压为 380V 的对称三相电源上。试求相电流及电动机绕组的相电压。

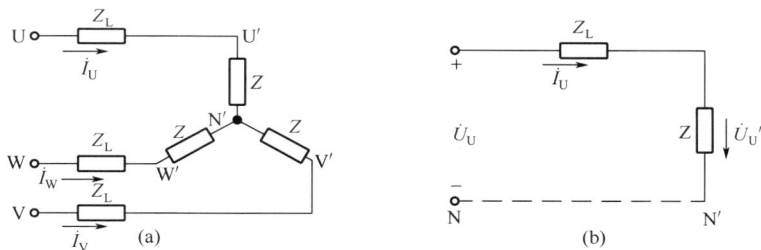

图 6-13 ［例 6-3］图

解 （1）根据题意，画出电路图如图 6-13（a）所示。将电源看成星形连接，则电源相电压的有效值为 $380/\sqrt{3}=220$（V），并设 $\dot{U}_U=220\angle0°$V。

（2）作单线图如图 6-13（b）所示，则

$$\dot{I}_U=\frac{\dot{U}_U}{Z_L+Z}=\frac{220\angle0°}{0.4+j0.3+7.6+j5.7}$$

$$=\frac{220\angle0°}{8+j6}=22\angle-36.87°(A)$$

（3）由于是对称三相电路，因此其余两相电流为

$$\dot{I}_V=\dot{I}_U\angle-120°=22\angle-156.87°(A)$$

$$\dot{I}_W=\dot{I}_U\angle120°=22\angle83.13°(A)$$

（4）电动机绕组的相电压为

$$\dot{U}_{U'N'}=Z\dot{I}_U=(7.6+j5.7)\times22\angle-36.87°$$

$$=9.5\angle36.87°\times22\angle-36.87°=209\angle0°(V)$$

$$\dot{U}_{V'N'}=\dot{U}_{U'N'}\angle-120°=209\angle-120°(V)$$

$$\dot{U}_{W'N'} = \dot{U}_{U'N'} \angle 120° = 209 \angle 120° (\text{V})$$

【例 6 - 4】　一台三角形连接的对称负载，接在线电压为 380V 的对称三相电源上，如图 6 - 14 所示，每相阻抗 $Z = 18 + j18\Omega$，每根相线的线路阻抗 $Z_L = j2\Omega$。试求线电流、负载的相电流及相电压。

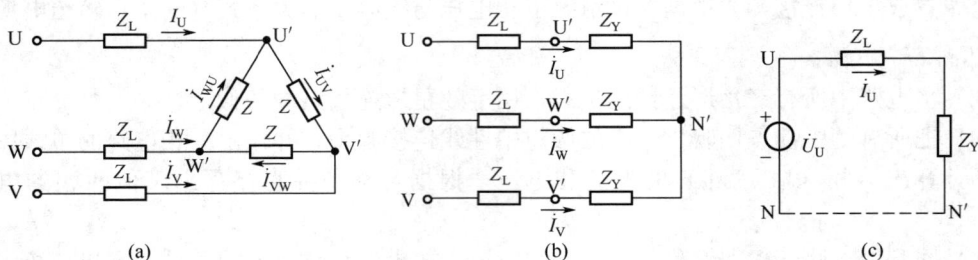

图 6 - 14　［例 6 - 4］图

解　（1）将三角形负载化为等效星形负载，如图 6 - 14（b）所示，其中 $Z_Y = \dfrac{1}{3}Z = 6 + j6\Omega$。

（2）将电源看作星形连接，则相电压的有效值为 $380/\sqrt{3} = 220$（V），并设 $\dot{U}_U = 220\angle 0°$（V）。

（3）作单线图如图 6 - 14（c）所示，则线电流

$$\dot{I}_U = \frac{\dot{U}_U}{Z_L + Z_Y} = \frac{220\angle 0°}{j2 + 6 + j6} = \frac{220\angle 0°}{10\angle 53.13°} = 22\angle -53.13°(\text{A})$$

$$\dot{I}_V = \dot{I}_U \angle -120° = 22\angle -173.13°(\text{A})$$

$$\dot{I}_W = \dot{I}_U \angle +120° = 22\angle 66.87°(\text{A})$$

（4）由图 6 - 14（a），根据式（6 - 5）可求得三角形负载的相电流

$$\dot{I}_{U'V'} = \frac{\dot{I}_U}{\sqrt{3}}\angle 30° = 12.7\angle -23.13°(\text{A})$$

$$\dot{I}_{V'W'} = \dot{I}_{U'V'}\angle -120° = 12.7\angle -143.13°(\text{A})$$

$$\dot{I}_{W'U'} = \dot{I}_{U'V'}\angle 120° = 12.7\angle 96.87°(\text{A})$$

（5）计算三角形负载的相电压

$$\dot{U}_{U'V'} = Z\dot{I}_{U'V'} = (18 + 18j)\times 12.7\angle -23.1°$$
$$= 25.46\angle 45° \times 12.7\angle -23.1° = 323.29\angle 21.9°(\text{V})$$

$$\dot{U}_{V'W'} = \dot{U}_{U'V'}\angle -120° = 323.29\angle -98.1°(\text{V})$$

$$\dot{U}_{W'U'} = \dot{U}_{U'V'}\angle 120° = 323.29\angle 141.9°(\text{V})$$

思 考 题

6 - 3 - 1　三相对称负载接到三相对称交流电源上，若负载作三角形连接，线电流为 30A。试问，当负载作星形连接时，线电流是多少？

6-3-2 三相笼型异步电动机定子绕组作三角形连接，已知对称电源的线电压为380V。试分析当 U 相的相线断开〔见图6-15（a）〕和断开 U 相绕组〔见图6-15（b）〕时，各相绕组两端的电压如何变化？

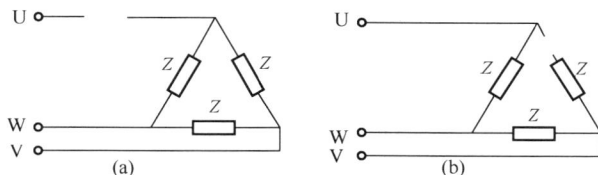

图6-15 思考题6-3-2图
（a）一线断开；（b）一相断开

第四节　简单不对称三相电路的分析

三相电路中的电源、负载和线路阻抗三者中只要有一项不对称，就称为不对称三相电路。在电力系统中，电源一般是对称的，而负载的不对称则是经常出现的。三相负载除了三相电动机等对称负载外，还有照明用电、家用电器等单相负载。由于用户的分散性和用电时间的不同，这些单相用电设备很难做到三相完全对称。此外，当对称三相电路发生一相负载短路或断线故障时，也会形成三相负载不对称。由于单相用电设备一般采用三相四线制的供电方式，所以分析星形连接不对称三相电路具有实际意义。

一、中性点电压法

图6-16（a）所示为电源对称、负载不对称的三相四线制电路，设对称三相电源的相电压为

$$\dot{U}_U = U_{ph}\angle 0°, \qquad \dot{U}_V = a^2 \dot{U}_U, \qquad \dot{U}_W = a\dot{U}_U$$

负载的复导纳为 Y_U、Y_V、Y_W，中性线复导纳为 Y_N，则中性点电压为

$$\dot{U}_{N'N} = \frac{\dot{U}_U Y_U + \dot{U}_V Y_V + \dot{U}_W Y_W}{Y_U + Y_V + Y_W + Y_N} \qquad (6-6)$$

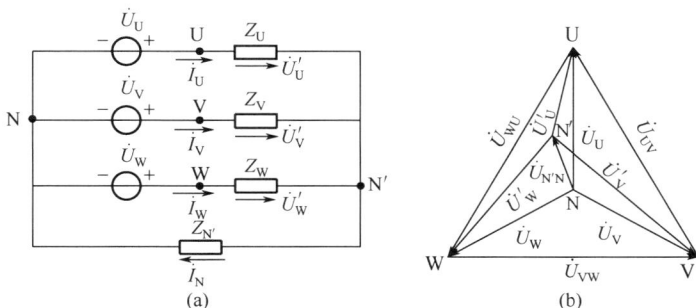

图6-16 三相四线制电路

由于负载不对称且 $Y_N \neq \infty$（或 $Z_N \neq 0$），所以 $\dot{U}_{N'N} \neq 0$。由式（6-6）求出 $\dot{U}_{N'N}$ 之后，根据 KVL 可求出各项负载的相电压为

$$\dot{U}'_{\mathrm U}=\dot{U}_{\mathrm U}-\dot{U}_{\mathrm N'N}$$
$$\dot{U}'_{\mathrm V}=\dot{U}_{\mathrm V}-\dot{U}_{\mathrm N'N} \tag{6-7}$$
$$\dot{U}'_{\mathrm W}=\dot{U}_{\mathrm W}-\dot{U}_{\mathrm N'N}$$

故三个相电流及中性线电流为

$$\dot{I}_{\mathrm U}=Y_{\mathrm U}\dot{U}'_{\mathrm U}=(\dot{U}_{\mathrm U}-\dot{U}_{\mathrm N'N})Y_{\mathrm U}$$
$$\dot{I}_{\mathrm V}=Y_{\mathrm V}\dot{U}'_{\mathrm V}=(\dot{U}_{\mathrm V}-\dot{U}_{\mathrm N'N})Y_{\mathrm V}$$
$$\dot{I}_{\mathrm W}=Y_{\mathrm W}\dot{U}'_{\mathrm W}=(\dot{U}_{\mathrm W}-\dot{U}_{\mathrm N'N})Y_{\mathrm W} \tag{6-8}$$
$$\dot{I}_{\mathrm N}=Y_{\mathrm N}\dot{U}_{\mathrm N'N}=\dot{I}_{\mathrm U}+\dot{I}_{\mathrm V}+\dot{I}_{\mathrm W}$$

这种利用节点电压法，求得中性点电压 $\dot{U}_{\mathrm N'N}$，进而分析不对称三相电路的方法称为中性点电压法。

二、中性点位移及中性线的作用

根据式（6-7），作出不对称三相电路的电压相量图，如图 6-16（b）所示。由于电源对称，三个线电压组成一个等边三角形 UVW，电源中性点 N 处在等边三角形的中心（也是重心上）。电源的三个相电压对称，但由于负载不对称使 $\dot{U}_{\mathrm N'N} \neq 0$，导致电源中性点的电位与负载中性点的电位不相等，在相量图上体现为负载中性点 N′ 与电源中性点 N 不重合，N′ 的位置由相量 $\dot{U}_{\mathrm N'N}$ 确定，这种现象称为中性点位移。中性点位移会导致各相负载电压有的高于电源相电压，有的低于电源相电压，从而影响了负载的正常工作。

负载不对称是客观存在的。为了防止发生中性点位移现象，由式（6-6）可知，若中性线阻抗 $Z_{\mathrm N} \approx 0$（即 $Y_{\mathrm N} \approx \infty$），则可迫使 $\dot{U}_{\mathrm N'N}=0$。此时尽管电路是不对称的，但由于中性线的存在，可使各相保持独立性，各相的工作状况互不影响，因而各相可以分别单独计算，这就是中性线的作用。应该指出的是，在这种情况下，由于三相负载不对称，因而各相负载电流（即线电流）不对称，负载的相电压只能接近对称，中性线电流也不等于零。

由以上分析可知，在负载不对称的三相四线制电路中，中性线的存在是非常重要的，中性线一旦断开，就会产生中性点位移，引起负载相电压不对称，造成用电设备损坏。因此，在实际工程中，必须保证中性线连接可靠且具有一定的机械强度，并规定中性线上不准安装熔断器（俗称熔丝）和开关。

【例 6-5】 在实际工作中，经常需要测定三相电源的相序。图 6-17（a）所示是一种测定相序的电路，称为相序指示器。它是由一个电容器和两组相同的灯泡组成无中性线的星形连接负载，假设把电容器接到 U 相上，$X_{\mathrm W}=R$。试分析在线电压对称的情况下，如何用该相序指示器确定三相电源的相序。

解 图 6-17 中，$Y_{\mathrm U}=\mathrm j\omega C$，$|Y_{\mathrm U}|=Y_{\mathrm V}=Y_{\mathrm W}=\dfrac{1}{R}=G$。设 $\dot{U}_{\mathrm U}=U_{\mathrm{ph}}\angle 0°$，则

$$\dot{U}_{\mathrm V}=U_{\mathrm{ph}}\angle -120°,\ \dot{U}_{\mathrm W}=U_{\mathrm{ph}}\angle 120°$$

中性点电压为

$$\dot{U}_{\mathrm N'N}=\frac{\dot{U}_{\mathrm U}Y_{\mathrm U}+\dot{U}_{\mathrm V}Y_{\mathrm V}+\dot{U}_{\mathrm W}Y_{\mathrm W}}{Y_{\mathrm U}+Y_{\mathrm V}+Y_{\mathrm W}}$$

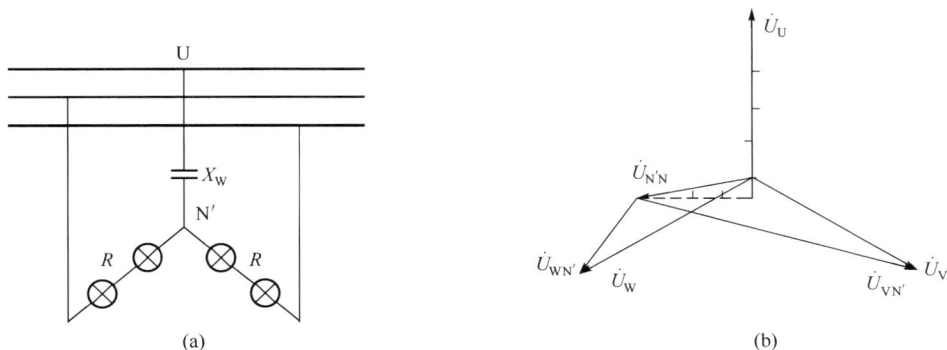

图 6 - 17 ［例 6 - 5］图
(a) 电路图；(b) 相量图

代入给定参数，并计算得

$$\dot{U}_{N'N} = U_{ph}(-0.2 + j0.6) = 0.63U_{ph}\angle 108.4°$$

V 相灯泡所承受的电压为

$$\dot{U}_{VN'} = \dot{U}_{VN} - \dot{U}_{N'N} = U_{ph}\angle -120° - U_{ph}(-0.2 + j0.6)$$
$$= U_{ph}(-0.3 - j1.47) = 1.5U_{ph}\angle -101.5°$$

所以

$$U_{VN'} = 1.5U_{ph}$$

同理

$$\dot{U}_{WN'} = \dot{U}_{WN} - \dot{U}_{N'N} = U_{ph}\angle 120° - U_{ph}(-0.2 + j0.6)$$
$$= U_{ph}(-0.3 + j0.266) = 0.4U_{ph}\angle 138.4°$$
$$U_{WN'} = 0.4U_{ph}$$

作相量图如图 6 - 17 （b）所示。

如果假设电容器接在 U 相，根据上述结果可以判定灯泡比较亮的为 V 相，较暗的为 W 相。

【例 6 - 6】 星形连接对称三相三线制电路，试分析下列两种情况下，各相负载相电压的变化情况：（1）一相负载开路，如图 6 - 18 （a）所示；（2）一相负载短路，如图 6 - 18 （c）所示。

解 （1）设 W 相负载开路，则 $Z_W = \infty$，$Y_W = 0$，$Y_U = Y_V = \dfrac{1}{Z} = Y$，代入中性点电压公式得

$$\dot{U}_{N'N} = \frac{\dot{U}_U Y_U + \dot{U}_V Y_V + \dot{U}_W Y_W}{Y_U + Y_V + Y_W} = \frac{\dot{U}_U Y + \dot{U}_V Y}{2Y} = \frac{\dot{U}_U + \dot{U}_V}{2} = -\frac{\dot{U}_W}{2}$$

各相电压为

$$\dot{U}'_U = \dot{U}_U - \dot{U}_{N'N} = \dot{U}_U + \frac{\dot{U}_W}{2} = \frac{\dot{U}_U - \dot{U}_V}{2} = \frac{\dot{U}_{UV}}{2}$$

$$\dot{U}'_V = \dot{U}_V - \dot{U}_{N'N} = \dot{U}_V + \frac{\dot{U}_W}{2} = \frac{\dot{U}_V - \dot{U}_U}{2} = -\frac{\dot{U}_{UV}}{2}$$

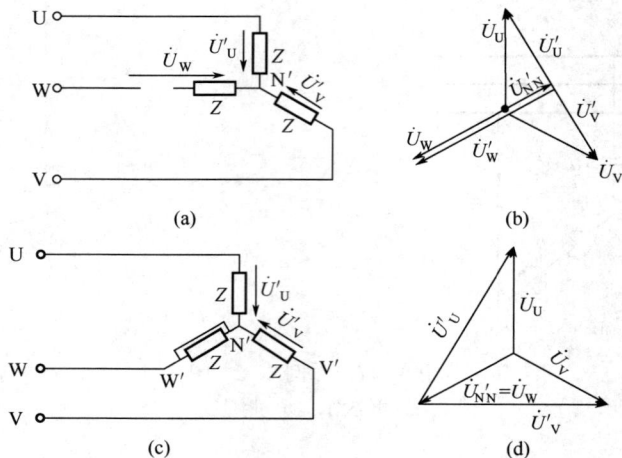

图 6 - 18　［例 6 - 6］图

（a）W 相负载开路；（b）W 相负载开路时的电压相量图；
（c）W 相负载短路；（d）W 相负载短路时的电压相量图

$$\dot{U}'_{\mathrm{W}} = \dot{U}_{\mathrm{W}} - \dot{U}_{\mathrm{N'N}} = \dot{U}_{\mathrm{W}} + \frac{\dot{U}_{\mathrm{W}}}{2} = \frac{3\dot{U}_{\mathrm{W}}}{2}$$

作相电压相量图如图 6 - 18（b）所示。

（2）设 W 相负载短路，则 $Z_{\mathrm{W}}=0$，$Y_{\mathrm{W}}=\infty$，$Y_{\mathrm{U}}=Y_{\mathrm{V}}=\dfrac{1}{Z}=Y$，$Y_{\mathrm{U}}$ 代入中性点电压公式得

$$\dot{U}_{\mathrm{N'N}} = \frac{\dot{U}_{\mathrm{U}}Y_{\mathrm{U}} + \dot{U}_{\mathrm{V}}Y_{\mathrm{V}} + \dot{U}_{\mathrm{W}}Y_{\mathrm{W}}}{Y_{\mathrm{U}} + Y_{\mathrm{V}} + Y_{\mathrm{W}}} = \dot{U}_{\mathrm{W}}$$

相电压为

$$\dot{U}'_{\mathrm{U}} = \dot{U}_{\mathrm{U}} - \dot{U}_{\mathrm{N'N}} = \dot{U}_{\mathrm{U}} - \dot{U}_{\mathrm{W}} = \dot{U}_{\mathrm{UW}}$$

$$\dot{U}'_{\mathrm{V}} = \dot{U}_{\mathrm{V}} - \dot{U}_{\mathrm{N'N}} = \dot{U}_{\mathrm{V}} - \dot{U}_{\mathrm{W}} = \dot{U}_{\mathrm{VW}}$$

$$\dot{U}'_{\mathrm{W}} = \dot{U}_{\mathrm{W}} - \dot{U}_{\mathrm{N'N}} = \dot{U}_{\mathrm{W}} - \dot{U}_{\mathrm{W}} = 0$$

作相电压相量图如图 6 - 18（d）所示。

由此例可得出如下结论：星形连接对称三相三线制电路，当一相负载开路时，其他两相电压的有效值等于线电压的一半；当一相负载短路时，其他两相电压的有效值等于线电压。

思 考 题

6 - 4 - 1　当负载作星形连接时，何时采用三相三线制，何时采用三相四线制，为什么？

6 - 4 - 2　为什么电源的中性线上不准安装熔断器，而用户的相线和中性线上都装有熔断器（见图 6 - 19 中的 FU）？

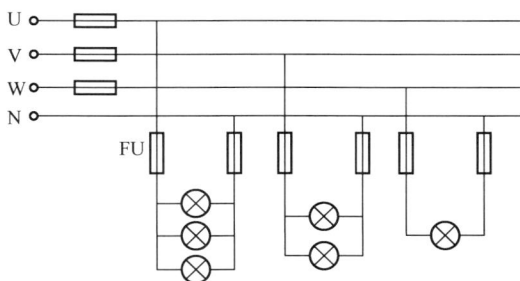

图 6 - 19　思考题 6 - 4 - 2 图

第 五 节　三 相 电 路 的 功 率

一、有功功率、无功功率和视在功率

根据功率平衡原理，不论是对称三相电路还是不对称三相电路，三相电源发出的总有功功率等于每相电源发出的有功功率之和，一个三相负载吸收的总有功功率等于各相负载吸收的总有功功率之和，即

$$P = P_U + P_V + P_W$$
$$= U_U I_U \cos\varphi_U + U_V I_V \cos\varphi_V + U_W I_W \cos\varphi_W \qquad (6 - 9)$$

式中：U_U、U_V、U_W 为各相电压的有效值；I_U、I_V、I_W 为各相电流的有效值；φ_U、φ_V、φ_W 为各相相电压超前于相电流的相位差。

在对称三相电路中，由于相电压、相电流对称，因此三相有功功率等于一相有功功率的3倍，即

$$P = 3U_{ph} I_{ph} \cos\varphi \qquad (6 - 10)$$

由于对称三相电路中的线电压和线电流都是对称的，当电源或负载作星形连接时 $U_L = \sqrt{3} U_{ph}$、$I_L = I_{ph}$；当电源或负载作三角形连接时 $U_L = U_{ph}$、$I_L = \sqrt{3} I_{ph}$。不管电源或负载作星形连接还是三角形连接，乘积 $U_{ph} I_{ph}$ 均等于 $(1/\sqrt{3})U_L I_L$，代入式（6 - 10）得

$$P = \sqrt{3} U_L I_L \cos\varphi \qquad (6 - 11)$$

式（6 - 11）是对称三相电路有功功率的计算公式，与负载的连接方式无关。式中 U_L 和 I_L 为线电压和线电流的有效值，φ 仍是相电压超前于相电流的相位差。

三相电气设备铭牌上标明的有功功率为三相有功功率。

同理，三相无功功率

$$Q = Q_U + Q_V + Q_W$$
$$= U_U I_U \sin\varphi_U + U_V I_V \sin\varphi_V + U_W I_W \sin\varphi_W \qquad (6 - 12)$$

对称三相电路中，不论何种连接方式，同样有

$$Q = 3U_{ph} I_{ph} \sin\varphi = \sqrt{3} U_L I_L \sin\varphi \qquad (6 - 13)$$

三相电路的视在功率

$$S = \sqrt{P^2 + Q^2} \qquad (6 - 14)$$

其中
$$P = P_U + P_V + P_W, \quad Q = Q_U + Q_V + Q_W$$

对称三相电路的视在功率

$$S = 3U_{ph}I_{ph} = \sqrt{3}U_L I_L \qquad (6\text{-}15)$$

不对称三相电路的视在功率不等于各相相电压和对应相电流的乘积之和（即 $S \neq S_U + S_V + S_W$）。

三相电路不对称时，各相的功率因数不等，但可用一个等效的功率因数替代，它的定义为

$$\cos\varphi' = \frac{P}{S} = \frac{P}{\sqrt{P^2 + Q^2}} \qquad (6\text{-}16)$$

对称三相电路的功率因数 $\lambda = \cos\varphi$，即为每相负载的功率因数，在不对称三相电路中，φ' 只有计算上的意义，没有实际意义。

三相变压器铭牌上标明的功率为三相总视在功率。

【例 6-7】 一台星形连接的三相异步电动机，其功率、线电压、功率因数分别为 0.8kW、380V、0.8，试求这台电动机的线电流和每相的复阻抗。

解 由式（6-11）可得

$$I = \frac{P}{\sqrt{3}U\cos\varphi} = \frac{800}{\sqrt{3} \times 380 \times 0.8} = 1.52(\text{A})$$

每相的阻抗

$$|Z| = \frac{\dfrac{U}{\sqrt{3}}}{I} = \frac{380}{\sqrt{3} \times 1.52} = 144(\Omega)$$

每相的复阻抗

$$Z = |Z| \angle\varphi = |Z| \angle\cos^{-1}0.8 = 144\angle36.87° = 115.2 + j86.4(\Omega)$$

二、对称三相电路的瞬时功率

三相电路的瞬时功率 p 等于各相瞬时功率之和，即

$$p = p_U + p_V + p_W$$
$$= u_U i_U + u_V i_V + u_W i_W$$

在对称三相正弦电路中，设

$$u_U = \sqrt{2}U_{ph}\sin\omega t$$
$$i_U = \sqrt{2}I_{ph}\sin(\omega t - \varphi)$$

则

$$u_V = \sqrt{2}U_{ph}\sin(\omega t - 120°)$$
$$i_V = \sqrt{2}I_{ph}\sin(\omega t - 120° - \varphi)$$
$$u_W = \sqrt{2}U_{ph}\sin(\omega t + 120°)$$
$$i_W = \sqrt{2}I_{ph}\sin(\omega t + 120° - \varphi)$$

三相总瞬时功率

$$p = u_U i_U + u_V i_V + u_W i_W$$
$$= \sqrt{2}U_{ph}\sin\omega t \times \sqrt{2}I_{ph}\sin(\omega t - \varphi)$$
$$+ \sqrt{2}U_{ph}\sin(\omega t - 120°) \times \sqrt{2}I_{ph}\sin(\omega t - 120° - \varphi)$$

$$+\sqrt{2}U_{ph}\sin(\omega t+120°)\times\sqrt{2}I_{ph}\sin(\omega t+120°-\varphi)$$

$$=U_{ph}I_{ph}[\cos\varphi-\cos(2\omega t-\varphi)]$$

$$+U_{ph}I_{ph}[\cos\varphi-\cos(2\omega t+120°-\varphi)]$$

$$+U_{ph}I_{ph}[\cos\varphi-\cos(2\omega t-120°-\varphi)]$$

$$=3U_{ph}I_{ph}\cos\varphi-U_{ph}I_{ph}[\cos(2\omega t-\varphi)+\cos(2\omega t-\varphi-120°)+\cos(2\omega t-\varphi+120°)]$$

因 $\cos(2\omega t-\varphi)+\cos(2\omega t-\varphi-120°)+\cos(2\omega t-\varphi+120°)=0$

故 $$p=\sqrt{3}U_LI_L\cos\varphi \qquad\qquad (6-17)$$

式（6-17）表明：对称三相正弦交流电路的瞬时功率是一个不随时间变化的常量，其大小等于三相电路的有功功率。

在对称三相电路中运行的三相电动机，由于其瞬时功率为常数，故转矩恒定不变，运转平稳，振动较小。单相异步电动机由于其转矩 $p(t)=U_{ph}I_{ph}[\cos\varphi-\cos(2\omega t-\varphi)]$ ，以 2ω 的角频率随时间变化，所以运行中有较大的振动，这是三相制的优点之一。

瞬时功率为常数的多相电路称为平衡制多相电路，否则，称为不平衡制多相电路。对称三相电路是平衡制多相电路的一种。

三、三相功率的测量

在三相三线制电路中，不论对称与否，都可以用图 6-20 所示的接线方法测量三相功率，这种测量方法称为"两表法"。两个功率表的电流线圈分别串入任意两相线中（图 6-20 所示为 U、V 线），它们的电压线圈的非极性端（即无"•"端）共同接到第三条相线上（图 6-20 所示为 W 线）。

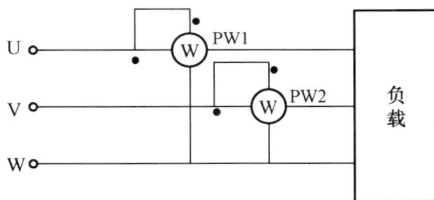

图 6-20 两表法测量电路

可以看出，这种测量方法中功率表的接线只触及相线而不触及电源和负载，且与电源及负载的连接方式无关。可以证明图中两个功率表读数的代数和正好等于三相电路的有功功率。

设两个功率表的读数分别用 P_1 和 P_2 来表示，根据功率表的读数规则有

$$P_1+P_2=\mathrm{Re}[\dot{U}_{UW}\overset{*}{I}_U+\dot{U}_{VW}\overset{*}{I}_V]$$

因为 $\dot{U}_{UW}=\dot{U}_U-\dot{U}_W$ ，$\dot{U}_{VW}=\dot{U}_V-\dot{U}_W$ ，$\overset{*}{I}_U+\overset{*}{I}_V=-\overset{*}{I}_W$ ，代入上式得

$$P_1+P_2=\mathrm{Re}(\dot{U}_U\overset{*}{I}_U+\dot{U}_V\overset{*}{I}_V+\dot{U}_W\overset{*}{I}_W)$$

$$=\mathrm{Re}[\tilde{S}_U+\tilde{S}_V+\tilde{S}_W]=\mathrm{Re}[\tilde{S}]$$

其中 $\mathrm{Re}[\tilde{S}]$ 表示三相负载的有功功率。还可以证明，在对称三相三线制电路中有

$$P_1=\mathrm{Re}[\dot{U}_{UV}\overset{*}{I}_U]=U_{UV}I_U\cos(30°+\varphi)$$

$$P_2=\mathrm{Re}[\dot{U}_{WV}\overset{*}{I}_W]=U_{WV}I_W\cos(30°-\varphi)$$

上两式中：φ 为负载的阻抗角。

从上面两式可以看出，在一定的条件下，两个功率表之一的读数可能为负值，求代数和时该读数也应取负值。一般情况下，用两表法测量三相功率时，一个功率表的读数是没有意义的。

除对称情况外，三相四线制不能用两表法测量三相功率，这是因为在不对称三相四线制电路中，中性线电流 $\dot{I}_N\ne0$。

173

【例6-8】 一台三相异步电动机的功率为28kW，$\lambda = \cos\varphi = 0.866$，线电压为380V（对称），如图6-21所示。求图中两个功率表的读数。

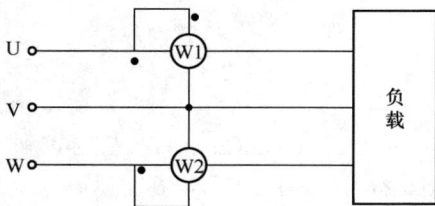

图6-21 ［例6-8］图

解 求功率表的读数，只需求出与两个功率表相关的电压和电流相量即可。由于异步电动机为对称负载，因此

$$I_1 = \frac{P}{\sqrt{3}U_1\cos\varphi} = \frac{28 \times 10^3}{\sqrt{3} \times 380 \times 0.866} = 49.12(\text{A})$$

$$\varphi = \arccos 0.866 = 30°$$

设 $\dot{U}_{UN'} = 220\angle 0°(\text{V})$，则

$$\dot{I}_U = 49.12\angle -30°\text{A}$$

$$\dot{U}_{UV} = 380\angle 30°\text{V}$$

$$\dot{I}_W = \alpha 49.12\angle -30° = 49.12\angle 90°\text{A}$$

$$\dot{U}_{WV} = -\dot{U}_{VW} = -\alpha^2\dot{U}_{UV}380\angle 30° = 380\angle 90°\text{V}$$

可得功率表的读数为

$$P_1 = U_{UV}I_U\cos\varphi_1 = 380 \times 49.12\cos(30° + 30°)$$
$$= 9332.8(\text{W})$$
$$P_2 = U_{WV}I_W\cos\varphi_2 = 380 \times 49.12\cos(30° - 30°)$$
$$= 18665.6(\text{W})$$

式中：φ_1 和 φ_2 分别为电压相量和对应电流相量之间的相位差。

$$P_1 + P_2 = 28\text{kW}$$

 **思 考 题**

6-5-1 对称三相负载接到对称三相电源上，试比较负载作星形连接和三角形连接时的总有功功率。

6-5-2 测量三相有功功率的两表法接线能否用于三相四线制电路？为什么？

△第六节 不对称三相的对称分量法

第五节讨论的不对称三相电路的分析计算方法，只适用于没有互感和三相旋转电动机的不对称电路。在专业课和实际工程中，普遍应用对称分量法分析和计算三相旋转电动机的不对称运行以及电力系统的不对称短路等问题，为此，本节介绍对称分量的基本概念。关于对称分量的应用将在后续的有关课程中介绍。

一、三相制的对称分量

在三相制电路中，凡是大小相等、频率相同、相位差彼此相等的三个正弦量，就是一组对称分量。在三相制中，满足上述条件的对称正弦量有正序分量、负序分量和零序分量三种。

1. 正序分量

设有三个相量 $\dot{U}_1$、$\dot{V}_1$、$\dot{W}_1$，它们的模相等、频率相同、相位依次相差 $120°$、相序为 $\dot{U}_1 - \dot{V}_1 - \dot{W}_1$，如图 6 - 22（a）所示。这样的一组对称正弦量称为正序分量，它们的相量表达式为

$$\dot{U}_1, \quad \dot{V}_1 = \alpha^2 \dot{U}_1, \quad \dot{W}_1 = \alpha \dot{U}_1 \tag{6-18a}$$

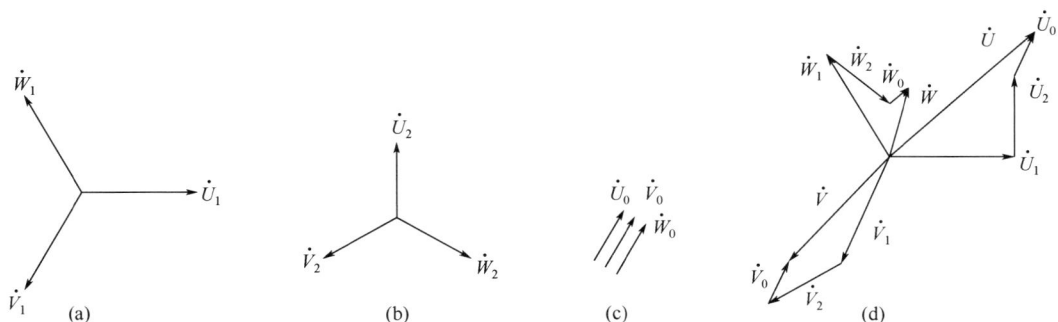

图 6 - 22 三相制中的对称分量组

（a）正序分量组；（b）负序分量组；（c）零序分量组；（d）三组对称分量相加

2. 负序分量

设有三个相量 $\dot{U}_2$、$\dot{V}_2$、$\dot{W}_2$，它们的模相等、频率相同、相位依次相差 $120°$、相序为 $\dot{U}_2 - \dot{W}_2 - \dot{V}_2$（也可以说 $\dot{U}_2$、$\dot{V}_2$、$\dot{W}_2$，它们的模相等、频率相同、相位依次相差 $240°$、相序为 $\dot{U}_2 - \dot{V}_2 - \dot{W}_2$），如图 6 - 22（b）所示。这样的一组对称正弦量称为负序分量，它们的相量表达式为

$$\dot{U}_2, \quad \dot{V}_2 = \alpha \dot{U}_2, \quad \dot{W}_2 = \alpha^2 \dot{U}_2 \tag{6-18b}$$

3. 零序分量

设有三个相量 $\dot{U}_0$、$\dot{V}_0$、$\dot{W}_0$，它们的模相等、频率相同、相位依次相差 $360°$（即同相），如图 6 - 22（c）所示。这样的一组对称正弦量称为零序分量，它们的相量表达式为

$$\dot{U}_0 = \dot{V}_0 = \dot{W}_0 \tag{6-18c}$$

对称三相正弦量的条件，除了频率相同、有效值相等外，与一个顺次超前的相位差相同，所以共有以上三种相序的对称正弦量。因为在三相制中，满足相位差彼此相等的只有 $120°$、$240°$、$360°$ 三种。

将上述三组同频率对称分量相加，可以得到一组同频率的不对称分量，如图 6 - 22（d）所示，即

$$\dot{U} = \dot{U}_0 + \dot{U}_1 + \dot{U}_2 \tag{6-19a}$$
$$\dot{V} = \dot{V}_0 + \dot{V}_1 + \dot{V}_2 = \dot{U}_0 + \alpha^2 \dot{U}_1 + \alpha \dot{U}_2 \tag{6-19b}$$
$$\dot{W} = \dot{W}_0 + \dot{W}_1 + \dot{W}_2 = \dot{U}_0 + \alpha \dot{U}_1 + \alpha^2 \dot{U}_2 \tag{6-19c}$$

把式（6 - 19）中三式联立得到一个三元一次方程组，设 $\dot{U}$、$\dot{V}$、$\dot{W}$ 为已知，可求解 $\dot{U}_0$、$\dot{U}_1$、$\dot{U}_2$。这个方程组的主行列式

$$\Delta = \begin{vmatrix} 1 & 1 & 1 \\ 1 & \alpha^2 & \alpha \\ 1 & \alpha & \alpha^2 \end{vmatrix} = 3(\alpha - \alpha^2) = j3\sqrt{3} \neq 0$$

表明 $\dot{U}_0$、$\dot{U}_1$、$\dot{U}_2$ 有唯一解。将式（6-19）中三式相加，由于 $1+\alpha+\alpha^2=0$，可得

$$\dot{U}_0 = \frac{1}{3}(\dot{U} + \dot{V} + \dot{W}) \tag{6-20a}$$

即零序分量为原来三个不对称正弦量之和的 $\frac{1}{3}$。将式（6-19b）乘以 α，式（6-19c）乘以 α^2，所得两式和式（6-19a）相加，得

$$\dot{U}_1 = \frac{1}{3}(\dot{U} + \alpha\dot{V} + \alpha^2\dot{W}) \tag{6-20b}$$

将式（6-19b）乘以 α^2，式（6-19c）乘以 α，所得两式和式（6-19a）相加，得

$$\dot{U}_2 = \frac{1}{3}(\dot{U} + \alpha^2\dot{V} + \alpha\dot{W}) \tag{6-20c}$$

求出 $\dot{U}_0$、$\dot{U}_1$、$\dot{U}_2$，根据式（6-19）可推出 $\dot{V}_0$、$\dot{W}_0$、$\dot{V}_1$、$\dot{W}_1$、$\dot{V}_2$、$\dot{W}_2$。

通过以上分析可知：任意一组同频率的不对称三相正弦量（如电压或电流），都可用式（6-20）将它分解为三组频率相同，但相序不同的对称正弦量，即对称分量；反之，三组频率相同、相序不同的对称正弦量，也可以应用式（6-19）将它们相加得到一组不对称的同频率正弦量。

引入对称分量之后，可将不对称三相电路中的电压或电流分解为三组对称分量，即化为三组对称电路分别进行计算，然后把计算结果叠加，求出实际未知量。可见，对称分量为不对称三相电路的分析计算提供了一种有效的方法，即对称分量法。

【例 6-9】 试求［例 6-6］中星形连接对称三相三线制电路，W 相负载开路后，负载相电压的对称分量。

解 由［例 6-6］可知，W 相负载开路后的各相相电压为 $\dot{U}'_U = \frac{\dot{U}_{UV}}{2}$、$\dot{U}'_V = -\frac{\dot{U}_{UV}}{2}$、$\dot{U}'_W = \frac{3\dot{U}_W}{2}$。设 $\dot{U}_U = U_{ph}\angle 0°$，则 $\dot{U}'_U = \frac{\dot{U}_{UV}}{2} = \frac{\sqrt{3}\dot{U}_U\angle 30°}{2} = \frac{\sqrt{3}U_{ph}\angle 30°}{2}$、$\dot{U}'_V = -\frac{\dot{U}_{UV}}{2} = -\frac{\sqrt{3}U_{ph}\angle 30°}{2} = \frac{\sqrt{3}U_{ph}\angle -150°}{2}$，$\dot{U}'_W = \frac{3\dot{U}_W}{2} = \frac{3U_{ph}\angle 120°}{2}$。

根据式（6-20）求负载相电压的对称分量为

$$\dot{U}'_{U0} = \frac{1}{3}(\dot{U}'_U + \dot{U}'_V + \dot{U}'_W) = \frac{U_{ph}\angle 120°}{2}$$

$$\dot{U}'_{U1} = \frac{1}{3}(\dot{U}'_U + \alpha\dot{U}'_V + \alpha^2\dot{U}'_W) = \frac{U_{ph}}{3}\left(\frac{\sqrt{3}\angle 30°}{2} + \frac{\sqrt{3}\angle -150°\angle 120°}{2} + \frac{3\angle 120°\angle -120°}{2}\right)$$

$$= \frac{U_{ph}}{3}\left(\frac{\sqrt{3}\angle 30°}{2} + \frac{\sqrt{3}\angle -30°}{2} + \frac{3\angle 0°}{2}\right) = U_{ph}$$

$$\dot{U}'_{U2} = \frac{1}{3}(\dot{U}'_U + \alpha^2\dot{U}'_V + \alpha\dot{U}'_W) = \frac{U_{ph}}{3}\left(\frac{\sqrt{3}\angle 30°}{2} + \frac{\sqrt{3}\angle -150°\angle -120°}{2} + \frac{3\angle 120°\angle 120°}{2}\right)$$

$$=\frac{U_{\text{ph}}}{3}\left(\frac{\sqrt{3}\angle 30°}{2}+\frac{\sqrt{3}\angle 90°}{2}+\frac{3\angle-120°}{2}\right)=0$$

根据式（6-19）可推出 $\dot{V}_0$、$\dot{W}_0$、$\dot{V}_1$、$\dot{W}_1$、$\dot{V}_2$、$\dot{W}_2$。

二、三相电压、电流的对称分量的一些性质

由［例6-9］可以看出：不对称三相电路的电压和电流，虽然都可以应用式（6-20）分解为三组对称分量，但在不同情况下，除正序分量外，它们的负序分量或零序分量可能等于零，掌握这些性质，有助于简化问题的分析。

1. 线电压

由式（6-20）可知：如果一组不对称三相正弦量的相量之和等于零，则这组不对称三相正弦量中不含有零序分量；否则，就含有零序分量。

不论是三相三线制电路还是三相四线制电路，都有

$$\dot{U}_{\text{UV}}+\dot{U}_{\text{VW}}+\dot{U}_{\text{WU}}=0$$

因此，线电压中不含零序分量。如果线电压不对称，则是因为存在负序分量的缘故。通常取线电压的负序分量有效值 U_2 与正序分量有效值 U_1 的百分比来衡量线电压的不对称程度，称为不对称度，用符号 ε 表示，即

$$\varepsilon=\frac{U_2}{U_1}\times100\%$$

如果线电压对称，则 $U_2=0$，$\varepsilon=0$。$\varepsilon\leqslant5\%$ 的线电压可以认为是近似对称。

2. 线电流

（1）在三相三线制电路中，不论负载是否对称，三个线电流相量之和恒等于零，即

$$\dot{I}_{\text{U}}+\dot{I}_{\text{V}}+\dot{I}_{\text{W}}=0$$

因此，三相三线制电路的不对称线电流中不含有零序分量，仅有正序和负序分量。

（2）在三相四线制电路中，如果线电流不对称，则

$$\dot{I}_{\text{N}}=\dot{I}_{\text{U}}+\dot{I}_{\text{V}}+\dot{I}_{\text{W}}$$
$$=(\dot{I}_{\text{U0}}+\dot{I}_{\text{U1}}+\dot{I}_{\text{U2}})+(\dot{I}_{\text{U0}}+\alpha^2\dot{I}_{\text{U1}}+\alpha\dot{I}_{\text{U2}})$$
$$+(\dot{I}_{\text{U0}}+\alpha\dot{I}_{\text{U1}}+\alpha^2\dot{I}_{\text{U2}})$$
$$=3\dot{I}_{\text{U0}}+\dot{I}_{\text{U1}}(1+\alpha^2+\alpha)+\dot{I}_{\text{U2}}(1+\alpha+\alpha^2)=3\dot{I}_{\text{U0}}$$

可见，在不对称三相四线制电路中，由于 $\dot{I}_{\text{U}}+\dot{I}_{\text{V}}+\dot{I}_{\text{W}}=3\dot{I}_{\text{U0}}\neq0$，因此线电流中含有零序分量。因为三个线电流中的正序和负序分量在中性线中抵消，所以中性线电流中只含有线电流的零序分量，并等于每个线电流零序分量的3倍。如没有中性线，线电流中就没有零序分量，因此可以认为中性线是线电流零序分量的通路。

3. 星形连接负载或电源的相电压

设星形连接负载的相电压 $\dot{U}'_{\text{U}}$、$\dot{U}'_{\text{V}}$、$\dot{U}'_{\text{W}}$ 不对称，将其分解为对称分量为

$$\dot{U}'_{\text{U}}=\dot{U}'_{\text{U0}}+\dot{U}'_{\text{U1}}+\dot{U}'_{\text{U2}}$$
$$\dot{U}'_{\text{V}}=\dot{U}'_{\text{U0}}+\alpha^2\dot{U}'_{\text{U1}}+\alpha\dot{U}'_{\text{U2}}$$
$$\dot{U}'_{\text{W}}=\dot{U}'_{\text{U0}}+\alpha\dot{U}'_{\text{U1}}+\alpha^2\dot{U}'_{\text{U2}}$$

线电压为

$$\dot{U}_{UV} = \dot{U}'_U - \dot{U}'_V = (1-\alpha^2)\dot{U}'_{U1} + (1-\alpha)\dot{U}'_{U2}$$

$$\dot{U}_{VW} = \dot{U}'_V - \dot{U}'_W = (\alpha^2-\alpha)\dot{U}'_{U1} + (\alpha-\alpha^2)\dot{U}'_{U2}$$

$$= \alpha^2(1-\alpha^2)\dot{U}'_{U1} + \alpha(1-\alpha)\dot{U}'_{U2}$$

$$\dot{U}_{WU} = \dot{U}'_W - \dot{U}'_U = (\alpha-1)\dot{U}'_{U1} + (\alpha^2-1)\dot{U}'_{U2}$$

$$= \alpha(1-\alpha^2)\dot{U}'_{U1} + \alpha^2(1-\alpha)\dot{U}'_{U2}$$

线电压的对称分量为

$$\dot{U}_{UV0} = \frac{1}{3}(\dot{U}_{UV} + \dot{U}_{VW} + \dot{U}_{WU}) = 0$$

$$\dot{U}_{UV1} = \frac{1}{3}(\dot{U}_{UV} + \alpha\dot{U}_{VW} + \alpha^2\dot{U}_{WU})$$

$$= (1-\alpha^2)\dot{U}'_{U1} = \dot{U}'_{U1} - \dot{U}'_{V1} = \sqrt{3}\dot{U}'_{U1}\angle 30°$$

$$\dot{U}_{UV2} = \frac{1}{3}(\dot{U}_{UV} + \alpha^2\dot{U}_{VW} + \alpha\dot{U}_{WU})$$

$$= (1-\alpha)\dot{U}'_{U2} = \dot{U}'_{U2} - \dot{U}'_{V2} = \sqrt{3}\dot{U}'_{U2}\angle -30°$$

通过以上推导，可得星形连接负载或电源相电压的性质，现分析如下：

（1）虽然线电压中不含零序分量，但星形连接的负载或电源的相电压中可能含有零序分量，[例 6 - 9] 就是这种情况。

（2）相电压的正序分量只与线电压的正序分量有关，相电压的负序分量也只与线电压的负序分量有关。它们之间的关系为

$$\dot{U}'_{UV1} = \dot{U}'_{U1} - \dot{U}'_{V1} = \sqrt{3}\dot{U}'_{U1}\angle 30°$$

$$\dot{U}'_{UV2} = \dot{U}'_{U2} - \dot{U}'_{V2} = \sqrt{3}\dot{U}'_{U2}\angle -30°$$

相量图分别如图 6 - 23 所示。

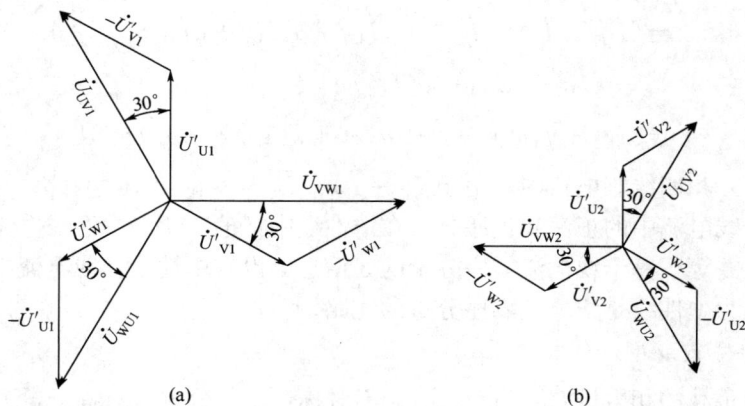

图 6 - 23 线电压与相电压的正序分量及负序分量的相量图
（a）正序分量；（b）负序分量

（3）如果线电压中不含负序分量，即线电压对称，则相电压中也不含负序分量。

（4）因为线电压一定时，相电压的正序分量一定、相电压的负序分量也一定，所以处在同一线电压下的几组不同星形连接负载，它们的相电压的正序分量相同，负序分量也相同，只有零序分量不同。

4. 三角形连接负载或电源的相电流

与上面的推导类似，三角形连接负载或电源相电流的性质有以下几点：

（1）虽然线电流中不含零序分量，但相电流中可能含有零序分量。

（2）相电流的正序分量只与线电流的正序分量有关，相电流的负序分量也只与线电流的负序分量有关。它们之间的关系为

$$\dot{I}_{U1} = \dot{I}_{U'V'1} - \dot{U}_{W'U'1} = \sqrt{3}\,\dot{I}_{U'V'1}\angle -30°$$

$$\dot{I}_{U2} = \dot{I}_{U'V'2} - \dot{U}_{W'U'2} = \sqrt{3}\,\dot{I}_{U'V'2}\angle 30°$$

（3）线电流对称时，相电流中不含有负序分量。

（4）对于几组不同的三角形连接负载，如果它们的线电流相同，那么，它们的相电流的正序分量相同，负序分量也相同，只有零序分量不同。

【例 6 - 10】 广泛应用于继电保护装置中的负序电压滤过器的原理电路如图 6 - 24（a）虚线框内所示。它的基本工作原理是：电力系统正常运行时，加在负序电压滤过器上的电压为对称三相电压，这时的输出电压 $\dot{U}_{01} = 0$；当电力系统发生故障时，加在负序电压滤过器上的电压不对称，出现负序电压分量 $\dot{U}_{UV2}$、$\dot{U}_{VW2}$、$\dot{U}_{WU2}$，这时的输出电压 $\dot{U}_{02} \neq 0$，这样该电路就从不对称的线电压中"滤"出负序分量信号，送到继电保护装置电路，使保护动作。试求：（1）输入正序对称线电压 $\dot{U}_{UV1}$、$\dot{U}_{VW1}$、$\dot{U}_{WU1}$ 时，要使输出电压 $\dot{U}_{01} = 0$，电路的 R、X_C、R'、X'_C 应满足怎样的关系？（2）按（1）中所得关系配置 R、X_C、R'、X'_C 后，当输入电压 $\dot{U}_{UV2}$、$\dot{U}_{VW2}$、$\dot{U}_{WU2}$ 为负序对称分量时，输出电压 $\dot{U}_{02}$ 的有效值为多大？

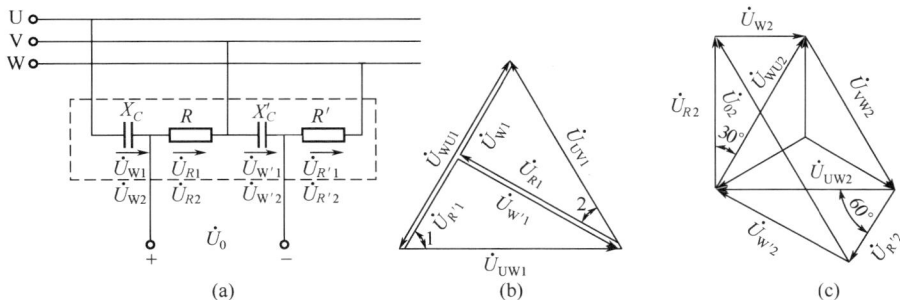

图 6 - 24 ［例 6 - 10］图

解 （1）由电路图 6 - 24 可知，输入正序对称线电压 $\dot{U}_{UV1}$、$\dot{U}_{VW1}$、$\dot{U}_{WU1}$ 时，输出电压 $\dot{U}_{01} = \dot{U}_{R1} + \dot{U}_{W'1}$，要使 $\dot{U}_{01} = 0$，必须使 $\dot{U}_{R1} = -\dot{U}_{W'1}$，为此作相量图 6 - 24（b）。图中，输入电压 $\dot{U}_{UV1}$、$\dot{U}_{VW1}$、$\dot{U}_{WU1}$ 为一等边三角形；X_C 和 R 的串联支路接电压 $\dot{U}_{UV1}$，电压 $\dot{U}_{R1}$ 与该支路的电流同相位，电压 $\dot{U}_{W1}$ 滞后于电流（或 $\dot{U}_{R1}$）90°，而且 $\dot{U}_{R1} + \dot{U}_{W1} = \dot{U}_{UV1}$；$X'_C$ 和 R' 的串联支路接电压 $\dot{U}_{VW1}$，电压 $\dot{U}_{R'1}$ 与该支路的电流同相位，电压 $\dot{U}_{W'1}$ 滞后于电流（或 $\dot{U}_{R'1}$）90°，而且 $\dot{U}_{R'1} + \dot{U}_{W'1} = \dot{U}_{VW1}$。

179

从相量图上可以看出，要使 $\dot{U}_{R1} = -\dot{U}_{W'1}$，必须使 $\varphi_2 = -30°$、$\varphi_1 = -60°$，所以得

$$\frac{X_C}{R} = \tan30° = \frac{1}{\sqrt{3}}$$

$$\frac{X'_C}{R'} = \tan60° = \sqrt{3}$$

由此得出 R、X_C、R'、X'_C 应满足的关系为

$$\frac{X'_C}{R'} = \frac{R}{X_C} = \sqrt{3}$$

（2）输入电压为负序对称分量 $\dot{U}_{UV2}$、$\dot{U}_{VW2}$、$\dot{U}_{WU2}$ 时，作相量图如图 6-24（c）所示。因为 $\frac{X_C}{R} = \frac{1}{\sqrt{3}}$，所以 $\dot{U}_{R2}$ 比 $\dot{U}_{UV2}$ 超前 $30°$；$\frac{X'_C}{R'} = \sqrt{3}$，所以 $\dot{U}_{R'2}$ 比 $\dot{U}_{VW2}$ 超前 $60°$，即 $\dot{U}_{W'2}$ 比 $\dot{U}_{VW2}$ 滞后 $30°$。由相量图得出电压相量

$$\dot{U}_{02} = \dot{U}_{W'2} + \dot{U}_{R2}$$

从图中看出，输出电压的有效值 $U_{02} = \sqrt{3}U_{R2}$，而 $U_{R2} = U_{UV2}\cos30° = \frac{\sqrt{3}}{2}U_{UV2}$，所以 $U_{02} = \sqrt{3} \times \frac{\sqrt{3}}{2}U_{UV2} = \frac{3}{2}U_{UV2}$，即输出电压的有效值等于负序电压有效值的 1.5 倍。

思 考 题

6-6-1　什么是正序分量、负序分量和零序分量？如何将一组不对称的三相正弦量分解成对称分量？已知对称分量 $\dot{U}_0$、$\dot{U}_1$、$\dot{U}_2$，如何求不对称正弦量 $\dot{U}$、$\dot{V}$、$\dot{W}$？

6-6-2　不对称的三相三线制和三相四线制电路中，线电压和线电流各含有哪些对称分量？

课程思政六

三相交流电是当今人类社会应用最广泛、最可靠的能源。我国在中国共产党的正确领导下是世界电力系统发展最迅速的国家，充分体现了我国社会主义制度的优越性。

*科 普 知 识 六

绝 缘 油

绝缘油是一种液体绝缘物，由石油精炼而成，其用途是浸渍变压器、灌注油断路器和充油电缆，作为高压电气设备的内绝缘。绝缘油在电气设备中起绝缘、冷却及灭弧作用，要求它的黏度要小、闪点要高、耐电压强度要大，且在使用中不易变质。绝缘油的电气和化学性能的好坏，直接影响电气设备的安全运行。

绝缘油中可加入各种添加剂，以改善品质。如加入抗氧化剂，可以提高油对空气中的氧的抵抗作用，减缓油的氧化作用，使油不致迅速劣化，延长油的使用期限。对于运行中的变压器油和电气设备中的绝缘油要定期做试验。如油中有水分、杂质等，要进行过滤；闪点过低、油介损值过低或油的耐压强度降低，油中含有乙炔、氢或油中总烃值高，要进行处理。通过对油质进行分析，可以有利于预防和判断电气设备的缺陷或故障情况。

六氟化硫（SF_6）

SF_6 是一种无色、无味、无毒的惰性气体，作为绝缘介质，被广泛应用于高压电气设备（断路器、全封闭组合电器、变压器和电缆等）。其主要具有以下优点：

（1）具有良好的绝缘性能和灭弧能力。这是因为 SF_6 气体分子吸收自由电子的能力较强，很容易成为负离子，与正离子复合成中性分子。在电弧高温下，SF_6 被分解，但在电弧熄灭后的极短时间内，分解物几乎全部复合成稳定的 SF_6 分子。SF_6 气体的灭弧能力约为空气的 100 倍。

（2）化学性质稳定。SF_6 气体不易分解、不燃烧，在电气设备发生短路而出现电弧时不会造成火灾和爆炸事故。

（3）具有良好的热传导能力。SF_6 气体的分子量大、热容量大、黏度低，因而它的对流传热性能比空气好，且其在电气设备中的散热能力随气压的增高而提高。

（4）作为绝缘介质可使高压电器的尺寸减小、容量增大、不维修或少维修。如 SF_6 全封闭组合电器，可将除变压器以外的所有变电站设备全部封闭在一个接地金属外壳内，其占地面积仅为敞开式的 1/20。

由于 SF_6 气体的上述优点，使人们逐渐改变了以绝缘油为主的绝缘构成。为了保持 SF_6 良好的绝缘性能，应防止 SF_6 含有过多的水分。

本 章 小 结

一、对称三相电源及其连接

1. 对称三相电源

对称三相电源是由三个频率相同、振幅相等、相位互差120°的正弦电压源通过一定的连接方式构成的。对称三相正弦电压的解析式为

$$u_U = U_m \sin \omega t$$
$$u_V = U_m \sin(\omega t - 120°)$$
$$u_W = U_m \sin(\omega t + 120°)$$

以上对称三相电压的瞬时值之和为零，其相量关系式为

$$\dot{U}_U = U \angle 0°$$
$$\dot{U}_V = U \angle -120° = \alpha^2 \dot{U}_U$$
$$\dot{U}_W = U \angle 120° = \alpha \dot{U}_U$$

相量之和也为零。

2. 三相电源的两种连接方式

（1）星形连接。把三个电压源的末端 U2、V2、W2 连接在一起，形成电源中性点 N，

引出中性线；将始端 U1、V1、W1 引出三条相线，构成星形连接。星形连接电源线电压与相电压之间的关系为

$$\dot U_{UV}=\dot U_U-\dot U_V,\quad \dot U_{VW}=\dot U_V-\dot U_W,\quad \dot U_{WU}=\dot U_W-\dot U_U$$

对于三相对称电源，有

$$\dot U_{UV}=\sqrt3\dot U_U\angle30°,\quad \dot U_{VW}=\sqrt3\dot U_V\angle30°,\quad \dot U_{WU}=\sqrt3\dot U_W\angle30°$$

线电压也为对称三相电压，如相电压用 U_{ph} 表示，线电压用 U_L 表示，则

$$U_L=\sqrt3U_{ph}$$

（2）三角形连接。把三个电压源按顺序连接，即 U2 与 V1，V2 与 W1，W2 与 U1 相连接构成一个回路，从始端 U1、V1、W1 引出三条相线，构成三角形连接。三角形连接电源线电压与相电压之间的关系为

$$\dot U_{UV}=\dot U_U,\quad \dot U_{VW}=\dot U_V,\quad \dot U_{WU}=\dot U_W$$

若三相电源对称，则

$$U_L=U_{ph}$$

二、三相负载的连接

如果三相的负载都相等，则称为对称负载，否则，为不对称三相负载。三相负载也有两种连接方式：

（1）星形连接。三相负载连接成星形，将三个相线和一个中性线接至电源，称为三相四线制；如不接中性线，称为三相三线制。负载连接成星形时，线电流等于相电流。

三相四线制电路中，中性线电流

$$\dot I_N=\dot I_U+\dot I_V+\dot I_W$$

若三相电流对称，则

$$\dot I_N=0$$

（2）三角形连接。三相负载连接成三角形，将三个相线接至电源，则负载相电压等于线电压，负载相电流和线电流之间的关系为

$$\dot I_U=\dot I_{U'V'}-\dot I_{W'U'},\quad \dot I_V=\dot I_{V'W'}-\dot I_{U'V'},\quad \dot I_W=\dot I_{W'U'}-\dot I_{V'W'}$$

若三相相电流对称，则

$$\dot I_U=\sqrt3\dot I_{U'V'}\angle-30°,\quad \dot I_V=\sqrt3\dot I_{V'W'}\angle-30°,\quad \dot I_W=\sqrt3\dot I_{W'U'}\angle-30°$$

三相线电流也对称。如相电流为 I_{ph}，则线电流

$$I_L=\sqrt3 I_{ph}$$

三、对称三相电路的分析

在对称三相电路中，利用电路的对称性，根据星形电路和三角形电路的等效互换，可将对称三相电路化成对称的 Y/Y 三相电路，由于负载中性点对电源中性点电压 $U_{N'N}=0$，中性线不起作用，形成各相的独立性，因而可归结为一相计算，可单独画出等效的 U 相计算电路（$Z_N=0$）进行计算，然后根据对称关系求得 V 相和 W 相。

四、简单不对称三相电路的分析

（1）不对称负载三相电路不能化为单相计算，可用弥尔曼定理求负载中性点电压 $\dot U_{N'N}$（称为中性点位移），然后求得各支路电流及负载电压。

（2）不对称星形连接负载必须有中性线，它的作用是迫使中性点电压近似为零，以保持负载相电压近似对称。若无中性线，则负载中性点位移，使负载相电压不对称。

五、三相电路的功率

（1）三相电路的功率为三相功率之和，即

$$P = U_U I_U \cos\varphi_U + U_V I_V \cos\varphi_V + U_W I_W \cos\varphi_W$$

$$Q = U_U I_U \sin\varphi_U + U_V I_V \sin\varphi_V + U_W I_W \sin\varphi_W$$

$$S = \sqrt{P^2 + Q^2}$$

（2）对称情况下

$$P = 3U_{ph} I_{ph} \cos\varphi = \sqrt{3} U_L I_L \cos\varphi$$

$$Q = 3U_{ph} I_{ph} \sin\varphi = \sqrt{3} U_L I_L \sin\varphi$$

$$S = 3U_{ph} I_{ph} = \sqrt{3} U_L I_L$$

$$p = p_U + p_V + p_W = \sqrt{3} U_L I_L \cos\varphi （常量）$$

（3）在三相三线制电路中，不论对称与否，都可以用两表法来测量三相功率，两个功率表读数的代数和正好等于三相电路的有功功率。

六、不对称三相的对称分量法

（1）在三相制电路中，凡是大小相等、频率相同、相位差彼此相等的三个正弦量，就是一组对称分量。在三相制中，有三种对称分量，即正序分量、负序分量与零序分量。任意一组不对称三相正弦量都可以分解为三组对称分量（有的分量可以为零）

$$\dot{U}_0 = \frac{1}{3}(\dot{U} + \dot{V} + \dot{W})$$

$$\dot{U}_1 = \frac{1}{3}(\dot{U} + \alpha\dot{V} + \alpha^2\dot{W})$$

$$\dot{U}_2 = \frac{1}{3}(\dot{U} + \alpha^2\dot{V} + \alpha\dot{W})$$

（2）三相三线制电路的线电流和线电压中不含零序分量。三相四线制电路的中性线电流等于线电流零序分量的 3 倍，线电压中不含零序分量。

习 题

6-1 一组对称电流中的 $\dot{I}_U = 5\angle -30°$ A。试完成：（1）写出 $\dot{I}_V$、$\dot{I}_W$；（2）写出 i_U、i_V、i_W；（3）作相量图；（4）求 $t = \frac{T}{3}$ 时的各电流；（5）求 $i_U + i_V + i_W$。

6-2 星形连接的三相电源，已知相电压 $\dot{U}_U = 100$V、$\dot{U}_V = 100\angle -150°$ V、$\dot{U}_W = 100\angle 150°$ V。试完成：（1）求线电压 $\dot{U}_{UV}$、$\dot{U}_{VW}$、$\dot{U}_{WU}$；（2）作相电压与线电压的相量图；（3）证明 $\dot{U}_{UV} + \dot{U}_{VW} + \dot{U}_{WU} = 0$。

6-3 在图 6-25 所示对称三相电路中，当 S1、S2 都闭合时，各电流表的读数均为 43.3A。试求下列两种情况下各电流表的读数应为多少？（1）S1 闭合、S2 断开；（2）S1 断开、S2 闭合。

6-4　一台三相发电机每相电动势有效值为5.77kV。为了确定每相绕组的始端和末端，把任意两相绕组串联，用电压表测量开口两端的电压，如图6-26所示。试说明如何利用电压表的读数判定它们的始端和末端。

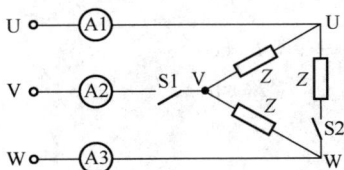

图6-25　习题6-3图

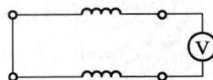

图6-26　习题6-4图

6-5　线电压为380V的对称三相四线制电路中，负载作星形连接，每相阻抗$Z = 30 + j40\Omega$。试完成：（1）求各相电流、线电流及中性线电流的相量；（2）作相电压和相电流的相量图；（3）如去掉中性线，各相负载的电压、电流是否变化？

6-6　线电压为380V的对称三相电路中，负载作三角形连接，每相阻抗$Z = 30 + j40\Omega$。试完成：（1）求各相电流、线电流的相量；（2）作相电流和线电流的相量图；（3）比较题6-5与本题相、线电流的有效值，可得出什么结论？

6-7　一台三相异步电动机正常运行时作△形连接，为了减小它的起动电流，经常采用Y/△起动设备，起动时通过Y/△起动设备先将定子绕组接成Y形，当接近额定转速时再改接成△形运行，试求Y形连接的起动电流与△形连接的起动电流的比值。

6-8　三相异步电动机接成△形，考虑线路阻抗时，其电路如图6-27所示。设异步电动机每相绕组的等效阻抗$Z = 33 + j45\Omega$，线路阻抗$Z_L = 1 + j\Omega$，对称线电压的有效值为380V。求相电流、线电流及电动机相绕组电压的有效值。

6-9　图6-28所示电路中，对称三相正弦交流电源电压为380V，如果图中各相负载阻抗的模都等于10Ω，是否可以说负载是对称的？试求各相电流及中性线电流，并作相量图。

6-10　已知三相四线制中的对称三相正弦电源的线电压$U = 380V$，不对称星形连接负载$Z_U = 3 + j2\Omega$，$Z_V = 4 + j4\Omega$，$Z_W = 2 + j1\Omega$，中性线阻抗$Z_N = 4 + j3\Omega$，求中性点电压和线电流。

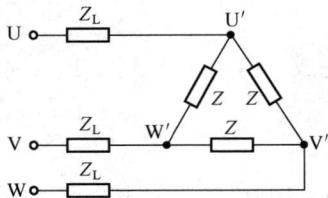

图6-27　习题6-8图

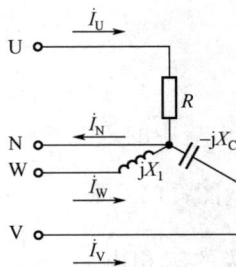

图6-28　习题6-9图

6-11　对称三相电路的线电压为380V，负载每相$Z = 12 + j16\Omega$，试求：

（1）星形连接负载时的线电流及吸收的总功率；

（2）三角形连接负载时的线电流及吸收的总功率。

6-12　有一三相异步电动机，其绕组接成三角形，额定电压$U_N = 380V$，额定功率

$I_N = 20kW$，功率因数 $\lambda = 0.8$，效率 $\eta = 0.9$，试求电动机的线电流和每相等效阻抗。

6-13 在中性点直接接地的三相电力系统中，若 U 相发生接地短路，如图 6-29 所示，则 U 相流过很大的短路电流，而 V、W 相无短路电流（$I_{Vs} = I_{Ws} = 0$）。设 U 相短路电流 $\dot{I}_{Us} = 10kA$，求短路电流的各序分量及流过中性线的短路电流 I_N。

6-14 图 6-30 所示星形连接的三相异步电动机，在运行过程中，若发生一相断线或一相熔丝熔断，则形成两相供电，称为两相运行。这时 $\dot{I}_V = 0$、$\dot{I}_U = -\dot{I}_W$。设 $\dot{I}_U = I\angle 0°$，试求这组不对称电流的对称分量，并作对称分量电流相量图。

6-15 图 6-31 所示电路中，对称三相正弦电源供电给两组星形负载，一组对称，另一组不对称。不对称负载各相阻抗分别为 $Z_U = 20\Omega$，$Z_V = j20\Omega$，$Z_W = -j20\Omega$，电源的线电压为 380V，求接在两个负载中性点之间的电压表的读数（电压表内阻为无穷大）以及不对称负载相电压的零序分量。

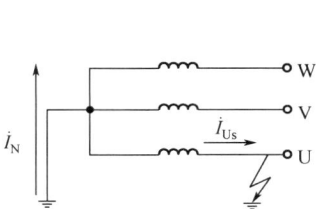

图 6-29 习题 6-13 图   图 6-30 习题 6-14 图   图 6-31 习题 6-15 图

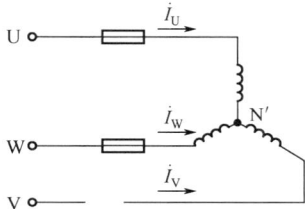

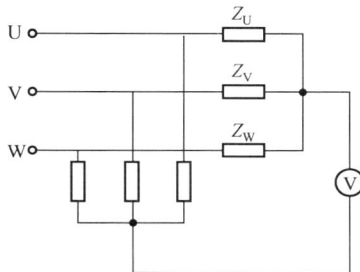

实训九 三相负载作星形连接的交流电路电压、电流的测量

一、实验目的

（1）掌握三相负载作星形连接的方法，验证这种接法的线、相电压及线、相电流之间的关系。

（2）充分理解三相四线制供电系统中中性线的作用。

二、原理说明

（1）三相负载接成星形（又称"Y"接）。当三相对称负载作Y连接时，线电压 U_L 是相电压 U_{ph} 的 $\sqrt{3}$ 倍。线电流 I_L 等于相电流 I_{ph}，即

$$U_L = \sqrt{3} U_{ph}, \qquad I_L = I_{ph}$$

在这种情况下，流过中性线的电流 $I_0 = 0$，所以可以省去中性线。

（2）不对称三相负载作Y连接时，必须采用三相四线制接法，即Y₀接法。而且中性线必须牢固连接，以保证三相不对称负载的每相电压维持对称不变。

倘若中性线断开，会导致三相负载电压的不对称，致使负载轻的那一相的相电压过高，使负载遭受损坏；负载重的那一相相电压又过低，使负载不能正常工作。尤其是对于三相照明负载，无条件地一律采用Y₀接法。

三、预习思考题

（1）三相负载根据什么条件作星形连接？

（2）复习三相交流电路有关内容，试分析三相星形连接不对称负载在无中性线情况下，当某相负载开路或短路时会出现什么情况？如果接上中性线，情况又如何？

（3）本次实验中为什么要通过三相调压器将 380V 的市电线电压降为 220V 的线电压使用？

四、实验设备

实验设备见表 6-1。

表 6-1

序号	名称	型号与规格	数量	备注
1	交流电压表	0～450V	1	
2	交流电流表	0～5A	1	
3	万用表		1	
4	三相自耦调压器		1	
5	三相灯组负载	220V，15W 白炽灯	9	
6	电流插座		3	

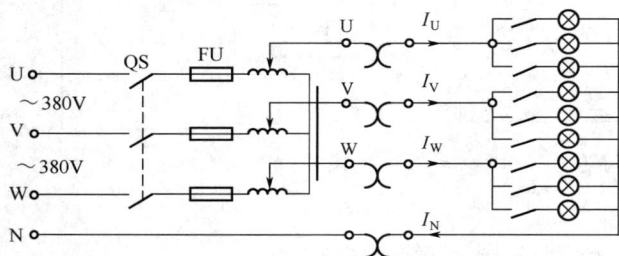

图 6-32 实验电路图

五、实验内容

三相负载星形连接（三相四线制供电）。

按图 6-32 所示线路组接实验电路，即三相灯组负载经三相自耦调压器接通三相对称电源。将三相调压器的旋柄置于输出为 0V 的位置（即逆时针旋到底）。经指导教师检查合格后，方可开启实验台电源，然后调节调压器的输出，使输出的三相线电压为 220V，并按下述内容完成各项实验，分别测量三相负载的线电压、相电压、线电流、相电流、中性线电流、电源与负载中性点间的电压。将所测得的数据记入表 6-2 中，并观察各相灯组亮暗的变化程度，特别要注意观察中性线的作用。

表 6-2

测量数据 实验内容 （负载情况）	开灯盏数 U相	V相	W相	线电流（A）I_U	I_V	I_W	线电压（V）U_{UV}	U_{VW}	U_{WU}	相电压（V）U_{UN}	U_{VN}	U_{WN}	中性线电流 I_N（A）	中性点电压 U_N（V）
Y_0 接平衡负载	3	3	3											
Y 接平衡负载	3	3	3											
Y_0 接不平衡负载	1	2	3											
Y 接不平衡负载	1	2	3											
Y_0 接 V 相断开	1		3											
Y 接 V 相断开	1		3											
Y 接 V 相短路	1		3											

186

六、实验注意事项

（1）本实验采用三相交流市电，线电压为 380V，应穿绝缘鞋进实验室。实验时要注意人身安全，不可触及导电部件，防止意外事故发生。

（2）接线完毕，同组同学应自查一遍，然后由指导教师检查后，方可接通电源，必须严格遵守先断电、再接线、后通电；先断电、后拆线的实验操作原则。

（3）星形负载作短路实验时，必须首先断开中性线，以免发生短路事故。

七、实验报告

（1）用实验测得的数据验证对称三相电路中的 $\sqrt{3}$ 关系。

（2）用实验数据和观察到的现象，总结三相四线制供电系统中中性线的作用。

（3）写出心得体会及其他。

实训十 三相负载作三角形连接的交流
电路电压、电流的测量

一、实验目的

（1）掌握三相负载作三角形连接的方法，验证这种接法的线、相电压及线、相电流之间的关系。

（2）充分理解不对称负载作△连接时，$I_L \neq \sqrt{3} I_{ph}$，但只要电源的线电压 U_L 对称，加在三相负载上的电压仍是对称的。

二、原理说明

（1）三相负载接成三角形。当对称三相负载作△形连接时，有 $I_L = \sqrt{3} I_{ph}$，$U_L = U_{ph}$。

（2）当不对称负载作△连接时，$I_L \neq \sqrt{3} I_{ph}$，但只要电源的线电压 U_L 对称，加在三相负载上的电压仍是对称的，对各相负载工作没有影响。

三、预习思考题

（1）三相负载根据什么条件作三角形连接？

（2）复习三相交流电路有关内容。

（3）本次实验中是否一定要通过三相调压器将 380V 的市电线电压降为 220V 的线电压使用？

四、实验设备

实验设备见表 6-3。

表 6-3

序　号	名　　　称	型号与规格	数　量	备　注
1	交流电压表	0～450V	1	
2	交流电流表	0～5A	1	
3	万用表		1	
4	三相自耦调压器		1	
5	三相灯组负载	220V，15W 白炽灯	9	
6	电流插座		3	

五、实验内容

负载三角形连接（三相三线制供电）。

按图6-33线路组接实验电路，即三相灯组负载经三相自耦调压器接通三相对称电源。将三相调压器的旋柄置于输出为0V的位置（即逆时针旋到底）。经指导教师检查合格后，接通三相电源，并调节调压器，使其输出线电压为220V，并按表6-4的内容进行测试。

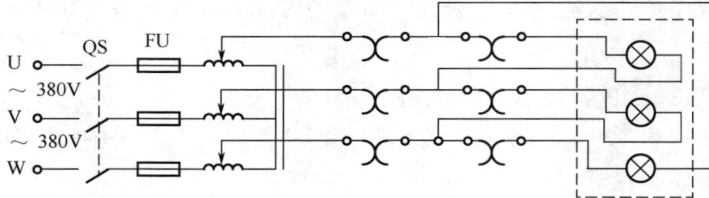

图6-33 实验电路图

表6-4

测量数据 负载情况	开灯盏数			线电压＝相电压（V）			线电流（A）			相电流（A）		
	U-V相	V-W相	W-U相	U_{UV}	U_{VW}	U_{WU}	I_U	I_V	I_W	I_{UV}	I_{VW}	I_{WU}
三相平衡	3	3	3									
三相不平衡	1	2	3									

六、实验注意事项

（1）本实验采用三相交流市电，线电压为380V，应穿绝缘鞋进实验室。实验时要注意人身安全，不可触及导电部件，防止意外事故发生。

（2）接线完毕，同组同学应自查一遍，然后由指导教师检查后，方可接通电源，必须严格遵守先断电、再接线、后通电；先断电、后拆线的实验操作原则。

七、实验报告

（1）不对称三角形连接的负载，能否正常工作？实验是否能证明这一点？

（2）根据不对称负载三角形连接时的相电流值作相量图，并求出线电流值，然后与实验测得的线电流做比较，分析之。

（3）写出心得体会及其他。

实训十一 三相电路功率的测量

一、实验目的

（1）掌握用一瓦特表法、二瓦特表法测量三相电路有功功率与无功功率的方法。

（2）进一步熟练掌握功率表的接线和使用方法。

二、原理说明

（1）对于三相四线制供电的三相星形连接的负载，可用一只功率表测量各相的有功功率P_U、P_V、P_W，则三相功率之和（$\sum P=P_U+P_V+P_W$）即为三相负载的总有功功率值。这就是一瓦特表法，如图6-34所示。若三相负载是对称的，则只需测量一相的功率，再乘以3即得三相总的有功功率。

（2）三相三线制供电系统中，不论三相负载是否对称，也不论负载是 Y 接还是△接，都可用二瓦特表法测量三相负载的总有功功率。测量线路如图 6-35 所示。若负载为感性或容性，且当相位差 $\varphi > 60°$ 时，线路中的一只功率表指针将反偏（数字式功率表将出现负读数），这时应将功率表电流线圈的两个端子调换（不能调换电压线圈端子），其读数应记为负值。而三相总功率 $\sum P = P_1 + P_2$（P_1、P_2 本身不含任何意义）。

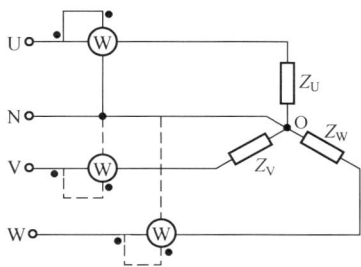

图 6-34 一瓦特表法

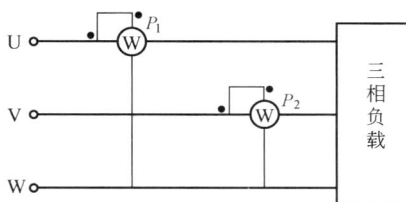

图 6-35 二瓦特表法

三、预习思考题

（1）复习二瓦特表法测量三相电路有功功率的原理。

（2）测量功率时为什么在线路中通常都接有电流表和电压表？

四、实验设备

实验设备见表 6-5。

表 6-5

序号	名　　称	型号与规格	数量	备注
1	交流电压表	0～450V	2	
2	交流电流表	0～5A	2	
3	单相功率表		2	
4	万用表		1	
5	三相自耦调压器		1	
6	三相灯组负载	220V，15W 白炽灯	9	
7	三相电容负载	1、2.2、4.7μF/500V	各3	

五、实验内容

（1）用一瓦特表法测定三相对称 Y_0 接以及不对称 Y_0 接负载的总功率 $\sum P$。实验按图 6-36 所示线路接线。线路中的电流表和电压表用以监视该相的电流和电压，不要超过功率表电压和电流的量程。

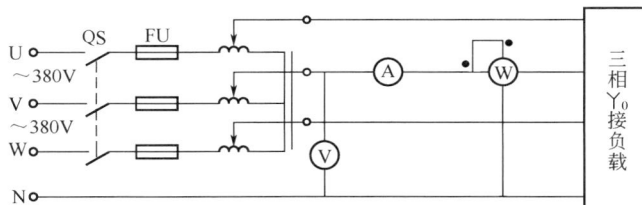

图 6-36 实验接线图

经指导教师检查后，接通三相电源，调节调压器输出，使输出线电压为 220V，按表 6-6 的要求进行测量及计算。

表 6-6

负载情况	开灯盏数			测量数据			计算值
	U 相	V 相	W 相	P_U（W）	P_V（W）	P_W（W）	$\sum P$（W）
Y_0 接对称负载	3	3	3				
Y_0 接不对称负载	3	2	3				

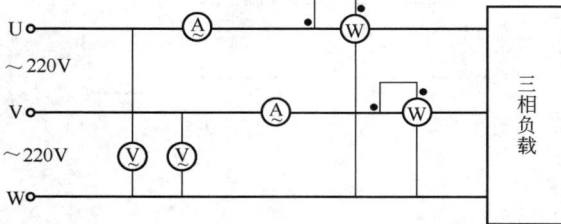

图 6-37　实验电路

首先将三只表按图 6-36 接入 V 相进行测量，然后分别将三只表换接到 U 相和 W 相，再进行测量。

（2）用二瓦特表法测定三相负载的总功率。

1）按图 6-37 接线，将三相灯组负载接成 Y 形接法。

经指导教师检查后，接通三相电源，调节调压器的输出线电压为 220V，按表 6-7 的内容进行测量。

2）将三相灯组负载改成△形接法，重复 1）的测量步骤，数据记入表 6-7 中。

表 6-7

负载情况	开灯盏数			测量数据		计算值
	U 相	V 相	W 相	P_1（W）	P_2（W）	$\sum P$（W）
Y 接平衡负载	3	3	3			
Y 接不平衡负载	3	2	3			
△接不平衡负载	3	2	3			
△接平衡负载	3	3	3			

六、实验注意事项

（1）每次实验完毕，均需将三相调压器旋柄调回零位。

（2）每次改变接线，均需断开三相电源，以确保人身安全。

七、实验报告

（1）完成数据表格中的各项测量和计算任务；比较一瓦特表和二瓦特表法的测量结果。

（2）总结、分析三相电路功率测量的方法与结果。

（3）写出心得体会及其他。

第 七 章

△非正弦周期性交流电路

前面讨论了正弦稳态电路的分析计算，这种电路中的电流和电压均按正弦规律变化。但是，在电力工程中，完全的正弦电动势是很难得到的，因而完全的正弦电压、电流也很难得到。通常遇到的电动势、电压和电流，虽然是周期性变化的，但不是正弦交流波。尤其在电子技术中，大多数信号都是非正弦波，如矩形脉冲波、全波整流波、锯齿波和尖脉冲波等。图 7 - 1 给出的几种常见的非正弦交流电的波形，称为周期性非正弦电压和电流。

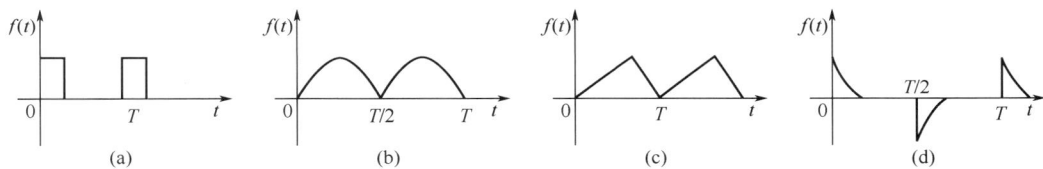

图 7 - 1 非正弦交流电的波形
（a）矩形脉冲波；（b）全波整流波；（c）锯齿波；（d）尖脉冲波

本章主要介绍周期性非正弦交流电的基本概念、表示方法、有效值和电路计算以及对称三相电路中的高次谐波。

分析非正弦交流电路是以叠加原理为依据，综合直流、正弦交流电路的方法进行。

第一节 非正弦周期量的产生和分解

一、非正弦周期量的产生

电路中出现非正弦交流电压、电流的原因主要有下列几种。

1. 电源的电动势不是正弦交流电

在制造发电机时，尽管力图使它产生的电动势是正弦交流电，但因发电机的电枢表面有槽、有齿，以致沿电枢表面的磁感应强度大小不能完全按正弦函数规律分布，所以感应电动势也不是理想的正弦交流电。这样，在非正弦电动势的作用下，电路中就会产生非正弦电压和非正弦电流。

2. 电路中具有几个频率不同的正弦电动势

电路中有两个或两个以上不同频率电源同时作用时，即使这些电源的电动势都是正弦交流电，电路中的总电动势也不是正弦交流电。如图 7 - 2 （a）所示，图中角频率为 ω 的正弦电源 e_1 与角频率为 3ω 的正弦电源 e_3 串联起来，将 a、b 两端接到示波器上，可以观察到电

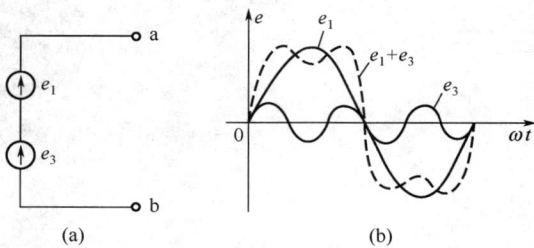

图 7 - 2　非正弦周期波

(a) 两串联正弦电动势；(b) 叠加波形

动势 $e = e_1 + e_3$ 是一个非正弦波，其波形如图 7 - 2（b）所示。如果将此非正弦电动势作用于线性电路时，例如作用于线性电阻 R 时，将会出现非正弦电压 u 和非正弦电流 i。

3. 电路中有非线性元件

电源是同频率的正弦交流量，而电路中含有非线性元件时，电路中电压、电流也将出现非正弦量。图 7 - 3（a）所示的半波整流电路中，由于二极管是非线性元件，具有单向导电性，所以电路中的电流为非正弦量，其波形如图 7 - 3（b）所示；又如铁心线圈也是非线性元件（即其电感量 L 不是常数），在铁心饱和时，如果在线圈两端加上正弦电压，其电流也不是正弦量。

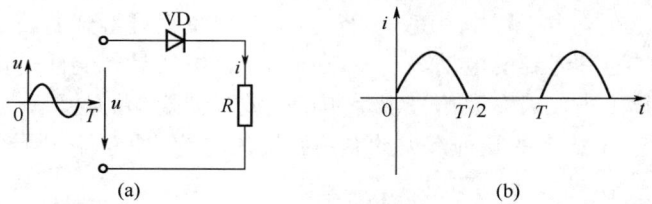

图 7 - 3　半波整流

(a) 电路图；(b) 波形图

二、非正弦周期量的分解

由数学知识可知，一些周期性非正弦函数可以分解为收敛的无穷三角级数，即傅里叶级数。电路中所遇到的周期性非正弦函数，一般都可以分解为傅里叶级数。

设周期性交流量的函数为 $f(\omega t)$，其周期为 T，角频率为 $\omega = \dfrac{2\pi}{T}$，它分解成的傅里叶级数为

$$f(\omega t) = A_0 + A_{1m}\sin(\omega t + \psi_1) + A_{2m}\sin(2\omega t + \psi_2) + \cdots + A_{km}\sin(k\omega t + \psi_k)$$

$$= A_0 + \sum_{k=1}^{\infty} A_{km}\sin(k\omega t + \psi_k) \tag{7-1}$$

式（7 - 1）的各项中，第一项 A_0 是不随时间变化的常数，称为 $f(\omega t)$ 的直流分量或恒定分量；第二项 $A_{1m}\sin(\omega t + \psi_1)$ 的频率与原来的周期性函数 $f(\omega t)$ 的频率相同，称为基波或一次谐波；其余的各项频率都为原来函数频率的整数倍，都比基波的频率高，统称为高次谐波，并按其频率为原来函数频率的倍数分别称为 2 次、3 次、……、k 次谐波。基次，3 次、5 次、……、k 为奇数的谐波称为奇次谐波，2 次、4 次、6 次、……、k 为偶数的谐波称为偶次谐波，而恒定分量则可以看成是零次谐波。A_{km} 为 k 次谐波分量的最大值，ψ_k 为 k 次谐波分量的初相。

由傅里叶级数可见，正弦函数是最简单的周期性函数（没有恒定分量及高次谐波）。一个周期性非正弦函数，其所以不是正弦量，可以认为除基波外还存在其他次（包括零次）谐波的缘故。

按式（7 - 1），要把一个周期性函数分解为傅里叶级数，就需要求出各次谐波的最大值 A_{km} 和初相 ψ_k。

利用三角函数中两角和公式，可得

192

$$A_{km}\sin(k\omega t+\psi_k)=A_{km}\cos\psi_k\sin k\omega t+A_{km}\sin\psi_k\cos k\omega t=B_{km}\sin k\omega t+C_{km}\cos k\omega t$$

式（7-1）可改写成

$$f(\omega t)=A_0+\sum_{k=1}^{\infty}B_{km}\sin k\omega t+\sum_{k=1}^{\infty}C_{km}\cos k\omega t \qquad (7-2)$$

式中

$$\left.\begin{aligned}B_{km}&=A_{km}\cos\psi_k\\C_{km}&=A_{km}\sin\psi_k\end{aligned}\right\} \qquad (7-3)$$

并有

$$\left.\begin{aligned}A_{km}&=\sqrt{B_{km}^2+C_{km}^2}\\\psi_k&=\tan^{-1}\frac{C_{km}}{B_{km}}\end{aligned}\right\} \qquad (7-4)$$

于是求 A_{km} 和 ψ_k 转化为求 B_{km} 和 C_{km}。由数学知识可知，B_{km}、C_{km} 和恒定分量 A_0 分别按下列各式求得

$$\left.\begin{aligned}A_0&=\frac{1}{2\pi}\int_0^{2\pi}f(\omega t)\mathrm{d}(\omega t)\\B_{km}&=\frac{1}{\pi}\int_0^{2\pi}f(\omega t)\sin k\omega t\,\mathrm{d}(\omega t)\\C_{km}&=\frac{1}{\pi}\int_0^{2\pi}f(\omega t)\cos k\omega t\,\mathrm{d}(\omega t)\end{aligned}\right\} \qquad (7-5)$$

利用式（7-1）、式（7-2）、式（7-4）、式（7-5），就可将已知的周期性函数分解为傅里叶级数。

现将电路中常见的几种周期性非正弦函数的分解结果列于表 7-1 中，供今后遇到这类波形时直接查用。

从表 7-1 可见，各种非正弦量的各次谐波中，次数越高的谐波，最大值越小，说明傅里叶级数一般收敛较快，所以，在分析计算中可以忽略较高次谐波，一般取前面的三到五项便相当准确。

表 7-1 　　　　　　　　　　几 种 周 期 性 函 数

名　称	波　形	$f(\omega t)$ 分解为傅里叶级数	有效值	平均值
正弦波		$f(\omega t)=A_m\sin\omega t$	$\dfrac{A_m}{\sqrt{2}}$	$\dfrac{2}{\pi}A_m$
梯形波		$f(\omega t)=\dfrac{4A_m}{a\pi}\Big(\sin a\sin\omega t+\dfrac{1}{9}\sin3a\sin3\omega t$ $+\dfrac{1}{25}\sin5a\sin5\omega t+\cdots+\dfrac{1}{k^2}\sin ka\sin k\omega t$ $+\cdots\Big)$	$A_m\sqrt{1-\dfrac{4a}{3\pi}}$	$A_m\Big(1-\dfrac{a}{\pi}\Big)$
三角波		$f(\omega t)=\dfrac{8A_m}{\pi^2}\Big[\sin\omega t-\dfrac{1}{9}\sin3\omega t+\dfrac{1}{25}\sin5\omega t-\cdots$ $+\dfrac{(-1)^{\frac{k-1}{2}}}{k^2}\sin k\omega t+\cdots\Big]$	$\dfrac{A_m}{\sqrt{3}}$	$\dfrac{A_m}{2}$

续表

名　称	波　形	$f(\omega t)$ 分解为傅里叶级数	有效值	平均值
矩形波		$f(\omega t)=\dfrac{4A_{\mathrm{m}}}{\pi}\left(\sin\omega t+\dfrac{1}{3}\sin3\omega t+\dfrac{1}{5}\sin5\omega t+\cdots\right.$ $\left.+\dfrac{1}{k}\sin k\omega t+\cdots\right)$	A_{m}	A_{m}
锯齿波		$f(\omega t)=A_{\mathrm{m}}\left[\dfrac{1}{2}-\dfrac{1}{\pi}\left(\sin\omega t+\dfrac{1}{2}\sin2\omega t\right.\right.$ $\left.\left.+\dfrac{1}{3}\sin3\omega t+\cdots+\dfrac{1}{k}\sin k\omega t+\cdots\right)\right]$	$\dfrac{A_{\mathrm{m}}}{\sqrt{3}}$	$\dfrac{A_{\mathrm{m}}}{2}$
半波整流波		$f(\omega t)=\dfrac{2A_{\mathrm{m}}}{\pi}\left(\dfrac{1}{2}+\dfrac{\pi}{4}\cos\omega t+\dfrac{1}{1\times3}\cos2\omega t\right.$ $\left.-\dfrac{1}{3\times5}\cos4\omega t+\dfrac{1}{5\times7}\cos6\omega t\cdots\right)$	$\dfrac{A_{\mathrm{m}}}{2}$	$\dfrac{A_{\mathrm{m}}}{\pi}$
全波整流波		$f(\omega t)=\dfrac{4A_{\mathrm{m}}}{\pi}\left(\dfrac{1}{2}+\dfrac{1}{1\times3}\cos2\omega t\right.$ $\left.-\dfrac{1}{3\times5}\cos4\omega t+\dfrac{1}{5\times7}\cos6\omega t-\cdots\right)$	$\dfrac{A_{\mathrm{m}}}{\sqrt{2}}$	$\dfrac{2A_{\mathrm{m}}}{\pi}$
三相半波整流波		$f(\omega t)=\dfrac{3\sqrt{3}A_{\mathrm{m}}}{\pi}\left(\dfrac{1}{2}+\dfrac{1}{2\times4}\cos3\omega t\right.$ $\left.-\dfrac{1}{5\times7}\cos6\omega t+\dfrac{1}{8\times10}\cos9\omega t-\cdots\right)$	$A_{\mathrm{m}}\sqrt{\dfrac{1}{2}+\dfrac{3\sqrt{3}}{4\pi}}$	$\dfrac{3\sqrt{3}A_{\mathrm{m}}}{2\pi}$

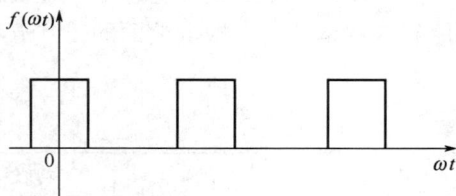

图 7-4　纵轴对称波形

三、谐波成分

1. 波形对称于纵轴的函数不含有正弦分量

图 7-4 所示函数 $f(\omega t)$ 的波形对称于纵轴，以纵轴为中心线折叠图形，其左右两半完全重合，这种

$$f(\omega t)=f(-\omega t)$$

的函数称为偶函数。在整流电路中经常见到偶函数。根据式（7-2）

$$f(\omega t)=A_0+\sum_{k=1}^{\infty}B_{k\mathrm{m}}\sin k\omega t+\sum_{k=1}^{\infty}C_{k\mathrm{m}}\cos k\omega t$$

$$f(-\omega t)=A_0+\sum_{k=1}^{\infty}(-B_{k\mathrm{m}}\sin k\omega t)+\sum_{k=1}^{\infty}C_{k\mathrm{m}}\cos k\omega t$$

要满足 $f(\omega t)=f(-\omega t)$，必须使 $B_{k\mathrm{m}}=0$，即把偶函数分解为傅里叶级数时，在式（7-2）中只含有恒定分量 A_0 和余弦分量 $\cos k\omega t$，不含奇函数性质的 $\sin k\omega t$ 分量。这样，偶函数分解成傅里叶级数为

$$f(\omega t)=A_0+C_{1\mathrm{m}}\cos\omega t+C_{2\mathrm{m}}\cos2\omega t+\cdots$$

2. 波形对称于横轴的函数不含直流分量和偶次谐波

波形如图 7-5 所示的函数 $f(\omega t)$，它任一点的函数值 $f(\omega t)$ 和半个周期

$\left(\omega t=\omega \dfrac{T}{2}=\pi\right)$ 后的函数 $f(\omega t+\pi)$ 大小相

等、符号相反。把这样波形的上半波形移半

个周期，与下半波对横轴对称，这种

$$f(\omega t)=-f(\omega t+\pi)$$

的函数称为对称于横轴的函数，又称为镜对

称函数。例如，交流发电机的感应电动势都

是对称于横轴的函数。根据式（7-1）有

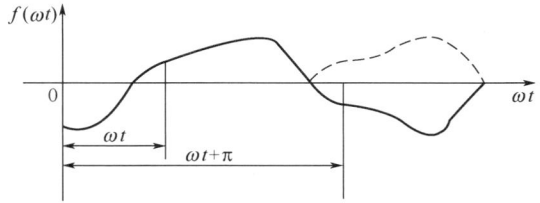

图 7-5　横轴对称波形

$$f(\omega t)=A_0+A_{1m}\sin(\omega t+\psi_1)+A_{2m}\sin(2\omega t+\psi_2)+\cdots$$

$$f(\omega t+\pi)=A_0+A_{1m}\sin[(\omega t+\pi)+\psi_1]+A_{2m}\sin[2(\omega t+\pi)+\psi_2]+\cdots$$

$$=A_0-A_{1m}\sin(\omega t+\psi_1)+A_{2m}\sin(2\omega t+\psi_2)-\cdots$$

把上列 $f(\omega t)$ 及 $f(\omega t+\pi)$ 的展开式相加、整理，并要满足 $f(\omega t)+f(\omega t+\pi)=0$，得

$$A_0+A_{2m}\sin(2\omega t+\psi_2)+A_{4m}\sin(4\omega t+\psi_4)+\cdots=0$$

要使上式成立，各项系数都须为零，即

$$A_0=A_{2m}=A_{4m}=\cdots=0$$

亦即 $f(\omega t)$ 不含直流分量和偶次谐波，这样，对称于横轴的函数分解的傅里叶级数为

$$f(\omega t)=B_{1m}\sin\omega t+B_{3m}\sin3\omega t+\cdots+C_{1m}\cos\omega t+C_{3m}\cos3\omega t+\cdots$$

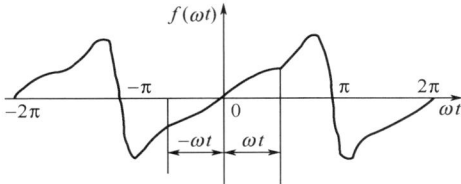

图 7-6　原点对称波形

3. 波形对称于原点的函数不含直流分量和余
弦分量

图 7-6 所示函数 $f(\omega t)$ 的波形对称于原点，
将下半波翻到横轴上面，再以纵轴为中线向右翻，
则与上半波完全重合，这种

$$f(\omega t)=-f(-\omega t)$$

的函数称为奇函数，用以上相似的方法可以论证

奇函数不含有直流分量和余弦分量，它可分解成的傅里叶级数为

$$f(\omega t)=B_{1m}\sin\omega t+B_{2m}\sin2\omega t+\cdots$$

4. 对称于横轴和原点的波形只含正弦奇次谐波

图 7-7（a）、（b）所示的函数波形为既对称于横轴又对称于原点的非正弦波形。根据前
面所述，对称于横轴的波形，只含奇次谐波，而对称于原点的谐波只含正弦项，因此，对称
于横轴和原点的波形，只含正弦奇次谐波。其傅里叶级数表达式为

$$f(\omega t)=A_{1m}\sin\omega t+A_{3m}\sin3\omega t+\cdots$$

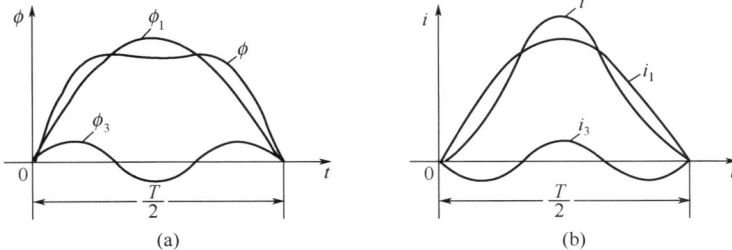

(a)　　　　　　　　　　(b)

图 7-7　横轴和原点均对称波形

（a）凹顶波；（b）尖顶波

常见的磁通平顶波［见图 7-7（a）］和电流尖顶波［见图 7-7（b）］以及发电机所产生的电动势和电压波形，都属于这种波形，它们的傅里叶级数表达式分别为

$$\phi = \phi_1 + \phi_3 = \phi_{1m}\sin\omega t + \phi_{3m}3\omega t$$
$$i = i_1 + i_3 = I_{1m}\sin\omega t + I_{3m}\sin3\omega t$$

5 次以上谐波的最大值很小，常可以忽略不计。

思 考 题

7-1-1 产生非正弦交流量的原因有哪些？

7-1-2 什么叫谐波分析法？为什么要将非正弦交流量分解为不同频率的正弦量？

7-1-3 在 $e = 220 + 141\sin(\omega t + \psi_1) + \sin(2\omega t + \psi_2) + \sin(5\omega t + \psi_5)$ 中，哪是直流分量，哪是基波，哪是高次谐波？

第二节 非正弦周期量的有效值和平均值

一、有效值

根据正弦周期量有效值定义，从消耗电能的角度来看，有效值是非正弦周期量在热效应方面所相当的直流值，任何周期电流 i 的有效值 I 是它的方均根值，即

$$I = \sqrt{\frac{1}{T}\int_0^T i^2\,\mathrm{d}t} \tag{7-6}$$

对正弦交流电流 $i = I_m\sin(k\omega t + \psi_k)$，其有效值与最大值 I_m 的关系是 $I = I_m/\sqrt{2}$。

下面介绍非正弦周期电流 i 的有效值计算。由于非正弦周期电流 i 的谐波展开式为

$$i = I_0 + \sum_{k=1}^{\infty} I_{km}\sin(k\omega t + \psi_k)$$

则其有效值 $\quad I = \sqrt{\frac{1}{T}\int_0^T i^2\,\mathrm{d}t} = \sqrt{\frac{1}{T}\int_0^T \left[I_0 + \sum_{k=1}^{\infty} I_k + \sin(k\omega t + \psi_k)\right]^2\,\mathrm{d}t}$

为了计算上式右边根号内的积分，先将平方项展开，展开后的各项有两种类型，一种是各次谐波自身的平方，它们的平均值为

$$\frac{1}{T}\int_0^T I_0^2\,\mathrm{d}t = I_0^2$$

$$\frac{1}{T}\int_0^T I_{km}^2\sin^2(k\omega t + \psi_k)\,\mathrm{d}t = \frac{I_{km}^2}{2} = I_k^2$$

另一种类型是两个不同次谐波乘积的两倍，根据三角函数的正交性，它们的平均值为

$$\frac{1}{T}\int_0^2 2I_0 I_{km}\sin(k\omega t + \psi_k)\,\mathrm{d}t = 0$$

$$\frac{1}{T}\int_0^T 2I_{km}\sin(k\omega t + \psi_k)I_{qm}\sin(q\omega t + \psi_k)\,\mathrm{d}t = 0 \quad (k \neq q)$$

所以 $\qquad\qquad I = \sqrt{I_0^2 + I_1^2 + I_2^2 + \cdots} \tag{7-7}$

式中：I_0 是直流分量（零次谐波），其有效值及最大值均为 I_0；$I_1 = \dfrac{I_{1m}}{\sqrt{2}}$、$I_2 = \dfrac{I_{2m}}{\sqrt{2}}$……分别

为基波、2 次谐波……各次交流谐波的有效值，因为它们都是正弦量，所以它们的有效值分别等于其最大值的 $\dfrac{1}{\sqrt{2}}$。

对于周期性交流电动势、电压，同样有

$$E = \sqrt{E_0^2 + E_1^2 + E_2^2 + \cdots} \qquad (7 \text{-} 8)$$

$$U = \sqrt{U_0^2 + U_1^2 + U_2^2 + \cdots} \qquad (7 \text{-} 9)$$

即非正弦周期量的有效值等于它的各次谐波（包括零次谐波）有效值的平方和的平方根。

非正弦周期量的有效值只与其各次谐波的有效值有关，而与各次谐波的初相无关。非正弦周期量的有效值与最大值之间一般不存在 $\sqrt{2}$ 倍的关系，这一点应该注意。

【例 7 - 1】　计算下列两个非正弦周期电压的有效值，并比较其波形。

$u_\mathrm{A} = 10\,000\sqrt{2}\,\sin\omega t + 8000\sqrt{2}\,\sin 3\omega t\ \mathrm{V}$，$u_\mathrm{B} = 10\,000\sqrt{2}\,\sin\omega t + 8000\sqrt{2}\,\sin\,(3\omega t + \pi)\ \mathrm{V}$

解　有效值为

$$U_\mathrm{A} = \sqrt{10\,000^2 + 8000^2} = 12\,800(\mathrm{V})$$

$$U_\mathrm{B} = \sqrt{10\,000^2 + 8000^2} = 12\,800(\mathrm{V})$$

为了进行分析比较，作 u_A、u_B 的波形图，如图 7 - 8 所示。从图中可看出，两者的波形相差很大，最大值也不一样，但由于基波及 3 次谐波的振幅相等，因此，这两个非正弦周期电压的有效值相等，而从做功效果上讲，这两个非正弦周期量是等效的。

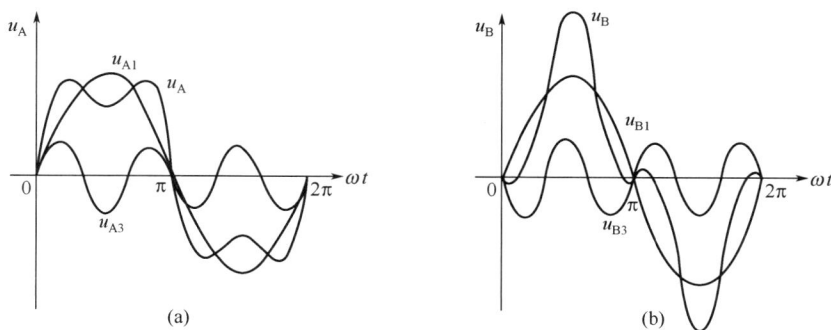

图 7 - 8　u_A、u_B 波形图

二、平均值

除有效值外，有时还对周期性交流量引用平均值。

非正弦周期量的平均值等于该非正弦周期量绝对值的平均值，以电流为例

$$I_\mathrm{av} = \frac{1}{T}\int_0^T |i|\,\mathrm{d}t \qquad (7 \text{-} 10)$$

如果取电流的代数值的平均值，它表示的是电流的恒定分量，即

$$I_0 = \frac{1}{T}\int_0^T i\,\mathrm{d}t$$

当 i 的波形在横轴上下面积相等时，其恒定分量 $I_0 = 0$，例如一正弦电流 $i = I_\mathrm{m}\sin\omega t$，则 $I_0 = \dfrac{1}{T}\int_0^T I_\mathrm{m}\sin\omega t\,\mathrm{d}t = 0$。

但 $I_{av} \neq 0$ ，则

$$I_{av} = \frac{1}{T}\int_0^T |I_m \sin\omega t| \, dt = \frac{2I_m}{T}\int_0^{\frac{T}{2}} \sin\omega t \, dt$$

$$= \frac{2I_m}{T\omega}[-\cos\omega t]_0^{\frac{T}{2}} = \frac{2I_m}{\pi} = 0.637I_m = 0.898I$$

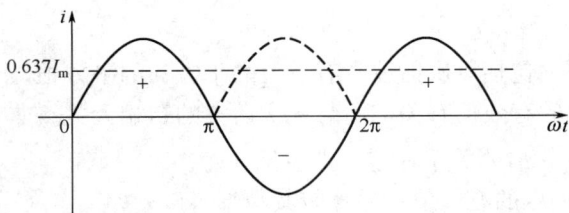

图 7-9　正弦电流的平均值

由图 7-9 可知，正弦电流的平均值等于正弦电流经全波整流后波形的平均值。这是因为正弦电流取绝对值后相当于把各个负半周波形变为对应的正半周波形。对于同一非正弦周期电流，用不同的仪表进行测量时会得到不同的结果。例如，用磁电系仪表测量，其读数就是电流的恒定分量，这是因为磁电系仪表

的偏转角 $\alpha \propto \frac{1}{T}\int_0^T i \, dt$ 。用电磁系或电动系仪表测量时，仪表的读数将是电流的有效值，因为这种仪表的偏转角 $\alpha \propto \frac{1}{T}\int_0^T i^2 \, dt$ 。用全波整流磁电系仪表测量时，所得的结果是电流平均值，因为这种仪表的偏转角 $\alpha \propto \frac{1}{T}\int_0^T |i| \, dt$ 。由此可见，在测量非正弦周期电流或电压时，要注意选择合适的仪表，并注意各种不同类型仪表读数的含义。

思 考 题

7-2-1　非正弦交流电的有效值与正弦交流电的有效值是否一样？

第三节　非正弦周期电流电路的平均功率

一、平均功率

一段电路的瞬时功率等于它的端电压与总电流瞬时值的乘积，即

$$p = ui$$

平均功率等于瞬时功率在一个周期内的平均值，即

$$P = \frac{1}{T}\int_0^T p \, dt$$

设作用在图 7-10 所示无源一端口网络上的非正弦周期电压为

$$u = U_0 + \sum_{k=1}^{\infty} U_{km} \sin(k\omega t + \psi_{ku})$$

由非正弦周期电压产生的非正弦周期电流设为

$$i = I_0 + \sum_{k=1}^{\infty} I_{km} \sin(k\omega t + \psi_{ki})$$

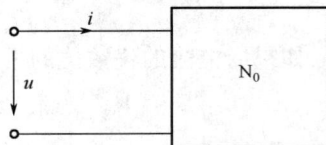

图 7-10　无源一端口网络

则此一端口网络的平均功率为

$$P = \frac{1}{T}\int_0^T p\,\mathrm{d}t = \frac{1}{T}\int_0^T u\,i\,\mathrm{d}t$$

$$= \frac{1}{T}\int_0^T \left[U_0 + \sum_{k=1}^{\infty} U_{km}\sin(k\omega t + \psi_{ku}) \right]\left[I_0 + \sum_{k=1}^{\infty} I_{km}\sin(k\omega t + \psi_{ki}) \right]\mathrm{d}t \quad (7\text{-}11)$$

为了计算上式右边的积分，先将积分号内的因式展开。展开后的各项有两种类型，一种是同次谐波电压和电流的乘积，它们的平均值为

$$P_0 = \frac{1}{T}\int_0^T U_0 I_0\,\mathrm{d}t = U_0 I_0$$

$$P_k = \frac{1}{T}\int_0^T U_{km}\sin(k\omega t + \psi_{ku}) I_{km}\sin(k\omega t + \psi_{ki})\mathrm{d}t$$

$$= \frac{1}{2}U_{km}I_{km}\cos(\psi_{ku} - \psi_{ki}) = U_k I_k \cos\varphi_k$$

U_k、I_k 分别为同次谐波电压、电流的有效值；另一种类型是不同次谐波电压和电流的乘积，根据三角函数的正交性，它们的平均值为零，于是得到

$$P = P_0 + \sum_{k=1}^{\infty} P_k = U_0 I_0 + \sum_{k=1}^{\infty} U_k I_k \cos\psi_k \quad (7\text{-}12)$$

式（7-12）表明：非正弦周期电流电路的有功功率等于各次谐波有功功率之和；只有同次谐波电压和电流才产生有功功率，不同次的谐波电压和电流虽然可以产生瞬时功率，但不产生有功功率。

二、等效正弦量

对于某些高次谐波最大值与基波最大值相比为很小的电路，有时为简化这种非正弦交流电路的分析计算，常把电路中的非正弦量用正弦量近似替代。这样，把非正弦交流电路近似地简化为正弦交流电路来处理，从而可以用相量法来分析计算正弦交流电路。用来代替非正弦量的正弦量，称为非正弦量的等效正弦量。等效正弦量应满足以下三个条件：

（1）等效正弦量的周期或频率应与原非正弦量的周期和频率相同。

（2）等效正弦量的有效值应等于非正弦周期量的有效值。

（3）用等效正弦量代替非正弦量后，电路的功率不变。如等效正弦量电压和电流的有效值各为 U 和 I，则等效正弦量的有功功率 $UI\cos\varphi$ 应等于非正弦量的有功功率 P，即 $UI\cos\varphi = P$。这样，等效非正弦量电压和电流的相位差应满足 $\cos\varphi = \dfrac{P}{UI}$，由此可决定假想的 φ 角，至于等效正弦电压是超前还是落后于等效正弦电流，则应根据非正弦电压的基波是超前还是落后于正弦电流的基波而定。

【例 7-2】　一非正弦电路，已知电源电压　$u = 100 + 100\sin(\omega t + 20°) + 30\sin(3\omega t + 15°)\,\mathrm{V}$，流过负载的电流 $i = 50\sin(\omega t - 45°) + 10\sin(3\omega t - 60°) + 2\sin 5\omega t\,\mathrm{A}$，试求该负载的平均功率。

解　由于

$$\varphi_1 = \psi_{u1} - \psi_{i1} = 20° - (-45°) = 65°$$

$$\varphi_2 = \psi_{u3} - \psi_{i3} = 15° - (-60°) = 75°$$

另外，因为只有 U_0 而无 I_0 与之对应，只有 I_5 而无 U_5 与之对应，所以，U_0 和 I_5 均不

能产生平均功率。只有同次谐波（包括直流分量）的电压和电流才能产生平均功率，所以平均功率为

$$P = P_1 + P_3 = U_1 I_1 \cos\varphi_1 + U_3 I_3 \cos\varphi_3$$

$$= \frac{100}{\sqrt{2}} \times \frac{50}{\sqrt{2}} \cos 65° + \frac{30}{\sqrt{2}} \times \frac{10}{\sqrt{2}} \cos 75° = 1095.8(\text{W})$$

【例 7-3】 一铁心线圈接在 $u = 311\sin 314t$ V 正弦电压上，由于铁心线圈是一种非线性元件，因此其中的电流是非正弦电流，若已知此电流 $i = 0.8\sin(314t - 85°) + 0.25\sin(942t - 105°)$ A，试计算此电流的等效正弦量。

解 等效正弦量的有效值

$$I = \sqrt{\left(\frac{0.8}{\sqrt{2}}\right)^2 + \left(\frac{0.25}{\sqrt{2}}\right)^2} = 0.593(\text{A})$$

电路的有功功率

$$P = P_1 = U_1 I_1 \cos\varphi_1 = \frac{311}{\sqrt{2}} \times \frac{0.8}{\sqrt{2}} \times \cos 85° = 10.86(\text{W})$$

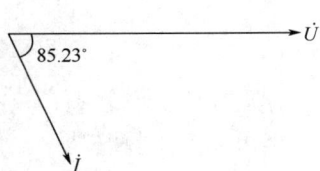

等效正弦电流与电压之间的相位之差为

$$\varphi = \cos^{-1}\frac{P}{UI} = \cos^{-1}\frac{10.86}{\frac{311}{\sqrt{2}} \times 0.593} = \cos^{-1} 0.0813 = 85.23°$$

由于非正弦电流的基波分量滞后于外施电压，故等效正弦电流也应滞后于外施电压。等效正弦电流为

$$i = \sqrt{2} \times 0.593\sin(314t - 85.23°)\text{A}$$

图 7-11 ［例 7-3］图

其电流相量为 $\dot{I} = 0.593\angle{-85.23°}$ A，相量图如图 7-11 所示。

思 考 题

7-3-1 为什么不同频率的电压、电流不产生有功功率？会产生瞬时功率吗？

7-3-2 计算非正弦交流电路的有功功率时应注意什么？

第四节　非正弦周期电流电路的计算

对于非正弦周期电流电路的分析计算，可应用谐波分析法将非正弦交流电路的分析转化为一系列正弦交流电路的分析计算。

由非正弦交流量的来源可知，几个不同频率的正弦量可以合成周期性变化的非正弦交流量，那么反过来，任何一个周期性变化的非正弦量都可视为几个不同频率的正弦量之和。也就是说，一个周期性变化的非正弦交流量，可分解为几个不同频率的正弦量，这样对非正弦交流量的分析就可以变为分别对各个不同频率的正弦量的分析，然后进行叠加。这就是我们分析非正弦周期性交流电路的一般方法，称为谐波分析法。

所谓谐波分析法，就是借助于数学中的傅里叶级数，将作用于线性电路的非正弦交流电

分解为直流分量和一系列不同频率的正弦量，然后按照直流电路和正弦交流电路的计算方法，分别进行计算，再根据线性电路的叠加原理，把这些不同频率的正弦量和直流分量单独作用时所得到的结果进行叠加，得出所求电路的实际电流或电压的方法。

谐波分析法的主要理论依据是线性电路的叠加原理，应用的主要数学工具是傅里叶级数，计算电路的方法采用直流电路和正弦交流电路的计算方法。

当非正弦交流电路的参数和非正弦电源均为已知时，分析计算的一般步骤分析如下：

（1）将给定的非正弦电源分解为傅里叶级数。计算时只取前几项即足够准确。常见的非正弦周期量的分析结果，即傅里叶级数展开式，可由表 7 - 1 查到。

（2）分析计算直流分量和各次谐波电源单独作用时电路中的电流和电压。计算时应注意以下两点：

首先，当直流分量单独作用时，按直流电路方法进行计算。此时，电容相当于开路，凡有电容的支路都没有电流，这些支路的端电压即为加在电容上的电压；而电感相当于短路，即两端电压为零。其次，当各次谐波电压或电流单独作用于电路时，对各次谐波来说都可以采用求解正弦交流电路的方法。值得注意的是，电容元件、电感元件对不同频率的谐波所呈现的阻抗是不同的。感抗与谐波次数成正比，而容抗与谐波次数成反比。如基波的频率为 ω，则电容、电感对 k 次谐波的容抗、感抗分别为

$$X_{Ck} = \frac{1}{k\omega C}$$

$$X_{Lk} = k\omega L$$

对于电阻，一般不考虑频率效应的影响，认为其阻值与频率无关，即电阻对各次谐波来说是相同的。

（3）将直流分量和各次谐波分量单独作用于电路时所得的结果用瞬时值进行叠加，必须注意：①不能把不同频率的电流相量或电压相量进行叠加；②在各次谐波单独作用时，可以用相量进行计算，把结果写成瞬时值解析式，然后进行叠加。

【例 7 - 4】 图 7 - 12 所示电路，已知 $R = 4\Omega$，$\frac{1}{\omega C} = 9\Omega$，非正弦电源电压 $u = 5 + 10\sqrt{2}$ $\sin 3\omega t$ V，试求电路中电流 i。

解 电源电压的两个分量为直流分量 $U_0 = 5$V，3 次谐波分量 $u_3 = 10\sqrt{2}$ $\sin 3\omega t$ V，求出两分量分别作用于电路时的电流。

当 U_0 单独作用时，电容相当于开路，电路如图 7 - 12（b）所示，故 $I_0 = 0$。

当 $\dot{U}_3$ 单独作用时，可用相量法进行计算，电路如图 7 - 12（c）所示，3 次谐波容抗为

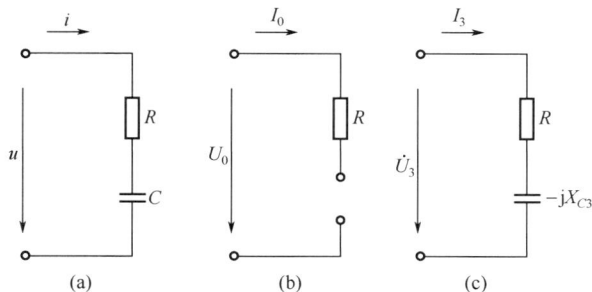

图 7 - 12 ［例 7 - 4］图

$$X_{C3} = \frac{1}{3\omega C} = \frac{9}{3} = 3(\Omega)$$

电路的 3 次谐波复阻抗

$$Z_3 = R - jX_{C3} = 4 - j3 = 5\angle-36.9°(\Omega)$$

3 次谐波电流相量

$$\dot{I} = \frac{\dot{U}_3}{Z_2} = \frac{10\angle0°}{5\angle-36.9°} = 2\angle36.9°(A)$$

其瞬时值表达式

$$i_3 = 2\sqrt{2}\sin(3\omega t + 36.9°)A$$

应用叠加定理，将两电流分量叠加，得电路电流

$$i = I_0 + i_3 = 2\sqrt{2}\sin(3\omega t + 36.9°)A$$

【例 7 - 5】 图 7 - 13（a）所示电路为单相桥式整流电路，其输出电压 u 是全波整流波，其波形如图 7 - 13（b）所示。这个整流电路向负载 R 供电，L 为与负载串联的电感元件的电感。已知 $R = 10\Omega$，$L = 0.1H$，试求负载电流 i 和电压 u_L、u_R，并计算它的有效值。

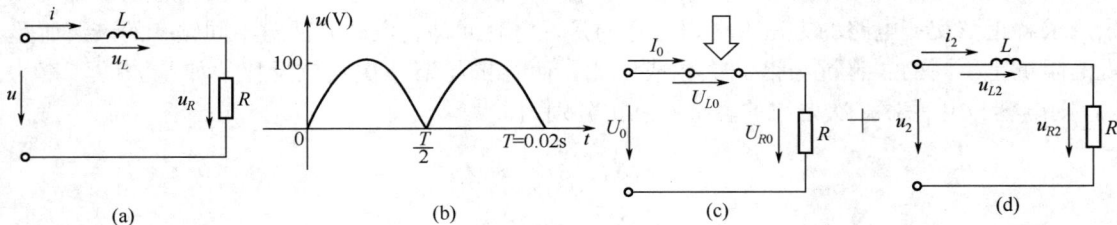

图 7 - 13   ［例 7 - 5］图

解 （1）由图 7 - 13（b）可知，最大值 $U_m = 100V$，查表 7 - 1 可得 u 的傅里叶级数为

$$u = \frac{4\times100}{\pi}\left[\frac{1}{2} + \frac{1}{3}\cos2\left(\omega t + \frac{\pi}{2}\right) - \frac{1}{15}\cos4\left(\omega t + \frac{\pi}{2}\right) + \cdots\right]V$$

由于级数收敛很快，故只取前两项，即

$$u = \frac{200}{\pi} + \frac{400}{3\pi}\cos(2\omega t + \pi)(V)$$

（2）U_0 单独作用时，电感相当于短路，电路如图 7 - 13（c）所示，所以电感电压的直流分量为

$$U_{L0} = 0$$

电阻电压的直流分量为

$$U_{R0} = U_0 = \frac{200}{\pi}V$$

电流的直流分量为

$$I_0 = \frac{U_{R0}}{R} = \frac{200}{\pi\times10} = 6.366(A)$$

图 7 - 13（d）为正弦交流电路，可用相量分析法计算，设

$$\dot{U}_2 = \frac{400}{3\pi\sqrt{2}}\angle180°V$$

$$Z_2 = R + j2\omega L = 10 + j200\pi\times0.1 = 63.62\angle80.96°(\Omega)\left(\omega = \frac{2\pi}{T} = \frac{2\pi}{0.02}\right)$$

$$\dot{I}_2 = \frac{\dot{U}_2}{Z_2} = \frac{400\angle 180°}{3\pi\sqrt{2}\times 63.62\angle 80.96°} = \frac{0.667\,1}{\sqrt{2}}\angle 99.04°(\text{A})$$

$$\dot{U}_{L2} = j2\omega L\dot{I}_2 = 200\pi\times 0.1\times\frac{0.667\,1}{\sqrt{2}}\angle 90°+99.04° = \frac{41.92}{\sqrt{2}}\angle -171°\text{V}$$

$$\dot{U}_{R2} = R\dot{I}_2 = 10\times\frac{0.667\,1}{\sqrt{2}}\angle 99.04° = \frac{6.671}{\sqrt{2}}\angle 99.04°(\text{V})$$

各量的瞬时值表达式为

$$i_2 = 0.667\,1\cos(2\omega t + 99.04°)\text{A}$$

$$u_{L2} = 41.92\cos(2\omega t - 171°)\text{V}$$

$$u_{R2} = 6.671\cos(2\omega t + 99.04°)\text{V}$$

（3）将各分量瞬时值进行叠加，得

$$i = I_0 + i_2 = 6.366 + 0.667\,1\cos(2\omega t + 99.04°)\text{A}$$

$$u_L = U_{L0} + u_{L2} = 41.92\cos(2\omega t - 171°)\text{V}$$

$$u_R = U_{R0} + u_{R2} = 63.66 + 6.671\cos(2\omega t + 99.04°)\text{V}$$

（4）各量有效值分别为

$$I = \sqrt{I_0^2 + I_2^2} = \sqrt{6.366^2 + \left(\frac{0.667\,1}{\sqrt{2}}\right)^2} = 6.383(\text{A})$$

$$U_L = \frac{41.92}{\sqrt{2}} = 29.64(\text{V})$$

$$U_R = \sqrt{U_{R0}^2 + U_{R2}^2} = \sqrt{63.66^2 + \left(\frac{6.671}{\sqrt{2}}\right)^2} = 63.83(\text{V})$$

由以上计算结果可以看出，电源电压 u 中含交流成分很大，而电流 i 中的交流成分很小。这表明 i 的波形要比 u 的波形平稳得多。这是由于电感元件对直流或低频交流起导通作用，而对高频交流起抑制作用的缘故。在整流电路中串联电感进行滤波，就是利用了电感元件的这一特性。

🔖 思 考 题

7-4-1　计算非正弦线性电路应注意什么？

7-4-2　为什么在计算非正弦交流电压和电流时，不能将各次谐波作用下的电压或电流进行相量叠加？

第五节　对称三相电路中的高次谐波

一、对称三相交流电中高次谐波的相位关系

由于三相发电机的电动势不是理想的正弦交流电，而且三相电路中存在着非线性元件，因此，使三相电路中的电动势、电压、电流也不是正弦交流电，或者说除了基波外还含有高次谐波，这就使电路出现了和三相正弦交流电路不同的情况。

为了分析含有高次谐波的对称三相电路的特点，首先必须分析对称三相非正弦交流电路中高次谐波的相位关系。对于一组对称三相交流电动势（或电压、电流），可用数学式表示为

$$e_U = f(\omega t)$$

$$e_V = f\left[\omega\left(t - \frac{T}{3}\right)\right]$$

$$e_W = f\left[\omega\left(t - \frac{2T}{3}\right)\right]$$

根据三相电源电动势的波形对称特点，它的傅里叶级数展开式为

$$e_U = E_{1m}\sin(\omega t + \psi_1) + E_{3m}\sin(3\omega t + \psi_3) + E_{5m}\sin(5\omega t + \psi_5) + \cdots$$

$$e_V = E_{1m}\sin(\omega t + \psi_1 - 120°) + E_{3m}\sin(3\omega t + \psi_3) + E_{5m}\sin(5\omega t + \psi_5 + 120°) + \cdots$$

$$e_W = E_{1m}\sin(\omega t + \psi_1 + 120°) + E_{3m}\sin(3\omega t + \psi_3) + E_{5m}\sin(5\omega t + \psi_5 - 120°) + \cdots$$

可见各次谐波的相位关系如下：

（1）基波是一组正序对称量，而 7 次、10 次等谐波也是正序对称量，如

$$e_{U1} = E_{1m}\sin(\omega t + \psi_1)$$

$$e_{V1} = E_{1m}\sin(\omega t + \psi_1 - 120°)$$

$$e_{W1} = E_{1m}\sin(\omega t + \psi_1 + 120°)$$

相量如图 7 - 14（a）所示。

（2）3 次谐波是一组零序对称量，而 9 次、15 次等谐波也是零序对称量，如

$$e_{U3} = E_{3m}\sin(3\omega t + \psi_1)$$

$$e_{V3} = E_{3m}\sin(3\omega t + \psi_3)$$

$$e_{W3} = E_{3m}\sin(3\omega t + \psi_3)$$

相量如图 7 - 14（b）所示。

（3）5 次谐波是一组负序对称量，而 11 次、17 次等谐波也是一组负序对称量，如

$$e_{U5} = E_{5m}\sin(5\omega t + \psi_5)$$

$$e_{V5} = E_{5m}\sin(5\omega t + \psi_5 + 120°)$$

$$e_{W5} = E_{5m}\sin(5\omega t + \psi_5 - 120°)$$

相量如图 7 - 14（c）所示。

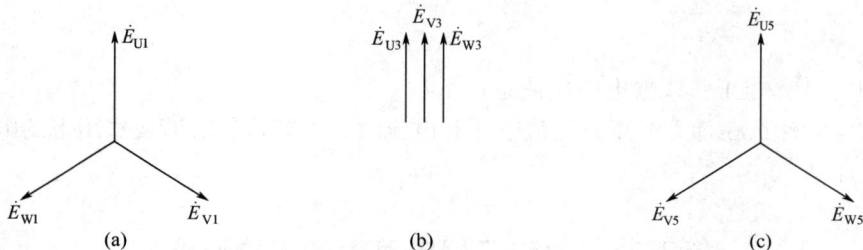

图 7 - 14　对称分量
(a) 正序；(b) 零序；(c) 负序

可以证明，凡是 $3k$ 次的谐波（k 为奇数），如 3 次、9 次谐波，都是零序对称量；$3k - 2$ 次谐波，如基波、7 次谐波，都是正序对称量；$3k + 2$ 次谐波，如 5 次、11 次谐波，都是负序对称量。

总的来说，对称三相非正弦量的高次谐波形成正序、负序、零序三组不同相序的对称量。

必须注意，上述对称三相非正弦分量的高次谐波形成三种不同相序的正弦量，与一组不对称三相正弦量分解为三组对称分量的概念是不同的。前者本身是对称的非正弦量，它分解成各组对称而且频率不同的正弦量；后者本身是不对称的正弦交流电，它分解为三相对称正弦交流电而频率是相同的。

二、对称三相非正弦交流电路的特点

1. 星形连接电源

图 7 - 15（a）所示为三相星形连接电源，线电压等于相应两相电压之差，如 $u_{UV} = u_U - u_V$。由前面分析得知每一相正序对称正弦交流电（或负序对称正弦交流电）中，两者之差的有效值是它们之中每个的 $\sqrt{3}$ 倍，每组零序对称量中两者之差为零。

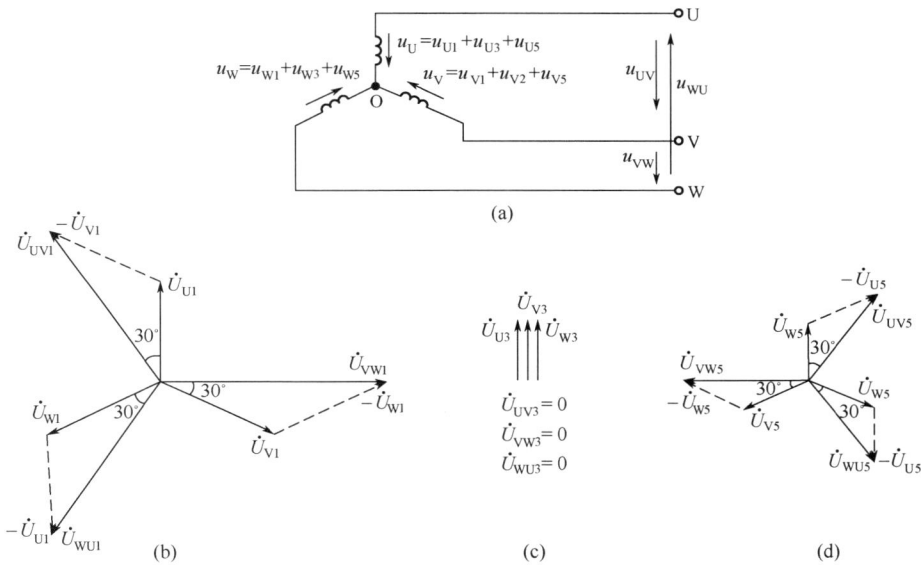

图 7 - 15 三相星形连接电源

（a）电路图；（b）基波；（c）3 次谐波；（d）5 次谐波

设相电压的有效值为

$$U_{ph} = \sqrt{U_{ph1}^2 + U_{ph3}^2 + U_{ph5}^2 + \cdots}$$

则线电压的有效值为

$$U_L = \sqrt{(\sqrt{3}U_{ph1})^2 + (\sqrt{3}U_{ph5})^2 + \cdots} = \sqrt{3}\sqrt{U_{ph1}^2 + U_{ph5}^2 + \cdots} < \sqrt{3}U_{ph}$$

结论：星形连接电源的相电压中含有零序谐波时，其线电压中不含零序谐波，因而其线电压有效值比相电压的 $\sqrt{3}$ 倍小，即 $U_L < \sqrt{3}U_{ph}$

2. 三角形连接电源

三相电源三角形连接时，如果电源电动势为正弦交流电，则电源总电动势为零，电源中没有环路电流。如果电源电动势不是正弦交流电，那么在电源回路中每组的基波、7 次等正序谐波电动势（及每组的 5 次、11 次等负序谐波电动势）的总和等于零，而每组的 3 次、9

次等零序谐波电动势的总和则等于它们之中每个的三倍，于是电源的总电动势不为零。其有效值为

$$E = 3\sqrt{E_3^2 + E_9^2 + \cdots} \qquad (7\text{-}13)$$

因此在电源中就有环流产生，这些电流要造成能量消耗。为了得到较高的线电压，所以三相发电机的绕组一般不进行三角形连接。

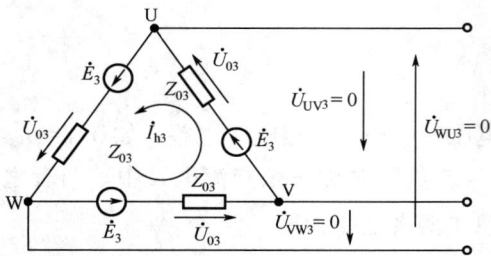

图 7-16　三相三角形连接电源

如图 7-16 所示，当 3 次、9 次等零序谐波环流流过每相电源绕组时，所产生的内阻抗电压谐波正好和同次电动势谐波抵消，所以相电压（也就是线电压）中，并不含有零序谐波，从而使得三角形连接非正弦电源的相电压比每相电动势小（三角形连接正弦电源的相电压等于每相电动势）。

当三角形连接的电源接有负载时，三个线电流之和恒等于零，所以线电流中不含有 3 次、9 次等零序谐波，而电源的相电流中除含有正序及负序谐波外，还有零序谐波环流，从而得到

$$I_{\text{L}} < \sqrt{3}\, I_{\text{ph}} \qquad (7\text{-}14)$$

结论：三角形连接电源的相电流中含有零序谐波时，线电流中不含零序谐波，因而，其线电流的有效值比相电流的 $\sqrt{3}$ 倍小。

3. 四线制星形连接负载

对于四线制星形负载，如果电源相电压中含有基波、3 次、5 次等谐波，则负载相电流（即线电流）中，也含有基波、3 次、5 次等谐波。但是，也因为每组正序谐波三者之和为零，每组负序谐波三者之和也为零，而每组零序谐波三者之和不等于零，而是等于它们之中每个的三倍，所以等于三个线电流之和的中性线电流不等于零。即中性线中含有每个线电流（也是每相负载电流）的零序谐波的三倍电流，中性线电流有效值为

$$I_{\text{N}} = 3\sqrt{I_3^2 + I_9^2 + I_{15}^2 + \cdots}$$

4. 三线制星形连接负载

由于 3 次、9 次等零序谐波电流没有通路，所以线电流中不存在零序电流，但电源与负载的两中性点之间要产生电压，这个电压的形成就是因为 3 次、9 次等零序电压引起的。

中性点电压只含有零序谐波分量，其有效值为

$$U_{\text{N'N}} = \sqrt{U_3^2 + U_9^2 + \cdots}$$

5. 三角形连接的负载

负载作三角形连接时，每相负载承受电源线电压，而三相电源不管是Y接还是△接，线电压中都不含零序谐波，所以负载的相电流、线电流中都不含零序谐波。

【例 7-6】　对称三相四线制电路中，已知 U 相电源电压 $u_{\text{U}} = \sqrt{2} \times 220\sin\omega t - \sqrt{2} \times 50\sin 3\omega t\,\text{V}$，每相负载对基波的复阻抗 $Z_1 = R + j\omega L = 9 + j3\,\Omega$，中性线阻抗 $Z_{\text{N}} = 0$。试求：（1）线电流和中性线电流的有效值；（2）如果中性线断开，线电流的有效值及中性点电压的有效值。

解　（1）线电流的基波有效值为

$$I_1 = \frac{U_{U1}}{|Z_1|} = \frac{220}{\sqrt{9^2 + 3^2}} = 23.18(A)$$

线电流的 3 次谐波的有效值为

$$I_3 = \frac{U_{U3}}{|Z_3|} = \frac{50}{\sqrt{9^2 + 9^2}} = 3.93(A)$$

线电流的有效值为

$$I_L = \sqrt{I_1^2 + I_3^2} = \sqrt{23.18^2 + 3.93^2} = 23.51(A)$$

中性线电流的有效值为

$$I_N = 3I_3 = 3 \times 3.93 = 11.79(A)$$

（2）中性线断开，3 次谐波电流没有通路，线电流变为

$$I_L = I_1 = 23.18(A)$$

中性点电压有效值为

$$U_{N'N} = U_{U3} = 50(V)$$

思　考　题

7-5-1　为什么中性线电流就是零序电流？

7-5-2　为什么三角形连接的电源内部会产生电流？

课程思政七

谐波主要由谐波电流源产生，改善供电系统，降低谐波源的谐波含量，国际上召开了多次有关谐波问题的学术会议，不少国家和国际学术组织都制定了限制电力系统谐波和用电设备谐波的标准和规定。谐波研究的初衷，是因为谐波的危害十分严重。

*科 普 知 识 七

滤 波 器

一、滤波的概念

在具有电抗元件的电路中，电路对非正弦电流的各次谐波所呈现的阻抗是不同的，所以，即使在各次谐波电压大小相等的情况下，各次谐波的电流也不相等；这样，根据需要将电抗元件作适当安排，使通过负载的电流中，有一些谐波的电流被抑制，而另一些谐波的电流得到畅通。这种作用称为滤波，用来滤波的电路称为滤波电路。

非正弦交流电通过具有电感（或电阻和电感）的支路时，由于感抗和谐波次数成正比，所以感抗支路中低次谐波电流可畅通，而高次谐波电流可受到抑制，故电感元件可作为高频阻流圈，当线圈的电感很大时，还可作为通直流而阻交流的整流元件。

非正弦交流电通过具有电容（或电阻和电容）的支路时，由于容抗和谐波次数成反比，

电容支路中高次谐波电流可以畅通，而低次谐波电流受到抑制，所以电容具有高频旁路或通交流阻直流作用。

二、滤波器的分类与性能

滤波器是一种选频电路。由它的结构和参数决定选频范围，在这个频率范围内，对输入信号的衰减很小，使这部分频率范围内的信号很容易通过，这个规定的频率范围称为滤波器的通频带，简称通带。在通带以外的频率范围内，电路对信号衰减很大，抑制信号的通过，称为滤波器的阻频带，简称阻带。通带和阻带间的分界频率称为滤波器的截止频率，简称截频，用 f_c 表示，或者用截止角频率 ω_c 表示。

滤波器的分类方式很多，根据滤波器通带和阻带的范围不同，可以划分为低通、高通、带通和带阻等类型，下面分别介绍。

1. 低通滤波器

低通滤波器传输零到截止频率 f_c 的低频信号，使高频信号受到抑制。图 7-17（a）、（b）分别为 π 形和 T 形低通滤波器，它们都有相同的作用。如图 7-17（a）所示，原端电流 i 中的高次谐波分量大部分通过 C，返回电源，再经过 C_2 的滤波，使负载电流 i_2 中的高次谐波分量大量减少。如果电感及电容的值选得足够大，则截止频率可很低，通过滤波的电流大部分是恒定分量，这种滤波器常与整流器联用，以获得几乎不随时间变化的恒定电压和电流，也可以用两节或三节级联获得更理想的效果。

2. 高通滤波器

只要将图 7-17 中的电感改为电容，电容改为电感就形成了 π 形和 T 形高通滤波，如图 7-18 所示，高通滤波器传输高频信号，抑制低频信号，其原理由读者自己分析。

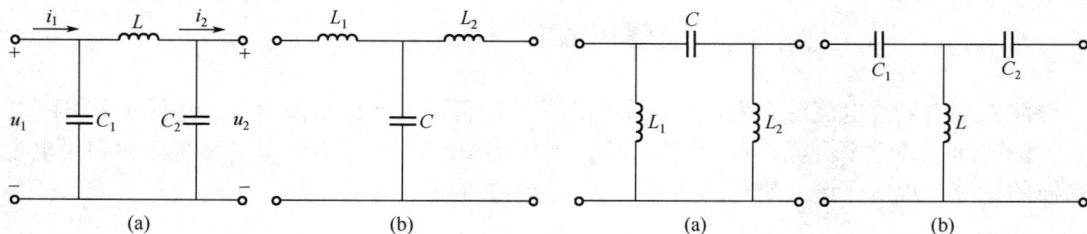

图 7-17 低通滤波器
（a）π形；（b）T形

图 7-18 高通滤波器
（a）π形；（b）T形

3. 带通滤波器和带阻滤波器

带通滤波器传输从一个截止频率 f_{c1} 到另一个截止频率 f_{c2} 频带内的信号，通带为两个截止频率之间的频率范围，其他部分为阻带。这可以用两种滤波器串联而成，其中一种为低通滤波器，其截止频率按 f_{c2} 设计，另一种为高通滤波器，其截止频率按 f_{c1} 设计（$f_{c2} > f_{c1}$），从而可通过 f_{c1} 及 f_{c2} 之间的各种谐波信号。

带阻滤波器的阻带为截止频率 f_{c1} 到另一截止频率 f_{c2} 之间的频率范围，其他部分为通带。这可以用两个滤波器并联而成，其中一种为低通滤波器，其截止频率按 f_{c1} 设计，另一种为高通滤波器，其截止频率按 f_{c2} 设计（$f_{c2} > f_{c1}$），从而可阻止 f_{c1} 及 f_{c2} 之间的各种谐波信号。

高次谐波的污染

随着科学技术的进步，特别是工业中各种整流设备、直流开关电源和电气化铁道的不断涌现，各种电子产品和电子计算机广泛使用，同时由于其他非线性负载的存在，使得电网电压和电流的波形发生畸变，它们不再是正弦波形。电网中的畸变电压和电流会产生大量的高次谐波（电力谐波），从而使得电力系统的一些主要设备和广大用户受到不同程度的危害。

谐波的影响主要有以下几方面。

（1）使同步发电机产生强噪声，转子温度增高。

（2）使异步电动机的附加损耗和发热增加，严重时发生电动机烧毁事故。湖北安陆铝厂的整流装置改造以前，安陆变电站 10kV 侧谐波电压较高，致使安陆棉纺厂 380V 侧异步电动机烧毁累计达数百台，特别是七、八月份高温季节，每月烧坏电机 30～40 台次。现在铝厂新整流装置投运，由 12 脉冲变为 36 脉冲，谐波问题已经缓和。所以，对非线性用电设备谐波的监测和治理，是一个重要的问题。

（3）对继电保护和自动装置产生信号干扰，引起误动。1990 年 4 月，葛洲坝换流站空载投入换流变压器时，因励磁涌流中 2 次和 4 次谐波的影响，曾经三次引起姚双线瑞典产的行波保护误动，造成华中电网解列事故。

（4）由谐波电压或电流在电网上产生的谐振，引起系统过电压和过电流，危及电气设备的安全。

（5）造成电能测量的误差。用户消耗的功率由基波功率和各高次谐波功率组成，即

$$P = U_1 I_1 \cos\varphi_1 + \sum_{n=2}^{\infty} U_n I_n \cos\varphi_n$$

感应式电能表是按工频纯正弦交流额定工况设计制造的，而各高次谐波功率比等量基波功率产生的转矩要小，这就使得非线性负载的用户不仅构成对电网的谐波污染，还要少交电费，显然是不合理的。

（6）在附近通信网络中引起杂音，使信号失真，造成信号干扰。

本 章 小 结

一、周期性非正弦交流量的分解
周期性非正弦交流量可分解为傅里叶级数，即

$$f(\omega t) = A_0 + A_{1m}\sin(\omega t + \psi_1) + A_{2m}\sin(2\omega t + \psi_2) + \cdots + A_{km}\sin(k\omega t + \psi_k)$$

$$= A_0 + \sum_{k=1}^{\infty} A_{km}\sin(k\omega t + \psi_k)$$

二、谐波分析法
（1）周期性非正弦交流量的有效值等于其各次谐波有效值平方和的平方根，即

$$I = \sqrt{I_0^2 + I_1^2 + I_2^2 + \cdots}$$
$$U = \sqrt{U_0^2 + U_1^2 + U_2^2 + \cdots}$$

（2）非正弦交流电路可用谐波分析法计算。其步骤是先将非正弦电源分解为傅里叶级数，根据叠加原理，分别计算出直流分量和各次谐波单独作用于电路时的响应，然后将响应的解析式进行叠加。分析计算中，要注意电感、电容对各次谐波表现的电抗不同，即 $X_{Lk} = kX_{L1}$，$X_{Ck} = X_{C1}/k$。

（3）非正弦交流电路的有功功率等于各次谐波功率之和，即

$$P = U_0 I_0 + \sum_{k=1}^{\infty} U_k I_k \cos\varphi_k = I^2 R$$

式中：I 为电路中电流的有效值；R 为电路中的等效电阻。

定义视在功率和功率因数为

$$S = UI$$
$$\cos\varphi = P/S$$

不同次电压谐波和电流谐波不构成平均功率。

三、对称三相非正弦交流电路的特点

（1）对于只含正弦奇次谐波的对称三相非正弦量，分解为傅里叶级数后，三相的 1、7、…、$3k-2$ 次谐波构成正序对称量；三相的 3、9、…、$3k$ 次谐波构成零序对称量；三相的 5、11、…、$3k+2$ 次谐波构成负序对称量。

（2）对称三相电源不论接成星形或三角形，其线电压中都不含零序谐波。对称三相电源作三角形连接时，电源回路有 3、9、…、$3k$ 次谐波环流。

（3）Y/Y 接线三相电路中，负载相电流即线电流不含有零序谐波。Y/Y$_0$ 接线三相电路中，负载相电流即线电流含有零序列谐波，中性线是零序谐波电流的通路。其中性线电流有效值为

$$I_{\mathrm{N}} = 3\sqrt{I_3^2 + I_9^2 + \cdots}$$

习　题

7-1　试求非正弦电流 $i = 8 + \sqrt{2} \times 5\sin(\omega t - 45°) + \sqrt{2} \times 2\sin(3\omega t - 150°)$ A 的有效值。

7-2　试求非正弦电压 $u = 40 + 180\sin\omega t + 60\sin(3\omega t + 45°) + 20\sin(5\omega t + 180°)$ V 的有效值。

7-3　已知 $u = 200 + \sqrt{2} \times 150\sin(\omega t + 60°) + \sqrt{2} \times 100\sin(2\omega t + 40°)$ V，$i = \sqrt{2} \times 2\sin(\omega t + 30°) + \sqrt{2} \times 0.5\sin(3\omega t + 40°)$ A，求所产生的有功功率。

7-4　已知某二端网络的电压、电流各为 $u = 100\sqrt{2}\sin\omega t + 31\sqrt{2}\sin3\omega t$ V，$i = 4\sqrt{2}\sin(\omega t - 53.1°) + 0.5\sqrt{2}\sin(3\omega t - 75.96°)$ A。试求：（1）电压、电流有效值；（2）电路有功功率 i；（3）等效正弦电流。

7-5　一个 RLC 串联电路，其 $R = 75\Omega$，$L = 0.1$H，$C = 5\mu$F，若施以非正弦交流电压为 $u = 100 + 100\sin\omega t + 50\sin(2\omega t + 30°)$ V，$\omega = 1000$rad/s。试求电流的瞬时值和有效值。

7-6　在图 7-19 所示电路中，已知电流源电流 $i_{\mathrm{s}} = 10 + 10\sin10t$ A，$C = 1$F，$R = 1\Omega$，试求电流 i_C、i_R。

7-7　图 7-20 所示为滤波电路，要求负载中不含基波分量，但 $4\omega_1$ 的谐波分量能全部传送到负载。如 $\omega_1 = 1000$rad/s，$C = 1\mu$F，试求 L_1 和 L_2。

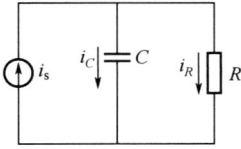

图 7 - 19 题 7 - 6 图

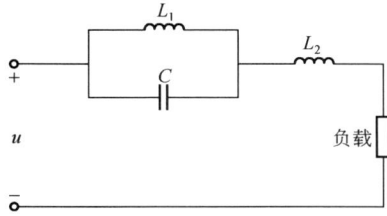

图 7 - 20 题 7 - 7 图

7 - 8 图 7 - 21 所示电路中，施以对称电压，其中 U 相电压为 $u_U = \sqrt{2} \times 218\sin\omega t - \sqrt{2} \times 70.7\sin3\omega t$ V，每相负载对基波的复阻抗 $Z_1 = R + j\omega L = 10 + j4\Omega$，中性线对基波的复阻抗 $Z_N = j\omega L = j2\Omega$。试完成：（1）求线电流和中性线电流的有效值；（2）如果中性线断开，再求线电流有效值并求中性点电压有效值 $U_{N'N}$。

7 - 9 图 7 - 22 所示电路中，其电源的相电压为 $u_U = \sqrt{2} \times 220\sin\omega t + \sqrt{2} \times 30\sin3\omega t + \sqrt{2} \times 15\sin5\omega t$ V，负载电阻 $R = 100\Omega$，试求线电流有效值和中性点之间电压 $U_{N'N}$。

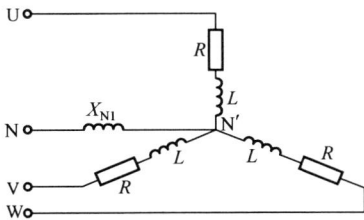

图 7 - 21 题 7 - 8 图

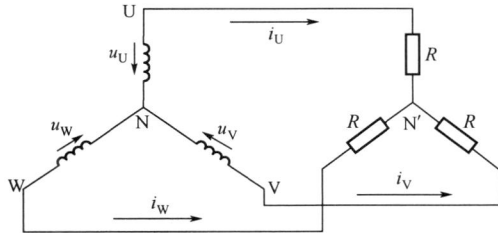

图 7 - 22 题 7 - 9 图

第 八 章

线性动态电路的时域分析

前面已经讨论了线性电路处于（最终达到的）稳定状态下的电流、电压分析计算方法。如在直流电路中，各电流、电压都是恒定不变的；在正弦交流电路中，各电流、电压都以一定的幅值按正弦规律变化。

本章将要讨论的是电路的过渡过程。在此过程中，电路的各电流、电压处于稳定前的过渡状态。例如，电动机接通电源后，转速由零增至额定转速，要经历一段时间，经历一个过渡过程。为什么会出现过渡过程呢？这是因为物质所具有的能量是不能突然变化的缘故。如果电动机增加了能量而不需要时间，那么电动机提供的功率必须是无限大，显然这是不可能的。

处于过渡过程中的电路属于动态电路，分析计算线性动态电路全响应（即电路的各电流、电压）的依据仍然是对电路任一瞬间都适用的基尔霍夫定律 KCL、KVL 和 R、C、L 三种元件的伏安关系式。

线性动态电路的方程是常系数线性微分方程，微分方程的阶数为一的动态电路称为一阶电路，微分方程的阶数为二的动态电路称为二阶电路。动态电路全响应的分析计算，归结为求解微分方程。直接求解微分方程的方法称为经典法，用积分变换求解微分方程的方法称为运算法。本章主要介绍用经典法分析一阶电路，并介绍用经典法分析简单的二阶电路。

第一节　电路的暂态过程

一、电路的暂态过程

图 8-1 所示电路中，当开关 S 闭合时，电阻支路的灯泡立即发亮，而且亮度始终不变，这说明电阻支路在开关闭合后没有经历过渡过程，立即进入稳定状态。电感支路的灯泡在开关闭合瞬间不亮，然后逐渐变亮，最后亮度稳定不再变化；电容支路的灯泡在开关闭合瞬间很亮，然后逐渐变暗直至熄灭。这两个支路的现象说明电感支路的灯泡和电容支路的灯泡达到最后稳定，都要经历一段时间。一般来说，对于含有动态元件（即储能元件 C、L）的电路，当电路的电源、结构、元件参数突然发生变化时，电路从一种稳定状态变化到另一种稳定状态的中间过程称为电路的过渡过程。实际电路中的过渡过程占用的时间大多是短暂的，故称为电路的暂态过程，简称暂态。

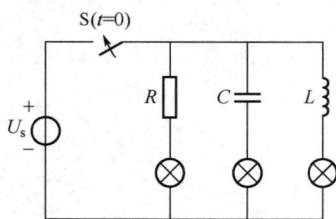

图 8-1　电路的暂态过程

计算图 8-1 所示电路中 $t>0$ 时的各元件电压、电流，就属于动态电路的时域分析问题。

L、C 元件是造成电路产生动态过程的根源，由此进行研究。

二、电路的三种状态值

电路的暂态过程是发生在换路期间的。电路中电源的接入与切除、支路的接通和切断、元件参数的改变等统称为换路。在分析电路时，可认为换路是立即完成的。计算动态电路的全响应，一般都把换路的瞬间作为计时起点，记为 $t=0$，若将换路前的最后一瞬间记为 $t=0_-$，则换路后的最初一瞬间记为 $t=0_+$。即 $t=0$ 时开关动作（换路），$t=0_-$ 时开关未动作，表示电路原状态的终点，$t=0_-$ 时的电流、电压值是原电路的终点值，如 $i(0_-)$、$u(0_-)$。$t=0_+$ 时开关已动作，表示电路暂态的始点，$t=0_+$ 时的电流、电压值称电路的初始值，如 $i(0_+)$、$u(0_+)$。$t=\infty$ 时（理论上）表示电路达到新的稳定状态，$t=\infty$ 时的电流、电压值称电路的稳态值，如 $i(\infty)$、$u(\infty)$。

由于动态元件的电压与电流的关系是导数关系或积分关系，因此根据基尔霍夫定律列出的动态电路的方程是微分方程。例如，设开关 S 闭合后的电流 i 与电容电压 u_C 的参考方向如图 8 - 2 所示，则由 KVL 得

图 8 - 2　RC 动态电路

$$u_C + Ri = U_s$$

因为　$i = C\dfrac{\mathrm{d}u_C}{\mathrm{d}t}$，将它代入上式即得

$$RC\frac{\mathrm{d}u_C}{\mathrm{d}t} + u_C = U_s$$

这是一个微分方程式。若电路的激励源 U_s 及元件参数 R、C 皆为已知，则可解此方程求出电容电压 u_C。由此可见，求动态电路全响应的问题可归结为求解电路的微分方程。求解微分方程需要根据电路的初始条件确定积分常数，而初始条件可根据换路定则确定。

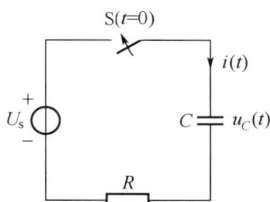

思 考 题

8 - 1 - 1　电路发生过渡过程的原因是什么？纯电阻电路是否有过渡过程？

8 - 1 - 2　什么是电路的稳定状态？什么是电路的过渡过程？

第二节　换路定则（律）与电路的初始值

一、换路定则（律）

对于电容元件 $i_C = C\dfrac{\mathrm{d}u_C}{\mathrm{d}t}$，对于电感元件 $u_L = L\dfrac{\mathrm{d}i_L}{\mathrm{d}t}$。由此可知，电容电压（电荷）不能跃变，而只能连续地变化，否则，电流 i_C 将为无限大，这在实际电路中是不可能的；电感电流（磁链）也不能跃变，而只能连续地变化，否则，电压 u_L 将为无限大，这在实际电路中也是不可能的。电容电压和电感电流在换路时不能跃变，称为换路定则。

换路定则的实质是能量不能跃变，因为能量的跃变意味着功率为无限大，所以当功率为有限值时，能量的变化必须是连续的。除了 u_C 与 i_L，其余元件的电流、电压如 i_C、u_L、

i_R、u_R 等都是可以跃变的。

换路定则的数学表达式为

$$\left.\begin{array}{l} u_C(0_+)=u_C(0_-) \\ i_L(0_+)=i_L(0_-) \end{array}\right\}$$ (8-1)

需要指出：理想电压源的电压不受外部条件的影响，理想电流源的电流不受外部条件的影响，它们都不能因换路而跃变。但是，理想电压源的电流、理想电流源的电压，却是可能跃变的。

二、电路初始值的计算

电路中各元件的电压与各支路电流在 $t=0_+$ 时的值，是电路的初始值。电路的初始值给出了电路微分方程的初始条件，即给出了电路的待求响应及其所需的各阶导数在换路后的最初一瞬间（$t=0_+$ 时）的值。

电容元件的初始电压 $u_C(0_+)$ 及电感元件的初始电流 $i_L(0_+)$，可按换路定则确定。其他电压、电流的初始值都是在换路时可能跃变的量，不能用换路定则直接确定，而需根据电容电压 $u_C(0_+)$ 及电感电流 $i_L(0_+)$ 应用 KCL、KVL 和 VAR 来确定。因此，$u_C(0_+)$、$i_L(0_+)$ 称为独立初始值，其余各初始值称为相关初始值。

在较复杂的情况下，为了使电路初始值的计算得以简化，可以用替代定理，将电容元件用电压为 $u_C(0_+)$ 的理想电压源等效替代［若 $u_C(0_+)=0$，则代之以短路］，将电感元件用电流为 $i_L(0_+)$ 的理想电流源等效替代［若 $i_L(0_+)=0$，则代之以开路］。这样替代后的电路，称为电路在 $t=0_+$ 时的初始等效电路。初始等效电路是一个电阻电路，可按电阻电路进行计算。

【例 8-1】 在图 8-3（a）所示的电路中，电压源的电压 $U_s=12\text{V}$，电阻 $R_1=4\Omega$，$R_2=8\Omega$，开关 S 接通前电路已达稳定状态，且电容 C 未充电。在 $t=0$ 时 S 接通，试求各元件电流、电压的初始值。

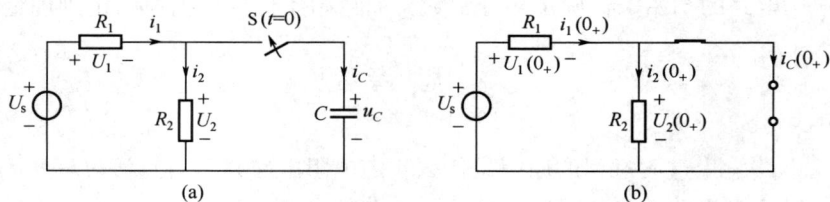

图 8-3 ［例 8-1］图

解 先求独立初始值。因为 S 接通前 C 未充电，所以 $u_C(0_-)=0$，从而得到

$$u_C(0_+)=u_C(0_-)=0$$

画出初始等效电路如图 8-3（b）所示。再求相关初始值

$$u_2(0_+)=0\text{V}$$

$$i_2(0_+)=\frac{u_2(0_+)}{R_2}=\frac{0}{8}=0(\text{A})$$

$$u_1(0_+)=U_s=12\text{V}$$

$$i_1(0_+)=\frac{u_1(0_+)}{R_1}=\frac{12}{4}=3(\text{A})$$

$$i_C(0_+)=i_1(0_+)=3\text{A}$$

【例8-2】　图8-4（a）所示电路原已稳定，$U_s = 24\text{V}$，$R_1 = 4\Omega$，$R_2 = 6\Omega$，$L = 0.4\text{H}$，$t = 0$ 时开关 S 闭合。试求电感电压和电源电流的初始值 $u_L（0_+）$、$i（0_+）$。

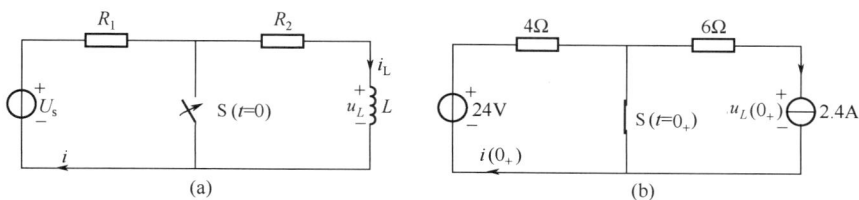

图8-4　［例8-2］图

解　先计算接通 S 前稳定状态下的 $\quad i_L（0_-） = \dfrac{U_s}{R_1 + R_2} = \dfrac{24}{4 + 6} = 2.4（\text{A}）$

再求独立初始值 $\qquad\qquad\qquad i_L（0_+） = i_L（0_-） = 2.4\text{A}$

画出初始等效电路如图8-4（b）所示，在此电路中求得

$$i（0_+） = \frac{24}{4} = 6（\text{A}）$$

$$u_L（0_+） = -2.4 \times 6 = -14.4\text{V}$$

【例8-3】　图8-5（a）所示电路中，已知 $U_s = 18\text{V}$，$R_1 = 1\Omega$，$R_2 = 2\Omega$，$R_3 = 3\Omega$，$L = 0.5\text{H}$，$C = 4.7\mu\text{F}$，开关 S 在 $t = 0$ 时合上，设 S 合上前电路已进入稳态。试求 $i_1（0_+）$、$i_L（0_+）$、$i_3（0_+）$、$u_L（0_+）$、$u_C（0_+）$。

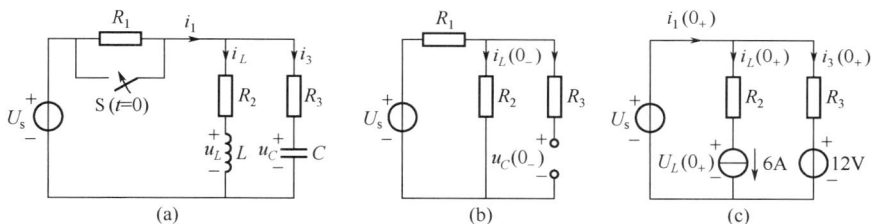

图8-5　［例8-3］图

解　第一步，作 $t = 0_-$ 等效电路如图8-5（b）所示，这时电感相当于短路，电容相当于开路。

第二步，根据 $t = 0_-$ 等效电路，计算换路前的电感电流和电容电压

$$i_L（0_-） = \frac{U_s}{R_1 + R_2} = \frac{18}{1 + 2} = 6（\text{A}）$$

$$u_C（0_-） = R_2 i_L（0_-） = 2 \times 6 = 12（\text{V}）$$

$$i_L（0_+） = i_L（0_-） = 6\text{A}$$

$$u_C（0_+） = u_C（0_-） = 12\text{V}$$

第三步，作 $t = 0_+$ 等效电路如图8-5（c）所示，这时电感 L 相当于一个 12A 的电流源，电容 C 相当于一个 12V 的电压源。

第四步，根据 $t = 0_+$ 等效电路，计算其他的相关初始值

$$i_3(0_+) = \frac{U_s - u_C(0_+)}{R_3} = \frac{18-12}{3} = 2(\text{A})$$

$$i_1(0_+) = i_L(0_+) + i_3(0_+) = 6+2 = 8(\text{A})$$

$$u_L(0_+) = U_s - R_2 i_L(0_+) = 18 - 2 \times 6 = 6(\text{V})$$

思 考 题

8-2-1　什么是换路定则？怎样确定独立初始值和相关初始值？

8-2-2　在图8-6所示的电路中，电压源 $U_s = 24\text{V}$，$R_1 = 6\Omega$，$R_2 = 3\Omega$，$R_3 = 6\Omega$，电路原已稳定。开关 S 在 $t=0$ 时断开，试求各支路电流、各元件电压的初始值。

8-2-3　在图8-7所示的电路中，电压源 $U_s = 12\text{V}$，$R_1 = 6\Omega$，$R_2 = 12\Omega$，电路原已稳定。开关 S 在 $t=0$ 时接通，试求各元件电流及电压的初始值。

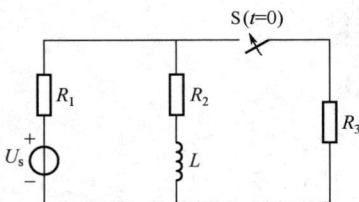

图 8-6　思考题 8-2-2 图　　　　图 8-7　思考题 8-2-3 图

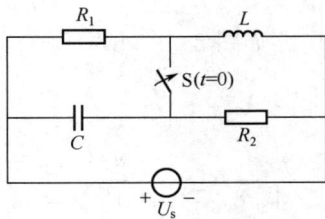

第三节　一阶电路的零输入响应

动态电路在能量源的作用下产生响应。动态电路的能量源可分为两类：一是电源提供的能量，二是动态元件的初始储能（电容的电场能、电感的磁场能）。在一般情况下，电路可能既有电源输入，同时又有初始储能。这两方面的能量同时作用激发起来的电路响应，称为电路的全响应。动态电路与电阻电路不同的一点是：在电阻电路中，如果没有激励源就没有响应；而在动态电路中，即使没有激励源，只要储能元件具有初始能量〔即 $u_C(0_+)$ 或 $i_L(0_+)$ 不为零〕，也将引起响应。动态电路在激励源为零的情况下，仅由初始值引起的响应称为零输入响应。

下面分析电路的零输入响应。

一、RC 电路的零输入响应

在图8-8所示电路中，设电容在开关 S 接通前已被充电，其电压为 U_0，即 $u_C(0_-) = U_0$。在 $t=0$ 时开关 S 接通，选择电容上的电流 i 与电压 u_C 为关联参考方向，电路换路后由 KVL 得

图 8-8　RC 电路的零输入响应

$$u_R + u_C = 0$$

将元件的伏安关系式 $u_R = Ri$ 和 $i = C\dfrac{du_C}{dt}$ 代入上式，得

$$RC\frac{du_C}{dt} + u_C = 0 \qquad (t \geqslant 0) \tag{8-2}$$

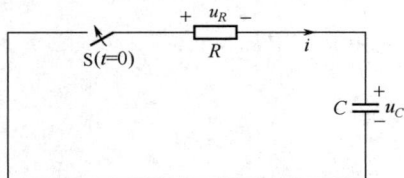

这是确定电路零输入响应的方程，解此方程即可得到 $u_C(t)$。

式（8-2）是函数 $u_C(t)$ 的一阶常系数线性齐次常微分方程。它的通解为指数函数 $u_C(t)=Ae^{-\gamma t}$，其中 A 为待定常数；γ 为特征根，由特征方程

$$RC\gamma+1=0$$

求得

$$\gamma=-\frac{1}{RC}$$

所以

$$u_C(t)=Ae^{-\frac{1}{RC}t}$$

常数 A 由电路的初始条件确定。令上式中 $t=0$，应用

$$u_C(0_+)=u_C(0_-)=U_0$$

可得 $A=U_0$，最后得到 RC 电路的零输入响应为

$$u_C(t)=U_0e^{-\frac{1}{RC}t} \qquad (t>0) \tag{8-3}$$

并得

$$u_R(t)=-u_C(t)=-U_0e^{-\frac{1}{RC}t} \qquad (t>0)$$

$$i(t)=\frac{u_R(t)}{R}=-\frac{U_0}{R}e^{-\frac{1}{RC}t} \qquad (t>0)$$

由此可知，已充电的电容对电阻放电时，$u_C(t)$、$u_R(t)$ 和 $i(t)$ 均按指数函数变化，随着时间 t 增长而逐渐衰减到零。$u_C(t)$ 与 $i(t)$ 的变化曲线如图 8-9(a)、(b) 所示。i 为负值，表明其方向与所选参考方向相反，即电容对电阻放电过程中，放电电流与电容电压的方向相反。

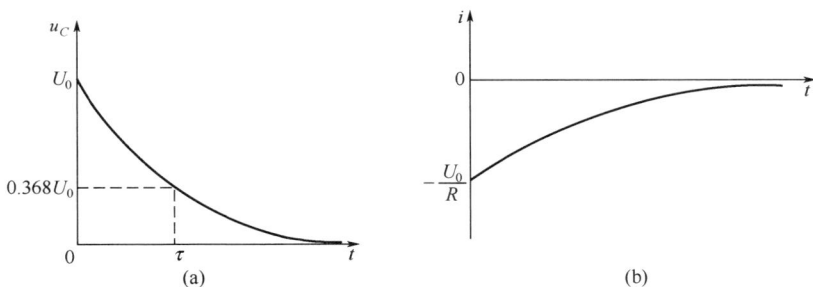

图 8-9　$u_C(t)$ 与 $i(t)$ 的变化曲线
(a) $u_C(t)$ 变化曲线；(b) $i(t)$ 变化曲线

放电开始时的电流最大，其值为 $\frac{U_0}{R}$。在放电过程中，电容的电场储能经电阻消耗。

式（8-3）中的 R、C 乘积的单位为

$$\Omega\cdot F=\Omega\cdot\frac{C}{V}=\Omega\cdot\frac{A\cdot s}{V}=s \quad \left(欧\cdot法=欧\cdot\frac{库}{伏}=欧\cdot\frac{安\cdot秒}{伏}=秒\right)$$

与时间的单位相同，故称为 RC 电路的时间常数，用 τ 表示，即

$$\tau=RC \tag{8-4}$$

引用时间常数后，电容电压与电流可表示为

$$\left.\begin{array}{l}u_C(t)=U_0e^{-\frac{t}{\tau}}\\[2mm]i(t)=-\frac{U_0}{R}e^{-\frac{t}{\tau}}\end{array}\right\} \tag{8-5}$$

时间常数 τ 仅决定于电路参数 RC。为说明时间常数 τ 的意义，可按式（8-5），将时间 t 等于 0、τ、2τ、3τ……时刻的 u_C 值列于表 8-1 中。

表 8-1

t	0	τ	2τ	3τ	4τ	5τ	…	∞
$e^{-t/\tau}$	1	0.368	0.135	0.049 8	0.018 3	0.006 7	…	0
u_C	U_0	$0.368U_0$	$0.135U_0$	$0.049\,8U_0$	$0.018\,3U_0$	$0.006\,7U_0$	…	0

由表 8-1 列出的各值可看出，放电经历的时间为 τ 时，电容电压降低为其初始值的 36.8%；经历的时间为 3τ 时，已降低为初始值的 5%；虽然从理论上讲放电需经无限长时间才能结束，但从实际上看，放电经历 5τ 时间时，已降至约为初始值的 0.7%，即可认为放电已经结束。放电电流的衰减情况与此相同。由此可见，电路的时间常数决定了放电的快慢，时间常数越大，放电持续时间越长。选择不同的 RC 值可以控制放电的快慢。当 C 值一定时，减小放电电阻可以缩短放电时间，但会增大放电的起始电流值。

【例 8-4】 供电局向某一企业供电，电压为 10kV，在切断电源瞬间，电网上遗留有 10kV 的电压。已知送电线路长 $l=30$km，电网对地绝缘电阻为 500MΩ，电网的分布电容 $C_0=0.008\mu$F/km，试求：（1）拉闸后 1min，电网对地的残余电压为多少？（2）拉闸后 10min，电网对地的残余电压为多少？

解 电网拉闸后，储存在电网电容上的电能逐渐通过对地绝缘电阻放电，这是一个 RC 串联电路的零输入响应问题。

由题意知，长 30km 的电网总电容量为
$$C=C_0l=0.008\mu\text{F/km}\times30\text{km}=0.24(\mu\text{F})$$

放电电阻为
$$R=5\times10^8\,\Omega$$
时间常数为
$$\tau=RC=120\text{s}$$
电容上初始电压为
$$U_0=10(\text{kV})$$
在电容放电过程中，电容电压（即电网电压）的变化规律为
$$u_C(t)=U_0e^{-\frac{t}{\tau}}$$
所以
$$u_C(60)=10e^{-\frac{60}{120}}\approx6.06(\text{kV})$$
$$u_C(600)=10e^{-\frac{600}{120}}\approx67.4(\text{V})$$

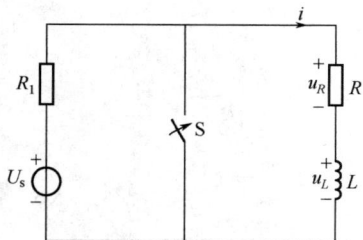

图 8-10　RL 电路的零输入响应

二、RL 电路的零输入响应

在图 8-10 所示电路中，设电感 L 在开关 S 动作前（$t<0$ 时）的电流为 I_0，即 $i_L(0_-)=I_0$。设 $t=0$ 时开关 S 接通。开关 S 接通后经电阻 R 短路，通有电流的线圈被短接。若选择电流、电压为关联参考方向，对电路的右边网孔列写 KVL 方程得

$$u_L+u_R=0$$

将 $u_L=L\dfrac{\mathrm{d}i_L}{\mathrm{d}t}$，$u_R=Ri$ 代入上式得

$$L \frac{\mathrm{d}i_L}{\mathrm{d}t} + Ri = 0 \qquad (t \geqslant 0) \tag{8-6}$$

式（8-6）是函数 $i_L(t)$ 的一阶常系数线性齐次微分方程，它的通解是

$$i_L(t) = A \mathrm{e}^{\gamma t}$$

特征方程为 $L\gamma + R = 0$，特征根为 $\gamma = -\dfrac{R}{L}$，因此

$$i_L(t) = A \mathrm{e}^{-\frac{R}{L}t}$$

取 $t = 0_+$，得 $\qquad\qquad\qquad i_L(0_+) = A$

根据初始条件 $i_L(0_+) = i_L(0_-) = I_0$ 可得

$$i_L(t) = I_0 \mathrm{e}^{-\frac{R}{L}t} \tag{8-7}$$

$$u_L(t) = L \frac{\mathrm{d}i_L}{\mathrm{d}t} = -RI_0 \mathrm{e}^{-\frac{R}{L}t}$$

由此可知，载流线圈被短接后，$i_L(t)$ 与 $u_L(t)$ 都随时间按指数规律衰减而趋近于零。u_L 为负值，说明在电感电流减少时，电感电压与电流的方向相反。开始短接的瞬间，电感电压最大，其值为 $u_L(0_+) = RI_0$。

在电流衰减过程中，电感的磁场储能经电阻转变为热能耗散于周围介质之中。

式（8-7）中的 $\dfrac{L}{R}$ 的单位为

$$\frac{\mathrm{H}}{\Omega} = \frac{\Omega \cdot \mathrm{s}}{\Omega} = \mathrm{s} \quad \left(\frac{亨}{欧} = \frac{欧 \cdot 秒}{欧} = 秒 \right)$$

因此 $\qquad\qquad\qquad\qquad\qquad \tau = \dfrac{L}{R} \tag{8-8}$

为电路的时间常数，其意义与 RC 电路中所述相同。

引入时间常数 τ 后，式（8-7）可写成

$$i_L(t) = I_0 \mathrm{e}^{-\frac{t}{\tau}} \tag{8-9}$$

【例 8-5】　图 8-11 所示为测量发电机励磁绕组直流电阻的电路。已知电压表的读数为 100V、电压表内阻 $R_V = 5\mathrm{k}\Omega$，电流表的读数为 200A、电流表内阻 $R_A \approx 0$，励磁绕组的电感 $L = 0.4\mathrm{H}$。试求：（1）若测量完毕后直接断开开关 S，问在 S 断开瞬间电压表所承受的电压为多少伏？（2）换路后回路的时间常数 τ。

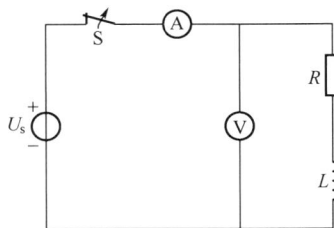

解　（1）由电压表、电流表的读数得

励磁绕组电阻 $\quad R = \dfrac{100}{200} = 0.5(\Omega)$

电感电流的初始值 $\qquad i_L(0_+) = i_L(0_-) = 200\mathrm{A}$

开关 S 断开瞬间，电压表承受的电压为

$$U_V(0_+) = -R_V i_L(0_+) = -1000\mathrm{kV}$$

（2）时间常数

图 8-11　［例 8-5］图

219

$$\tau = \frac{L}{R+R_{\mathrm{V}}} = \frac{0.4}{0.5+5000} \approx 0.08(\mathrm{ms})$$

由此可知，在开关断开瞬间，电压表承受很高的电压，损坏电压表。因此，应先断开电压表，并联一个阻值较低的电阻，再切断电源。

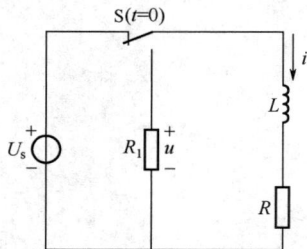

图 8-12　[例 8-6] 图

【例 8-6】　图 8-12 所示电路中，开关 S 换接前电路已稳定，$U_s = 40\mathrm{V}$，$L = 1\mathrm{H}$，$R = 1\Omega$，$R_1 = 10\Omega$。试完成：（1）求 S 换接后的 i 和 u，并求 i 衰减至初始值的 10% 所需的时间 t_1；（2）若 $R_1 = 0\Omega$，问 i 衰减至初始值的 10% 所需的时间 t_2 是多少？

解　（1）$i_L(0_+) = i_L(0_-) = I_0 = \dfrac{U_s}{R} = 40\mathrm{A}$

应用式（8-8）和式（8-9）得

$$\tau = \frac{L}{R+R_1} = \frac{1}{1+10} = \frac{1}{11}(\mathrm{s})$$

$$i = I_0 \mathrm{e}^{-\frac{t}{\tau}} = 40\mathrm{e}^{-11t}(\mathrm{A})$$

$$u = -R_1 i = -10 \times 40\mathrm{e}^{-11t} = -400\mathrm{e}^{-11t}(\mathrm{V})$$

电流衰减到初始值的 10% 时，有

$$0.1 \times 40 = 40\mathrm{e}^{-11t}$$

即

$$\mathrm{e}^{-11t} = 0.1$$

由此得

$$t_1 = \frac{\ln 0.1}{-11} = 0.2093(\mathrm{s})$$

（2）$R_1 = 0$ 时的时间常数

$$\tau' = \frac{L}{R} = \frac{1}{1} = 1(\mathrm{s})$$

$$\mathrm{e}^{-t_2} = 0.1$$

得

$$t_2 = \frac{\ln 0.1}{-1} = 2.303(\mathrm{s})$$

计算结果 t_2 比 t_1 大得多，可见短接线圈时，增大回路的电阻可使时间常数减小，从而使电流衰减加快，但会使电感电压初始值增大。

思 考 题

8-3-1　什么是 RC 电路的时间常数？时间常数的大小对电路的响应有什么影响？

8-3-2　有一个 $2000\mu\mathrm{F}$ 的电容器，储有 2C 电量，通过一个电阻放电。若最大放电电流为 2A，问此放电电阻的阻值为多少欧？在开始放电后 3s 时间内，电阻耗散的热能为多少？

8-3-3　什么是 RL 电路的时间常数？与 RC 电路的时间常数有何不同？

第四节　一阶电路的零状态响应

动态电路在所有动态元件的初始储能为零的情况下，仅由激励引起的响应称为零状态响应。

一、RC 电路在直流激励下的零状态响应

现在分析 RC 电路在直流激励下的零状态响应。图 8‑13 所示 RC 串联电路中，直流电压源的电压为 U_s，开关 S 接通前电容 C 未充电，即 $u_C(0_-)=0$。

设在 $t=0$ 时开关 S 接通。换路后由 KVL 知

$$u_R+u_C=U_s$$

将 $u_R=Ri$ 和 $i=C\dfrac{\mathrm{d}u_C}{\mathrm{d}t}$ 代入上式得

$$RC\frac{\mathrm{d}u_C}{\mathrm{d}t}+u_C=U_s \qquad t\geqslant 0 \qquad\qquad (8\text{-}10)$$

图 8‑13　RC 电路零状态响应

这是函数 $i=C\dfrac{\mathrm{d}u_C}{\mathrm{d}t}$ 的一阶常系数线性非齐次微分方程。由高等数学的知识可知，常系数线性非齐次微分方程的解，可由其对应的齐次常微分方程的通解 $u_{\mathrm{Ch}}(t)$ 和非齐次常微分方程的特解 $u_{\mathrm{Cp}}(t)$ 组成，即全解

$$u_C(t)=u_{\mathrm{Ch}}(t)+u_{\mathrm{Cp}}(t)$$

对应式（8‑10）的齐次微分方程与式（8‑2）相同，其通解为

$$u_{\mathrm{Ch}}(t)=A\mathrm{e}^{-\frac{t}{RC}}$$

由于电路中的激励是恒定直流电源 U_s，所以非齐次常微分方程式（8‑10）的特解与输入的激励函数形式相同，为一定值。设特解 $u_{\mathrm{Cp}}(t)=K$，代入式（8‑10）可得

$$RC\frac{\mathrm{d}k}{\mathrm{d}t}+k=U_s,\qquad K=U_s$$

故特解为 $\qquad\qquad\qquad\qquad u_{\mathrm{Cp}}(t)=U_s$

所以得到式（8‑10）全解为

$$u_C(t)=u_{\mathrm{Ch}}(t)+u_{\mathrm{Cp}}(t)=A\mathrm{e}^{-\frac{t}{RC}}+U_s \qquad\qquad (8\text{-}11)$$

为确定常数 A 之值，可令式（8‑11）中 $t=0_+$，运用初始条件 $u_C(0_+)=u_C(0_-)=0$ 得

$$u_C(0_+)=A+U_s=0 \qquad\text{即}\quad A=-U_s$$

最后得

$$u_C(t)=-U_s\mathrm{e}^{-\frac{t}{RC}}+U_s=U_s(1-\mathrm{e}^{-\frac{t}{\tau}}) \qquad (t\geqslant 0) \qquad (8\text{-}12)$$

$$i(t)=C\frac{\mathrm{d}u_C}{\mathrm{d}t}=\frac{U_s\mathrm{e}^{-\frac{t}{\tau}}}{R} \qquad (t\geqslant 0)$$

$$u_R(t)=Ri=U_s\mathrm{e}^{-\frac{t}{\tau}} \qquad (t\geqslant 0)$$

$u_C(t)$、$u_R(t)$ 和 $i_C(t)$ 的变化曲线如图 8‑14 所示，其波形反映了电容的充电情况。显然，在充电过程中，电容电压由初始的零值开始，按指数规律随时间逐渐增长，最后趋近于恒定电压源的电压 U_s；充电电流在开始时最大，其值为 $\dfrac{U_s}{R}$，以后随时间按指数规律逐渐衰减到零。充电电流为正，表明充电时的电流与电容电压方向一致。充电结束后，电容的电

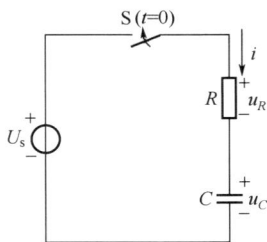

场储能为$\frac{1}{2}CU_s^2$。

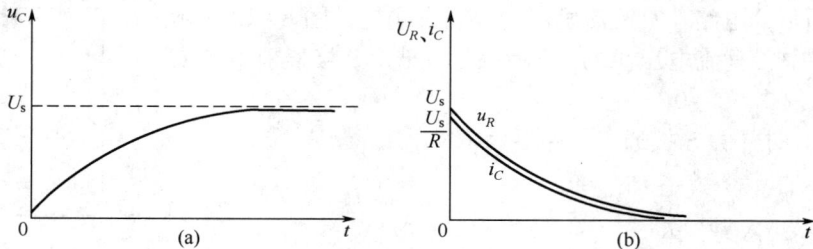

图 8 - 14 $u_C(t)$、$u_R(t)$ 和 $i_C(t)$ 的充电变化曲线

(a) $u_C(t)$ 充电变化曲线；(b) $u_R(t)$、$i_C(t)$ 充电变化曲线

充电的时间常数 $\tau=RC$（与放电时间常数相同）标志充电过程持续时间的长短。$t=\tau$ 时，u_C 增长到 $(1-e^{-1})U_s=0.632U_s$；$t=5\tau$ 时，u_C 增长到 $(1-e^{-5})U_s=0.993U_s$，可认为充电实际上已结束，电路进入新的稳态。

【例 8 - 7】　如图 8 - 15 (a) 所示电路，已知 $U_s=220V$，$R=200\Omega$，$C=1\mu F$，电容事先未充电，在 $t=0$ 时合上开关 S。试求：(1) 时间常数；(2) 最大充电电流；(3) u_C、u_R 和 i 的表达式；(4) 作 u_C、u_R 和 i 随时间的变化曲线；(5) 开关合上后 1ms 时的 u_C、u_R 和 i 的值。

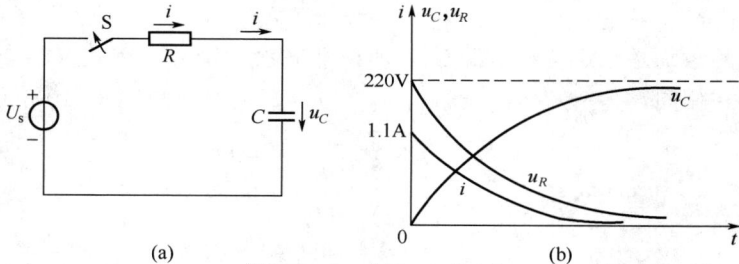

图 8 - 15　[例 8 - 7] 图

(a) 电路图；(b) u_C、u_R、i 曲线

解　(1) 时间常数为
$$\tau=RC=200\times1\times10^{-6}=2\times10^{-4}s=200(\mu s)$$

(2) 最大充电电流为
$$i_{max}=\frac{U_s}{R}=\frac{220}{200}=1.1(A)$$

(3) u_C、u_R、i 的表达式为
$$u_C=U_s(1-e^{-\frac{t}{\tau}})=200(1-e^{-\frac{t}{2\times10^{-4}}})=200(1-e^{-5\times10^3t})(V)$$
$$u_R=U_se^{-\frac{t}{\tau}}=220e^{-5\times10^3t}(V)$$
$$i=\frac{U_s}{R}e^{-\frac{t}{\tau}}=\frac{220}{200}e^{-\frac{t}{\tau}}=1.1e^{-5\times10^3t}(A)$$

(4) 画出 u_C、u_R、i 的曲线如图 8 - 15 (b) 所示。

(5) 当 $t=1ms=10^{-3}s$ 时

$$u_C = 220(1 - e^{-5 \times 10^3 \times 10^{-3}}) = 220(1 - e^{-5}) = 220(1 - 0.007) = 218.5(\text{V})$$

$$u_R = 220e^{-5 \times 10^3 \times 10^{-3}} = 220 \times 0.007 \approx 1.5(\text{V})$$

$$i = 1.1e^{-5 \times 10^3 \times 10^{-3}} = 1.1 \times 0.007 = 0.0077(\text{A})$$

二、RL 电路在直流激励下的零状态响应

图 8 - 16 所示电路中，电压源的电压为恒定值 U_s，$i_L(0_-) = 0$。选取 $t = 0$ 时刻接通开关 S，求此电路的零状态响应。

图 8 - 16 RL 电路的零状态响应

开关 S 接通后，电路的方程为

$$u_R + u_L = U_s$$

$$Ri_L + L \frac{\mathrm{d}i_L}{\mathrm{d}t} = U_s$$

$$\frac{L}{R} \frac{\mathrm{d}i_L}{\mathrm{d}t} + i_L = \frac{U_s}{R} \qquad (t \geqslant 0) \tag{8 - 13}$$

式（8 - 13）也是一阶常系数线性非齐次微分方程，它的解同样由其特解 i_{Lp} 和相应的齐次方程的通解 i_{Lh} 组成，即

$$i_L(t) = i_{Lp} + i_{Lh}$$

其中，特解仍是电路达到稳态时的解

$$i_{Lp} = \frac{U_s}{R}$$

齐次微分方程的通解与 RL 串联电路的零输入响应形式相同，即

$$i_{Lh} = A e^{-\frac{R}{L}t}$$

令 $\tau = \dfrac{L}{R}$ 可得

$$i_L(t) = \frac{U_s}{R} + A e^{-\frac{t}{\tau}} \qquad (t \geqslant 0) \tag{8 - 14}$$

将 $i_L(0_+) = i_L(0_-) = 0$ 代入式（8 - 14），得

$$A = -\frac{U_s}{R}$$

则图 8 - 16 所示 RL 电路的零状态响应 $i_L(t)$ 为

$$i_L(t) = \frac{U_s}{R} - \frac{U_s}{R} e^{-\frac{t}{\tau}} = \frac{U_s}{R}(1 - e^{-\frac{t}{\tau}}) \qquad (t \geqslant 0)$$

电感电压 $u_L(t)$ 和电阻电压 $u_R(t)$ 分别为

$$u_L(t) = L \frac{\mathrm{d}i_L}{\mathrm{d}t} = U_s e^{-\frac{t}{\tau}} \qquad (t \geqslant 0)$$

$$u_R(t) = U_s(1 - e^{-\frac{t}{\tau}}) \qquad (t \geqslant 0)$$

$i_L(t)$、$u_L(t)$ 和 $u_R(t)$ 随时间变化的波形曲线如图 8 - 17（a）、(b) 所示。

【例 8 - 8】 图 8 - 18 所示电路为一直流发电机电路简图。已知励磁电阻 $R = 20\Omega$，励磁电感 $L = 20\text{H}$，外加电压为 $U_s = 200\text{V}$，试求：（1）当 S 闭合后，励磁电流的变化

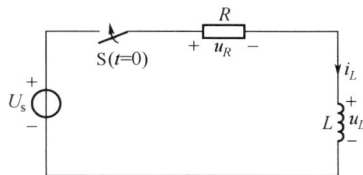

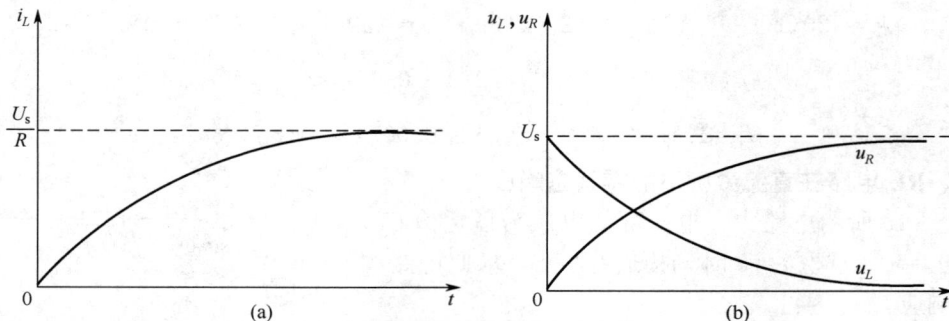

图 8-17 RL 电路零状态响应曲线

(a) $i_L(t)$ 波形曲线；(b) $u_L(t)$、$u_R(t)$ 波形曲线

规律和达到稳态值所需的时间；（2）如果将电源电压提高到 250V，求励磁电流达到额定值的时间。

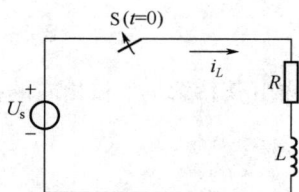

图 8-18 ［例 8-8］图

解 （1）这是一个 RL 零状态响应的问题，由 RL 串联电路的分析知

$$i_L = \frac{U_s}{R}(1 - e^{-\frac{t}{\tau}})$$

式中，$U_s = 200V$，$R = 20\Omega$，$\tau = L/R = 20/20 = 1(s)$，所以

$$i_L = \frac{200}{20}(1 - e^{-\frac{t}{\tau}}) = 10(1 - e^{-t})\,(A)$$

一般认为当 $t = (3\sim5)\tau$ 时过渡过程基本结束，取 $t = 5\tau$，则合上开关 S 后，电流达到稳态所需的时间为 5s。此时稳态的额定电流值 $i_L = 10A$。

（2）若施行强迫励磁法，将励磁电压加大至 250V，此时励磁电流为

$$i(t) = \frac{250}{20}(1 - e^{-\frac{t}{\tau}}) = 12.5(1 - e^{-t})$$

励磁电流达到额定值的时间为

$$10 = 12.5(1 - e^{-t})$$
$$t = 1.6s$$

比原先提前了 3.4s。

思 考 题

8-4-1 试问图 8-19（a）、（b）两电路的时间常数各为多少？

8-4-2 两个时间常数相同的 RC 串联电路，与同值的直流电压源相接，试问：（1）两个电路的零状态响应电压 u_C 是否相同？（2）两个电路的零状态响应电流 i 是否相同？

8-4-3 试比较 RC 电路和 RL 电路的零状态响应，它们有什么共同点和不同点？

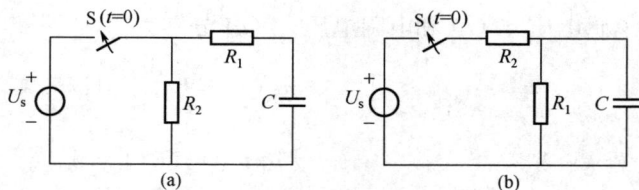

图 8-19 思考题 8-4-1 图

8-4-4　试画出时间常数不同（$\tau_1 < \tau_2 < \tau_3$），而稳态值相同的三条 RL 串联电路零状态响应 i_L 的曲线，并说明规律。

第五节　一阶电路的全响应及三要素法

以上分析了一阶电路的零输入响应和零状态响应。当动态电路的初始条件不为零（称为非零初始条件），同时又有激励作用时，电路的响应就是全响应。现在来分析一阶电路的全响应。

一、全响应及其分解

1. 全响应

在图 8-20 所示电路中，恒定电压源的电压为 U_s，开关 S 接通前电容 C 已充电，其电压为 U_0，即 $u_C(0_-) = U_0$，极性如图 8-20 所示。

设 $t = 0$ 时，开关 S 接通，选择电流、电压为关联参考方向（见图 8-20），换路后的电路方程为

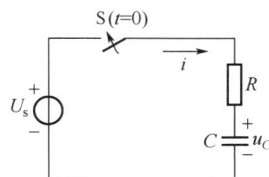

图 8-20　RC 电路全响应

$$RC \frac{\mathrm{d}u_C}{\mathrm{d}t} + u_C = U_s \qquad (t \geqslant 0) \tag{8-15}$$

其解可写成
$$u_C(t) = U_s + A\mathrm{e}^{-\frac{t}{\tau}} \qquad (t \geqslant 0)$$
其中 A 为待定常数。将初始条件 $u_C(0_+) = u_C(0_-) = U_0$，代入上式得
$$U_0 = U_s + A, \qquad A = U_0 - U_s$$

从而解得

$$u_C(t) = U_s + (U_0 - U_s)\mathrm{e}^{-\frac{t}{\tau}} \quad (t \geqslant 0) \tag{8-16}$$

$$u_R(t) = U_s - u_C(t) = (U_s - U_0)\mathrm{e}^{-\frac{t}{\tau}} \quad (t \geqslant 0)$$

$$i(t) = \frac{u_R}{R} = \frac{U_s - U_0}{R}\mathrm{e}^{-\frac{t}{\tau}} \quad (t \geqslant 0)$$

由此可知：当 $U_0 = U_s$ 时，$i = 0$，换路后的响应与换路前相同，如图 8-21（a）所示；当 $U_0 < U_s$ 时，$i > 0$，电容 C 在换路后继续充电，u_C 由其初始值 U_0 开始按指数规律逐渐增长到 U_s，如图 8-21（b）所示；当 $U_0 > U_s$ 时，$i < 0$，电容 C 在换路后放电，u_C 由其初始值 U_0 开始按指数规律逐渐衰减到 U_s，如图 8-21（c）所示。在上述各种情况下，电容电压的稳态值均为 U_s。

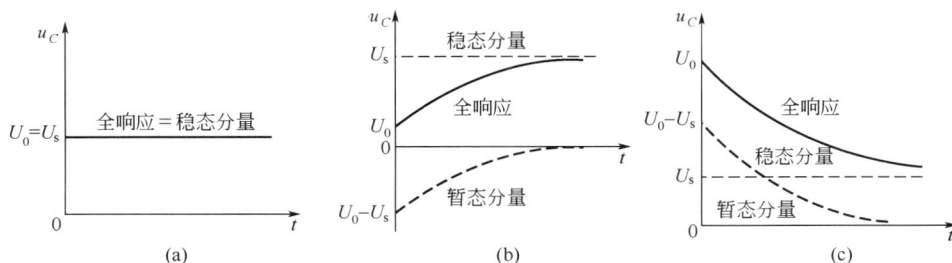

图 8-21　三种情况下 u_C 随时间变化的曲线
（a）$U_0 = U_s$；（b）$U_0 < U_s$；（c）$U_0 > U_s$

进一步分析方程式（8-15）可知，当 $U_s=0$ 时，即为描述 RC 零输入电路的微分方程。而当 $U_0=0$ 时，即为描述 RC 零状态电路的微分方程。这一结果表明，零输入响应和零状态响应都是全响应的一种特殊情况。

2. 全响应的两种分解方式

（1）全响应分解为零输入响应和零状态响应的叠加。

将式（8-16）改写后可得

$$u_C(t)=U_0\mathrm{e}^{-\frac{t}{\tau}}+U_s(1-\mathrm{e}^{-\frac{t}{\tau}})=u'_C+u''_C$$

不难看出，式中第一项 $u'_C=U_0\mathrm{e}^{-\frac{t}{\tau}}$ 仅与初始状态有关，为零输入响应。式中第二项 $u''_C=U_s(1-\mathrm{e}^{-\frac{t}{\tau}})$ 仅与激励有关，属于零状态响应。因此，全响应等于零输入响应和零状态响应的叠加。上述结论虽然是从一个具体例子中得到的，但全响应的这种分解方式实际上是线性电路叠加性的必然结果。因为按照定义，全响应由初始状态和输入共同引起，电容的初始电压和电感的初始电流均可用等效的电压源或电流源代替，所以根据叠加定理

全响应＝零输入响应＋零状态响应

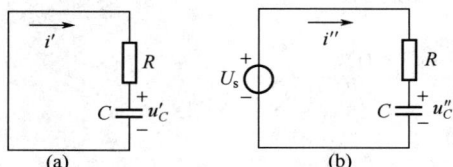

图 8-22　全响应分解为零输入响应和零状态响应的电路图解

(a) $u'_C(0_+)=U_0$；　(b) $u''_C(0_+)=0$

对于图 8-20 所示的电路，根据全响应的这种分解方式，可以用图 8-22 所示的电路图解予以表示。读者不难验证，对电路中的任一响应，其全响应等于零输入响应加零状态响应的结论都是正确的。

（2）全响应分解为自由分量和强制分量的叠加。

首先，仍以式（8-16）为例直观说明全响应的这种分解方式。由式（8-16）可知

$$u_C(t)=(U_0-U_s)\mathrm{e}^{-\frac{t}{\tau}}+U_s=u_{C1}+u_{C2}$$

式中第一项 $u_{C1}=(U_0-U_s)\mathrm{e}^{-\frac{t}{\tau}}$ 按指数规律变化，与输入波形无关，称为自由分量或暂态分量。式中第二项 $u_{C2}=U_s=u_C(\infty)$ 受激励的制约（$t=\infty$ 表示新的稳态值），和非齐次微分方程的特解对应，称强制分量或稳态分量。显然，电容电压的全响应可分解为自由分量和强制分量的叠加。

事实上，对于一阶全响应电路中的任一变量 $f(t)$，总可以用一阶常系数非齐次微分方程来描述。因此，其解答总是由对应齐次方程的通解 f_h 和非齐次方程的特解 f_p 两部分组成，即

$$f(t)=f_h+f_p$$

而，$f_h=A\mathrm{e}^{-\frac{t}{\tau}}$ 为自由分量；f_p 与输入激励密切相关，为强制分量，故

$$f(t)=A\mathrm{e}^{-\frac{t}{\tau}}+f_p \tag{8-17}$$

也就是说，对电路中任一全响应，总有

全响应＝自由分量＋强制分量

值得注意的是，在全响应中，尽管自由分量随时间变化的规律与激励无关，但自由分量的大小与激励和初始状态都有关，如上面的自由分量 u_{C1} 就与 U_s 和 U_0 有关。当 $U_0 = U_s$ 时，自由分量为零，S 闭合后电路立即进入稳态而无过渡过程。

【例 8 - 9】　图 8 - 23（a）所示电路原已达稳态。$t = 0$ 时刻，开关 S 闭合，试求全响应 $u_C(t)$。已知 $R_1 = 30\Omega$，$R_2 = 20\Omega$，$R_3 = 60\Omega$，$C = 500\mu F$，$U_s = 18V$。

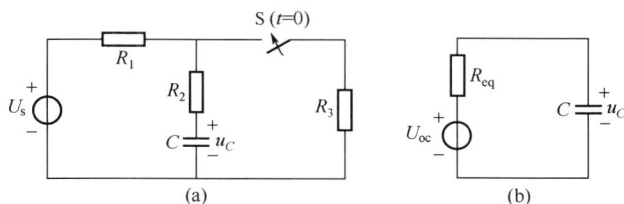

图 8 - 23　［例 8 - 9］图

解　首先确定电路的初始状态 $u_C(0_+)$。对于恒定激励，电路达稳态后电容相当于开路，故 $u_C(0_+) = u_C(0_-) = U_s = 18V$。

再将开关 S 闭合后的电路等效化简得图 8 - 23（b）。其中 U_{oc} 为电容两端的开路电压

$$U_{oc} = \frac{R_3}{R_1 + R_3} U_s = 12V$$

R_{eq} 为将电源置零后接于电容两端的等效电阻

$$R_{eq} = R_2 + \frac{R_1 R_3}{R_1 + R_3} = 40\Omega$$

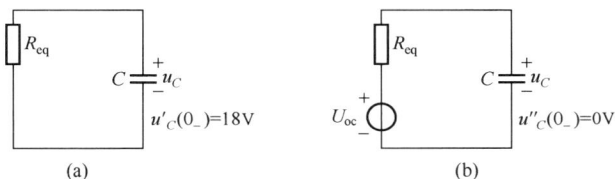

图 8 - 24　［例 8 - 9］图

（a）零输入电路；（b）零状态电路

时间常数

$$\tau = R_{eq} C = 0.02s$$

以下用两种方法求电路的全响应。

方法一：全响应分解为零输入响应与零状态响应的叠加。分解后的电路如图 8 - 24 所示，按图 8 - 24（a），可求得零输入响应

$$u'_C = 18e^{-\frac{t}{\tau}} = 18e^{-50t} (V) \qquad (t \geqslant 0)$$

按图 8 - 24（b），可求得零状态响应

$$u''_C = U_{oc}(1 - e^{-\frac{t}{\tau}}) = 12(1 - e^{-50t})(V) \qquad (t \geqslant 0)$$

于是，全响应

$$u_C(t) = u'_C + u''_C = 12 + 6e^{-50t} (V) \qquad (t \geqslant 0)$$

方法二：全响分解为自由分量与强制分量的叠加。

电容电压的自由分量为

$$u_{Ch} = Ae^{-\frac{t}{\tau}}$$

按图 8 - 24（b），可求得电容电压的强制分量为

$$u_{Cp} = u_C(\infty) = U_{oc} = 12(V)$$

于是

$$u_C(t) = u_{Ch} + u_{Cp} = Ae^{-\frac{t}{\tau}} + 12$$

代入初始条件 $u_C(0_+) = u_C(0_-) = 18\text{V}$，解得 $A = 6$。

因此，全响应

$$u_C(t) = 6e^{-50t} + 12 \text{(V)} \qquad (t \geqslant 0)$$

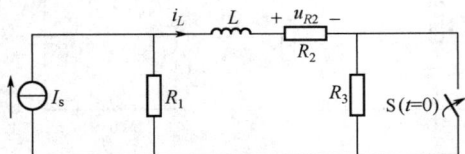

图 8-25　[例 8-10] 图

【例 8-10】　图 8-25 所示电路中，$I_s = 10\text{A}$，$R_1 = 8\Omega$，$R_2 = 2\Omega$，$R_3 = 6\Omega$，$L = 0.5\text{H}$，且 S 闭合前电路处于稳定状态。$t = 0$ 时 S 闭合，试求 S 闭合后的全响应 i_L、u_{R2}。

解　对闭合前的稳态电路，电感相当于短路，由此可知

$$i_L(0_+) = i_L(0_-) = \frac{R_1}{R_1 + R_2 + R_3} I_s = 5\text{(A)}$$

$t = 0$ 时 S 闭合，R_3 被短路，响应由初始状态 $i_L(0_+)$ 和激励 I_s 共同引起。按全响应分解为自由分量和强制分量的叠加有

$$i_L = i_{Lh} + i_{Lp} = Ae^{-\frac{t}{\tau}} + i_L(\infty)$$

其中

$$\tau = \frac{L}{R_1 + R_2} = \frac{1}{20}\text{s}$$

$$i_L(\infty) = \frac{R_1}{R_1 + R_2} I_s = 8\text{A}$$

于是

$$i_L = Ae^{-20t} + 8$$

将 $t = 0_+$ 时的初始状态代入，解得　　　$A = -3$

因此

$$i_L = 8 - 3e^{-20t} \text{(A)} \qquad (t \geqslant 0)$$

$$u_{R2} = 16 - 6e^{-20t} \text{(V)} \qquad (t \geqslant 0)$$

二、一阶电路的三要素法

按全响应分解为自由分量与强制分量叠加时，全响应的表示如式（8-17），若电路的激励为常量，并且在激励的作用下电路能进入稳定状态，则 $f_p = f(\infty)$，于是可将式（8-17）改写成

$$f(t) = f(\infty) + Ae^{-\frac{t}{\tau}}$$

式中：τ 为时间常数，$f(\infty)$ 为电路达到稳态时的解，A 为待定的积分常数。

若 $f(t)$ 在 $t = 0_+$ 时的值 $f(0_+)$ 已确定，则将其代入上式后可得

$$f(t) = f(\infty) + [f(0_+) - f(\infty)]e^{-\frac{t}{\tau}} \qquad (t \geqslant 0) \tag{8-18}$$

可见，只要采用适当的方法确定初始值 $f(0_+)$、稳态值 $f(\infty)$ 和时间常数 τ 就能按式（8-18）得出响应的表达式。由于零输入响应和零状态响应是全响应的特殊情况，因此，式（8-18）适用于求一阶电路的任一种响应，具有普遍适用性。初始值 $f(0_+)$、稳态值 $f(\infty)$ 和时间常数 τ，称为一阶电路的三要素；按式（8-18）来求解电路响应的方法，称为一阶电路的三要素法。

1. 三要素的确定

应用一阶电路的三要素法求解一阶电路全响应的关键是确定三要素。

（1）初始值 $f(0_+)$ 的确定。第一步作 $t=0_-$ 时等效电路，确定独立初始值；第二步作 $t=0_+$ 时等效电路，计算相关初始值。

（2）稳态值 $f(\infty)$ 的确定。可通过作换路后 $t=\infty$ 稳态等效电路来求取。作 $t=\infty$ 稳态等效电路时，电容相当于开路，电感相当于短路。

（3）时间常数 τ 的确定。对 RC 电路，时间常数 τ 为 $\tau=R_{eq}C$；对 RL 电路，时间常数 τ 为 $\tau=\dfrac{L}{R_{eq}}$。上述两种情况下，R_{eq} 均为将电路中所有独立电源置零后，接在储能元件（L 或 C）两端的等效电阻。

将已求三要素代入式（8-18），便得待求响应。需要指出的是，三要素法仅适用于一阶线性电路，对于二阶或高阶电路是不适用的。

2. 应用三要素法求解一阶电路的全响应举例

【例 8-11】 图 8-26（a）所示电路，在 $t=0$ 时开关 S 打开，设 S 打开前电路已处于稳态，已知 $U_s=24V$，$R_1=8\Omega$，$R_2=4\Omega$，$L=0.6H$。试求 $t\geq0$ 时的 $i_L(t)$ 和 $u_L(t)$ 并画出其波形。

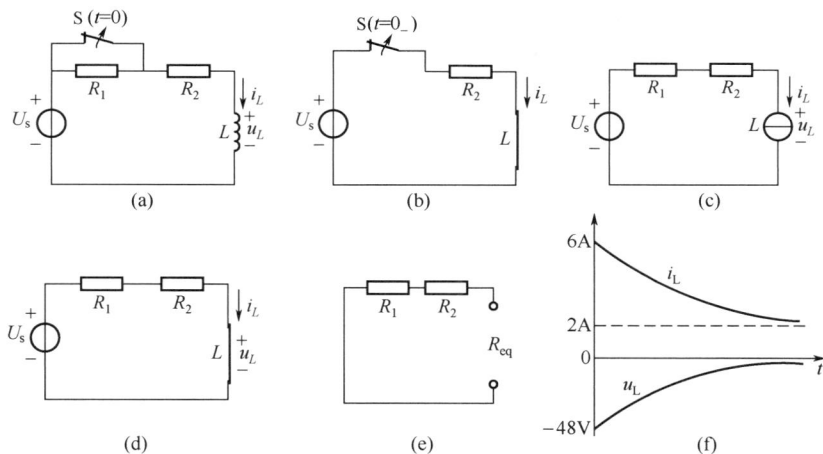

图 8-26 ［例 8-11］图

（a）电路图；（b）$t=0_-$；（c）$t=0_+$；（d）$t=\infty$；（e）求 R_{eq}；（f）波形图

解 （1）求初始值 $i_L(0_+)$、$u_L(0_+)$。作 $t=0_-$ 等效电路如图 8-26（b）所示，则有

$$i_L(0_+)=i_L(0_-)=\frac{U_s}{R_2}=\frac{24}{4}=6(A)$$

作 $t=0_+$ 等效电路如图 8-26（c）所示。根据 KVL，可得

$$u_L(0_+)=U_s-i_L(0_+)(R_1+R_2)$$
$$=24-6\times(8+4)=-48(V)$$

（2）求稳态值 $i_L(\infty)$、$u_L(\infty)$。作 $t=\infty$ 稳态等效电路如图 8-26（d）所示，则有

$$u_L(\infty)=0$$

$$i_L(\infty)=\frac{U_s}{R_1+R_2}=\frac{24}{8+4}=2(A)$$

（3）求时间常数 τ。先计算电感元件断开后端口电路的输入电阻，电路如图 8-26（e）

229

所示，于是有

$$R_{eq}=R_1+R_2=8+4=12(\Omega)$$

则时间常数为

$$\tau=\frac{L}{R_{eq}}=\frac{0.6}{12}=0.05(s)$$

根据式（8-18）计算出各响应量为

$$i_L(t)=2+(6-2)e^{-\frac{t}{0.05}}=2+4e^{-20t}(A) \qquad (t\geqslant 0)$$

$$u_L(t)=0+(-48-0)e^{-20t}=-48e^{-20t}(V) \qquad (t\geqslant 0)$$

$i_L(t)$、$u_L(t)$ 的波形如图 8-26（f）所示。

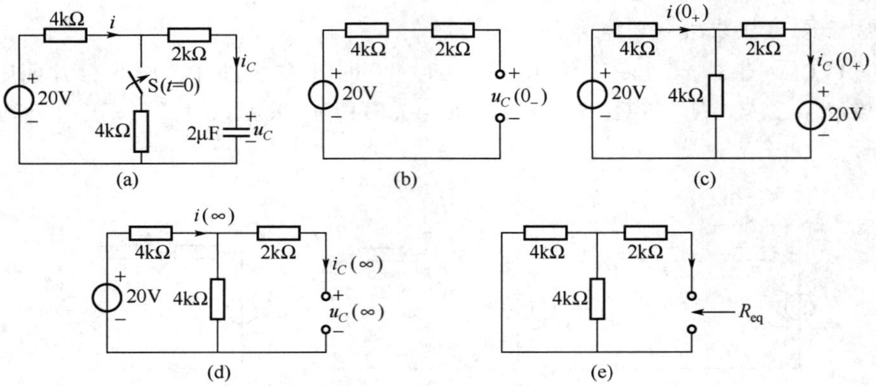

图 8-27　［例 8-12］图

（a）电路图；（b）$t=0_-$；（c）$t=0_+$；（d）$t=\infty$；（e）求 R_{eg}

【例 8-12】　　已知电路如图 8-27（a）所示，在 $t=0$ 时开关 S 闭合，开关 S 闭合前电路已达稳态。试求 $t\geqslant 0$ 时 $u_C(t)$、$i_C(t)$ 和 $i(t)$。

解　　（1）求初始值 $u_C(0_+)$、$i_C(0_+)$、$i(0_+)$。作 $t=0_-$ 等效电路如图 8-27（b）所示，则有

$$u_C(0_+)=u_C(0_-)=20(V)$$

作 $t=0_+$ 等效电路如图 8-27（c）所示。列出网孔电流方程

$$8i(0_+)-4i_C(0_+)=20$$

$$-4i(0_+)+6i_C(0_+)=-20$$

联立求解可得

$$i_C(0_+)=-2.5(mA)$$

$$i(0_+)=1.25(mA)$$

（2）求稳态值 $u_C(\infty)$、$i_C(\infty)$、$i(\infty)$。作 $t=\infty$ 时稳态等效电路如图 8-27（d）所示，则有

$$u_C(\infty)=\frac{4}{4+4}\times 20=10(V)$$

$$i_C(\infty)=0$$

$$i(\infty)=\frac{20}{4+4}=2.5(mA)$$

（3）求时间常数 τ。将电容元件断开，电压源短路，如图 8 - 27（e）所示，求得等效电阻

$$R_{eq}=2+\frac{4\times4}{4+4}=4(\text{k}\Omega)$$

$$\tau=R_{eq}C=4\times10^3\times2\times10^{-6}=8\times10^{-3}(\text{s})$$

（4）根据式（8 - 18）得出电路的响应电压、电流分别为

$$u_C(t)=10+(20-10)\text{e}^{-125t}=10(1+\text{e}^{-125t})(\text{V})\qquad(t\geqslant0)$$

$$i_C(t)=-2.5\text{e}^{-125t}(\text{mA})\qquad(t\geqslant0)$$

$$i(t)=2.5+(1.25-2.5)\text{e}^{-125t}=2.5-1.25\text{e}^{-125t}(\text{mA})\qquad(t\geqslant0)$$

【例 8 - 13】 如图 8 - 28（a）所示含受控源电路，开关 S 动作前电路已处于稳态，在 $t=0$ 时开关 S 由 1 合至 2。试求 $t\geqslant0$ 时的 $i_L(t)$、$u_L(t)$ 和 $i(t)$。

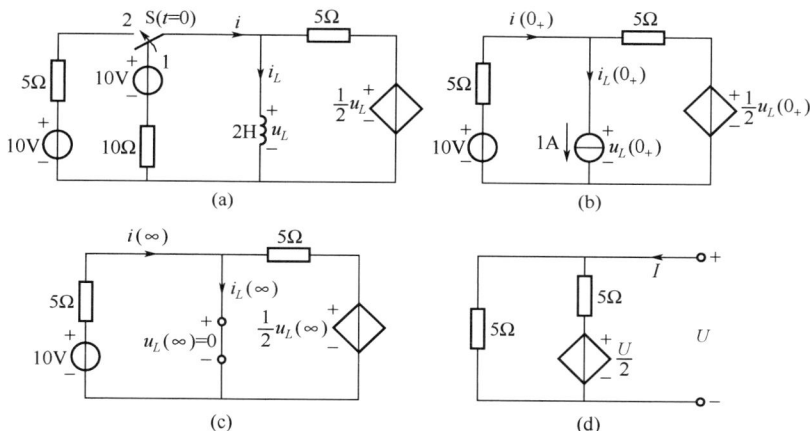

图 8 - 28 ［例 8 - 13］图
(a) 电路图；(b) $t=0_+$；(c) $t=\infty$；(d) 求 τ

解 （1）求 $i_L(0_-)$，因此时电路已处于稳态，2H 电感相当于短路线，故 $i_L(0_-)=$ 1A。

（2）求独立初始值 $i_L(0_+)=i_L(0_-)=1\text{A}$。

（3）作 $t=0_+$ 时初始等效电路如图 8 - 28（b）所示，这时电感相当于 1A 的电流源。求相关初始值 $u_L(0_+)$、$i(0_+)$，列出节点电压方程

$$\left(\frac{1}{5}+\frac{1}{5}\right)u_L(0_+)=\frac{10}{5}-1+\frac{\frac{1}{2}u_L(0_+)}{5}$$

$$u_L(0_+)=\frac{10}{3}(\text{V})$$

$$i(0_+)=\frac{10-u_L(0_+)}{5}=\frac{4}{3}(\text{A})$$

（4）求稳态值 $i_L(\infty)$、$u_L(\infty)$、$i(\infty)$。作 $t=\infty$ 时稳态等效电路如图 8 - 28（c）所示，则有

$$u_L(\infty)=0$$

$$i(\infty)=i_L(\infty)=\frac{10}{5}=2(\text{A})$$

（5）求时间常数 τ。先计算电感断开后，由端口看入的等效电阻，其等效电路如图 8-28（d）所示。图中在端口外加电压 U，产生输入电流 I

$$I=\frac{U}{5}+\frac{U-\frac{1}{2}U}{5}=\frac{U}{5}+\frac{U}{10}=\frac{3}{10}U$$

$$R=\frac{U}{I}=\frac{10}{3}(\Omega)$$

$$\tau=\frac{L}{R}=\frac{3}{5}(\text{s})$$

（6）根据式（8-18）计算出各响应为

$$i_L(t)=2+(1-2)\text{e}^{-\frac{5}{3}t}=2-\text{e}^{-\frac{5}{3}t}(\text{A})\qquad(t\geqslant0)$$

$$u_L(t)=\frac{10}{3}\text{e}^{-\frac{5}{3}t}(\text{V})\qquad(t\geqslant0)$$

$$i(t)=2+\left(\frac{4}{3}-2\right)\text{e}^{-\frac{5}{3}t}=2-\frac{2}{3}\text{e}^{-\frac{5}{3}t}(\text{A})\qquad(t\geqslant0)$$

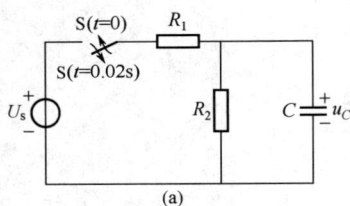

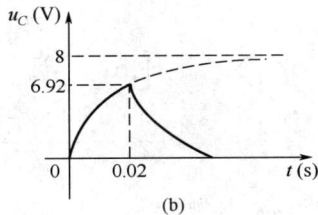

图 8-29　［例 8-14］图
(a) 电路图；(b) $u_C(t)$ 波形

【例 8-14】　如图 8-29（a）所示电路中，已知 $U_s=12\text{V}$，$R_1=3\text{k}\Omega$，$R_2=6\text{k}\Omega$，$C=5\mu\text{F}$，开关 S 原先断开已久，电容中无储能。$t=0$ 时将开关 S 闭合，经 0.02s 后又重新打开，试求 $t\geqslant0$ 时的 $u_C(t)$ 及其波形。

解　由于开关 S 闭合后又打开，故电路的过渡过程分为两个阶段。

（1）$t=0$ 作为换路时刻，开关 S 闭合后，为电容的充电过程，利用三要素法求得电容电压 u_C 的变化规律。

$$u_C(0_+)=u_C(0_-)=0$$

$$u_C(\infty)=\frac{R_2}{R_1+R_2}U_s=\frac{6}{3+6}\times12=8(\text{V})$$

$$\tau=RC=\frac{3\times6}{3+6}\times10^3\times5\times10^{-6}=0.01(\text{s})$$

$$u_C(t)=8(1-\text{e}^{-100t})(\text{V})\qquad(0\leqslant t\leqslant0.02\text{s})$$

（2）以 $t=0.02\text{s}$ 作为新的换路时刻，开关 S 打开后，电容的放电过程开始，利用三要素法求出电容放电时电压的变化规律。

$$u_C(0_+)'=u_C(0_-)'=u_C(0.02)=8\times(1-\text{e}^{-100\times0.02})=6.92(\text{V})$$

$$u_C(\infty)' = 0(\text{V})$$

$$\tau' = R_2 C = 6 \times 10^3 \times 5 \times 10^{-6} = 0.03(\text{s})$$

$$u_C(t) = 6.92\text{e}^{-333(t-0.02)}(\text{V}) \qquad (t \geqslant 0.02\text{s})$$

$u_C(t)$ 的变化曲线如图 8 - 29（b）所示。

思 考 题

8 - 5 - 1　按全响应分为零输入响应和零状态响应的叠加，重解 ［例 8 - 10］。

8 - 5 - 2　当电路的结构发生变化时，是否一定发生过渡过程？试说明理由。

8 - 5 - 3　什么是强制分量和自由分量，什么是稳态分量和暂态分量，什么是零输入响应和零状态响应？

8 - 5 - 4　什么是一阶电路响应的三要素？怎样计算一阶电路响应的三要素？已知三要素怎样定出一阶电路响应的表达式？

8 - 5 - 5　有人认为："用三要素法求任一响应，其初始值用 $f(0_+)$ 或 $f(0_-)$ 都可以"，此话对吗？为什么？

8 - 5 - 6　图 8 - 30 所示电路有无时间常数？若有，请求解之。

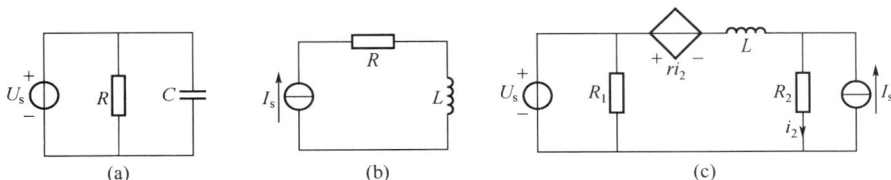

图 8 - 30　思考题 8 - 5 - 6 图

△第六节　二阶电路的零输入响应

前面研究的动态电路都是一阶的，即只含有一个储能元件，对于含有两个独立储能元件的电路称作二阶电路。这里只讨论二阶电路中，RLC 串联电路的零输入响应。

一、RLC 串联零输入动态电路的微分方程及其特征根

图 8 - 31 所示为一个已充的电容器对线圈放电的电路，这是一个 RLC 串联电路。本节介绍用经典法分析它的零输入响应。选择各元件的电压、电流为关联参考方向，如图 8 - 31 所示。由 KVL 可得到换路后的电路方程

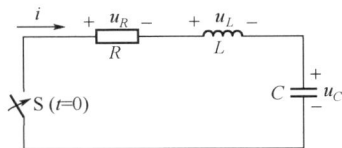

图 8 - 31　RLC 串联零输入动态电路

$$u_L + u_R + u_C = 0$$

其中 u_R 与 u_L 可表示为

$$u_R = Ri = RC\frac{\mathrm{d}u_C}{\mathrm{d}t}$$

$$u_L = L\frac{\mathrm{d}i}{\mathrm{d}t} = L\frac{\mathrm{d}}{\mathrm{d}t}\left(C\frac{\mathrm{d}u_C}{\mathrm{d}t}\right) = LC\frac{\mathrm{d}^2 u_C}{\mathrm{d}t^2}$$

代入 KVL 方程并化简可得到

$$\frac{\mathrm{d}^2 u_C}{\mathrm{d}t^2} + \frac{R}{L}\frac{\mathrm{d}u_C}{\mathrm{d}t} + \frac{1}{LC}u_C = 0 \tag{8-19}$$

这是函数 u_C 的二阶常系数线性齐次微分方程，因此 RLC 串联电路是二阶电路。二阶电路的暂态过程与一阶电路有所不同，出现一些新的现象。下面主要讨论较简单的情形，即设初始条件如下

$$u_C(0_+) = u_C(0_-) = U_0, \quad i(0_+) = i(0_-) = 0$$

式（8-19）是一个齐次方程，没有外加激励，因此 u_C 不会有强制分量，仅含指数型函数的自由分量。可设方程的解为

$$u_C(t) = A\mathrm{e}^{\gamma t}$$

代入方程式（8-19），消去公因子得到特征方程

$$\gamma^2 + \frac{R}{L}\gamma + \frac{1}{LC} = 0$$

这是一个二次方程，因此有两个特征根

$$\gamma_{1,2} = -\frac{R}{2L} \pm \sqrt{\left(\frac{R}{2L}\right)^2 - \frac{1}{LC}} \tag{8-20}$$

由于有两个特征根，所以电路的零输入响应 $u_C(t)$ 应写成

$$u_C(t) = A_1\mathrm{e}^{\gamma_1 t} + A_2\mathrm{e}^{\gamma_2 t} \tag{8-21}$$

式中：γ_1、γ_2 由式（8-20）确定；A_1、A_2 为积分常数，由初始条件确定。

γ_1 与 γ_2 的值有三种不同的情况，即根号中的值 $\left(\frac{R}{2L}\right)^2 - \frac{1}{LC}$ 大于零、等于零及小于零三种情况，即：

(1) $\left(\frac{R}{2L}\right)^2 - \frac{1}{LC} > 0$，即 $R > 2\sqrt{\frac{L}{C}}$，γ_1 与 γ_2 为两个不相等的负实根；

(2) $\left(\frac{R}{2L}\right)^2 - \frac{1}{LC} = 0$，即 $R = 2\sqrt{\frac{L}{C}}$，γ_1 与 γ_2 为二重负实根；

(3) $\left(\frac{R}{2L}\right)^2 - \frac{1}{LC} < 0$，即 $R < 2\sqrt{\frac{L}{C}}$，γ_1 与 γ_2 为一对共轭复根。

下面分别讨论这三种不同的情况。

二、非振荡放电过程

1. $R > 2\sqrt{\frac{L}{C}}$，过阻尼非振荡放电过程

在这种情况下 γ_1 与 γ_2 为两个不相等的负实根，且 $|\gamma_2| > |\gamma_1|$，电容电压为

$$u_C(t) = A_1\mathrm{e}^{\gamma_1 t} + A_2\mathrm{e}^{\gamma_2 t}$$

电流为

$$i(t) = C\frac{\mathrm{d}u_C}{\mathrm{d}t} = CA_1\gamma_1\mathrm{e}^{\gamma_1 t} + CA_2\gamma_2\mathrm{e}^{\gamma_2 t}$$

令以上两式中 $t=0$，运用初始条件 $u_C(0_+) = u_C(0_-) = U_0$ 及 $i(0_+) = i_l(0_+) = i_l(0_-) = 0$，可

得

$$\begin{cases} A_1 + A_2 = U_0 \\ A_1 \gamma_1 + A_2 \gamma_2 = 0 \end{cases}$$

由此即可求出常数 A_1 与 A_2 为

$$\begin{cases} A_1 = \dfrac{\gamma_2}{\gamma_2 - \gamma_1} U_0 \\ A_2 = \dfrac{-\gamma_1}{\gamma_2 - \gamma_1} U_0 \end{cases}$$

所以，电路响应为

$$u_C(t) = \frac{U_0}{\gamma_2 - \gamma_1}(\gamma_2 e^{\gamma_1 t} - \gamma_1 e^{\gamma_2 t}) \tag{8-22}$$

$$i(t) = C \frac{\mathrm{d}u_C}{\mathrm{d}t} = C \frac{\gamma_2 \gamma_1}{\gamma_2 - \gamma_1} U_0 (e^{\gamma_1 t} - e^{\gamma_2 t})$$

$$= \frac{U_0}{L(\gamma_2 - \gamma_1)}(e^{\gamma_1 t} - e^{\gamma_2 t}) \tag{8-23}$$

上述推导中应用了等式

$$\gamma_1 \gamma_2 = \frac{1}{LC}$$

$u_C(t)$ 及 $i(t)$ 的曲线示于图 8-32。因为 γ_1、γ_2 皆为负值，且 $|\gamma_2| > |\gamma_1|$，式（8-22）中的两个指数函数的初始值 $\dfrac{\gamma_2}{\gamma_2 - \gamma_1} U_0$ 和 $\dfrac{\gamma_1}{\gamma_2 - \gamma_1} U_0$ 皆为正值，且 $\dfrac{\gamma_2}{\gamma_2 - \gamma_1} U_0 > \dfrac{\gamma_1}{\gamma_2 - \gamma_1} U_0$；$t > 0$ 时，$e^{\gamma_1 t} > e^{\gamma_2 t}$，即前者衰减得比后者慢，所以 u_C 总为正值，并从 $u_C(0_+) = U_0$ 开始，单调地衰减到零。式（8-23）中的 $\dfrac{U_0}{\gamma_2 - \gamma_1}$ 总为负，也因 $e^{\gamma_1 t}$ 比 $e^{\gamma_2 t}$ 衰减得慢，所以 i 总为负值，从 $i(0_+) = 0$ 开始逐渐变化，直至最后为零。在上述过程中，电容一直处于放电状态，所以称为非振荡放电。

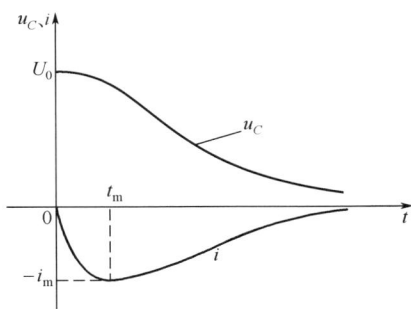

图 8-32　$u_C(t)$、$i(t)$ 过阻尼非振荡放电曲线

在非振荡放电过程中的某时刻 t_m 电流的绝对值为极大，t_m 值可由

$$\frac{\mathrm{d}i}{\mathrm{d}t}\bigg|_{t=t_m} = \frac{U_0}{L(\gamma_2 - \gamma_1)}(\gamma_1 e^{\gamma_1 t_m} - \gamma_2 e^{\gamma_2 t_m}) = 0$$

求得为

$$t_m = \frac{1}{\gamma_1 - \gamma_2} \ln \frac{\gamma_2}{\gamma_1}$$

在非振荡放电过程中，电容一直在释放其电场能量。t_m 时刻以前，电流绝对值增大，磁场能也增大，说明电容释放的电场能量除电阻耗散外，还转换为电感的磁场能；t_m 时刻以后，电流的绝对值减小，磁场能也减小，说明电感的磁场能量也在释放出来，直到电场储能与磁场储能都耗尽，放电才结束。

235

$2. R = 2\sqrt{\dfrac{L}{C}}$，临界非振荡放电过程

当 $R = 2\sqrt{\dfrac{L}{C}}$ 时，特征根 γ_1 与 γ_2 是两个相等的负实数，即

$$\gamma_1 = \gamma_2 = -\frac{R}{2L} = -\alpha$$

由微分方程理论可知，在这种情况下，二阶齐次方程的通解应为

$$u_C(t) = (A_1 + A_2 t)e^{-at}$$

将初始条件 $u_C(0_+) = U_0$，$i(0_+) = 0$ 代入上式及下述 $i(t)$ 表达式

$$i(t) = C\frac{\mathrm{d}u_C}{\mathrm{d}t} = C(-A_1\alpha + A_2 - A_2\alpha t)e^{-at}$$

可得 $\qquad\qquad\qquad\qquad A_1 = U_0,\ A_2 = \alpha U_0$

于是得到

$$u_C(t) = U_0(1 + \alpha t)e^{-at}$$

$$i(t) = -C\alpha^2 U_0 t e^{-at} = -\frac{U_0}{L}t e^{-at}$$

可以看出，$u_C(t)$ 的变化情况是从 U_0 开始保持正值逐渐衰减到零，$i(t)$ 则为从零开始保持负值最后趋近于零，所以放电是非振荡的。$u_C(t)$ 及 $i(t)$ 的曲线与图 8-32 相似，故不再重画。由 $\dfrac{\mathrm{d}i}{\mathrm{d}t} = 0$ 可求出 i 达到极大值的时刻

$$t_m = \frac{1}{\alpha} = \frac{2L}{R}$$

以上分析表明：C 对 RL 放电电路的零输入响应仅含有自由分量，在 $R \geqslant 2\sqrt{\dfrac{L}{C}}$ 的情况下，响应是非振荡性衰减的；而在 $R < 2\sqrt{\dfrac{L}{C}}$ 的情况下，响应是振荡性衰减的（将在下面分析）。因此，把 $R = 2\sqrt{\dfrac{L}{C}}$ 时称为临界情况，而 $2\sqrt{\dfrac{L}{C}}$ 称为 RLC 串联电路的临界电阻。

三、振荡放电过程

在 $R < 2\sqrt{\dfrac{L}{C}}$ 的情况下，特征根 γ_1 与 γ_2 为一对共轭复数

$$\gamma_{1,2} = -\frac{R}{2L} \pm \mathrm{j}\sqrt{\frac{1}{LC} - \left(\frac{R}{2L}\right)^2}$$

令 $\alpha = \dfrac{R}{2L}$ $\qquad\qquad\qquad \omega = \sqrt{\dfrac{1}{LC} - \left(\dfrac{R}{2L}\right)^2}$

则有 $\qquad\qquad\qquad\qquad \gamma_{1,2} = -\alpha \pm \mathrm{j}\omega$ $\qquad\qquad\qquad\qquad$ (8-24)

并有 $\qquad\qquad |\gamma_1| = |\gamma_2| = \sqrt{\alpha^2 + \omega^2} = \dfrac{1}{\sqrt{LC}} = \omega_0$

ω_0 称为阻尼振荡角频率。

将式（8-24）代入 $u_C(t)$ 表达式（8-21）中得微分方程的通解为

$$u_C(t) = A\mathrm{e}^{-at}\sin(\omega_0 t + \varphi) \tag{8-25}$$

式中常数 A 和 φ 由初始条件确定。为确定 A 和 φ，可先求

$$i = C\frac{\mathrm{d}u_C}{\mathrm{d}t} = CA\mathrm{e}^{-at}[\omega\cos(\omega t + \varphi) - \alpha\sin(\omega t + \varphi)] \tag{8-26}$$

将两个初始条件 $u_C(0_+) = u_C(0_-) = U_0$，$i(0_+) = 0$ 分别代入式（8-25）及式（8-26），得

$$\begin{cases} A\sin\varphi = U_0 \\ \omega A\cos\varphi - \alpha A\sin\varphi = 0 \end{cases}$$

$$\begin{cases} A\sin\varphi = U_0 \\ A\cos\varphi = \dfrac{\alpha}{\omega}U_0 \end{cases}$$

解得

$$\begin{cases} A = \dfrac{\omega_0}{\omega} = U_0 \\ \varphi = \arctan\dfrac{\omega}{\alpha} \end{cases} \tag{8-27}$$

由 $\sqrt{\alpha^2 + \omega^2} = \dfrac{1}{\sqrt{LC}} = \omega_0$、$\varphi = \arctan\dfrac{\omega}{\alpha}$ 可知 ω、ω_0、α 三者构成一个直角三角形，从而得 $\dfrac{\omega}{\omega_0} = \sin\varphi$，$\dfrac{\alpha}{\omega_0} = \cos\varphi$，将此二式和式（8-27）一并代入式（8-25）和式（8-26），得

$$u_C(t) = \frac{\omega_0}{\omega}U_0\mathrm{e}^{-at}\sin\left(\omega t + \arctan\frac{\omega}{\alpha}\right) \tag{8-28}$$

$$i(t) = -\frac{U_0}{\omega t}\mathrm{e}^{-at}\sin\omega t \tag{8-29}$$

必须注意：式（8-28）、式（8-29）所表达的 $u_C(t)$ 与 $i(t)$ 以及 $\varphi = \arctan\dfrac{\omega}{\alpha}$，都是在初始条件为 $u_C(0_+) = U_0$，$i(0_+) = 0$ 时所得结果。若初始条件改变，则 $u_C(t)$ 与 $i(t)$ 也将改变，$\varphi = \arctan\dfrac{\omega}{\alpha}$ 也将不成立。

根据式（8-25）可知，响应随时间变化的规律具有衰减的振荡性，它的振幅随时间按指数规律衰减，衰减的快慢取决于衰减系数 α 的大小，α 越大则衰减就越快。衰减振荡的角频率为 ω_0，ω_0 越大，则振荡周期 $T = 2\pi/\omega_0$ 就越小。$u_C(t)$ 的波形如图 8-33 所示。

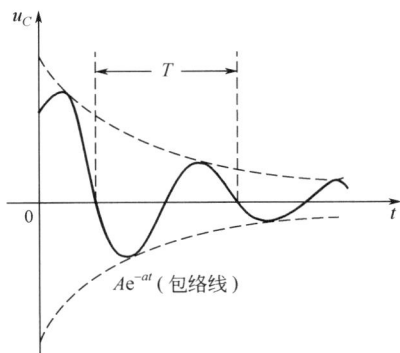

图 8-33　欠阻尼情况电路零输入
响应 $u_C(t)$ 波形曲线

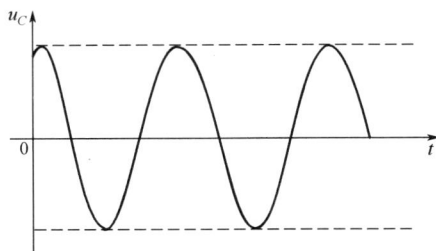

图 8-34　无阻尼等幅振荡情况电容
电压响应波形图

当 $R=0$ 时，γ_1、γ_2 为一对共轭虚根，称为无阻尼情况。特征根为

$$\gamma_{1,2}=\pm j\omega_0$$

响应的表达式为

$$u_C(t)=A\sin(\omega_0 t+\varphi) \tag{8-30}$$

式中：常数 A 和 φ 可以直接由初始条件确定。

$u_C(t)$ 的波形如图 8-33 所示。

从式（8-30）和 $u_C(t)$ 的波形（见图 8-34）可见，电路的零输入响应是不衰减的正弦振荡，其角频率为 ω_0。由于电路电阻为零，故称为无阻尼等幅振荡情况。

【例 8-15】 试求 $R=1\Omega$、$L=1H$、$C=1F$ 的串联电路的零输入响应 $u_C(t)$ 与 $i(t)$。初始条件为 $u_C(0_+)=u_C(0_-)=1V$，$i(0_-)=0$。

解 先求电路的特征方程的根

$$\gamma_{1,2}=-\frac{R}{2L}\pm\sqrt{\left(\frac{R}{2L}\right)^2-\frac{1}{LC}}=-\frac{1}{2\times1}\pm\sqrt{\left(\frac{1}{2\times1}\right)^2-\frac{1}{1\times1}}$$

$$=-\frac{1}{2}\pm\sqrt{-\frac{3}{4}}=-\frac{1}{2}\pm j\frac{\sqrt{3}}{2}(rad/s)$$

即 $\alpha=-\frac{1}{2}$ rad/s，$\omega=\frac{\sqrt{3}}{2}$ rad/s，且 $\omega_0=\frac{1}{\sqrt{LC}}=1rad/s$，可见是振荡放电。由初始条件 $u_C(0_+)=1V$，$i(0_-)=0$ 可知，响应 $u_C(t)$ 与 $i(t)$ 可按式（8-28）、式（8-29）确定，即

$$u_C(t)=\frac{1}{\frac{\sqrt{3}}{2}}\times1e^{-\frac{t}{2}}\sin\left(\frac{\sqrt{3}}{2}t+\arctan\frac{\frac{\sqrt{3}}{2}}{\frac{1}{2}}\right)=\frac{2}{\sqrt{3}}e^{-\frac{t}{2}}\sin\left(\frac{\sqrt{3}}{2}t+60°\right)(V)$$

$$i(t)=-\frac{1}{\frac{\sqrt{3}}{2}\times1}e^{-\frac{t}{2}}\sin\frac{\sqrt{3}}{2}t=-\frac{2}{\sqrt{3}}e^{-\frac{t}{2}}\sin\frac{\sqrt{3}}{2}t(A)$$

【例 8-16】 若电容 $C=\frac{1}{2\pi}\times10^{-4}F$，充电后电压为 $u_C(0_-)=100V$，对 RL 串联电路放电。设 $R=200\Omega$，$L=\frac{1}{4\pi}H$，求放电时的 $u_C(t)$ 及 $i(t)$。

解 因为

$$R=200>2\sqrt{\frac{L}{C}}=100\sqrt{2}$$

故放电为非振荡的，应按式（8-22）、式（8-23）来计算。为此，先计算特征根

$$\gamma_1=-\frac{R}{2L}+\sqrt{\left(\frac{R}{2L}\right)^2-\frac{1}{LC}}=-400\pi+282\pi=-118\pi(rad/s)$$

$$\gamma_2=-\frac{R}{2L}-\sqrt{\left(\frac{R}{2L}\right)^2-\frac{1}{LC}}=-400\pi-282\pi=-682\pi(rad/s)$$

代入式（8-22）、式（8-23）得

$$u_C(t)=\frac{U_0}{\gamma_1-\gamma_2}(-\gamma_2 e^{\gamma_1 t}+\gamma_1 e^{\gamma_2 t})$$

$$= \frac{100}{-118\pi - (-682\pi)} \times (682\pi\mathrm{e}^{-118\pi t} - 118\pi\mathrm{e}^{-682\pi t})$$

$$= 121\pi\mathrm{e}^{-118\pi t} - 21\pi\mathrm{e}^{-682\pi t}(\mathrm{V})$$

$$i(t) = \frac{U_0}{L(\gamma_1 - \gamma_2)}(\mathrm{e}^{\gamma_1 t} - \mathrm{e}^{\gamma_2 t})$$

$$= \frac{100}{\frac{1}{4\pi}(-118\pi + 682\pi)} \times (\mathrm{e}^{-118\pi t} - \mathrm{e}^{-682\pi t})$$

$$= 0.707(\mathrm{e}^{-118\pi t} - \mathrm{e}^{-682\pi t})(\mathrm{A})$$

若初始条件改为 $u_C(0_+) \neq 0$，$i(0_+) \neq 0$，则确定积分常数时的条件也改变，所以与表达式的值将会因积分常数的改变而与前不同。以下举例说明在这种情况下零输入响应的计算。

【例 8-17】　若〔例 8-15〕中初始条件改为 $u_C(0_-) = 1\mathrm{V}$，$i_C(0_-) = 1\mathrm{A}$。重求零输入响应 $u_C(t)$ 与 $i(t)$。

解　$\gamma_{1,2}$ 与〔例 8-15〕相同。

$$u_C(t) = A\mathrm{e}^{-\alpha t}\sin(\omega t + \varphi)$$

$$i(t) = CA\mathrm{e}^{-\alpha t}[\omega\cos(\omega t + \varphi) - \alpha\sin(\omega t + \varphi)]$$

两式中的常数 A 与 φ 应按本题所给初始条件确定。在上两式中取 $t = 0$，得到

$$u_C(0_+) = u_C(0_-) = 1 = A\sin\varphi$$

$$i(0_+) = i(0_-) = 1 = CA(\omega\cos\varphi - \alpha\sin\varphi)$$

将 C、α、ω 值代入后得

$$\begin{cases} A\sin\varphi = 1 \\ \dfrac{\sqrt{3}}{2}A\cos\varphi - \dfrac{1}{2}A\sin\varphi = 1 \end{cases}$$

解得

$$A = -2\mathrm{V}, \quad \varphi = 30°$$

于是得到

$$u_C(t) = 2\mathrm{e}^{-\frac{1}{2}t}\sin\left(\frac{\sqrt{3}}{2}t + 30°\right)(\mathrm{V})$$

$$i(t) = 2\mathrm{e}^{-\frac{1}{2}t}\left[\frac{\sqrt{3}}{2}\cos\left(\frac{\sqrt{3}}{2}t + 30°\right) - \frac{1}{2}\sin\left(\frac{\sqrt{3}}{2}t + 30°\right)\right]$$

$$= 2\mathrm{e}^{-\frac{1}{2}t}\sin\left(\frac{\sqrt{3}}{2}t + 150°\right)(\mathrm{A})$$

思 考 题

8-6-1　试列出 RLC 串联电路接通电压源 U_s 后电容电压 $u_C(t)$ 的方程式，并写出其特征方程，解出其特征根。

8-6-2　二阶电路的零输入响应有哪几种情况？什么条件下它是非振荡的，什么条件下它是振荡的？

8-6-3 试求：$R=3\Omega$，$L=0.5\text{H}$，$C=0.25\text{F}$ 时的 RLC 串联电路；在 $u_C(0_-)=2\text{V}$，$i_L(0_-)=1\text{A}$ 情况下的零输入响应 $u_C(t)$ 与 $i(t)$。

8-6-4 试求：$L=2\text{H}$，$C=\dfrac{1}{18}\text{F}$ 时的 RLC 串联电路的临界电阻；并求该电路在 $u_C(0_-)=8\text{V}$，$i_L(0_-)=0$ 情况下的零输入响应 $u_C(t)$ 与 $i(t)$。

课程思政八

电路从一种稳态到另一种稳态必然要经历一个过渡过程，这是自然界的客观规律。大学生的就业是客观规律体现，我国开展大学生创业创新的双创活动，就是教育学生能应对自然界的这一客观规律。

*科普知识八

电晕与避雷针

在高压输电线附近，常会听到"咝咝"响声，夜间还能看到蓝色微光，这就是所谓的"电晕"。它是高压导线周围或带电设备尖端的强电场引起的局部放电现象，它会伴随产生光、噪声、无线电干扰、导线振动、臭氧和其他生成物，同时还产生电能损失在雾天、雨天、雪天的电晕损失更大。电晕还是促使有机绝缘物老化的重要因素之一。为了消除电晕，可以改变电极的形状，增大电极的曲率半径。在新敷设的高压导线上出现的锈蚀、断股或闪络烧伤都应及时修复。导线上的毛刺最易产生电晕，但输电线运行一段时间后，毛刺会被电晕的火花逐渐销蚀掉。电晕也有可利用的一面，当线路受雷击出现过电压波时，电晕可以削弱波的幅值和陡度；也可以利用电晕改善电场分布，制造除尘器等。

避雷针是利用尖端放电来吸引雷电而保护建筑物和电气设备的。避雷针的结构很简单，由接闪器（避雷针针尖）、引下线及接地体三部分组成。由于雷云积聚了大量电荷，当雷云接近地面时，与大地之间产生较强的电场，避雷针尖端因静电感应而出现很多异性电荷，使尖端附近电场畸变，空气游离，引起雷云先导放电向针尖发展，导致雷云与避雷针之间的空气击穿，将雷电引入大地，使被保护物免遭直接雷击。

本章小结

（1）电路产生过渡过程（暂态过程）的条件，是电路中必须含有储能元件（动态元件），并发生换路。产生过渡过程的原因是储能元件的能量不能跃变。

（2）换路（开关的闭合、切断，参数的突然改变）的瞬间，电感电流和电容电压均不能跃变，这就是换路定则的内容，其数学表达式是

$$\begin{cases} u_C(0_+)=u_C(0_-) \\ i_L(0_+)=i_L(0_-) \end{cases}$$

（3）一阶电路的零输入响应。

1）RC 电路的零输入响应

$$u_C(t) = u_C(0_+) \mathrm{e}^{-\frac{t}{\tau}}, \quad \tau = RC$$

2）RL 电路的零输入响应

$$i_L(t) = i_L(0_+) \mathrm{e}^{-\frac{t}{\tau}}, \quad \tau = \frac{L}{R}$$

（4）一阶电路的零状态响应。

1）RC 电路在直流激励下的零状态响应

$$u_C(t) = u_C(\infty)(1 - \mathrm{e}^{-\frac{t}{\tau}}), \quad \tau = RC$$

2）RL 电路在直流激励下的零状态响应

$$i_L(t) = i_L(\infty)(1 - \mathrm{e}^{-\frac{t}{\tau}}), \quad \tau = \frac{L}{R}$$

（5）一阶电路的全响应。

1）一阶电路的全响应及其分解。

全响应为 $\quad u_C(t) = u_C(\infty) + [u_C(0_+) - u_C(\infty)] \mathrm{e}^{-\frac{t}{\tau}} \quad\quad (t \geqslant 0)$

两种分解为

$$全响应 = 零输入响应 + 零状态响应$$

$$全响应 = 自由分量 + 强制分量 = 暂态分量 + 稳态分量$$

2）一阶电路的三要素法。

①先求三要素：初始值 $f(0_+)$，稳态值 $f(\infty)$，时间常数 τ。对 RC 电路，时间常数 τ 为 $\tau = R_{eq}C$；对 RL 电路，时间常数 τ 为 $\tau = \dfrac{L}{R_{eq}}$。

R_{eq} 均为将电路中所有独立电源置零后，接在储能元件（L 或 C）两端的等效电阻。

②再代入公式

$$f(t) = f(\infty) + [f(0_+) - f(\infty)] \mathrm{e}^{-\frac{t}{\tau}} \quad\quad (t \geqslant 0)$$

（6）RLC 串联电路的临界电阻为 $R = 2\sqrt{\dfrac{L}{C}}$，当 $R > 2\sqrt{\dfrac{L}{C}}$ 时，电路的零输入响应为

衰减的非振荡放电，当 $R < 2\sqrt{\dfrac{L}{C}}$ 时，电路的零输入响应为衰减的振荡放电。

习 题

8-1 电路如图 8-35 所示。已知 $t < 0$ 时，电路已处于稳态。在 $t = 0$ 时，开关 S 断开，求初始值 $i_1(0_+)$、$i_C(0_+)$ 和 $u_2(0_+)$。

8-2 图 8-36 所示电路原处于稳态，$U_s = 24\mathrm{V}$，$R_1 = 2\Omega$，$R_2 = 8\Omega$，$L = 0.8\mathrm{H}$，$t = 0$ 时开关闭合。试求电感电压和电路电流的初始值 $u_L(0_+)$、$i(0_+)$。

8-3 图 8-37 所示电路原处于稳态，$t = 0$ 时开关 S 打开，求换路后电路初始值 $u_C(0_+)$、$i_L(0_+)$、$i(0_+)$、$u_L(0_+)$ 和 $i_C(0_+)$。

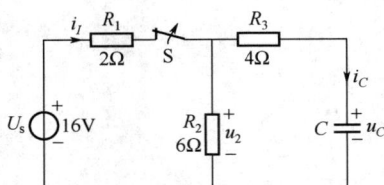

图 8-35 题 8-1 图

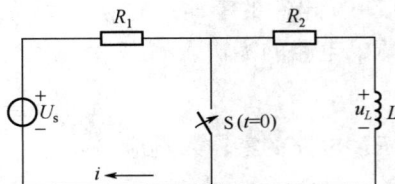

图 8-36 题 8-2 图

8-4 图 8-38 所示电路在开关 S 拉开以前已处于稳态，在 $t=0$ 时把开关 S 拉开，试求 $t=0_+$ 时，电路各支路电流及各元件电压初始值。

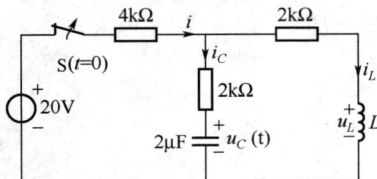

图 8-37 题 8-3 图

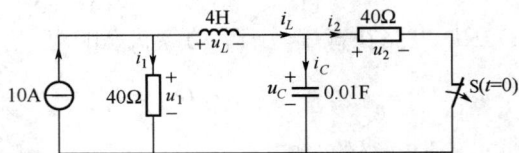

图 8-38 题 8-4 图

8-5 图 8-39 所示，已知 $U_s=60\text{V}$，$R_1=10\Omega$，$R_2=20\Omega$，$C_1=C_2=1\mu\text{F}$，$L_2=0.1\text{H}$，$t=0$ 时 S 闭合，换路前电路已处稳态。试求 $t=0_+$ 时，各支路电流及电容电压和电感电流的初始值。

8-6 图 8-40 所示 RC 电路，$t=0$ 时开关 S 闭合，开关 S 闭合前电路处于稳态。求 $t \geqslant 0$ 时，$u_C(t)$、$i_C(t)$ 和 $i(t)$。

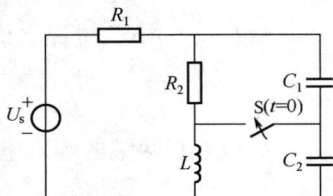

图 8-39 题 8-5 图

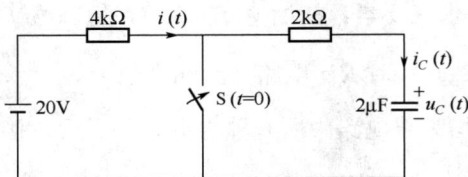

图 8-40 题 8-6 图

8-7 电压为 100V 的电容 C 对电阻 R 放电，经过 5s，它的电压为 40V，试问再经 5s，它的电压为多少？如果 $C=100\mu\text{F}$，R 为多少？

8-8 图 8-41 所示电路在开关 S 断开之前处于稳定状态。试求开关断开后的电压 $u(t)$，并画出其波形。

8-9 一个具有磁场储能的电感经电阻释放储能，已知，经过 0.6s 后储能减少为原先的一半；又经过 1.2s 后，电流为 25mA。试求电感电流 $i_L(t)$。

8-10 图 8-42 所示电路原处于稳态，$t=0$ 时开关 S 闭合，试求换路后 $u_L(t)$ 和 $i(t)$。

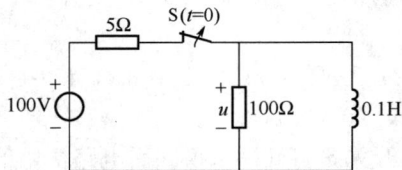

图 8-41 题 8-8 图

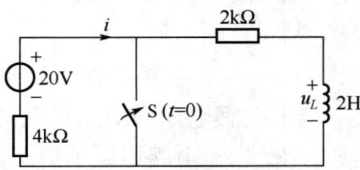

图 8-42 题 8-10 图

8-11　图 8-43 所示电路原处于稳态，$t=0$ 时开关 S 闭合，试求换路后 $u_C(t)$ 和 $i(t)$。

8-12　RC 串联电路，$R=20\text{k}\Omega$，$u_C(0_-)=0$，当 $t=0$ 时接入 36V 直流电压源，经过 1s 电容电压充到 18V。问电容值是多少？

8-13　零状态的 RC 并联电路在 $t=0$ 时接通到直流电流源，已知 R、C 及电流源电流 I_s，试求 $u_C(t)$、$i_R(t)$ 和 $i_C(t)$。

8-14　图 8-44 所示电路原处于稳态，$t=0$ 时开关 S 闭合，试求换路后 $u_L(t)$ 和 $i(t)$。

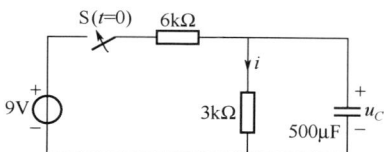

图 8-43　题 8-11 图

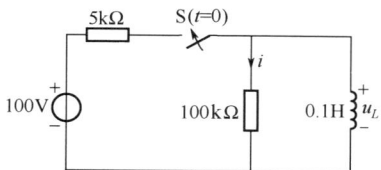

图 8-44　题 8-14 图

8-15　图 8-45 所示电路原处于稳态，$t=0$ 时开关 S 闭合，试求换路后 $i_2(t)$ 和 $i_1(t)$。

8-16　图 8-46 所示电路原处于稳态，$t=0$ 时开关 S 闭合，试求换路后 $u_C(t)$ 和 $i(t)$。

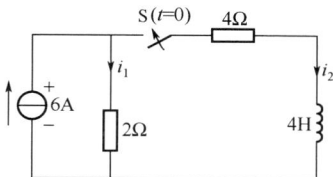

图 8-45　题 8-15 图

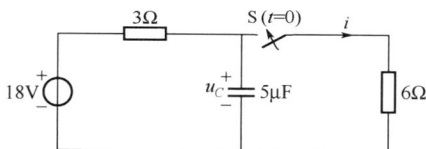

图 8-46　题 8-16 图

8-17　图 8-47 所示 RC 电路，$t=0$ 时开关 S 打开，开关打开前电路处于稳态。试求 $t \geqslant 0$ 时，$u_C(t)$、$i_C(t)$ 和 $i(t)$。

8-18　图 8-48 所示电路中，$t=0$ 时开关 S 闭合，换路前电容电压为 1.5V。试求换路后 $t \geqslant 0$ 时，$u_C(t)$ 和 $i(t)$。

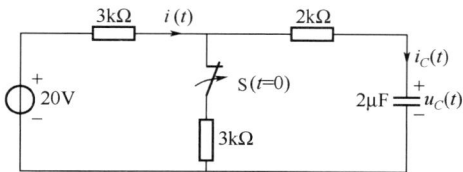

图 8-47　题 8-17 图

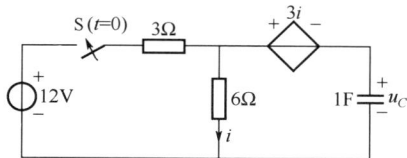

图 8-48　题 8-18 图

8-19　图 8-49 所示电路换路前已稳定，$t=0$ 时开关 S 由 1 合向 2，试求开关闭合后 $t \geqslant 0$ 时的 $u_C(t)$。

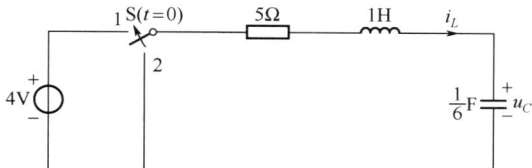

图 8-49　题 8-19 图

实训十二　*RC* 一阶电路的响应测试

一、实验目的

（1）测定 *RC* 一阶电路的零输入响应、零状态响应及完全响应。

（2）学习电路时间常数的测量方法。

（3）掌握有关微分电路和积分电路的概念。

（4）学会用示波器观测波形。

二、原理说明

（1）动态网络的过渡过程是十分短暂的单次变化过程。要用普通示波器观察过渡过程和测量有关的参数，就必须使这种单次变化的过程重复出现。为此，利用信号发生器输出的方波来模拟阶跃激励信号，即利用方波输出的上升沿作为零状态响应的正阶跃激励信号；利用方波的下降沿作为零输入响应的负阶跃激励信号。只要选择方波的重复周期远大于电路的时间常数 τ，那么电路在这样的方波序列脉冲信号的激励下，它的响应就和直流电接通与断开的过渡过程是基本相同的。

（2）图 8‐50（b）所示的 *RC* 一阶电路的零输入响应和零状态响应分别按指数规律衰减和增长，其变化的快慢决定于电路的时间常数 τ。

（3）时间常数 τ 的测定方法。

用示波器测量零输入响应的波形如图 8‐50（a）所示。

根据一阶微分方程的求解得知 $u_C = U_{\mathrm{m}}e^{-t/RC} = U_{\mathrm{m}}e^{-t/\tau}$。当 $t = \tau$ 时，$U_C(\tau) = 0.368U_{\mathrm{m}}$。此时所对应的时间就等于 τ。也可用零状态响应波形增加到 $0.632U_{\mathrm{m}}$ 所对应的时间测得，如图 8‐50（c）所示。

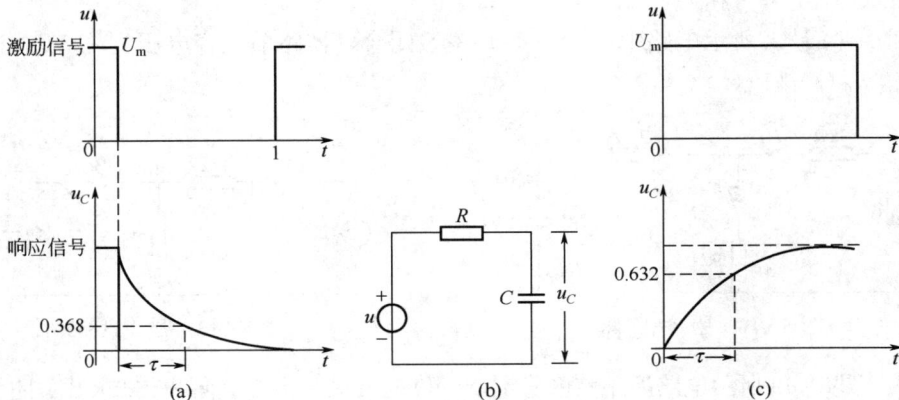

图 8‐50　示波器测量零输入响应的波形

（a）零输入响应；（b）*RC* 一阶电路；（c）零状态响应

（4）微分电路和积分电路是 *RC* 一阶电路中较典型的电路，它对电路元件参数和输入信号的周期有着特定的要求。一个简单的 *RC* 串联电路，在方波序列脉冲的重复激励下，当满足 $\tau = RC \ll \dfrac{T}{2}$ 时（*T* 为方波脉冲的重复周期），且由 *R* 两端的电压作为响应输出，这就是一个微分电路。因为此时电路的输出信号电压与输入信号电压的微分成正比。如图 8 - 51（a）所示，利用微分电路可以将方波转变成尖脉冲。

若将图 8 - 51（a）中的 R 与 C 位置调换一下，如图 8 - 51（b）所示，由 C 两端的电压作为响应输出。当电路的参数满足 $\tau = RC \gg \dfrac{T}{2}$ 条件时，即称为积分电路。因为此时电路的输出信号电压与输入信号电压的积分成正比。利用积分电路可以将方波转变成三角波。

从输入、输出波形来看，上述两个电路均起着波形变换的作用，请在实验过程仔细观察与记录。

图 8 - 51　微积分电路
(a) 微分电路；(b) 积分电路

三、预习思考题

（1）什么样的电信号可作为 RC 一阶电路零输入响应、零状态响应和完全响应的激励信号？

（2）已知 RC 一阶电路 $R = 10\text{k}\Omega$，$C = 0.1\mu\text{F}$，试计算时间常数 τ，并根据 τ 值的物理意义，拟定测量 τ 的方案。

（3）何谓积分电路和微分电路，它们必须具备什么条件？它们在方波序列脉冲的激励下，其输出信号波形的变化规律如何？这两种电路有何功用？

（4）预习要求：熟读仪器使用说明，回答上述问题，准备方格纸。

四、实验设备

实验设备见表 8 - 2。

表 8 - 2

序号	名　称	型号与规格	数量	备注
1	脉冲信号发生器		1	
2	双踪示波器		1	
3	动态电路实验板		1	

五、实验内容

（1）从电路板上选 $R = 10\text{k}\Omega$，$C = 6800\text{pF}$ 组成如图 8 - 50（b）所示的 RC 充放电电路。u 为脉冲信号发生器输出的 $U_m = 3\text{V}$，$f = 1\text{kHz}$ 的方波电压信号，并通过两根同轴电缆线，将激励源 u 和响应 u_C 的信号分别连至示波器的两个输入口 Y_A 和 Y_B。这时可在示波器的屏幕上观察到激励与响应的变化规律，请测算出时间常数 τ，并用方格纸按 1：1 的比例描绘波形。

少量地改变电容值或电阻值，定性地观察对响应的影响，记录观察到的现象。

（2）令 $R = 10\text{k}\Omega$，$C = 0.1\mu\text{F}$，观察并描绘响应的波形，继续增大 C 值，定性地观察对

响应的影响。

（3）令 $C=0.01\mu$F，$R=100\Omega$，组成图 8-51（a）所示的微分电路。在同样的方波激励信号（$U_m=3$V，$f=1$kHz）作用下，观测并描绘激励与响应的波形。增减 R 之值，定性地观察对响应的影响，并做记录。当 R 增至 1MΩ 时，输入、输出波形有何本质上的区别？

六、实验注意事项

（1）调节电子仪器各旋钮时，动作不要过快、过猛。实验前，需熟读双踪示波器的使用说明书。观察双踪时，要特别注意相应开关、旋钮的操作与调节。

（2）信号源的接地端与示波器的接地端要连在一起（称共地），以防外界干扰而影响测量的准确性。

（3）示波器的辉度不应过亮，尤其是光点长期停留在荧光屏上不动时，应将辉度调暗，以延长示波管的使用寿命。

七、实验报告

（1）根据实验观测结果，在方格纸上绘出 RC 一阶电路充放电时 u_C 的变化曲线，由曲线测得 τ 值，并与参数值的计算结果做比较，分析误差原因。

（2）根据实验观测结果，归纳、总结积分电路和微分电路的形成条件，阐明波形变换的特征。

（3）写出心得体会及其他。

第 九 章

[△]线性动态电路的复频域分析

用经典法求解线性电路的全响应必须求解微分方程，若对微分方程进行拉普拉斯变换，则可将微分方程变成代数方程，使求解较为容易。因此，拉普拉斯变换是分析线性电路全响应的重要方法，通常称为运算法。用运算法求解线性电路的全响应需三步，第一步进行拉普拉斯变换，将时域电路变换为复频域电路，即运算电路；第二步在运算电路中进行计算，求出复频域响应；第三步进行拉普拉斯反变换，将复频域响应变换成时域的响应。这就是运算法的基本思想。

第 一 节　拉 普 拉 斯 变 换

一、拉普拉斯变换的定义

实函数 $f(t)$ 的下列积分

$$F(s) = \int_{0_-}^{\infty} f(t)\mathrm{e}^{-st}\,\mathrm{d}t \qquad (s = \sigma + \mathrm{j}\omega) \qquad (9\text{-}1)$$

称为 $f(t)$ 的拉普拉斯变换（简称拉氏变换）。其中 $s = \sigma + \mathrm{j}\omega$ 为一个复数，称为算子。

$F(s)$ 是算子 s 的函数，是一个复函数。只要函数 $f(t)$ 的绝对值小于下列指数函数

$$|f(t)| < M\mathrm{e}^{\sigma_0 t} \qquad (\sigma_0 < \sigma)$$

其中 M 与 σ_0 为两个正的常数，则 $f(t)$ 的积分式（9-1）是收敛的，即拉普拉斯变换存在。通常在电路理论中所遇到的电压、电流均满足上述条件，因此均能运用拉普拉斯变换。

拉普拉斯变换记作

$$F(s) = \mathscr{L}[f(t)] = \int_{0_-}^{\infty} f(t)\mathrm{e}^{-st}\,\mathrm{d}t \qquad (9\text{-}2)$$

式中：符号"$\mathscr{L}[\ ]$"表示对方括号内的函数作拉普拉斯变换。

式（9-2）称为拉普拉斯变换的定义式。

$f(t)$ 称为原函数，$F(s)$ 称为象函数。在电路分析中 $f(t)$ 通常是电压 $u(t)$ 或电流 $i(t)$，是时域函数。而 $F(s)$ 是复值算子 s 的函数，其自变量 s 的域为复域，因而 $F(s)$ 为复频域函数，s 称为复频率；也就是说拉普拉斯变换是将时域函数变为复频域函数，下面举例说明。

【例 9-1】　设 $f(t) = U_0 = $ 常数，试求其拉普拉斯变换。

解

$$F(s) = \mathscr{L}[U_0] = \int_{0_-}^{\infty} U_0 \mathrm{e}^{-st}\,\mathrm{d}t = U_0 \int_{0_-}^{\infty} \mathrm{e}^{-st}\,\mathrm{d}t = \frac{U_0}{s}$$

【例 9 - 2】 设 $f(t)=\mathrm{e}^{-at}$ ，a 为一常数，试求其拉普拉斯变换。

解

$$F(s)=\mathscr{L}[\mathrm{e}^{-at}]=\int_{0_-}^{\infty}\mathrm{e}^{-at}\mathrm{e}^{-st}\mathrm{d}t=\int_{0_-}^{\infty}\mathrm{e}^{-(a+s)t}\mathrm{d}t=\frac{1}{s+a}$$

二、拉普拉斯变换的性质

拉普拉斯变换有一些基本性质，现介绍最常用的两个性质。

1. 线性性质

若 $\mathscr{L}[f_1(t)]=F_1(s)$ ，$\mathscr{L}[f_2(t)]=F_2(s)$ ，则

$$\mathscr{L}[Af_1(t)\pm Bf_2(t)]=AF_1(s)\pm BF_2(s) \tag{9-3}$$

式中：A、B 为实常数。

证明

$$\mathscr{L}[Af_1(t)\pm Bf_2(t)]=\int_{0_-}^{\infty}[Af_1(t)\pm Bf_2(t)]\mathrm{e}^{-st}\mathrm{d}t$$

$$=A\int_{0_-}^{\infty}f_1(t)\mathrm{e}^{-st}\mathrm{d}t\pm B\int_{0_-}^{\infty}f_2(t)\mathrm{e}^{-st}\mathrm{d}t$$

$$=AF_1(s)\pm BF_s(t)$$

【例 9 - 3】 试求 $\sin\omega t$ 拉普拉斯变换。

解

$$F(s)=\mathscr{L}[\sin\omega t]=\mathscr{L}\left[\frac{1}{2\mathrm{j}}(\mathrm{e}^{\mathrm{j}\omega t}-\mathrm{e}^{-\mathrm{j}\omega t})\right]$$

$$=\frac{1}{2\mathrm{j}}\mathscr{L}[\mathrm{e}^{\mathrm{j}\omega t}]-\frac{1}{2\mathrm{j}}\mathscr{L}[\mathrm{e}^{-\mathrm{j}\omega t}]$$

由 [例 9 - 2] 可知

$$\mathscr{L}[\mathrm{e}^{\mathrm{j}\omega t}]=\frac{1}{s-\mathrm{j}\omega}, \qquad \mathscr{L}[\mathrm{e}^{-\mathrm{j}\omega t}]=\frac{1}{s+\mathrm{j}\omega}$$

因此有

$$\mathscr{L}[\sin\omega t]=\frac{1}{2\mathrm{j}}\times\frac{1}{s-\mathrm{j}\omega}-\frac{1}{2\mathrm{j}}\times\frac{1}{s+\mathrm{j}\omega}=\frac{\omega}{s^2+\omega^2}$$

2. 时域微分性质

若

$$\mathscr{L}[f(t)]=F(s)$$

则

$$\mathscr{L}[f'(t)]=\mathscr{L}\left[\frac{\mathrm{d}f}{\mathrm{d}t}\right]=sF(s)-f(0_-) \tag{9-4}$$

式中 $f(0_-)$ 是函数 $f(t)$ 在 $t=0_-$ 时刻的值。

证明

$$\mathscr{L}\left[\frac{\mathrm{d}f(t)}{\mathrm{d}t}\right]=\int_{0_-}^{\infty}\frac{\mathrm{d}f(t)}{\mathrm{d}t}\mathrm{e}^{-st}\mathrm{d}t=\int_{t=0_-}^{t=\infty}\mathrm{e}^{-st}\mathrm{d}[f(t)]$$

按分部积分法进行积分，由公式

$$\int u\mathrm{d}v=uv-\int v\mathrm{d}u$$

令

$$\mathrm{e}^{-st}=u, \qquad \mathrm{d}[f(t)]=\mathrm{d}v$$

得

$$\int_{t=0_-}^{t=\infty} \mathrm{e}^{-st}\,\mathrm{d}\big[f(t)\big] = \mathrm{e}^{-st} f(t)\,\Big|_{0_-}^{\infty} - \int_{t=0_-}^{t=\infty} f(t)\,\mathrm{d}(\mathrm{e}^{-st})$$

$$\mathrm{e}^{-st} f(t)\,\Big|_{0_-}^{\infty} = 0 - f(0) = -f(0_-)$$

其中

$$-\int_{t=0_-}^{t=\infty} f(t)\,\mathrm{d}(\mathrm{e}^{-st}) = s\int_{t=0_-}^{t=\infty} f(t)\mathrm{e}^{-st}\,\mathrm{d}t = sF(s)$$

因此

$$\int_{t=0_-}^{t=\infty} \mathrm{e}^{-st}\,\mathrm{d}\big[f(t)\big] = sF(s) - f(0_-)$$

即

$$\mathscr{L}\left[\frac{\mathrm{d}f(t)}{\mathrm{d}t}\right] = sF(s) - f(0_-)$$

同理可得

$$\mathscr{L}\big[f''(t)\big] = \mathscr{L}\left[\frac{\mathrm{d}^2 f(t)}{\mathrm{d}t^2}\right] = s^2 F(s) - s f(0_-) - f'(0_-) \tag{9-5}$$

其中

$$f'(0_-) = \frac{\mathrm{d}f(t)}{\mathrm{d}t}\bigg|_{t-0_-}$$

　　根据拉普拉斯变换的定义式及其基本性质可求出电路分析中常用的时域函数的拉普拉斯变换。这些原函数与象函数的对应关系列于表 9-1 中。

表 9-1　　　　　　　　　　　　　　常用的时域函数的拉普拉斯变换

原函数 $f(t)$	象函数 $F(s)$	原函数 $f(t)$	象函数 $F(s)$
A	$\dfrac{A}{s}$	$\dfrac{1}{a}(1-\mathrm{e}^{-at})$	$\dfrac{1}{s(s+a)}$
e^{-at}	$\dfrac{1}{s+a}$	$t\,\mathrm{e}^{-at}$	$\dfrac{1}{(s+a)^2}$
$\sin\omega t$	$\dfrac{\omega}{s^2+\omega^2}$	$(1-\alpha t)\,\mathrm{e}^{-at}$	$\dfrac{s}{(s+a)^2}$
$\cos\omega t$	$\dfrac{s}{s^2+\omega^2}$	$\dfrac{1}{b-a}(\mathrm{e}^{-at}-\mathrm{e}^{-bt})$	$\dfrac{1}{(s+a)(s+b)}$
$\mathrm{e}^{-at}\sin(\omega t+\psi)$	$\dfrac{\omega\cos\psi+(s-a)\sin\psi}{(s+a)^2+\omega^2}$	$2a\,\mathrm{e}^{-\delta t}\sin(\omega t+\theta+90°)$	$\dfrac{a\angle\theta}{s+\delta-\mathrm{j}\omega}+\dfrac{a\angle-\theta}{s+\delta+\mathrm{j}\omega}$

思 考 题

9-1-1　什么是拉普拉斯变换？原函数与象函数是否存在一一对应关系？

第二节　拉普拉斯反变换

　　由象函数 $F(s)$ 求出对应的原函数 $f(t)$，称为拉普拉斯反变换（简称拉氏反变换）。

设

$$\mathscr{L}\big[f(t)\big] = F(s)$$

则记拉普拉斯反变换为 $\mathscr{L}^{-1}\big[F(s)\big]$，有

$$\mathscr{L}^{-1}\big[F(s)\big] = f(t) \tag{9-6}$$

式中符号" $\mathscr{L}^{-1}[\ ]$ "表示对方括号内的函数作拉普拉斯反变换。

　　用运算法分析电路的全响应时，需要对已知象函数进行拉普拉斯反变换，即求出它的原

函数。由象函数求原函数的最简便的方法就是查表（例如查表 9-1）。拉普拉斯变换表中列出了几种常用的原函数与对应的象函数。但是，在应用运算法时，一般说来，得出的象函数不会全是像拉普拉斯变换表 9-1 中的具体形式，因此大多不能直接从查表中求得原函数。

在电路分析计算中，常见的象函数是两个多项式之比，这是一个 s 的分式有理函数，可用部分分式法将它展开为部分分式，然后查表求出原函数。

设象函数 $F(s)$ 为一分式有理函数

$$F(s)=\frac{b_m s^m+b_{m-1}s^{m-1}+\cdots+b_1 s+b_0}{a_n s^n+a_{n-1}s^{n-1}+\cdots+a_1 s+a_0} \tag{9-7}$$

其中 m 与 n 为正整数，且 $m<n$，若分母多项式的根皆为单根 s_1、s_2、$\cdots$、s_n，则 $F(s)$ 可展开为

$$F(s)=\frac{A_1}{s-s_1}+\frac{A_2}{s-s_2}+\cdots+\frac{A_k}{s-s_k}+\cdots+\frac{A_n}{s-s_n}$$

$$=\sum_{k=1}^{n}\frac{A_k}{s-s_k} \tag{9-8}$$

式中的系数 A_k 可用待定系数法求得。将式（9-8）两边乘以 $s-s_k$ 后再令 $s=s_k$，即得

$$A_k=(s-s_k)F(s)|_{s=s_k}\ (k=1,2,3,\cdots,n) \tag{9-9}$$

因为

$$\mathscr{L}^{-1}\left[\frac{A}{s-a}\right]=A\mathrm{e}^{at}$$

所以 $F(s)$ 的原函数为

$$f(t)=\mathscr{L}^{-1}[F(s)]=\mathscr{L}^{-1}\left[\sum_{k=1}^{n}\frac{A_k}{s-s_k}\right]$$

$$=\sum_{k=1}^{n}A_k\mathrm{e}^{s_k t} \tag{9-10}$$

若分母多项式有复根，必然成共轭对出现，它们的系数也将是共轭的。这时可应用表 9-1 中最后一个变换对。

若 $F(s)$ 的分母多项式具有二重根，则展成部分分式的方法可由［例 9-4］说明。象函数为一真分式有理函数，即分子多项式次数低于分母

$$F(s)=\frac{N(s)}{(s-s_1)(s-s_2)^2}$$

其中 $N(s)$ 为分子多项式，s_1 为单根，s_2 为二重根，则 $F(s)$ 展开为部分分式

$$F(s)=\frac{A_1}{s-s_1}+\frac{A_{21}}{s-s_2}+\frac{A_{22}}{(s-s_2)^2}$$

s_1 为单根，故系数 A_1 仍按式（9-8）求得为

$$A_1=(s-s_1)F(s)|_{s=s_1}$$

系数 A_{21}、A_{22} 可按下列两式求得

$$A_{22}=(s-s_2)^2 F(s)|_{s=s_2}$$
$$A_{21}=\frac{\mathrm{d}}{\mathrm{d}s}\left[(s-s_2)^2 F(s)\right]\Big|_{s=s_2} \tag{9-11}$$

1. $F(s)$ 的分母多项式为单根的拉氏反变换

【例 9-4】 试求象函数 $F(s)=\dfrac{s^2+s+2}{(s+1)(s+2)(s+3)}$ 的原函数。

解　先将已知象函数展开成部分分式

$$F(s) = \frac{s^2 + s + 2}{(s+1)(s+2)(s+3)} = \frac{A_1}{s+1} + \frac{A_2}{s+2} + \frac{A_3}{s+3}$$

分母多项式的根分别为 $s_1 = -1$、$s_2 = -2$、$s_3 = -3$。按式（9-9）可求得各系数为

$$A_1 = \frac{s^2 + s + 2}{(s+2)(s+3)}\bigg|_{s=-1} = \frac{1-1+2}{(-1+2)(-1+3)} = 1$$

$$A_2 = \frac{s^2 + s + 2}{(s+1)(s+3)}\bigg|_{s=-2} = \frac{(-2)^2 + (-2) + 2}{(-2+1)(-2+3)} = -4$$

$$A_3 = \frac{s^2 + s + 2}{(s+1)(s+2)}\bigg|_{s=-3} = \frac{(-3)^2 + (-3) + 2}{(-3+1)(-3+2)} = 4$$

因此原函数为

$$f(t) = e^{-t} - 4e^{-2t} + 4e^{-3t} \qquad (t \geqslant 0)$$

2. $F(s)$ 的分母多项式为二重根的拉氏反变换

【例 9-5】　试求象函数 $F(s) = \dfrac{2s+1}{(s+2)(s+1)^2}$ 的原函数。

解　这是分母多项式有二重根的情况，除单根 $s_1 = -2$ 外，还有从等式 $(s+1)^2 = 0$ 得到的二重根 $s_{2,3} = -1$。应将 $F(s)$ 展开成

$$F(s) = \frac{A_1}{s+2} + \frac{A_{21}}{s+1} + \frac{A_{22}}{(s+1)^2}$$

式中各系数为

$$A_1 = \frac{2s+1}{(s+1)^2}\bigg|_{s=-2} = \frac{-4+1}{1} = -3$$

$$A_{22} = \frac{2s+1}{s+2}\bigg|_{s=-1} = \frac{-2+1}{-1+2} = -1$$

$$A_{21} = \frac{d}{ds}\left[\frac{2s+1}{s+2}\right]\bigg|_{s=-1} = \frac{(s+2) \times 2 - (2s+1) \times 1}{(s+2)^2}\bigg|_{s=-1} = \frac{2+1}{1} = 3$$

由此得到原函数

$$f(t) = -3e^{-2t} + 3e^{-t} - te^{-t} \qquad (t \geqslant 0)$$

3. $F(s)$ 的分母多项式为复根的拉氏反变换

【例 9-6】　试求象函数 $F(s) = \dfrac{s+3}{(s+1)(s^2+2s+5)}$ 的原函数。

解　这是分母多项式有复根的情况，即

$$s^2 + 2s + 5 = (s+1-j2)(s+1+j2)$$

将 $F(s)$ 展开为

$$F(s) = \frac{A_1}{s+1} + \frac{A_2}{s+1-j2} + \frac{\overset{*}{A}_2}{s+1+j2}$$

求出各系数为

$$A_1 = \frac{s+3}{s^2+2s+5}\bigg|_{s=-1} = \frac{-1+3}{(-1)^2 - 2 + 5} = \frac{1}{2}$$

$$A_2 = \frac{s+3}{(s+1)(s+1+j2)}\bigg|_{s=-1+j2} = \frac{2+j2}{j2 \times j4} = \frac{\sqrt{2}}{4}\angle{-135°}$$

$$\overset{*}{A}_2=\frac{\sqrt{2}}{4}\angle 135°$$

由此得到

$$F(s)=\frac{\frac{1}{2}}{s+1}+\frac{\frac{\sqrt{2}}{4}\angle -135°}{s+1-\mathrm{j}2}+\frac{\frac{\sqrt{2}}{4}\angle 135°}{s+1+\mathrm{j}2}$$

查表 9 - 1 得

$$f(t)=\mathscr{L}^{-1}\big[F(s)\big]=\mathscr{L}^{-1}\left[\frac{1/2}{s+1}\right]+\mathscr{L}^{-1}\left[\frac{\frac{\sqrt{2}}{4}\angle -135°}{s+1-\mathrm{j}2}+\frac{\frac{\sqrt{2}}{4}\angle 135°}{s+1+\mathrm{j}2}\right]$$

$$=\frac{1}{2}\mathrm{e}^{-t}+\frac{\sqrt{2}}{2}\mathrm{e}^{-t}\sin(2t-45°)\qquad (t\geqslant 0)$$

思 考 题

9 - 2 - 1　简述拉普拉斯反变换中待定系数有哪几种求法？

第三节　R、L、C 元件的运算电路

对 R、L、C 元件伏安关系式及基尔霍夫定律进行拉普拉斯变换，得出 R、L、C 元件伏安关系的运算形式，由此导出运算电路图。这是运用拉普拉斯变换分析电路全响应的重要环节。

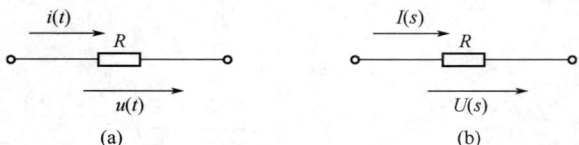

图 9 - 1　电阻元件

（a）原电路；（b）运算电路

一、R、L、C 元件伏安关系的运算形式

1. 电阻元件

图 9 - 1（a）所示的电阻元件的电压、电流关系式为

$$u=iR$$

这里 $u=u(t)$、$i=i(t)$ 均为时域函数。对上式进行拉普拉斯变换得

$$\mathscr{L}\big[u(t)\big]=\mathscr{L}\big[i(t)\cdot R\big]=R\mathscr{L}\big[i(t)\big]$$

即

$$U(s)=I(s)R \qquad\qquad (9-12)$$

由此可得出电阻元件经拉普拉斯变换后的电路模型如图 9 - 1（b）所示，它表达了电阻元件的电压象函数与电流象函数间的关系，称为电阻元件的运算电路，其中电压与电流的参考方向与原电路是一致的，为关联参考方向。

2. 电感元件

图 9 - 2（a）所示为一电感元件，电压与电流为关联参考方向，电压与电流关系式为

$$u=L\frac{\mathrm{d}i}{\mathrm{d}t}$$

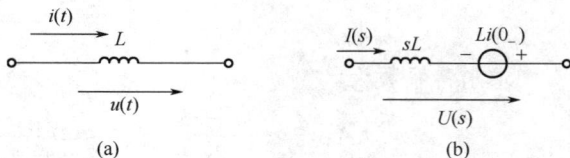

图 9 - 2　电感元件

（a）原电路；（b）运算电路

这里 $u(t)$、$i(t)$ 均为时域函数，对上式进行拉普拉斯变换得

$$\mathscr{L}[u(t)] = \mathscr{L}\left[L\,\frac{\mathrm{d}i(t)}{\mathrm{d}t}\right] = L\mathscr{L}\left[\frac{\mathrm{d}i(t)}{\mathrm{d}t}\right]$$

运用微分定理得

$$U(s) = \mathscr{L}[sI(s) - i(0_-)] = I(s)sL - Li(0_-) \tag{9-13}$$

与式（9-13）对应的电路模型如图9-2（b）所示，它表示电感元件的电压象函数与电流象函数之间的关系，称为电感元件的运算电路。其中含有一个附加的电压源 $Li(0_-)$，其值由电感初始电流确定。sL 为电感的运算电抗，简称为运算感抗。

3. 电容元件

图9-3（a）所示为一电容元件，电压与电流为关联参考方向，则关系式为

$$i = C\,\frac{\mathrm{d}u}{\mathrm{d}t}$$

这里 $i(t)$、$u(t)$ 均为时域函数。对上式进行拉普拉斯变换并运用微分定理得

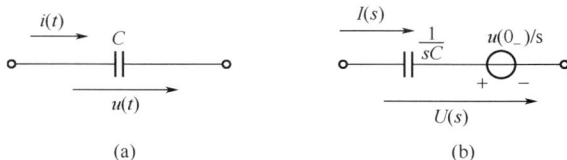

图9-3　电容元件

（a）原电路；（b）运算电路

$$I(s) = C[sU(s) - u(0_-)]$$

即

$$U(s) = I(s)\,\frac{1}{sC} + \frac{u(0_-)}{s} \tag{9-14}$$

与式（9-14）对应的电路模型如图9-3（b）所示，它表示了电容元件的电压象函数与电流象函数之间的关系，称为电容元件的运算电路。其中含有一个附加的电压源 $\dfrac{u(0_-)}{s}$，其值由电容初始电压确定。$\dfrac{1}{sC}$ 为电容的运算电抗，简称为运算容抗。

二、基尔霍夫定律的运算形式与运算电路图

基尔霍夫电流定律 KCL 的时域形式为

$$\sum i(t) = 0 \tag{9-15}$$

对式（9-15）进行拉普拉斯交换后得

$$\sum I(s) = 0 \tag{9-16}$$

这就是基尔霍夫电流定律的运算形式，即流入节点的运算电流的代数和为零。

基尔霍夫电压定律 KVL 的时域形式为

$$\sum u(t) = 0 \tag{9-17}$$

对式（9-17）进行拉普拉斯变换后得

$$\sum U(s) = 0 \tag{9-18}$$

这就是基尔霍夫电压定律的运算形式，即回路各元件运算电压的代数和为零。

基于上述 R、L、C 元件的运算电路及 KCL 与 KVL 的运算形式，可将原电路图化为运算电路图。图9-4（b）就是图9-4（a）所示原电路的运算电路图。开关 S 在 $t=0$ 时接通，开关接通后 R_1 被短接，R_1 在运算电路中已不存在，电感的初始电流 $i_L(0_-)$ 形成相应的附加电压源 $Li_L(0_-)$，电容的初始电压 $u_C(0_-)$ 形成相应的附加电压源 $\dfrac{u_C(0_-)}{s}$。sL 为运算感

抗，$\dfrac{1}{sC}$ 为运算容抗，R 为运算电阻。独立电压源 $u_s(t)$ 的象函数为 $U_s(s)$。$i_L(t)$、$i_2(t)$、$i_C(t)$ 的象函数分别是 $I_L(s)$、$I_2(s)$ 与 $I_C(s)$。

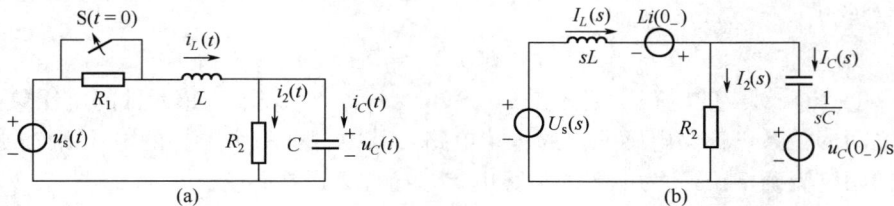

图 9-4　运算电路图

（a）原电路；（b）运算电路

若独立初始值为零，则运算电路中将不存在形如 $Li_l(0_-)$ 及 $\dfrac{u_C(0_-)}{s}$ 的附加电压源，如图 9-5（a）所示的电路将化为图 9-5（b）所示的运算电路图。从图 9-5（b）可以看出，若将其中的算子 s 改为 $j\omega$，则此运算电路与正弦电路的相量模型相同。电路中某一端口上的运算电压与运算电流之比，称为运算阻抗。

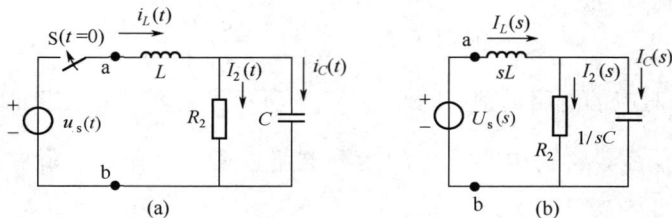

图 9-5　运算电路图

（a）原电路；（b）运算电路

例如图 9-5（b）中 a、b 两点构成的端口上的运算阻抗为

$$Z(s)=\frac{U_s(s)}{I(s)}=sL+\frac{R_2\times\dfrac{1}{sC}}{R_2+\dfrac{1}{sC}}$$

运算阻抗的倒数称为运算导纳，即

$$Y(s)=\frac{1}{Z(s)}=\frac{I(s)}{U_s(s)}$$

思　考　题

9-3-1　写出运算形式的 KCL、KVL 以及 R、L、C 三种元件的电压象函数与电流象函数的关系式，画出它们的运算电路。

9-3-2　试写电容元件和电感元件的运算阻抗与附加电压源串联的运算电路，等效变换为运算阻抗与附加电流源并联形式的运算电路。

第四节　线性动态电路的复频域分析

一、用运算法分析电路的全响应

用运算法分析电路的全响应，是按电压与电流的象函数 $U(s)$、$I(s)$ 来列写电路的电流、电压方程，求得 $U(s)$、$I(s)$ 后再利用拉普拉斯反变换求出原函数（即电路的响应）$u(t)$ 与 $i(t)$。这一方法与正弦稳态分析的相量法相似。相量法是按电压与电流的相量 $\dot{U}$、$\dot{I}$ 来列写电路方程和进行分析计算的，求得 $\dot{U}$、$\dot{I}$ 后再写出它们的相应解析式 $u(t)$ 与 $i(t)$。

用运算法计算电路的全响应可采用如下的解题步骤。

（1）画出所给电路的运算电路图，包括将 R、L、C 元件的运算电路画出，求出电源模型的运算形式，即将电压源的电压或电流的象函数求出。注意 $i_L(0_-)$ 与 $u_C(0_-)$ 对应于运算电路中的附加电源。

（2）按运算电路图根据 KCL、KVL 列写电路方程式。可采用线性电阻电路分析的各种方法，如支路电流法、节点法、网孔法、回路法及叠加定理、戴维南定理与诺顿定理等。

（3）解运算电路方程式，求出电路响应的象函数 $U(s)$ 或 $I(s)$。

（4）将所求得的电路响应的象函数变为原函数（即电路响应）。可利用拉普拉斯反变换表 9-1 求原函数。若表中没有相对的项，当象函数是有理分式函数时，可展开成部分分式后求出原函数。

二、线性动态电路的复频域分析应用举例

在举例说明运算法分析电路响应的具体步骤之前，必须指出，由于算子 s 具有角频率的量纲，运算电路又称为电路的复频域模型，运算法又称为复频域分析法。

【例 9-7】　电路如图 9-6（a）所示。电流源电流 I_s 为恒定值，$u_C(0_-)=U_0$，试用运算法求响应 $u_C(t)$。

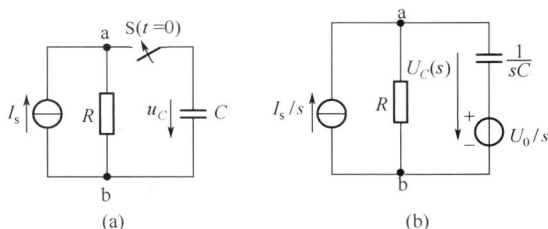

图 9-6　［例 9-7］图
（a）原电路；（b）运算电路

解　（1）将电流源电流 I_s 变换成象函数

$$I_s(s)=\mathscr{L}^{-1}[I_s]=\frac{I_s}{s}$$

原电路换路后的运算电路如图 9-6（b）所示，其中电容电压初始值对应于一个附加电压源 U_0/s。注意 $u_C(t)$ 对应的象函数为 $U_C(s)=U_{ab}(s)$。

（2）对运算电路应用弥尔曼定理得

$$U_C(s)=\frac{\dfrac{I_s}{s}+\dfrac{U_0}{s}sC}{\dfrac{1}{R}+sC}=\frac{\dfrac{I_s}{C}}{s\left(s+\dfrac{1}{RC}\right)}+\frac{U_0}{s+\dfrac{1}{RC}}=\frac{A_1}{s}+\frac{A_2}{s+\dfrac{1}{RC}}+\frac{U_0}{s+\dfrac{1}{RC}}$$

按式（9-8）可求得上式中的系数

$$A_1=\left.\frac{\dfrac{I_s}{C}}{s+\dfrac{1}{RC}}\right|_{s=0}=RI_s,\quad A_2=\left.\frac{\dfrac{I_s}{C}}{s}\right|_{s=-\frac{1}{RC}}=-RI_s$$

因此

$$U_C(s)=\frac{RI_s}{s}-\frac{RI_s}{s+\dfrac{1}{RC}}+\frac{U_0}{s+\dfrac{1}{RC}}$$

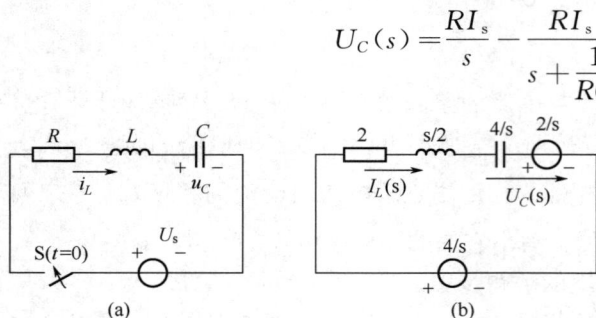

图 9 - 7　［例 9 - 8］图
(a) 原电路；(b) 运算电路

（3）应用拉普拉斯反变换求响应

$$u_C(t)=\mathscr{L}^{-1}[U_C(s)]$$
$$=RI_s-RI_se^{-\frac{t}{RC}}+U_0e^{-\frac{t}{RC}}$$
$$=RI_s+(U_0-RI_s)e^{-\frac{t}{RC}}$$
$$(t\geqslant0)$$

【例 9 - 8】　在图 9 - 7（a）所示电路中，已知 $R=2\Omega$，$L=0.5\mathrm{H}$，$C=0.25\mathrm{F}$，$i_L(0_-)=0$，$u_C(0_-)=2\mathrm{V}$，$U_s=4\mathrm{V}$。试求换路后电路的响应 $i_L(t)$、$u_C(t)$。

解　作出运算电路如图 9 - 7（b）所示，则有

（1）$I_L(s)=\dfrac{\dfrac{4}{s}-\dfrac{2}{s}}{2+\dfrac{s}{2}+\dfrac{4}{s}}=\dfrac{4}{s^2+4s+8}=\dfrac{4}{(s+2-j2)(s+2+j2)}$

$$=\frac{A_1}{s+2-j2}+\frac{\overset{*}{A}_1}{s+2+j2}$$

按式（9 - 8）求出其系数

$$A_1=\frac{4}{s+2+j2}\bigg|_{s=-2+j2}=\frac{4}{-2+j2+2+j2}=-j,\quad \overset{*}{A}_1=j$$

得

$$i_L(t)=\mathscr{L}^{-1}[I_L(s)]=\mathscr{L}^{-1}\left[\frac{-j}{s+2-j2}+\frac{j}{s+2+j2}\right]=2e^{-2t}\sin2t\,\mathrm{A}\quad(t\geqslant0)$$

（2）$U_C(s)=\dfrac{4}{s}I_L(s)+\dfrac{2}{s}=\dfrac{16}{s(s^2+4s+8)}+\dfrac{2}{s}$

$$=\frac{A_1}{s}+\frac{A_2}{s+2-j2}+\frac{A_2}{s+2+j2}+\frac{2}{s}$$

求出各系数

$$A_1=\frac{16}{s^2+4s+8}\bigg|_{s=0}=2$$

$$A_2=\frac{16}{s(s+2+j2)}\bigg|_{s=-2+j2}=\frac{16}{(-2+j2)(-2+j2+2+j2)}$$

$$=\frac{16}{-8(1+j)}=-\sqrt{2}\angle-45°$$

因此得

$$U_C(s)=\frac{2}{s}-\frac{\sqrt{2}\angle-45°}{s+2-j2}-\frac{\sqrt{2}\angle45°}{s+2+j2}+\frac{2}{s}$$

$$=\frac{4}{s}-\left(\frac{\sqrt{2}\angle-45°}{s+2-j2}+\frac{\sqrt{2}\angle45°}{s+2+j2}\right)$$

$$u_C(t) = \mathscr{L}^{-1}[U_C(s)] = \mathscr{L}^{-1}\left[\frac{4}{s}\right] - \mathscr{L}^{-1}\left[\frac{\sqrt{2}\angle-45°}{s+2-\mathrm{j}2} + \frac{\sqrt{2}\angle45°}{s+2+\mathrm{j}2}\right]$$

$$= 4 - 2\sqrt{2}\,\mathrm{e}^{-2t}\sin(2t+45°)\mathrm{V} \qquad (t\geqslant0)$$

【例 9 - 9】　在图 9 - 8（a）所示零状态电路中，$u_s(t)=0.1\mathrm{e}^{-5t}\mathrm{V}$，$R_1=1\Omega$，$R_2=2\Omega$，$L=0.1\mathrm{H}$，$C=0.5\mathrm{F}$。试求换路后的响应 $i_2(t)$。

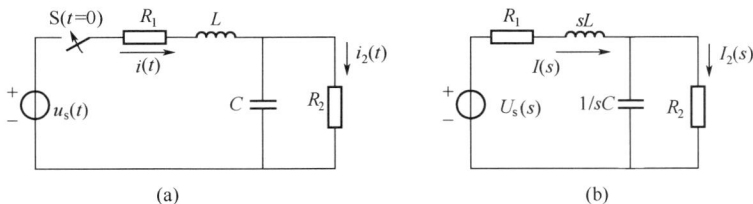

图 9 - 8　［例 9 - 9］图
（a）原电路；（b）运算电路

解　原电路为零状态，故运算电路中不含附加电源，如图 9 - 8（b）所示，激励源 $u_s(t)$ 的象函数为

$$U_s(s) = \mathscr{L}[u_s(t)] = \mathscr{L}[0.1\mathrm{e}^{-5t}] = \frac{0.1}{s+5}\mathrm{V}$$

运算电路为串联电路，先求出总电流

$$I_s = \frac{U_s(s)}{(R_1+sL)+\dfrac{R_2\times\dfrac{1}{sC}}{R_2+\dfrac{1}{sC}}}$$

按分流公式，电阻 R_2 中的电流

$$I_2(s) = I(s)\times\frac{\dfrac{1}{sC}}{R_2+\dfrac{1}{sC}} = \frac{U_s(s)}{(R_1+sL)+\dfrac{R_2/(sC)}{R_2+\dfrac{1}{sC}}}\times\frac{\dfrac{1}{sC}}{R_2+\dfrac{1}{sC}}$$

$$= \frac{U_s(s)}{(R_1+sL)(sR_2C+1)+R_2}$$

代入已知数据得

$$I_2(s) = \frac{\dfrac{0.1}{s+5}}{(1+0.1s)(s+1)+2} = \frac{1}{(s+5)(s^2+11s+30)} = \frac{1}{(s+5)^2(s+6)}$$

分母多项式有二重根，展开成部分分式得

$$I_2(s) = \frac{A_1}{s+6} + \frac{A_{21}}{s+5} + \frac{A_{22}}{(s+5)^2}$$

求各系数

$$A_1 = \frac{1}{(s+5)^2}\bigg|_{s=-6} = 1$$

$$A_{22} = \frac{1}{s+6} \bigg|_{s=-5} = 1$$

$$A_{21} = \left[\frac{\mathrm{d}}{\mathrm{d}s} \left(\frac{1}{s+6} \right) \right] \bigg|_{s=-5} = -1$$

因此

$$I_2(s) = \frac{1}{s+6} - \frac{1}{s+5} + \frac{1}{(s+5)^2}$$

即

$$i_2(t) = \mathscr{L}^{-1}[I_2(s)] = \mathrm{e}^{-6t} - \mathrm{e}^{-5t} + t\mathrm{e}^{-5t} \, \mathrm{A} \qquad (t \geqslant 0)$$

思 考 题

9-4-1　试求 RLC 串联电路在零状态下的运算阻抗和 RLC 并联电路在零状态下的运算导纳，并与它们在正弦稳态下的复阻抗、复导纳进行比较。

9-4-2　试利用运算法分别计算 RC 电路与 RL 电路的零输入响应和恒定电压源激励下的零状态响应。

课程思政九

运算电路是分析计算动态电路的一种比较好的方法，这就告诉我们一个基本的哲理，解决一件事或一个难题有很多种方式方法，需要我们认真的比对，反复的实践，实践出真知，最终得出一个科学的方法。

*科 普 知 识 九

超 导 体

1911 年，荷兰科学家翁内斯发现汞在液氦温度（4.2K，K 为绝对温度，绝对温度的零度相当于－273℃，4.2K 即－268.8℃）的低温时，电阻为零，也就是说汞的电阻消失了。

之后科学家陆续发现铅、铌、铟等金属在一定的低温下，它们的电阻也会突然消失。金属电阻完全消失的这一特殊现象称为"超导电性"，而具有超导电性的金属、合金和化合物称为超导体。发生超导现象的温度称为临界温度 T_C，目前临界温度已提高到液氮温度（77K，即－196℃）以上，我国在超导研究方面一直走在世界的前列。

超导技术已迅速进入各种科技领域中，超导磁铁应用于磁流体发电技术中，可以大大提高火电厂的热效率。对于超导发电机、超导变压器、超导电缆、超导储能线圈等电力工业未来的重要设备，各国都在加紧研究中。一种新型的医用仪器——采用超导磁体的核磁共振成像仪，我国早已研制成功。由于在工程规模的装置中使用的超导线材都是低温超导体，必须配置微型冷冻机才能工作，因此运行费用昂贵。为了研制较高临界温度的超导体，世界各国都在投入较大的人力和财力，相信不久的将来，超导应用技术一定会开创一个崭新的科技时代。

本章小结

（1）拉普拉斯变换是将时域函数变为复频域函数。拉普拉斯变换的定义式为

$$F(s) = \mathscr{L}[f(t)] = \int_{0_-}^{\infty} f(t)\mathrm{e}^{-st}\,\mathrm{d}t$$

（2）拉普拉斯变换的性质

线性性质　　$\mathscr{L}[Af_1(t) \pm Bf_2(t)] = AF_1(s) \pm BF_2(s)$

时域微分性质　　$\mathscr{L}[f'(t)] = \mathscr{L}\left[\dfrac{\mathrm{d}f}{\mathrm{d}t}\right] = sF(s) - f(0_-)$

（3）拉普拉斯反变换是将复频域函数变为时域函数，记为 $\mathscr{L}^{-1}[F(s)] = f(t)$。

常见的象函数是两个多项式之比，这是一个 s 的分式有理函数，可用部分分式法将它展开为部分分式，然后查表 9-1 求出原函数。部分分式法中待定系数有三种情况，即单根、重根和复根。

（4）R、L、C 元件在关联参考方向下伏安关系的运算形式为

$$U_R(s) = I(s)R$$
$$U_L(s) = I(s)sL - Li(0_-)$$
$$U_C(s) = I(s)\frac{1}{sC} + \frac{u(0_-)}{s}$$

（5）用运算法分析电路的全响应，是按电压与电流的象函数 $U(s)$、$I(s)$ 来列写电路的电流、电压方程，求得 $U(s)$、$I(s)$ 后再利用拉普拉斯反变换求出原函数（即电路的响应）$u(t)$ 与 $i(t)$。这一方法与正弦稳态分析的相量法相似。

习　题

9-1　试求下列函数的象函数：

（1）$3(1 - \mathrm{e}^{-100t})$；　　　　（2）$a\sin\omega t + b\mathrm{e}^{-at}$；　　　　（3）$\sin^2 t$。

9-2　试求下列象函数的原函数：

（1）$\dfrac{(s+1)(s+3)}{s(s+2)(s+4)}$；　　　（2）$\dfrac{s+2}{s^2 + 6s + 10}$；　　　（3）$\dfrac{s-1}{s(s+2)^2}$。

9-3　图 9-9 所示 RC 电路，$t=0$ 时开关 S 打开，开关 S 打开前电路处于稳态。试用运算法求 $t>0$ 时 $u_C(t)$ 和 $i_C(t)$。

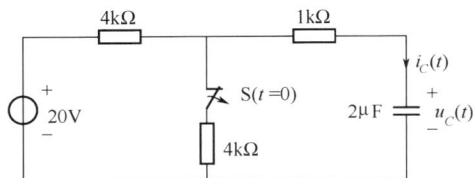

9-4　图 9-10 所示电路原已稳定，$U_s = 20\mathrm{V}$，$R_1 = 4\Omega$，$R_2 = 6\Omega$，$L = 0.4\mathrm{H}$，$t=0$ 时开关 S 闭合。试用运算法求 $t>0$ 时 $u_L(t)$ 和 $i(t)$。

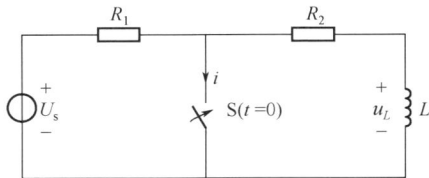

图 9-9　习题 9-3 图　　　　　　　　图 9-10　习题 9-4 图

9-5　图 9-11 所示电路原处于稳态，$t=0$ 时开关 S 闭合，试用运算法求换路后 $u_C(t)$ 和 $i(t)$。

9-6　图 9-12 所示电路在开关 S 打开前已处于稳态，在 $t=0$ 时把开关 S 打开，试求 $t \geqslant 0$ 时的电感电流 $i_L(t)$ 及电容电压 $u_C(t)$。

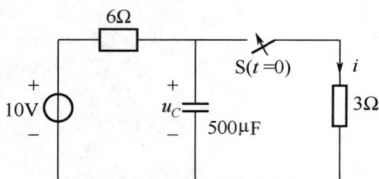

图 9-11　习题 9-5 图　　　　　　图 9-12　习题 9-6 图

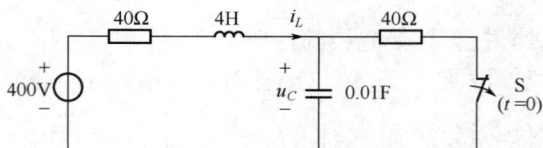

实训十三　二阶动态电路响应的研究

一、实验目的

（1）学习用实验的方法来研究二阶动态电路的响应，了解电路元件参数对响应的影响。

（2）观察、分析二阶电路响应的三种状态轨迹及其特点，以加深对二阶电路响应的认识与理解。

二、原理说明

一个二阶电路在方波正、负阶跃信号的激励下，可获得零状态与零输入响应，其响应的变化轨迹决定于电路的固有频率。当调节电路的元件参数值，使电路的固有频率分别为负实数、共轭复数及虚数时，可获得单调的衰减、衰减振荡和等幅振荡的响应。在实验中可获得过阻尼、欠阻尼和临界阻尼这三种响应图形。

简单而典型的二阶电路是一个 RLC 串联电路和 GCL 并联电路，这二者之间存在着对偶关系。本实验仅对 GCL 并联电路进行研究。

三、预习思考题

（1）根据二阶电路实验电路元件的参数，计算出处于临界阻尼状态的 R_2 之值。

（2）在示波器荧光屏上，如何测得二阶电路零输入响应欠阻尼状态的衰减常数 α 和振荡频率 ω_d？

四、实验设备

实验设备见表 9-2。

表 9-2

序号	名称	型号与规格	数量	备注
1	脉冲信号发生器		1	
2	双踪示波器		1	
3	动态实验电路板		1	

五、实验内容

利用动态电路板中的元件与开关的配合作用，组成如图 9-13 所示的 GCL 并联电路。

令 $R_1 = 10\text{k}\Omega$，$L = 4.7\text{mH}$，$C = 1000\text{pF}$，R_2 为 $10\text{k}\Omega$ 可调电阻。令脉冲信号发生器的输出为 $U_m = 1.5\text{V}$，$f = 1\text{kHz}$ 的方波脉冲，通过同轴电缆接至图中的激励端，同时用同轴电缆将激励端和响应输出接至双踪示波器的 Y_A 和 Y_B 两个输入口。

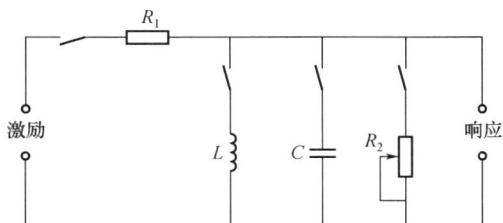

(1) 调节可变电阻器 R_2 之值，观察二阶电路的零输入响应和零状态响应由过阻尼过渡到临界阻尼，最后过渡到欠阻尼的变化过渡过程，分别定性地描绘、记录响应的典型变化波形。

图 9-13 GCL 并联电路

(2) 调节 R_2 使示波器荧光屏上呈现稳定的欠阻尼响应波形，定量测定此时电路的衰减常数 α 和振荡频率 ω_d。

(3) 改变一组电路参数，如增、减 L 或 C 值，重复 (2) 的测量，并做记录。随后仔细观察，改变电路参数时，ω_d 与 α 的变化趋势，并记录于表 9-3。

表 9-3

电路参数 实验次数	电 路 参 数				测量值	
	R_1	R_2	L	C	α	ω_d
1	$10\text{k}\Omega$	调至某一次欠阻尼态	4.7mH	1000pF		
2	$10\text{k}\Omega$		4.7mH	$0.01\mu\text{F}$		
3	$30\text{k}\Omega$		4.7mH	$0.01\mu\text{F}$		
4	$10\text{k}\Omega$		10mH	$0.01\mu\text{F}$		

六、实验注意事项

(1) 调节 R_2 时，要细心、缓慢，临界阻尼要找准。

(2) 观察双踪时，显示要稳定，如不同步，则可采用外同步法触发（看示波器说明）。

七、实验报告

(1) 根据观测结果，在方格纸上描绘二阶电路过阻尼、临界阻尼和欠阻尼的响应波形。

(2) 归纳、总结电路元件参数的改变对响应变化趋势的影响。

(3) 写出心得体会及其他。

第 十 章

磁 路 与 铁 心 线 圈

在电气工程中，广泛地应用着变压器、各种旋转电机以及含有铁心线圈的电气设备（如电磁铁、继电器、接触器）和电磁仪表等。因此，了解铁心线圈所产生的磁场及铁心线圈的电压与电流的关系，在理论与实用上都很重要。本章着重介绍铁心线圈的磁路及其在正弦交流电压作用下的性能。

第一节 磁 场

电流的周围空间存在着一种特殊形态的物质，其特点是对运动的电荷有作用力，因此称在此空间中存在着磁场。磁场具有方向性。在磁场中某处放置一个小磁针，可发现该磁针将受磁场力的作用并有一定的方向性，规定磁针的 N 极所指方向为该处的磁场方向。

一、磁感应强度与磁通

1. 磁感应强度

表征磁场性质的基本物理量是磁感应强度 B，是一个矢量。可用洛仑兹力来定义，磁场中某点的磁感应强度 B，其方向即为该点的磁场方向，其数值为单位正点电荷在该点以单位速度运动时所受的最大磁场力（即速度与磁场方向垂直时所受的磁场力），即定义下列比值为磁感应强度的值

$$B = \frac{F_{max}}{qv} \tag{10-1}$$

式中：F_{max} 为点电荷 q 在该点运动时所受的最大磁场力；v 为其运动速度值。

在国际单位制中，B 的单位为特斯拉，简称特，符号为 T。由式（10-1）可知

$$1\text{T} = 1\,\frac{\text{N}}{\text{C} \cdot \text{m/s}} = 1\,\frac{\text{J/m}}{\text{A} \cdot \text{s} \cdot \text{m/s}} = 1\,\frac{\text{V} \cdot \text{s}}{\text{m}^2} = 1\,\frac{\text{Wb}}{\text{m}^2}$$

工程上，B 还常以高斯（代号为 Gs）为单位，它与特斯拉（T）的关系为

$$1\text{Gs} = 10^{-4}\,\text{T}$$

磁场可用磁力线（又称感应线）来形象地描述。磁力线按下述规定画出：磁力线上每一点的切线方向即为该点的磁场方向；通过磁场中某点垂直于 B 的单位面积的磁力线数等于该点 B 的数值，即磁力线的密度等于该点的磁感应强度值。实验表明，在磁场中任一点，B 都有确定的方向，因此，磁力线互不相交。实验还表明，磁力线总是环绕着产生磁场的电流而闭合的曲线，其方向与电流方向之间组成右手螺旋关系。

在磁场中的每一点上，若磁感应强度的方向相同、数值相等，则称为均匀磁场，否则，

称为非均匀磁场。

2. 磁通

在许多电磁问题的分析中，要用到磁通的概念。在均匀磁场中，取一个与磁感应强度 B 垂直的平面 S，则乘积

$$\Phi = BS \qquad (10\text{-}2)$$

Φ 为垂直穿过面积 S 的磁感应强度向量的通量，简称为磁通。其单位为韦伯（代号 Wb）。

$$1\text{Wb} = 1\text{T} \cdot 1\text{m}^2 = 1\text{V} \cdot \text{s}$$

在不均匀磁场中，为计算磁通，可在磁场中取一小面积元 dS，使 dS 与该点磁场方向垂直。因 dS 很小，可认为在面积元 dS 上磁感应强度为常数，磁场是均匀的，穿过的磁通为

$$d\Phi = B dS \qquad (10\text{-}3)$$

若在磁场中取一曲面 S。以 Φ 表示穿过此曲面的磁通，则有穿过曲面 S 的磁通为

$$\Phi = \int_S d\Phi = \int_S B dS \qquad (10\text{-}4)$$

由式（10-4）看出，磁通是一个标量，它没有空间方向，但有正负。当 B 与 dS 的夹角小于 $90°$ 时，$B dS$ 为正；B 与 dS 大于 $90°$ 时，$B dS$ 为负。磁通不是点函数，它总是相对某个面积而言的。

由于画磁力线时，使其密度等于 B 值，因此穿过某曲面 S 的磁通可以形象地用穿过该面积 S 的磁力线的根数来表示。

由式（10-4）可知，当磁感应强度和通过它的面积垂直，且它在此面积中均匀分布时，则有

$$\Phi = BS \qquad (10\text{-}5)$$

$$B = \frac{\Phi}{S} \qquad (10\text{-}6)$$

即磁感应强度值为穿过单位面积的磁通量，故又称为磁通密度。

由于磁力线总是闭合的，因此对于磁场中任一闭合曲面而言，穿入的磁力线数必等于穿出的磁力线数。对于闭合曲面而言，一般规定取向外的指向为正法线的方向，因此，穿出闭合曲面的磁通值为正，穿入闭合曲面的磁通值为负，通过任一闭合曲面的总磁通量必然为零，称为磁通的连续性，即

$$\oint_S B ds = 0 \qquad (10\text{-}7)$$

在工程上有时沿用电磁单位制，在电磁单位制中磁通的单位是麦克斯韦（Mx），它们的换算关系是

$$1\text{Mx} = 10^{-8} \text{Wb} = 1\text{Gs} \times 1\text{cm}^2$$

二、磁场强度与磁导率

1. 磁场强度

磁场强度是描述磁场的另一个重要的物理量，也是一个矢量，一个空间点的函数，用符号 H 表示。它与磁场中同一点的磁感应强度 B 的关系是

$$B = \mu H \qquad (10\text{-}8)$$

式中：μ 为磁场中该点磁介质的磁导率。

在均匀无限大介质的磁场中，磁场强度只取决于产生这个磁场的宏观电流的分布而与介质的种类无关。也就是说，在由某一宏观电流分布所产生的磁场中，如果分别充满着不同的介质，则在磁场中同一点的磁场强度 H 是相同的，而磁感应强度 B 会随着介质的不同而不同，不同的程度取决于介质的磁导率 μ。

磁场强度的单位，在国际单位制中是 A/m（安/米），在工程上有时沿用电磁单位制中的 Oe（奥斯特），它们的换算关系是

$$1\mathrm{Oe}=\frac{10^{-8}}{4\pi}\mathrm{A/m}$$

2. 磁导率

磁导率 μ 是反映物质导磁能力的物理量，或者说物质被磁化的能力的物理量，它的单位在国际单位制中是 H/m（亨/米），在电磁单位制中是 Gs/Oe（高斯/奥斯特）。实验指出，在国际单位制中，真空的磁导率为

$$\mu_0=4\pi\times10^{-7}\mathrm{H/m}$$

在电磁单位制中，真空的磁导率是 1Gs/Oe。其他物质的磁导率与真空磁导率的比值称为该物质的相对磁导率，用符号 μ_r 表示，即

$$\mu_r=\frac{\mu}{\mu_0}$$

按照导磁性能的不同，物质可大体分为三类：一类为顺磁物质，此类物质的 μ_r 稍大于1，属于这类物质的有铝、铂、锰、铬等；另一类是反磁物质，μ_r 稍小于1，属于此类物质的有铋、锑、铜、锌、金、银等；第三类是铁磁物质，μ_r 比1大得多，一般为几百到几万，有的甚至超过 10^5，属于此类物质的有铸铁、铸钢、硅钢、铁镍合金等，这在后面讨论铁磁物质的磁特性时会详细介绍。应该指出，虽然前两类物质中的各种物质的相对磁导率 μ_r 有些不同，但他们都很接近于1，所以，工程上把前两类物质的 μ_r 皆看作1，归属为非铁磁物质。

思 考 题

10-1-1 磁场的 B、Φ、H、μ 之间有哪些关系？

10-1-2 某均匀磁场的 $B=0.8\mathrm{T}$，其中均匀媒质的 $\mu_r=500$。试求：（1）垂直于磁场方向、面积 $S=10^{-3}\mathrm{m}^2$ 的平面上的磁通；（2）磁场中各点的磁场强度值。

10-1-3 将题 10-1-2 中的媒质换为 $\mu_r=600$ 的均匀媒质，重新求各量。

第二节 铁 磁 物 质 的 磁 化

自然界的物质，按其磁性能可分为铁磁物质与非铁磁物质两大类。铁、镍、钴等金属以及它们的合金具有特殊的磁性能，其特点是：它们的磁导率很大，$\mu\gg\mu_0$，可以大到几千倍、几万倍；磁导率 μ 不是常数，而与磁场强度及铁磁物质原有的磁状态有关。这类物质称为铁磁物质。除铁磁物质外，其余物质的磁导率都近似等于 μ_0，称为非铁磁物质。铁磁物质是电机、电器制造中的重要材料之一，本节介绍铁磁物质的磁性能。

一、铁磁物质的起始磁化

铁磁物质在外界磁场作用下，具有特殊的磁化过程。铁磁物质是由许多被称为"磁畴"

的天然磁化区域所组成的。每一个磁畴的体积很小，但包含有数亿个分子。在每个磁畴中，分子电流所产生的磁场的排列方向是一致的。因此每个磁畴就是一个永磁体，具有很强的磁性。但在未被磁化的铁磁物体中，各个磁畴的排列是杂乱无章的。因而从整体来看，各个磁畴产生的磁场互相抵消，对外不显示磁性，其磁畴的排列如图 10 - 1 (a) 所示。

当外界磁场作用于铁磁物质时，受磁场力的作用，原来杂乱排列的磁畴将趋于有规则的排列，此现象称为铁磁物质的磁化。已磁化的铁磁物质对外就显示出具有磁性，其磁畴的排列如图 10 - 1 (b) 所示。

铁磁物质的磁状态，一般由磁化曲线即 B -H 曲线表示。磁化曲线可由实验得出。图 10 - 2 所示为测定磁化曲线的原理

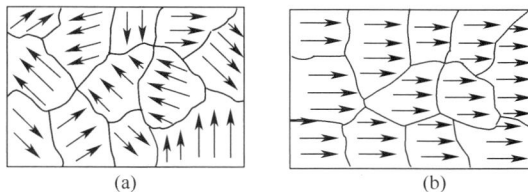

图 10 - 1　磁畴的排列
(a) 不显磁性；(b) 显磁性

电路。将铁磁物质制成环形铁心，在铁心上均匀绕上线圈（称为励磁绕组），调节电阻 R，使电流（称为励磁电流）逐渐增大，磁场强度 $\left(\text{后面将介绍 } H = \dfrac{N}{l}i\right)$ 随之加大。测得对应于不同 H 值的磁感应强度 B 值，便可逐点绘出 B -H 曲线，如图 10 - 3 (a) 所示。对此曲线，可作如下的解释：在铁磁物质未被磁化的情况下，施以外磁场，使 H 从零开始逐渐增加。开始时磁场较弱，在外磁场作用下，各磁畴略有偏转，排列略为整齐，对外显示出磁性，B 值逐渐上升。由于磁畴偏转程度与磁场强度 H 有关，随着 H 上升 B 值也增大，如图 10 - 3 (a) 所示曲线上的 $0a$ 段。当磁场强度增加到一定程度时，某些与外磁场方向相反的磁畴发生翻转，而变得与外磁场方向一致，因此使磁化得以增强，B 值随外磁场强度 H 值的增加而迅速上升，如图 10 - 3 (a) 所示曲线上的 ab 段。在磁场强度增加到对应于 b 点之后，由于磁畴都已翻转，方向都已趋于一致，此后再增加磁场强度 H 时，铁磁物质的磁化程度就不会增加了，故 B 值仅能缓慢增加，如图 10 - 3 (a) 所示曲线 b 点以右的部分，即磁化已达到"饱和"。这部分曲线的斜率决定于真空磁导率。通常称 b 点为膝点。上述 B -H 曲线，是从铁磁物质未被磁化的情况下开始，逐步增大 H 值的磁化过程中获得的，称为起始磁化曲线。这一过程称为起始磁化。在不同 H 值下，μ 值也不同，在 ab 段内某点 μ 达到最大值，而在"饱和"后迅速下降，如图 10 - 3 (b) 所示。图 10 - 3 (a)、(b) 所示的 B -H 曲线和 μ -H 曲线都是非线性的，显然 $\mu \neq$ 定值，不可直接用式 $B = \mu H$ 来计算。而非铁磁物质的 B -H 曲线为直线，μ 是常数，可直接用式 $B_0 = \mu_0 H$ 来计算。

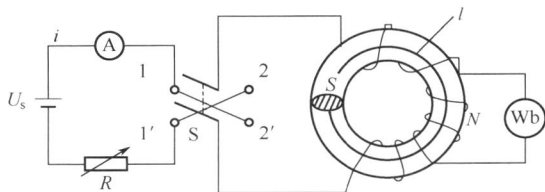

图 10 - 2　测定磁化曲线的原理电路

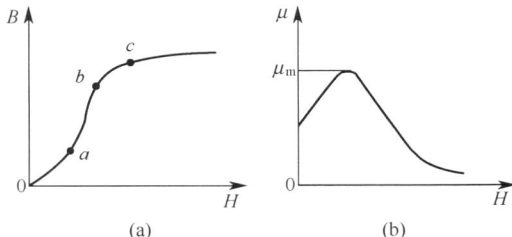

图 10 - 3　磁化曲线
(a) 起始磁化曲线；(b) μ -H 曲线

二、磁滞回线

在上述测定铁磁物质磁化过程的实验中，当磁场强度由零增加到某一最大值 H_m 时（对应的磁感应强度值为 B_m），若减小磁场强度，则 B 应下降。但实验表明 B 将不沿原来的曲线下降，而将沿着比起始磁化曲线稍高的曲线下降，这是由于磁畴的翻转过程是不可逆的缘故。当 H 值减小到零时（即励磁电流为零），磁感应强度仍具有某一非零值 B_r，如图 10-4 所示，这种现象称为磁滞，即 B 的改变滞后于 H 的改变。铁磁物质磁化后，当外磁场为零时仍具有的磁感应强度 B_r 称为剩余磁感应强度，简称剩磁。永久磁铁就是利用这种剩磁来产生磁场的。

要使已磁化的铁磁物质中的磁感应强度为零，需要外加相反的磁场（即改变励磁电流的方向）进行去磁。在图 10-2 所示测定磁化曲线的原理电路中，将开关 S 由 1 合至 2，励磁电流 I 的方向改变，H 的方向随之改变。当 H 由零向相反方向增加时，B 逐渐下降，至 $H=-H_C$ 时 $B=0$。这个反向磁场强度值 H_C，称为矫顽力。矫顽力是抵消已磁化的铁磁物质的剩磁所需的反向外磁场强度。

反向磁场强度由 H_C 继续增大，磁感应强度改变方向后数值也增大，直到 $H=-H_m$ 为止（这时对应的磁感应强度值为 $-B_m$）。若重新减小 H 的绝对值，那么，B 的绝对值也随着减小，磁状态将沿着较低的一条曲线返回 $H=0$，$B=-B_r$ 的点。在这一点上，励磁电流为零，同样具有剩余磁感应强度，但剩磁的方向与前相反。然后再改变励磁电流的方向，并逐渐增大电流值。则随着 H 的增大，B 将逐渐减小到零，到达图 10-4 中 $B=0$，$H=H_C$ 的点。再继续增大 H 到 H_m 值。按上述顺序反复磁化多次之后，将得到一条对称于原点的闭合曲线，如图 10-4 所示，这样的曲线称为铁磁物质的磁滞回路。磁滞回路在第二象限内的一段称为去磁曲线。

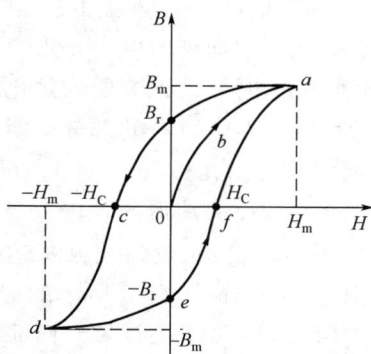

图 10-4　磁滞回线

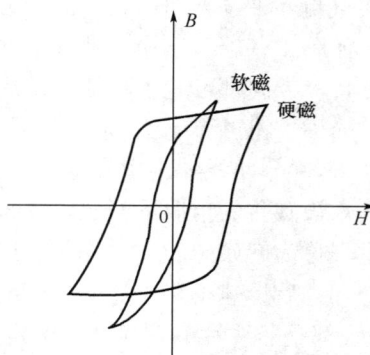

图 10-5　硬磁材料和软磁材料磁滞回线

铁磁物质在反复磁化过程中要消耗能量，这种能量损耗称为磁滞损耗。可以证明，反复磁化一次的磁滞损耗与磁滞回线的面积成正比。

按照磁滞回线的形状和在工程上的用途，铁磁物质基本上分为硬磁材料和软磁材料两大类，如图 10-5 所示。

磁滞回线面积较宽而大的，属于硬磁材料。硬磁材料有较大的剩余磁感应强度和矫顽力；永久磁铁就是用这类材料制成的。常用的硬磁材料有铬、钨、钴、镍等的合金，如铬钢、钴钢、钨钢及铝镍硅等。

磁滞回线面积窄小的，属于软磁材料。软磁材料的剩余磁感应强度及矫顽力小，没有外磁场时可以认为磁性基本消失；磁滞回线狭窄，磁滞回线的面积及磁滞损耗小；磁导率高。电工钢片（硅钢片）、铁镍合金、铁淦氧磁体、纯铁、铸铁、铸钢等都是软磁材料。由于变压器和交流电机的铁心要在反复磁化的情况下工作，所以都用硅钢片叠成。

由于软磁材料的磁滞回线狭窄，一般就用基本磁化曲线代表其磁性能，供磁路计算用。

三、基本磁化曲线

在图 10-2 所示测定磁化曲线的原理电路中，取不同励磁电流的最大值 I_m，便可得到不同的 H_m 值，由此可作出一系列的磁滞回线。由各条磁滞回线的正顶点连成的曲线，称为铁磁物质的基本磁化曲线，如图 10-6 所示。基本磁化曲线略低于起始磁化曲线，但相差很小。

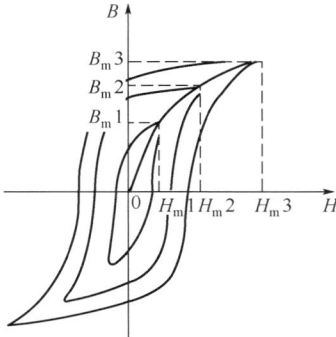

图 10-6　基本磁化曲线

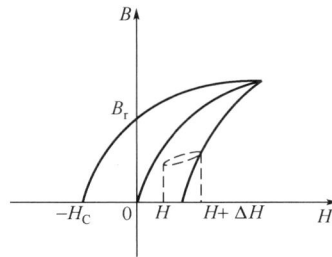

图 10-7　局部磁滞回线

若在铁磁物质磁化过程中，磁场强度由 H 增加到 $H+\Delta H$ 后，又从 $H+\Delta H$ 减小到 H，如此不断反复改变，可形成一个小的磁滞回线，如图 10-7 所示。这样的小磁滞回线称为局部磁滞回线。

图 10-8 中给出了几种软磁材料的基本磁化曲线，供本书有关计算使用。

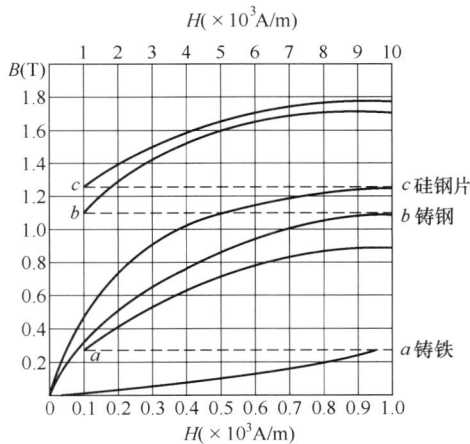

图 10-8　铸铁、铸钢、硅钢片的基本磁化曲线

思 考 题

10-2-1　什么叫铁磁物质的磁化、磁饱和、磁滞？

10-2-2　什么是铁磁物质的起始磁化曲线和基本磁化曲线？这些曲线是怎样得到的？

10-2-3　软磁材料和硬磁材料各有什么特点？

第三节　磁路的基本定律及其应用

很多电气设备中需要较强的磁场或较大的磁通。由于铁磁物质的磁导率远大于非铁磁物质的磁导率，可以利用铁磁物质作成闭合的或近似于闭合的环路。而将导线缠绕其上通以电流，则通电线圈所产生的磁通将沿铁磁材料通过，形成一闭合路径。周围非铁磁材料中的磁场则异常微弱，可以认为磁通主要集中在铁磁材料形成的路径上通过。这种由铁磁材料做成的、磁通集中通过的路径称为磁路。磁路在电机、变压器及电磁铁等许多电气设备中有着广泛的应用。绝大部分磁通通过磁路而闭合，但也有极少数磁通通过近旁的非铁磁材料而闭合。将通过铁磁材料构成磁路而闭合的磁通称为主磁通，将那些通过磁路近旁的非铁磁材料而闭合的磁通称为漏磁通。在做磁路计算时，通常可略去漏磁通。

与电路相类似，磁路也可分为无分支磁路和有分支磁路两种。图10-9所示为无分支磁路，它仅有一个回路。另一类磁路称为有分支磁路，如图10-10所示。在有分支磁路中，有两条或多于两条的磁通支路。

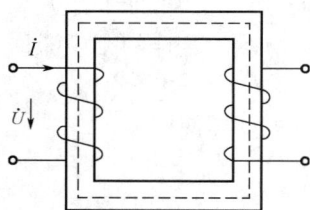

图10-9　无分支磁路

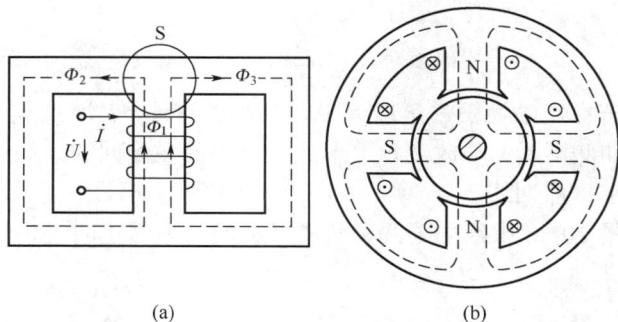

(a)　　　　　　(b)

图10-10　有分支磁路

(a) 两条分支；(b) 多条分支

磁路通常由粗细均匀、截面相同的段落构成。因此，在铁心构成的磁路的一个段落中，磁场是均匀的，磁通可认为等于截面积乘以磁感应强度。

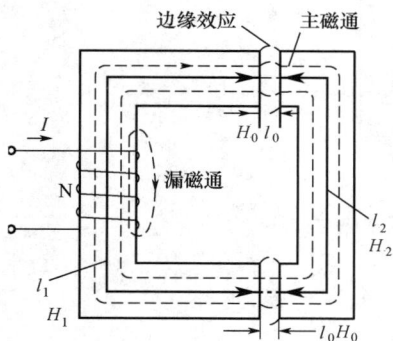

图10-11　边缘效应及安培环路定律

由于制造和结构上的原因，磁路中常会含有空气隙。当空气隙很小时，气隙里的磁力线大部分是平行而均匀的，只有极少数磁力线扩散出去造成所谓的边缘效应，相对于主磁通来说，所占的比例很小，所以一般可忽略不计，如图10-11所示。

同电路一样，磁路也存在着固定的规律，推广电路的基尔霍夫定律可以得到有关磁路的定律。磁路基本定律是磁路计算的基础，现在介绍如下。

一、磁路的基尔霍夫第一定律

对图10-10（a）中磁路的分支点（节点）取

闭合曲面 S，根据式（10-7）磁通的连续性，在忽略了漏磁通以后，在磁路的一条支路中，处处都有相同的磁通，而进入包围磁路分支点闭合曲面的磁通与穿出该曲面的磁通是相等的。因此，磁路分支点（节点）所连各支路磁通的代数和为零，即

$$\sum \Phi = 0 \tag{10-9}$$

这就是磁路基尔霍夫第一定律的表达式。在图 10-10(a) 中，对于节点 S，若把进入节点的磁通取正号，离开节点的磁通取负号，则

$$\Phi_1 - \Phi_2 - \Phi_3 = 0 \quad \text{或} \quad \Phi_1 = \Phi_2 + \Phi_3$$

即进入节点的磁通等于离开节点的磁通。

根据磁路的基尔霍夫第一定律，磁路的无分支部分各处截面的磁通都是相同的。

二、磁路的基尔霍夫第二定律

1. 磁路的基尔霍夫第二定律

在磁路计算中，为了找出磁通和励磁电流之间的关系，需应用安培环路定律（又称全电流定律）。安培环路定律的内容是：在磁场中，磁场强度沿任意闭合路径的线积分等于穿过该闭合路径所限定的面积的宏观电流的代数和。用公式表示为

$$\oint_l H \mathrm{d}l = \sum I$$

在具体应用此定律时，闭合路径所限定的面积的方向可由路径方向的右手定则确定。公式等号右边各项的正负号为：当电流的方向与该面积的方向一致的为正号，不一致的为负号。

应该指出，安培环路定律的成立也与磁场中介质的分布无关。

为此把磁路中的每一支路，按各处材料和截面不同分成若干段。如图 10-11 所示，在每一分段中因其材料和截面积是相同的，所以 B 和 H 在各分段中处处相等。对图 10-11 所示闭合回路应用安培环路定律表达式的线积分，得

$$\oint_l H \mathrm{d}l = H_1 l_1 + H_0 l_0 + H_2 l_2 + H_0 l_0 = \sum (Hl), \quad \sum I = NI$$

即

$$\sum (Hl) = NI$$

对于铁心磁路上，若有多组线圈，则上式可写为一般形式（N 为线圈匝数）

$$\sum (Hl) = \sum (NI) \tag{10-10}$$

式（10-10）是磁路的基尔霍夫第二定律。此式中某段磁路的长度与其磁场强度的乘积 Hl 称为该段磁路的磁压或磁位降，用 U_M 表示。沿磁场方向行进一段路径的磁压为正值。乘积 NI 称为磁动势或磁通势，通常用 F 表示：$F = NI$。式（10-10）表明：闭合磁路中各段磁压的代数和等于各磁通势的代数和。式中，磁动势的方向由电流确定，应与电流组成右手螺旋关系。磁压、磁动势的方向与闭合路径绕行方向一致的取正号，反之取负号。

2. 磁路的欧姆定律

磁路的第三个定律是磁路的欧姆定律。由此定律可导出

$$\Phi = BS = \mu HS = \frac{Hl\mu S}{l} = \frac{Hl}{\dfrac{l}{\mu S}} = \frac{U_M}{R_M} \tag{10-11}$$

式（10-11）称为磁路的欧姆定律。它具有与电路的欧姆定律相似的形式。式中 U_M 是磁压

降，在 SI 单位制中，U_M 的单位为 A；$R_M = \dfrac{l}{\mu S}$ 称为磁阻，其单位为 1/H，对于铁磁物质构成的磁路段落，使用磁阻的概念并不方便，因为此时磁导率不是常数，磁阻也不是常数，会随磁场的强弱而变化；磁通 Φ 的单位仍为 Wb。

由上述分析可知，磁路与电路有许多相似之处。磁路定律是电路定律的推广。但应注意，磁路和电路具有本质的区别，绝不能混为一谈，主要表现在：磁通并不像电流那样代表某种质点的运动；磁通通过磁阻时，并不像电流通过电阻那样要消耗能量，因此维持恒定磁通也并不需要消耗任何能量，即不存在与电路中的焦耳定律类似的磁路定律。

三、磁路基本定律的应用

在电机、电器的设计中常需进行磁路的计算。磁路中的磁通不随时间变化而是恒定数值（即励磁电流为直流）时，称为恒定磁通的磁路。磁路计算中，一种常见的问题是已知磁路的结构、尺寸及磁通，要计算励磁线圈的电流及匝数。这一类问题可直接按磁路定律计算，通常称为磁路计算的正面问题；另一类则是与此相反的问题，即已知励磁线圈的电流及匝数，要计算磁路中的磁通；该类问题通常不能通过直接计算求得解答，因为铁磁材料具有非线性特性（即它的磁导率不是恒定值）；这类问题通常称为磁路计算的反面问题。下面分别讨论这两类磁路问题的计算方法。

1. 无分支磁路计算的正面问题

这是已知磁通求磁动势的问题，通过具体的例子来说明这一问题的计算方法。

（1）无分支均匀恒定磁通磁路计算。如果由铁磁材料组成的磁路只是一个回路，而且回路中各处的材料和截面积均相同，这种磁路就是无分支均匀磁路。

这种磁路的计算最简单，下面举例说明。

【例 10-1】 铸钢圆环磁路如图 10-12 所示，其截面积为 $S = 5\text{cm}^2$，平均磁路长度 $l = 100\text{cm}$，要求产生的磁通 $\Phi = 7.5 \times 10^{-4}\text{Wb}$，试求所需磁动势 F。

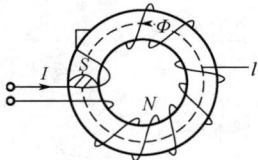

图 10-12 ［例 10-1］图

解 这是一个正面问题，求解步骤如下：

1) $B = \dfrac{\Phi}{S} = \dfrac{7.5 \times 10^{-4}}{5 \times 10^{-4}} = 1.5$（T）

2) 查铸钢的磁化曲线图 10-8，$B = 1.5\text{T}$ 时
$$H = 3500 \text{（A/m）}$$

3) $F = Hl = 3500 \times 100 \times 10^{-2} = 3500$（A）

（2）无分支、不均匀恒定磁通磁路计算。如果磁路只是一个回路，但此回路由不同的材料或不同的截面积组成，这种磁路就是无分支不均匀磁路。

下面举例说明此类磁路的计算方法。

【例 10-2】 一个直流电磁铁如图 10-13 所示，磁路的铁心材料为铸钢，空气隙长度 $l_0 = 1\text{mm}$，铁心尺寸已在图上标出，单位均为毫米。今欲使气隙中磁感应强度 $B_0 = 0.8\text{T}$，问所需磁动势 F 为多少？如励磁绕组匝数 N 为 1000，试求所需励磁电流 I。

解 这是一个无分支、不均匀磁路。磁路各段落上的磁通是相同的。若能求得各段落的 B 值，则可从 $B\text{-}H$ 曲线求出各段落的磁场强度 H 值，然后按式（10-10）求出磁动势 F。

从图示铁心尺寸可知，铁心磁路可分成两个截面相同的段落：⊐形部分长为 l_1，截面积为 S_1；条形部分长为 l_2，截面积为 S_2；气隙长为 l_0，截面积为 S_0，即

$l_1 = 20 + 2 \times 29\text{cm} = 78\text{cm} = 0.78(\text{m})$,　　$S_1 = 6 \times 6 = 36 \times 10^{-4}(\text{m}^2)$

$l_2 = 20 + 2 \times 2\text{cm} = 24\text{cm} = 0.24(\text{m})$,　　$S_2 = 4 \times 6 = 24 \times 10^{-4}(\text{m}^2)$

$l_0 = 1\text{mm} = 0.001\text{m}$

因为磁通相同，故铁心各段落的 B 值不同。先求出磁感应强度的值。因已知气隙磁感应强度 B_0，可根据 B_0 求出磁通，再求各铁心段落的 B 值。

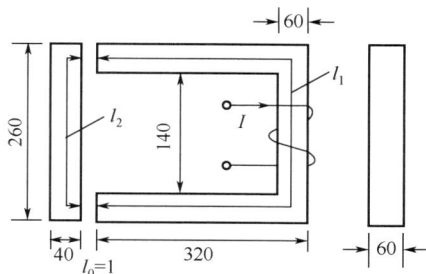

图 10-13　[例 10-2] 图

磁路的气隙中的磁场分布存在所谓"边缘效应"。气隙磁场的磁感应线向外"扩张"，使气隙段落中磁路的有效截面比铁心部分大，即 $S_0 > S_1$，这里 S_0 表示气隙磁路的截面积，S_1 为铁心磁路的截面积。实验与计算表明，若铁心截面为矩形、宽为 a、高为 b、气隙长为 l_0（见图 10-13），当气隙长度比铁心截面的尺寸小得多，即

$$\frac{a}{l_0} \geqslant 10 \sim 20 \, , \, \frac{b}{l_0} \geqslant 10 \sim 20$$

时，可忽略边缘效应，可以认为 $S_0 \approx S_1$。若需计及边缘效应，可按下式计算气隙磁路的截面积

$$S_0 = (a + l_0)(b + l_0) \approx ab + (a + b)l_0$$

实际上许多磁路的气隙都很小，可以满足忽略边缘效应的条件。本例 $\dfrac{a}{l_0} = \dfrac{b}{l_0} = 60$，可以忽略边缘效应，所以气隙的有效截面积为

$$S_0 \approx S_1 = 36 \times 10^{-4}\text{m}^2$$

由此求得磁通为

$$\Phi = B_0 S_0 = 0.8 \times 36 \times 10^{-4} = 2.28 \times 10^{-4}(\text{Wb})$$

由此可求出两个铁心段落的磁感应强度为

$$B_1 = \frac{\Phi}{S_1} = B_0 = 0.8\text{T}$$

$$B_2 = \frac{\Phi}{S_2} = \frac{28.8 \times 10^{-4}}{24 \times 10^{-4}} = 1.2(\text{T})$$

各段落的磁场强度可分别求出。空气隙中的磁场强度可用下式计算

$$H_0 = \frac{B_0}{\mu_0} = \frac{0.8}{4\pi \times 10^{-7}} = 0.64 \times 10^6(\text{A/m})$$

两个铁心段落中的磁场强度值可从基本磁化曲线图 10-8 中查出

$$H_1 = 4.3 \times 10^2 \text{A/m}$$

$$H_2 = 14.2 \times 10^2 \text{A/m}$$

所以　　$\sum(Hl) = 2H_0 l_0 + H_1 l_1 + H_2 l_2$

$= 2 \times 0.64 \times 10^6 \times 10^{-3} + 4.3 \times 10^2 \times 0.78 + 14.2 \times 10^2 \times 0.24$

$= 1954$（A）

即　　　　　　　　　　　　　　$F = 1954\text{A}$

当励磁绕组匝数 N 为 1000 时，所需励磁电流 $I = \dfrac{F}{N} = \dfrac{1954}{1000} = 1.954$（A）。

由此可知，求解无分支路磁路正面问题的计算程序为 $\Phi \to B \to H \to Hl \to \sum Hl \to NI$。求解步骤可简述如下：

1）将磁路分成截面相同的几个段落，求各段的截面积与磁感应强度。其中求气隙截面积时需审查是否能忽略边缘效应。

2）求各段落的磁场强度。气隙磁场强度可按 $H_0 = \dfrac{B_0}{\mu_0}$ 计算。铁心部分各段落的 H 值可由相应的磁化曲线求得。

3）求出各段落的长度，按式 $F = NI = \sum (Hl)$ 求出磁动势。

若铁心由硅钢片叠成，则因硅钢片上一般涂有绝缘漆，铁心厚度中包含漆膜层厚度，有效截面积将小于视在截面积。为求出有效铁心截面，通常引入填充系数（或称叠片系数）

$$K = \frac{S}{S'}$$

式中：S' 为视在截面；S 为有效截面，即 $S = KS'$。

2. 无分支磁路计算的反面问题

磁路计算的反面问题一般用试探法求解：先假设磁通为某值 Φ'，按正面问题的解法求出相应的磁动势 F'；所得磁动势一般不会恰好等于给定值，根据其差额再假设第二个磁通值 Φ''，并求出相应的 F''；如此逐次试探，直到结果与给定的磁动势的值之差额足够小，满足所要求的精确度为止。还可以按几次试探计算的 Φ 与 F 值，作出 F-Φ 曲线，由给定的磁动势从曲线上查出待求的磁通。

第一次磁通假定值的选择是重要的。若磁路有气隙，由于其磁导率比铁磁物质的磁导率小很多，故其磁阻远比铁心段落的磁阻大，气隙段的磁压占了磁动势的大部分。因此，第一次试探常可设气隙磁压 $H_0 l_0$，约等于全部分磁动势。考虑到各铁心段落还有一定磁压，可取 $H_0 l_0$ 为一略小于磁动势的值。

思 考 题

10-3-1 什么是磁路？主磁通与漏磁通有何区别？

10-3-2 磁路的基尔霍夫第一定律、第二定律及磁路的欧姆定律的内容是怎样的？

10-3-3 已知线圈电感 $L = \Psi/I = N\Phi/I$，试用磁路欧姆定律证明 $L = N^2 \mu S/l$，并说明如果线圈大小、形状和匝数相同时，有铁心线圈和无铁心线圈的电感哪个大？

10-3-4 为什么空心线圈的电感是常数，而铁心线圈的电感不是常数？铁心线圈在未达到饱和与达到饱和时，哪个电感大？

10-3-5 什么是磁路计算的正面问题和反面问题？计算这两类问题的方法有什么不同？

第四节 交 流 铁 心 线 圈

所谓交流铁心线圈，是指在线圈中加入铁心，并在线圈两端加正弦交流电压。本节讨论正弦激励下铁心线圈电路的稳态。

一、线圈感应电动势与磁通的关系

交流铁心线圈是用正弦交流电来励磁的，其电磁关系与直流铁心线圈有很大不同。在直流铁心线圈中，因为励磁电流是直流，其磁通是恒定的，在铁心和线圈中不会产生感应电动势。而交流铁心线圈的电流是变化的，变化的电流会产生变化的磁通，于是会产生感应电动势，电路中电压、电流关系也与磁路情况有关。

选择线圈电压 u、电流 i、磁通 Φ 及感应电动势 e 的参考方向如图 10-14 所示。在图中有

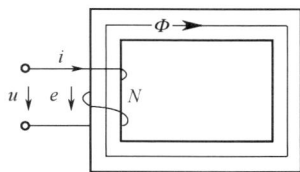

图 10-14 交流铁心线圈

$$e = -N\frac{\mathrm{d}\Phi(t)}{\mathrm{d}t}$$

式中：N 为线圈匝数。

在上式中，若设磁通为正弦量 $\Phi(t) = \Phi_\mathrm{m}\sin\omega t$，则有

$$e(t) = -N\frac{\mathrm{d}}{\mathrm{d}t}(\Phi_\mathrm{m}\sin\omega t)$$
$$= -N\Phi_\mathrm{m}\cos\omega t\,\omega$$
$$= \omega N\Phi_\mathrm{m}\sin(\omega t - 90°)$$

可见，磁通 Φ 为正弦量，感应电动势 e 也是正弦量，且感应电动势 e 的相位比磁通 Φ 的相位滞后 90°，即铁心线圈中先有交变的磁通才有感应电动势，并且感应电动势的有效值与主磁通的最大值关系为

$$E = \frac{1}{\sqrt{2}}\omega N\Phi_\mathrm{m} = \frac{1}{\sqrt{2}}2\pi f N\Phi_\mathrm{m} = 4.44 f N\Phi_\mathrm{m} \qquad (10-12)$$

式（10-12）是一个重要公式。它清楚地说明铁心线圈中的电磁转换的大小关系，在电机工程的分析计算中非常有用。

在图 10-14 中，如果忽略线圈电阻及漏磁通，则有

$$u(t) = -e(t) = \omega N\Phi_\mathrm{m}\sin(\omega t + 90°)$$

在上式中可见，若电压为正弦量时，磁通也为正弦量，且电压 u 的相位比磁通 Φ 的相位超前 90°。即在铁心线圈两端加上正弦交流电压 u，铁心线圈中必定产生正弦交变的磁通 Φ，以及感应电动势 e，且均为同频率的正弦量，并且电压及感应电动势的有效值与主磁通的最大值关系为

$$U = E = 4.44 f N\Phi_\mathrm{m} \qquad (10-13)$$

式（10-13）与式（10-12）是同样重要的公式。它表明，当电源的频率 f 及线圈匝数 N 一定时，若线圈电压的有效值 U 不变，则主磁通的最大值 Φ_mm（或磁感应强度的最大值 B_m）不变；线圈电压的有效值 U 改变时，Φ_m 与 U 成正比变化，而与磁路情况（如铁心材料的磁导率、气隙的大小等）无关。这与直流铁心线圈不同，因为直流铁心线圈若电压不变，电流就不变，因而磁动势不变，磁路情况变化时，磁通随之改变。

二、正弦电压作用下磁化电流的波形

影响交流铁心线圈工作的因素有铁心的磁饱和、磁滞和涡流、漏磁通、线圈电阻等。其中，磁饱和、磁滞和涡流的影响最大。当加在铁心线圈两端的电压为正弦波时，磁通也是正弦波。考虑交流铁心线圈的磁化电流时，i 和 Φ 不是线性关系，也就是说磁通按正弦规律变

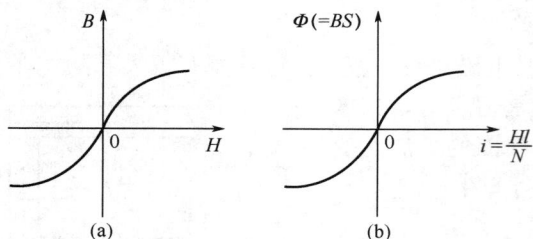

图 10-15　B-H 曲线与 Φ-i 曲线

(a) B-H 曲线；(b) Φ-i 曲线

化时，电流不是按正弦规律变化。

1. 只考虑磁饱和影响

在略去磁滞和涡流的影响时，铁心材料的 B-H 曲线就是基本磁化曲线，如图 10-15（a）所示。在 B-H 曲线上，H 正比于 i，B 正比于 Φ。所以可以将 B-H 曲线转化为 Φ-i 曲线，如图 10-15（b）所示。

如前所述，设 $\Phi(t)=\Phi_m\sin\omega t$，经过逐点描绘得到 i 的波形为尖顶波，如图 10-16 所示。

当只考虑磁饱和影响时，交流铁心线圈的端电压 u 为正弦波，铁心中磁通 Φ 为滞后电压 $90°$ 的正弦波，而磁化电流 i 则为与磁通 Φ 同相的尖顶波。

2. 交流铁心线圈的端电压为正弦波，线圈电流为更加畸变的尖顶波

对于交流铁心线圈，在考虑磁饱和的同时，考虑磁滞与涡流的影响，线圈中的电流由两部分组成，即无功分量和有功分量。无功分量是只考虑磁饱和影响的磁化电流 i_M，有功分量是由于磁滞和涡流的作用，使铁心产生发热损耗的电流 i_a。

将磁化电流 i_M 的波形与磁滞和涡流产生的损耗电流 i_a 的波形逐点相加便得线圈电流的波形，如图 10-17 所示。

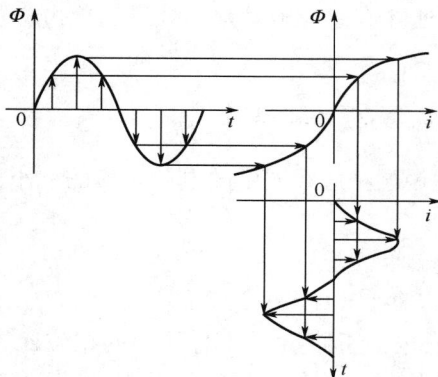

图 10-16　磁化电流 i 的波形为尖顶波

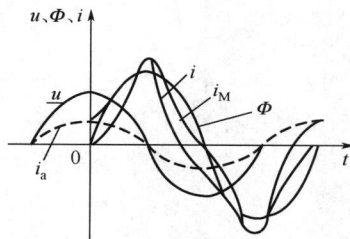

图 10-17　考虑磁饱和、磁滞与涡流影响的 u、Φ、i 波形

由图 10-17 可以看出，交流铁心线圈的端电压 u 为正弦波，铁心中磁通 Φ 为滞后电压 $90°$ 的正弦波；由于磁饱和、磁滞和涡流的影响，线圈中的电流 i 是相位超前于磁通 Φ、滞后于电压 u，波形更加畸变的尖顶波。

电流波形的失真主要是由磁化曲线的非线性造成的。要减少这种非线性失真，可以通过减少磁通 Φ_m 或加大铁心面积，以减小 B_m 的值，使铁心工作在非饱和区，但这样会使铁心尺寸和重量加大，所以工程上常使铁心工作在接近饱和的区域 b 点（称膝点）。

交流铁心线圈中的电流 i 是非正弦波形，含有奇次谐波，其中以 3 次谐波的成分最大，其他高次谐波成分可忽略不计。谐波成分会给分析计算带来不便。工程上，常将交流铁心线圈电流的非正弦波用正弦波近似地代替，得以简化计算。只有忽略了铁心线圈的各种损耗，即消耗功率为零，线圈中的电流 i 才可近似为磁化电流 i_M，并与磁通 Φ 同相，比电压 u 滞后 90°，相量图如图 10 - 18 所示。

由相量图知

$$\dot{\Phi}_m = \Phi_m \angle 0°$$

$$\dot{U} = -\dot{E} = \text{j}4.44fN\Phi_m$$

$$\dot{I}_M = I_M \angle 0°$$

三、正弦电流作用下的磁通波形

现在讨论正弦电流通过铁心线圈时的情况。正弦电流 $i(t) = I_m \sin \omega t$ 通过铁心线圈时，铁心中的磁通的波形也应由 Φ - i 曲线用与上述类似的作图法求出。具体作图法不再详述，只需在作图时把 $i(t)$ 波形作为输入，经 Φ - i 曲线，得到磁通 $\Phi(t)$ 的波形，如图 10 - 19 所示。由图可见 $\Phi(t)$ 为一平顶波形。由公式

$$u = N \frac{\text{d}\Phi}{\text{d}t}$$

可求出 $u(t)$ 波形。在 $\Phi(t)$ 曲线经过零点处 Φ 的变化率最大，是 $u(t)$ 的最大值出现的时刻。由此可见，在正弦电流作用下，由于磁饱和的影响，铁心线圈的磁通 $\Phi(t)$ 为平顶非正弦波，电压 $u(t)$ 为尖顶非正弦波。$\Phi(t)$ 和 $u(t)$ 都含有明显的 3 次谐波分量。

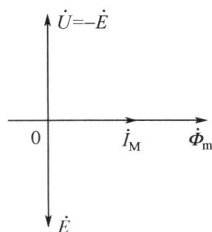

图 10 - 18 $\dot{U}$、$\dot{I}_M$、$\dot{\Phi}_m$、$\dot{E}$ 相量图

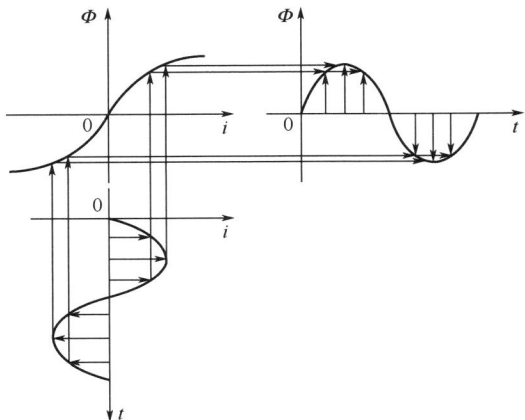

图 10 - 19 正弦电流 i 作用下 Φ 的波形

像电流互感器那样的电气设备，会有电流为正弦波的情况，但大多数情况下铁心线圈的电压为正弦量。所以这里只较详细地讨论了电压为正弦波的情况。

四、交流铁心线圈的损耗

交流铁心线圈的损耗包括铜损耗和铁损耗两部分。

由线圈产生的损耗叫铜损耗，即 $P_{Cu} = I^2 r$。铁心的磁滞损耗与涡流损耗的总和称为铁心损耗，简称铁损耗。

1. 磁滞损耗

产生磁滞损耗的原因是磁畴在交流磁场的作用下反复转向，引起铁磁物质内部的摩擦，这种摩擦会使铁心发热。在本章第二节中曾经指出，磁滞损耗正比于磁滞回线的面积。通常交流铁心都采用软磁材料，所以磁滞损耗较小。工程上常用下列经验公式计算磁滞损耗

$$P_h = k_h f B_m^n V \quad \text{（W）} \tag{10 - 14}$$

式中：f 为磁场每秒交变的次数（即频率），单位为 Hz；B_m 为磁感应强度的最大值，单位为 T；n 为指数，由 B_m 的范围决定，当 $0.1\text{T} < B_m < 1.0\text{T}$ 时，$n = 1.6$；当 $0 < B_m < 0.1\text{T}$ 和 $1\text{T} < B_m < 1.6\text{T}$ 时，$n = 2$；V 为铁磁物质的体积，单位为 m^3；k_h 为与铁磁物质性质结构有关的系数，由实验确定。

实际工程应用中，为降低磁滞损耗，常选用磁滞回线较狭长的软磁材料制造铁心，如硅钢片就是制造变压器、电机铁心的常用材料，其磁滞损耗较小。

2. 涡流损耗

产生涡流损耗的原因是交变磁通穿过块状导体时，在导体内部会产生感应电动势，并形成旋涡状的感应电流（涡流），这个电流通过导体自身电阻时会消耗能量，结果是使铁心发热。

涡流损耗的准确计算也很困难，工程上常用下列经验公式计算涡流损耗

$$P_w = k_w f^2 B_m^2 V \quad (W)$$ (10-15)

式中：k_w 是与铁心电阻率、厚度及磁通波形有关的系数。

在电机、变压器等电气设备中，涡流损耗使铁心发热，降低设备的输出功率。常用两种方法来减小涡流损耗：一种是选用电阻率大的铁磁材料，如无线电设备中就选择电阻很大的铁氧体，而电机、变压器则选用导磁性好、电阻率较大的硅钢；另一种方法是设法提高涡流路径上的电阻值，用硅钢片叠成铁心，片间涂以绝缘漆，使涡流不能沿大块铁心截面流动，而只能沿薄片的很小的截面流动，因而使涡流的路径大为加长。这两种方法都是为了增大涡流路径的电阻，以减小涡流。

在有些场合，涡流可以被利用。例如，利用涡流效应可以制成各种感应加热装置，在电工仪表中常利用涡流制成阻尼器，在电力传动中制成制动器等。

交流铁心线圈的铁心损耗，即铁损耗 P_{Fe} 为

$$P_{Fe} = P_h + P_w$$ (10-16)

在电机、电器的设计与运行中，常常不需要分别计算磁滞损耗与涡流损耗，而是计算总的铁损耗。铁损耗可通过实验测得铁心线圈的总损耗 P，然后计算出线圈的铜损耗 P_{Cu}，用总损耗 P 减去线圈的铜损耗 P_{Cu}，便得到铁损耗 P_{Fe}，即 $P_{Fe} = P - P_{Cu}$。

在工程手册上，一般给出"比铁损"（W/kg），它表示每公斤铁心的铁损耗值。例如，设计一个交流铁心线圈的铁心，使用了 x 公斤的某种铁磁材料。如从手册上查出这种铁磁材料的比铁损值为 P_{Fe}，则该铁心的总铁损耗为 xP_{Fe}（W）。

思考题

10-4-1　在正弦电压作用下，铁心线圈的磁通有什么样的波形，为什么？式（10-13）对空心线圈是否适用？

10-4-2　只考虑磁饱和的影响时，若铁心线圈的电压为正弦波，电流的波形是怎样的？若将铁心磁路切割出一个空气隙，电流波形是否会变化？

10-4-3　将铁心线圈接在直流电源上，当发生下列情况时，铁心中电流和磁通有何变化？
(1) 铁心截面增大，其他条件不变；
(2) 线圈匝数增加，线圈电阻及其他条件不变；
(3) 电源电压降低，其他条件不变。

10-4-4　将铁心线圈接到交流电源上，当发生题 10-4-3 中所述情况时，铁心中的电流和磁通又如何变化？

10-4-5　为什么变压器的铁心要用硅钢片制成？是否可以用整块的铁心？

10-4-6　一台变压器在修理后，铁心中出现较大气隙，这对于铁心的工作磁通以及空载电流有何影响？

第五节 电 磁 铁

电磁铁是利用通有电流的铁心线圈对铁磁物质产生电磁吸引力的，它的应用很广泛。电磁铁是由高 μ 值的软磁材料做成的铁心、线圈和衔铁三个基本部分组成的，如图 10-20 所示。工作时线圈通入励磁电流，在铁心气隙中产生磁场，吸引衔铁，断电时磁场消失，衔铁即被释放。因此电磁铁工作时，磁路中气隙是变动的。

电磁铁分为直流和交流两种。

一、直流电磁铁

直流电磁铁的励磁电流为直流。可以证明，直流电磁铁的衔铁所受到的吸引力（起重力）

$$F=\frac{B_0^2}{2\mu_0}S=\frac{B_0^2}{2\times4\pi\times10^{-7}}S\approx4B_0^2S\times10^5 \qquad (10\text{-}17)$$

式中：B_0 为气隙的磁感应强度，单位为 T；S 为气隙磁场的截面积，单位为 m^2；F 为吸引力，单位为 N。

由于是直流励磁，当线圈的电阻及电源电压一定时，励磁电流一定，磁动势也一定。在衔铁吸引过程中，气隙逐渐减小（磁阻减小），磁场便逐渐增强（磁通增大），吸引力随之增大，衔铁吸合后的吸引力要比吸合前的大得多。

【例 10-3】 图 10-20 所示的直流电磁铁，已知线圈匝数 N 为 4000 匝，铁心和衔铁的材料均为铸钢，由于存在漏磁，衔铁中的磁通只有铁心中磁通的 90%。如果衔铁处在图示位置时铁心中的磁感应强度为 1.6T，试求线圈电流和此时的吸引力。

解 从图 10-8 查得，$B_1=1.6\mathrm{T}$，$H_1=5000\mathrm{A/m}$。

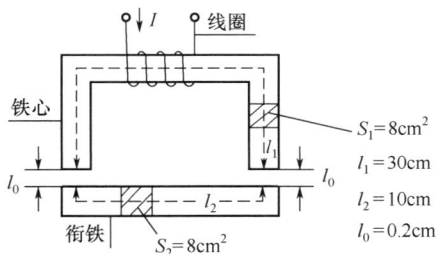

图 10-20 直流电磁铁

铁心中的磁通 $\Phi_1=B_1S_1=1.6\times8\times10^{-4}=1.28\times10^{-3}$（Wb）

气隙和衔铁中的磁通 $\Phi_0=\Phi_2=0.9\times1.28\times10^{-3}=1.152\times10^{-3}$（Wb）

不考虑气隙的边缘效应时，气隙和衔铁中的磁感应强度

$$B_0=B_2=\frac{\Phi_2}{S_2}=\frac{1.152\times10^{-3}}{8\times10^{-4}}=1.44(\mathrm{T})$$

查图 10-8 得衔铁中的磁场强度 $H_2=3400\mathrm{A/m}$

气隙中的磁场强度 $H_0=0.8\times10^6B_0=0.8\times10^6\times1.44=1.152\times10^6$（A/m）

线圈的磁动势 $NI=H_1l_1+2H_0l_0+H_2l_2$

$\qquad=5000\times30\times10^{-2}+2\times1.152\times10^6\times0.2\times10^{-2}+3400\times10\times10^{-2}$

$\qquad=6448$（A）

线圈电流 $I=\dfrac{NI}{N}=\dfrac{6448}{4000}=1.612$（A）

电磁铁的吸力 $F=4B_0^2S\times10^5=4\times1.44^2\times2\times8\times10^{-4}\times10^5=1327$（N）

二、交流电磁铁

交流电磁铁由正弦交流电励磁，设气隙中的磁感应强度为

$$B_0(t) = B_m \sin \omega t$$

由式（10-17）可知，电磁铁吸引力的瞬时值为

$$f(t) = \frac{B_0^2(t)}{2\mu_0} S = \frac{B_m^2 S}{2\mu_0} \sin^2 \omega t = \frac{B_m^2 S}{4\mu_0}(1 - \cos 2\omega t)$$

最大吸引力为

$$F_m = \frac{B_m^2 S}{2\mu_0}$$

平均吸引力为

$$F_{av} = \frac{1}{T}\int_0^T f(t)\,dt = \frac{1}{T}\int_0^T \frac{B_m^2 S}{4\mu_0}(1 - \cos 2\omega t)\,dt$$

$$= \frac{B_m^2 S}{4\mu_0} \approx 2B_m^2 S \times 10^5 \tag{10-18}$$

可见，平均吸引力为最大吸引力的一半。

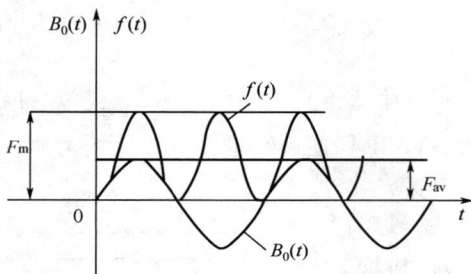

图 10-21　交流电磁铁吸引力 $f(t)$ 的曲线

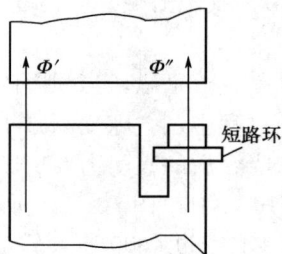

图 10-22　短路环

交流电磁铁吸引力 $f(t)$ 的曲线如图 10-21 所示，其变化频率为磁通（电流）变化频率的 2 倍，在电流一个周期中，吸引力两次为零。由于 $1 - \cos 2\omega t \geqslant 0$，即 $f(t) \geqslant 0$，所以吸引力的方向不变。但是，交流电磁铁吸引力的大小是随时间不断变化的，且电源频率为 50Hz 时，吸引力在 1s 内有 100 次为零，将引起衔铁的振动，产生噪声干扰和机械损伤。为了消除这种现象，在铁心端面的部分面积上嵌装一个封闭的铜环，称作短路环，如图 10-22 所示。装了短路环后，磁通分为不穿过短路环的 Φ' 和穿过短路环的 Φ'' 两个部分。由于磁通变化时，短路环内的感应电流将产生磁通阻碍原磁通的变化，结果使 Φ'' 的相位比 Φ' 的相位滞后。因为这两个磁通不是同时到达零值，所以电磁吸引力也就不会同时为零，从而减小了衔铁的振动，降低了噪声。

交流电磁铁安装短路环后，将交变磁通分解成两个相位不同的部分，这种方法称为磁通裂相。短路环裂相是一种常用的方法，在电能表、继电器、单相电动机等电气设备中都有应用。

交流电磁铁在外加的正弦交流电压有效值一定时，就迫使主磁通的最大值基本不变，励磁电流与磁路的结构、材料、空气隙大小有关，磁路的气隙加大，磁阻加大，势必会引起磁势加大，也就是励磁电流加大。所以交流电磁铁在衔铁未吸合时，磁路空气隙很大；励磁电流很大；衔铁吸合后，气隙减小到接近于零，电流很快减小到额定值。如果由于某种原因（如机械原因），使衔铁长时间不能吸合，线圈中就会长期通过很大的电流，将导致线圈过热

烧坏。这是交流电磁铁的致命弱点。交流电磁铁的吸引力在吸合过程中，虽然气隙在减小，但吸引力不变。

思 考 题

10-5-1 试求［例10-2］中直流电磁铁的吸引力，若电磁铁吸合，怎样求出吸引力？（1152N）

10-5-2 如何根据电磁铁的结构来判断它是直流电磁铁还是交流电磁铁？

10-5-3 如果将交流电磁铁误接到电压相同的直流电源上，会有什么结果？

10-5-4 直流电磁铁误接到电压相同的交流电源上，会出现什么结果？为什么？

10-5-5 交流电磁铁在吸合时，若电磁铁铁长时间被卡住不能吸合，会有什么结果？为什么？直流电磁铁若发生上述情况，又如何？

课程思政十

磁路与铁心线圈是电机工业的基础理论，只有扎实的基础理论才能生长出鲜活的科学技术。我国电机技术正稳步发展，追赶发达国家的水平，走向世界的最前列。

*科普知识十

非晶合金铁心

电力变压器的铁心一般采用硅钢片材料制作，硅钢片从热轧硅钢片发展到今天的冷轧硅钢片已有近百年历史。20世纪80年代初，美国通用电气公司、美国电力研究所和帝国电力研究公司联合研制成一种新的铁心材料——非晶合金，用来制造非晶合金变压器（AMT），其铁心损耗非常低，仅为冷轧硅钢片的20％。

"非晶合金"是相对于"晶态合金"而言。从微观结构上讲，晶态是指原子周期性有序的排列，而非晶态合金的原子则杂乱密堆排列、任意分布。变压器铁心材料的非晶态合金是将铁、硼、硅等主要材料熔化后，以极快的速度冷却而成。由于高速骤冷，使材料中原子的排列变成杂乱无章的密堆排列，犹如玻璃等非晶材料的原子排列结构，这就是"非晶"的来由。由于这种材料仍是合金材料，所以总称为"非晶合金"。它具有高磁导率、低矫顽力、高导电率、低铁损等特点。

非晶合金带很薄，约为普通硅钢片的1/10，且很脆、很硬。采用常规的铁心叠片工艺不仅费工、费时，而且切割困难，并使铁心损耗增大。美国通用电气公司用非晶合金带代替硅钢片制作铁心，采用卷铁心结构，使变压器空载损耗大幅度降低。

非晶合金变压器的运行性能非常稳定，至今尚无因铁心问题而返修的。我国电机工业也正在加强研究非晶合金，以制造出节能效果优良的铁心。

本 章 小 结

1. 磁场

表征磁场性质的基本物理量是磁感应强度 B，是一个矢量。磁场中某点的磁感应强度 B，其方向即为该点的磁场方向，其数值为 $B = \dfrac{F_{max}}{qv}$（T），$1\text{T} = 10^4 \text{Gs}$。

磁通 Φ 是垂直穿过面积 S 的磁感应强度 B 的通量，简称为磁通，即 $\Phi = BS$（Wb），$1\text{Wb} = 10^8 \text{Mx}$。

通过任一闭合曲面的总磁通量必然为零，称为磁通的连续性。

磁场强度 H 是描述磁场的另一个重要的物理量，也是一个矢量，$B = \mu H$（A/m）。磁场强度只取决于产生这个磁场的宏观电流的分布而与介质无关。

磁导率 μ 是反映物质导磁能力的物理量或者说物质被磁化的能力的物理量。真空的磁导率为 $\mu_0 = 4\pi \times 10^{-7}$（H/m）。相对磁导率 $\mu_r = \dfrac{\mu}{\mu_0}$，$\mu_r$ 稍大于 1 为顺磁物质，稍小于 1 是反磁物质，μ_r 比 1 大得多是铁磁物质。

2. 铁磁性物质的磁化

（1）铁磁性物质内部存在着大量的磁畴。无外加磁场时，磁畴排列是杂乱无章的，对外不显磁性。在外磁场作用下，磁畴会沿着外磁场方向偏转——被磁化，而显磁性。其磁化过程用起始磁化曲线描述。B-H 磁化曲线具有高 μ 性及磁饱和性。

（2）磁滞回线是铁磁物质所特有的磁特性。B-H 磁化曲线具有磁滞性。磁滞回线在纵轴上的截距叫剩磁 B_r，与横轴的截距叫矫顽磁场 H_c。其面积正比铁心损耗。面积宽大的属硬磁材料，面积窄小的属软磁材料。

（3）磁滞回线族的正顶点连线叫基本磁化曲线。它表示了铁磁物质的磁化性能，工程上常用它来作计算的依据。铁磁材料的 B-H 曲线是非线性的，所以铁心磁路是非线性的。

3. 磁路基本定律及其应用

（1）磁路的基尔霍夫第一定律 $\sum \Phi = 0$。

（2）磁路的基尔霍夫第二定律 $\sum(Hl) = \sum(NI)$；磁路的欧姆定律 $\Phi = \dfrac{U_M}{R_M}$。

（3）磁路基本定律的应用。无分支均匀恒定磁通磁路计算应用磁路的欧姆定律。无分支不均匀恒定磁通磁路计算分为两大类：①正面问题，已知 Φ 求 NI；②反面问题，已知 NI 求 Φ。正面问题的解题步骤为 $\Phi \rightarrow B \rightarrow H \rightarrow Hl \rightarrow \sum Hl \rightarrow NI$。反面问题的解题步骤为正面问题的解题步骤的多次重复。

4. 交流铁心线圈

（1）交流铁心线圈是一个非线性器件，其电阻上的电压和漏抗上的电压相对于主磁通的感应电动势而言是很小的，予以忽略，所以它的电压等于主磁通的感应电动势。交流铁心线圈所加电压为正弦量时，主磁通及其感应电动势也都是正弦量，大小关系为

$$U = E = 4.44 f N \Phi_m$$

（2）交流铁心线圈所加电压为正弦量时，产生的磁通为正弦波，由于磁饱和的影响，励

磁电流为尖顶波。由于磁滞和涡流的影响引起铁心损耗，使电流波形发生畸变，并出现电流的有功分量。励磁电流为有功分量电流与磁化电流之和。

（3）铁心线圈在正弦电流作用下，由于磁饱和的影响，铁心线圈的磁通 $\Phi(t)$ 为平顶非正弦波，电压 $u(t)$ 为尖顶非正弦波。$\Phi(t)$ 和 $u(t)$ 都含有明显的 3 次谐波分量。

（4）交流铁心线圈的总损耗 $P=P_{Cu}+P_{Fe}$，铁心损耗 $P_{Fe}=P_h+P_w$。

产生磁滞损耗 P_h 的原因是由于磁畴在交流磁场的作用下反复转向，引起铁磁物质内部的摩擦，这种摩擦会使铁心发热。降低磁滞损耗，常选用磁滞回线较狭长的软磁材料制造铁心。

产生涡流损耗 P_w 的原因是交变磁通穿过块状导体时，在导体内部会产生感应电动势，并形成旋涡状的感应电流（涡流），这个电流通过导体自身电阻时会消耗能量，结果是使铁心发热。用硅钢片叠成铁心，片间涂以绝缘漆来减小涡流损耗。

5. 电磁铁

（1）直流电磁铁的电磁吸引力 $F\approx 4B_0^2 S\times 10^5$，衔铁吸合过程中吸引力渐强。

（2）交流电磁铁的平均吸引力 $F_{av}\approx 2B_m^2 S\times 10^5$，衔铁吸合过程中吸引力基本不变。

习 题

10-1 穿过磁极极面的磁通 $\Phi=3.84\times 10^{-3}$Wb，磁极的边长为 8cm，宽为 4cm，试求磁极间的磁感应强度。

10-2 已知硅钢片中的 $B=1.6$T，试求其 H、μ 和 μ_r。

10-3 某磁路的空气隙长度 $l_0=1$mm，截面积 $S=30$cm^2，试求该气隙的磁阻；若气隙中的 $B=0.9$T，试求其磁压。

10-4 一个截面相同的铁心线圈，匝数 $N=300$，磁路平均长度 $l=0.45$m，铁心中的磁感应强度 $B=0.9$T，试求下列两种情况下的励磁电流：（1）铁心材料为铸钢；（2）铁心材料为硅钢片。

10-5 有一线圈的匝数为 1500 匝，套在铸钢制成的环形铁心上，铁心的截面积为 10cm^2，圆环平均长度为 75cm，试求：（1）如果要在铁心中产生的磁通 $\Phi=1\times 10^{-3}$Wb，线圈中应通入多大的直流电流？（2）若线圈中通入 2.5A 的直流电流，则铁心中的磁通为多大？

10-6 图 10-23 所示磁路的铁心材料为硅钢片，图中尺寸单位均为毫米。欲使气隙中的 $B_0=0.8$T，试求所需的磁动势。（不考虑叠片系数）

10-7 一个交流铁心线圈接在 220V 的工频电源上，线圈为 733 匝，铁心截面积为 13cm^2，试求：（1）铁心中的磁通和磁感应强度的最大值各是多少？（2）若所接电源频率为 100Hz，其他量不变，求磁通和磁感应强度最大值各是多少？

10-8 一个交流铁心线圈接于 $f=50$Hz，$U_s=100$V 的正弦电源上，铁心中的磁通最大值 $\Phi_m=2.25\times 10^{-3}$Wb，试求线

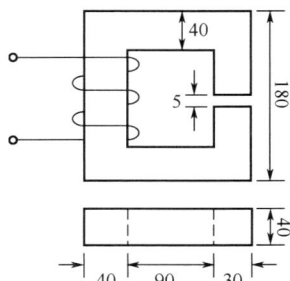

图 10-23 习题 10-6 图

圈的匝数。若将该铁心线圈改接至 $f=50\mathrm{Hz}$，$U_s=150\mathrm{V}$ 的正弦电源上，要保持 Φ_m 不变，问线圈匝数应改为多少？

10-9　一个铁心线圈在 $f=50\mathrm{Hz}$ 时的铁损耗为 1kW，且磁滞损耗与涡流损耗各占一半。若将它接至频率 $f=60\mathrm{Hz}$ 的正弦电压源，且保持 B_m 不变，则铁损为多少？

10-10　有一个直流电磁铁，铁心和衔铁的材料为铸钢，铁心和衔铁的平均长度共为 50cm，铁心与衔铁的截面积均为 $2\mathrm{cm}^2$，试求：（1）气隙长度为 0.6cm，吸引力为 19.6N 时的磁动势；（2）保持线圈电压不变时，试求吸合后的吸引力；（3）吸合后在线圈中串入一个电阻，使电流减小一半，求吸引力。

实训十四　铁磁材料的磁滞回线和基本磁化曲线

一、实验目的
（1）认识铁磁物质的磁化规律和动态磁化特性。
（2）测定样品的基本磁化曲线，作 $\mu\text{-}H$ 曲线。

二、实验原理
观察和测量磁滞回线和基本磁化曲线的电路如图 10-24 所示。

被测样品为 EI 型矽钢片，N 为励磁绕组，n 为用来测量磁感应强度 B 而设置的绕组。R_1 为励磁电流取样电阻。设通过 N 的交流励磁电流为 i，根据安培环路定律，样品的磁化场强为 $H=Ni/L$，L 为样品的平均磁路。

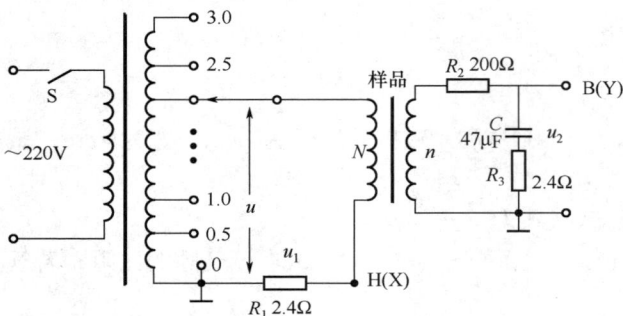

图 10-24　实验电路

因为
$$i=\frac{U_1}{R_1}$$

所以
$$H=\frac{N}{LR_1}\cdot U_1=K_1U_1,\quad K_1=\frac{N}{LR_1}$$

式中：N、L、R_1 均为已知常数，所以由 U_1 可确定 H。

在交变磁场下，样品的磁感应强度瞬时值 B 是由测量绕组 n 和 R_2C_2 电路给定的，根据法拉第电磁感应定律，由于样品中的磁通 Φ 的变化，在测量线圈中产生的感生电动势的大小为
$$e=n\frac{\mathrm{d}\Phi}{\mathrm{d}t}$$

则
$$\Phi=\frac{1}{n}\int e\mathrm{d}t,\quad B=\frac{\Phi}{S}=\frac{1}{nS}\int e\mathrm{d}t\ (S\text{ 为样品的截面积})$$

如果忽略自感电动势和电路损耗，则回路方程为
$$e=i_2R_2+u_2$$

式中：i_2 为感生电流；u_2 为积分电容 C_2 两端电压。

设在 Δt 时间内，i_2 向电容 C_2 的充电电量为 q，则

$$U_2 = \frac{q}{C_2}$$

因为 $e = i_2 R_2 + \frac{q}{C_2}$，如果选取足够大的 R_2 和 C_2，使 $i_2 R_2 \gg \frac{q}{C_2}$，则 $e = i_2 R_2$。

因为
$$i_2 = \frac{\mathrm{d}q}{\mathrm{d}t} = C_2 \frac{\mathrm{d}u_2}{\mathrm{d}t}$$

所以
$$e = C_2 R_2 \frac{\mathrm{d}u_2}{\mathrm{d}t}$$

则
$$B = \frac{C_2 R_2}{nS} U_2 = K_2 U_2 \left(K_2 = \frac{C_2 R_2}{nS} \right)$$

式中：C_2、R_2、n 和 S 均为已知常数，所以由 U_2 可确定 B。

综上所述，将图 10 - 24 中的 u_1 和 u_2 分别加到示波器的"X 输入"和"Y 输入"便可观察样品的 B - H 曲线。

三、实验内容

（1）实验线路。采用"磁滞回线的观测"线路。由于 $H = K_1 U_1$，$B = K_2 U_2$，故 U_1、U_2 的值即反映了 H、B 的大小。将"降压选择"旋钮置于 0 位。U_1 和 U_2 分别接示波器的"X 输入"和"Y 输入"，插孔 ⊥ 为公共端。

（2）样品退磁。开启降压变压器电源，对试样进行退磁，即转动"降压选择"旋钮，令 U 从 0 增至 3V，然后再从 3V 降为 0，其目的是消除剩磁，确保样品处于磁中性状态，即 $B = H = 0$，如图 10 - 25 所示。

（3）观察磁滞回线。开启示波器电源，令光点位于坐标网格中心，$U = 2.2V$，并分别调节示波器 x 和 y 轴的灵敏度，使显示屏上出现图形大小合适的磁滞回线。若图形顶部出现如图 10 - 26 所示的小环，这时可降低励磁电压 U 予以消除。

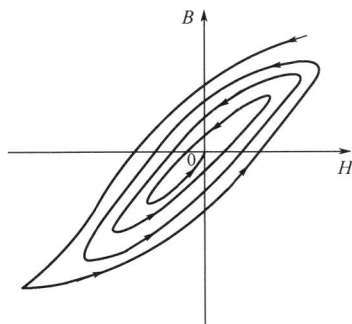

图 10 - 25　退磁示意图

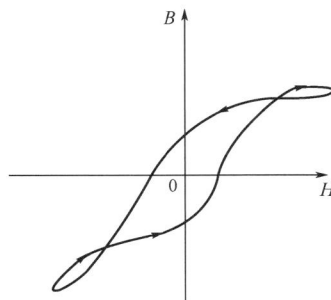

图 10 - 26　U_2 和 B 的相位差等因素引起的畸变

（4）观测基本磁化曲线。按步骤（2）对样品进行退磁后，从 $U = 0$ 开始，逐挡提高励磁电压，将在显示屏上得到面积由小到大一个套一个的一簇磁滞回线。这些磁滞回线顶点的连线就是样品的基本磁化曲线。借助示波器读出每一个磁滞回线两个顶点处的 U_1、U_2 值，记于表 10 - 1 中。

表 10 - 1

U(V)	U_1 (V)		U_2 (V)		U_2/U_1	
	右上	左下	右上	左下	右上	左下
0.5						
1.0						
1.5						
2.0						
2.5						
3.0						

四、实验报告

（1）根据实验数据，描绘基本磁化曲线，纵坐标为 B（即 K_2U_2），横坐标为 H（即 K_1U_1）。

（2）描绘 μ - H 曲线，纵坐标为 $\mu = \dfrac{B}{H} = \dfrac{K_2U_2}{K_1U_1} = K_3\dfrac{U_2}{U_1}\left(K_3 = \dfrac{K_2}{K_1}\right)$，横坐标为 H（即 K_1U_1）。

以上 $K_1 \sim K_3$ 均为确定的常数，可纳入坐标尺的比例中，从而可直接用 U_1、U_2、U_2/U_1 来作图，即可定性地表现出基本磁化曲线和 μ - H 曲线。

参 考 文 献

[1] 李瀚荪. 电路及磁路. 北京：中央广播电视大学出版社，1994.

[2] 蔡元宇. 电路与磁路. 3 版. 北京：高等教育出版社，2008.

[3] 梁贵书. 电路理论基础. 3 版. 北京：中国电力出版社，2009.

[4] 秦曾煌. 电工学—电工技术. 6 版. 北京：高等教育出版社，2003.

[5] 邱关源. 电路. 5 版. 北京：高等教育出版社，2006.

[6] 刘德辉，刘喜荣. 电路基础. 北京：中国水利水电出版社，2004.

[7] 周南星. 电工基础. 2 版. 北京：中国电力出版社，2012.

[8] 石生. 电路基本分析. 北京：高等教育出版社，2007.

[9] 白乃平. 电工基础. 2 版. 西安：西安电子科技大学出版社，2011.

[10] 曹泰斌. 电路分析基础教程. 北京：电子工业出版社，2003.

[11] 汪建. 电路实验. 2 版. 武汉：华中科技大学出版社，2010.